LA CRITIQUE DE KANT

ET

LA MÉTAPHYSIQUE DE LEIBNIZ

TOURS. — IMPRIMERIE RIBAUDEAU ET CHEVALLIER, RUE ROYALE, 26.

LA

CRITIQUE DE KANT

ET LA

MÉTAPHYSIQUE DE LEIBNIZ

HISTOIRE ET THÉORIE DE LEURS RAPPORTS

THÈSE DE DOCTORAT
PRÉSENTÉE A LA FACULTÉ DES LETTRES DE PARIS

PAR

Désiré NOLEN

Ancien élève de l'École normale, agrégé de philosophie
Professeur au lycée de Tours.

PARIS
LIBRAIRIE GERMER BAILLIÈRE
RUE DE L'ÉCOLE-DE-MÉDECINE, 17
1875

A Monsieur CARO

MEMBRE DE L'ACADÉMIE FRANÇAISE
ET DE
L'ACADÉMIE DES SCIENCES MORALES ET POLITIQUES
ANCIEN MAITRE DE CONFÉRENCES A L'ÉCOLE NORMALE

HOMMAGE

RESPECTUEUX ET RECONNAISSANT

« C'est dans une certaine mesure défendre l'hon-
« neur de l'esprit humain, que de le réconcilier avec
« lui-même dans la personne des différents penseurs ;
« que de démêler, au milieu de leurs mutuelles con-
« tradictions la vérité qui ne saurait jamais échapper
« complétement à la pénétration de pareils hommes. »

KANT : Essai sur la vraie mesure des forces vives, 1747. Œuv. compl. T. 1. p. 146 (édit. Hartenstein).

INTRODUCTION

Les contradictions des systèmes ont fourni de tout temps aux adversaires de la philosophie leurs arguments les plus faciles et les mieux écoutés. Il nous paraît bon de réduire de plus en plus le nombre de ces objections banales, et de montrer que les grands philosophes ont été moins souvent divisés qu'on ne pense.

Nous ne pouvions choisir un plus mémorable exemple de cet accord fondamental des doctrines sous les oppositions superficielles de la forme, que celui de la grande lutte qui mit aux prises le génie critique de Kant avec la métaphysique de Leibniz.

Les jugements que Kant multiplie sur l'œuvre de son devancier reposent d'ordinaire sur des malentendus. On ne saurait trouver une preuve plus frappante de la difficulté qu'éprouvent les hommes de génie à sortir d'eux-mêmes pour entrer dans les idées des autres.

L'originalité de Leibniz et de Kant n'a rien à souffrir de la conciliation que nous essayons d'opérer entre leurs doctrines. Ils continuent de différer à nos yeux, mais parce qu'ils se complètent, beaucoup plus souvent que parce qu'ils se contredisent.

Si Kant combat Leibniz c'est surtout qu'il le connaît mal. Uniquement occupé de mettre en lumière une face négligée de la vérité philosophique, la liberté du moi dans la triple sphère de la connaissance, de l'action et de la contemplation esthétique, et de pénétrer à une profondeur inconnue jusqu'à lui dans les secrets de l'activité spontanée de l'esprit, dans l'analyse des lois formelles de la vie rationnelle, Kant n'a pas eu le temps ou du moins n'a pas pris la peine d'étudier de près ce que l'auteur de la Monadologie avait écrit sur ces problèmes, encore moins ce qu'il avait pensé sur des questions différentes. Il le juge par des interprètes infidèles, et se complaît d'autant plus volontiers dans son appréciation insuffisante qu'elle semble plus favorable à l'originalité de son œuvre propre.

Comme le dit très-bien M. Kuno Fischer dans sa remarquable histoire de la philosophie moderne, à laquelle nous nous empressons dès maintenant de payer notre hommage reconnaissant, Kant ne connaît trop souvent Leibniz que par le commentaire superficiel de Wolff. « Er beurtheilt (Leibniz) sehr oft durch das verflachende Medium der Wolffischen Philosophie. » (Kant's Philos. I. B. S. 170).

C'est en réalité contre Wolff que tous ses coups

sont dirigés; c'est du dogmatisme de Wolff qu'il finit au fond par s'affranchir.

L'étude de la pensée de Kant, que nous avons exposée d'après le témoignage généralement négligé de ses premiers ouvrages, nous a permis de mesurer la profondeur et d'apprécier exactement la nature du sommeil dogmatique, dont il se plaint, dans les prolégomènes, d'avoir si longtemps subi la désastreuse influence, et dont il déclare n'avoir été tiré que par la lecture de David Hume. Il s'était endormi Wolffien : l'illusion que le réveil critique dissipa n'était pas autre au fond que sa confiance excessive dans la métaphysique dégénérée de Wolff.

Le rapide exposé des doctrines de Leibniz et de Wolff, par lequel débute notre travail, suffira, nous le désirons, à bien faire entendre la distinction importante que nous établissons entre ces deux philosophes. En même temps, elle justifiera le rapprochement que la 4me partie de notre livre essaie entre les doctrines véritables de Leibniz et les théories correspondantes de la philosophie critique.

Nous espérons que les considérations théoriques, sur lesquelles nous fondons cet accord, réussiront, malgré leur brièveté, sinon à entraîner l'assentiment du lecteur, du moins à provoquer ses réflexions et à lui inspirer des doutes sur l'antagonisme trop souvent affirmé de la métaphysique et de la critique.

La démonstration historique, que nous empruntons au développement ultérieur à Kant de la spéculation allemande, ne doit donner lieu à aucun malentendu. La philosophie de l'identité est, pour nous, une forme, digne entre toutes à coup sûr d'être étudiée, mais non la forme unique et définitive sous laquelle la conciliation de Leibniz et de Kant peut être réalisée. L'avenir fera servir sans doute à d'autres constructions métaphysiques les parties durables de la Monadologie et de la Critique. Mais il nous paraît déjà prouvé par les systèmes, qui s'en sont inspirés et les ont momentanément remplacées, que ces deux doctrines, loin de s'exclure, s'appellent mutuellement comme les éléments essentiels d'une philosophie plus compréhensive.

PREMIÈRE PARTIE

LA MÉTAPHYSIQUE

CHAPITRE PREMIER

LA MÉTAPHYSIQUE DE LEIBNIZ

§ Ier

LE PRINCIPE DE RAISON SUFFISANTE

Le principe de *raison suffisante* et la *monadologie,* liés indissolublement l'un à l'autre comme le principe et la conséquence, telles sont les deux conceptions originales auxquelles peut se ramener toute la philosophie de Leibniz.

Par la première, il rejette l'application à la philosophie de la méthode des mathématiciens et des physiciens, qui se persuadent qu'ils ont assez fait pour la science des choses, du moment où ils les ont enchaînées ou déduites sans violer le principe de contradiction; qui prennent une condition de la synthèse des phénomènes dans le temps et dans l'espace, je veux dire le principe de cause efficiente, pour l'unique loi de toute existence; qui croient, enfin, en substituant aux formes *sensibles* des formes *logiques,* aux faits des lois, aux individus des genres, avoir épuisé l'explication et atteint les derniers principes de la réalité.

Par la seconde, il rompt avec la doctrine cartésienne, cette forme plus savante du dogmatisme vulgaire, qui se confond pour le grand nombre avec le bon sens, mais n'est pour Leibniz qu'une suggestion des sens et de l'imagination; de ce dogmatisme qui, fondé sur la croyance à la réalité propre de l'espace et du temps, affirme l'existence substantielle des corps et soutient le dualisme de l'esprit et de la matière.

Leibniz ne prétend pas plus, sans doute, avec son principe de raison suffisante, enrichir la science d'un organe nouveau, d'un instrument de découverte ignoré avant lui, qu'Aristote ne crut avoir inventé un procédé inconnu de raisonnement dans la méthode syllogistique. Les philosophes grecs faisaient intervenir sans cesse le principe socratique du bien, l'idée de la finalité ou de la raison suffisante dans leurs explications de la nature et de l'âme. — Mais la scolastique n'avait de l'héritage philosophique de l'antiquité complétement recueilli et accepté que les théories logiques d'Aristote. Les doctrines métaphysiques de Platon et du Stagirite lui-même, suspectées par les uns, défigurées par les autres, étaient mal connues par le plus grand nombre. On s'explique ainsi comment le *principe du meilleur* avait donné lieu aux applications les plus étranges. Et ce qui plus encore aurait suffi à ruiner l'idée de la finalité, c'est l'abus qu'en faisaient les maladroits et serviles interprètes de l'antiquité, pour enchaîner le libre essor de la science et contester les droits de l'expérience.

Aussi, après qu'au XVIe siècle les découvertes des Copernic, des Képler et des Galilée eurent émancipé définitivement la science moderne, Bacon et Descartes ne firent que traduire le sentiment général, en proscrivant avec une égale énergie les causes finales et la métaphysique des anciens.

Descartes comprit qu'à une nouvelle conception du monde devait correspondre une révolution dans les principes et la méthode de la philosophie. La nature n'est plus pour lui que l'ensemble des phénomènes qui se produisent dans l'étendue, et des lois mécaniques qui en règlent les changements; ou, la nature n'est que matière et mouvement. Mais les propriétés géométriques de l'étendue, comme les propriétés mécaniques de la matière, sont le double objet des mathématiques; et la méthode des mathématiques repose sur le principe de contradiction. Toutes les vérités de la physique cartésienne sont donc soumises seulement à la loi de l'identité : un déterminisme rigoureux enchaîne tout dans le monde des corps. Le monde des esprits reste, il est vrai, en dehors de ce déterminisme; mais il faut avouer que Descartes l'étudie peu, et que, tout en déclarant l'âme plus claire que le corps, il n'a guère expliqué que ce dernier. Dans la théorie psychologique qu'il a le plus développée, celle des passions, il s'est attaché surtout à déterminer l'action de l'organisme sur les affections de l'âme. Enfin, il règne dans tout son système, comme dans celui de ses principaux disciples, une véritable opposition entre les principes de l'âme et ceux du corps : opposition que Geulincx et Malebranche ne croient pouvoir écarter que par la doctrine *des causes occasionnelles*.

Dans Spinoza toutes ces contradictions disparaissent. Son système est l'application la plus rigoureuse qui ait jamais été faite du principe des *causes efficientes*, ou de celui de *contradiction*, dont le premier n'est à vrai dire que la conséquence dans l'ordre des faits naturels. La philosophie de Spinoza est le triomphe de la méthode mathématique. Descartes n'avait-il pas déjà lui-même appelé sa doctrine une *mathématique universelle*?

Dieu, la substance unique de Spinoza, la cause absolue, contient dans son essence éternelle tous les attributs et tous les modes dont le monde n'est que la manifestation successive : de même le cercle enferme dans sa notion toutes les propriétés que le géomètre y démêle, sans que le mouvement progressif de la découverte, qui n'exprime qu'une loi des intelligences finies, enlève rien à l'essence immuable des vérités éternelles. L'œuvre de la science est de corriger, de dissiper cette illusion des sens, de l'imagination, qui est l'effet de notre imperfection, et de nous faire entendre, *sub specie æternitatis*, ce qui, soit dans le monde physique, soit dans notre entendement borné, paraît soumis à la loi du changement et de la durée. Les phénomènes physiques, ou le monde des corps, constituent les modes de l'étendue divine, comme les phénomènes moraux, les pensées ou le monde des esprits, les modes de l'entendement divin. Le même déterminisme absolu enchaîne les uns et les autres, et leur coordination s'explique par l'unité de la substance absolue. A chaque mouvement des corps correspond un mouvement de la pensée, puisque c'est le même être qui se manifeste sous le double attribut de l'étendue et de la pensée. Tandis que Descartes, retenu par la prudence ou absorbé par l'étude des phénomènes physiques, n'aborde qu'incidemment les problèmes de la nature morale, Spinoza s'applique surtout à expliquer le monde des esprits et donne le nom d'*Éthique* et de *Tractatus politicus* à ses deux œuvres les plus conisdérables. « Je veux traiter des passions comme des figures géométriques, » dit-il ; et cette promesse, il la tient fidèlement dans tout le cours de l'*Ethique*, dont la forme seule accuse suffisamment la méthode toute mathématique.

C'est donc, encore une fois, le principe de contradiction qui régit l'univers de Spinoza : les phénomènes s'y déroulent dans l'infinité du temps et de l'espace, conformément à la règle inexorable d'un déterminisme absolu. Il n'y a pas plus de place pour la liberté et les causes finales dans ce système, que dans l'enchaînement des vérités mathématiques.

Jacobi, dans ses admirables études sur Spinoza, disait que le dogmatisme n'avait trouvé que chez ce philosophe sa forme parfaite et définitive. Fichte développe le même jugement dans son introduction à la *doctrine de la science*.

Tout est, en effet, chez Spinoza, d'une rigueur et d'une clarté géométriques. Mais tout y est-il également vrai? La nature comme l'esprit se laissent-ils sans résistance enchaîner aux exigences de ce déterminisme inflexible, qui nie et la personnalité et la liberté, et tarit à sa source la moralité humaine? Faut-il, pour concilier la pensée et la matière, sacrifier la liberté de la première à la nécessité de la seconde? Et le monde moral ne peut-il être l'objet de l'entendement et de la science qu'en cessant d'intéresser la conscience et la morale? Ou devons-nous, pour sauver les droits de l'esprit, renoncer aux conquêtes et rejeter les méthodes de la science moderne?—Le XVIIe siècle, qui avait applaudi aux premiers triomphes de la méthode cartésienne dans les sciences de la nature, voyait avec un douloureux étonnement se développer les conclusions panthéistes de sa métaphysique. Était-ce donc là le fruit naturel de cet arbre de la science auquel les Kepler, les Galilée, les Newton, les Descartes, les Malebranche avaient goûté sans défiance? Ces généreux esprits ne devaient-ils qu'à un défaut de logique ou à des scrupules religieux d'avoir échappé aux redoutables et désolantes conséquences de la doctrine nouvelle? Comment concilier les grandes vérités de l'ordre moral, dont la philosophie du passé et le christianisme avaient légué aux temps modernes le précieux héritage, avec les conquêtes récentes que la science devait à la philosophie nouvelle? N'est-il pas évident que, du temps de Leibniz comme du nôtre, s'il eût fallu absolument opter entre les deux, le choix du plus grand nombre n'eût guère été douteux; et que le prestige, acquis à la science par d'éclatantes découvertes, n'aurait pas permis un seul instant d'opposer l'autorité de la métaphysique à celle des sciences positives.

Leibniz le comprit; il le dit lui-même en maints endroits et ne peut se lasser d'y revenir; c'est le mérite dont il est le plus jaloux, le plus fier : sa philosophie a pour objet de concilier le *moralisme* et le *naturalisme*, la philosophie des anciens et celle des modernes. (*Préface des nouveaux essais.* — *Correspondance avec Clarke*, 751, 758, 763. — *Théodicée*, 480. — *De ipsa natura*, 160. — *Edit. Erdmann*). C'est à un principe nouveau, celui de *Raison suffisante*, qu'il demande le secret de cet accord et le salut de la philosophie. Il conserve le principe de *contradiction*, mais en limite l'application aux mathématiques et à la logique. Il revient sans cesse sur l'abus des principes et de la

méthode des mathématiques. « Ce sont les principes
« métaphysiques et non mathématiques qu'il faut
« opposer à ceux des matérialistes. » (*Correspondance
avec Clarke,* 748). — On s'est, sans doute, servi avant
lui du principe qu'il veut mettre en honneur, mais on
l'a mal interprété, on n'en a pas tiré tout ce qu'il contenait (Id. 778-758-765-769). Toute la métaphysique,
la morale et la physique s'appuient sur cet unique
fondement : c'est ce que son système s'attache à démontrer.

Du principe de raison suffisante, il tirera la réfutation de ses adversaires et fera sortir enfin sa propre
doctrine. « L'abus des principes mathémathiques,
« dit-il au début de sa *théodicée,* a conduit au maté-
« rialisme des atomistes, au matérialisme panthéiste
« de Spinoza. Il faut à ces principes substituer ceux de
« la métaphysique, fondés sur le principe de la raison
« suffisante ou de la convenance. »

Mais comment accorder avec ce dernier la réalité
substantielle du temps et de l'espace? Que sont le
temps et l'espace, en dehors des choses ? — On n'en
peut faire des attributs de Dieu : les regardera-t-on
comme des substances ? Mais alors on a trois infinis :
Dieu, l'espace et le temps. — Et puis, comment les
concevoir en eux-mêmes? Le temps se compose d'ins-
tants; mais chaque instant est un zéro de durée, tout
comme l'espace se réduit, de divisions en divisions, à
l'unité du point, qui n'est plus qu'une chose purement
idéale. Il faut, d'ailleurs, sous la durée, sous l'étendue,
supposer quelque chose qui dure, qui soit étendu. — Ce
sont des quantités continues; mais toute quantité suppose une unité : où la trouver dans le temps et dans

l'espace qui sont divisibles à l'infini? — On cherche en vain dans l'espace réel, par exemple, l'unité véritable qui ne se rencontre pas dans l'étendue géométrique. La placera-t-on, avec les philosophes corpusculaires, dans l'atome éternel? Mais l'atome ne se comprend pas sans le vide, qui est la condition nécessaire de ses mouvements. — Et quelle raison suffisante trouver à l'acceptation de la double hypothèse de l'atome et du vide? Le vide, en opposition à l'atome, ne peut être que le néant, puisque les atomes sont les seuls éléments de la réalité. N'y a-t-il pas contradiction à affirmer l'existence du néant? Et comment parler du néant? Qu'en peut-on connaître? Comment mesurer le rapport du vide au plein? — Il n'est pas possible davantage de trouver une raison suffisante à l'existence de l'atome. Comment, avec les atomes seuls, expliquer la figure des corps? Car la figure suppose à la fois la présence d'une certaine diversité et celle d'un principe d'unité et d'ordre pour l'enchaîner et la disposer. Sans le mouvement, la figure est incompréhensible, et le mouvement, à son tour, demeure inintelligible sans une force qui en ramène la diversité à l'unité. Tout mouvement, en effet, est un changement de position du mobile dans l'espace; et ces positions diverses, dont la succession constitue le mouvement, sont comme les unités qui, ajoutées les unes aux autres, ne composent un nombre qu'autant qu'une force intelligente les rassemble et les unit. En un mot, la figure, comme le mouvement et le nombre, résulte de l'action d'un principe un, esprit ou nature, qui contient en soi la raison d'une diversité extérieure : ce principe ne peut être l'atome. (*Correspondance avec*

Clarke, 758 — surtout *Correspondance avec Arnaud* 655-675, *édit. Janet.*)

Ce n'est pas seulement de l'essence du mouvement que l'étendue, par elle seule, ne peut donner la raison suffisante : les lois du mouvement que la physique étudie, n'en sauraient être tirées davantage. C'est ici que Leibniz se plaît à faire ressortir contre Descartes l'insuffisance des mathématiques. « Si la matière était « une substance comme on la conçoit vulgairement, « elle ne pourrait point, sans miracle, observer les « règles de la convenance; et, laissée à elle-même, « elle observerait certaines lois brutes, dépendantes « d'une nécessité mathématique, absolument éloignées « de l'expérience. (*Lettre à M. de Montmort*, 725. *Lettre à Bayle*, 191. — surtout *Corresp. avec Clarke et Arnaud.*)

C'est toujours à la lumière de son grand principe que Leibniz corrige et complète les règles de la mécanique cartésienne, en soutenant contre Descartes que la mesure de la force n'est pas celle qu'il donne ; que ce n'est pas la quantité du mouvement, mais celle de la force, qui persiste dans l'univers; enfin que la direction d'un mouvement ne saurait changer sans l'intervention d'une cause matérielle. (*Sur le principe de vie*, 429-432. — *Principes de la nature et de la grâce*, 716.)

Ainsi la méthode des mathématiques et le principe de contradiction sont impuissants à rendre compte des lois véritables du mouvement. D'un autre côté, le principe de raison suffisante, auquel il faut, dans l'étude de la nature, avoir nécessairement recours, ne permet pas d'admettre la réalité de l'espace et du temps, et, par conséquent, supprime celle de la matière et du mouvement.

La philosophie mécanique de Descartes et le panthéisme naturaliste de Spinoza sont par là renversés du même coup. L'usage exclusif du principe de contradiction et de celui des causes efficientes a conduit ces philosophes à prendre le monde des apparences pour le monde réel.

Pour connaître la réalité, ce n'est pas le principe de contradiction qu'il faut interroger : il ne gouverne que les possibles ou les vérités purement intelligibles, comme celles de la logique et des mathématiques. A son tour, le principe des causes efficientes ne régit que les apparences ou les phénomènes, la matière. La réalité dépend du principe de convenance ou du meilleur ; elle obéit à la nécessité morale, aux causes finales, à la loi, en un mot, de la raison suffisante, qui veut que tout satisfasse la raison. (*Corresp. avec Clarke*, 758. — *Théodicée*, 548-614). Les lignes suivantes contiennent la formule la plus expressive de ce principe : « Il faut, pour être, une prévalence « d'intelligibilité ou d'ordre ; et il y a ordre à mesure « qu'il y a beaucoup à remarquer dans une multi- « tude. » (**Principes de la nature et de la grâce**, 718).

C'est parce que l'être est meilleur que le néant, l'action que l'inertie, la pensée que la matière, qu'il n'y a pas d'autres substances réelles que les monades, et que partout dans l'univers se déploient l'action, la vie, la pensée. C'est parce que des monades dont la perception est infinie en durée et en étendue répondent seules dignement à la toute-puissance et à la bonté de Dieu, c'est-à-dire ont seules une perfection capable de satis-

faire notre raison, que chaque monade est un monde en raccourci, une sorte de petit Dieu. — « Jamais sys-
« tème n'a mis notre élévation dans une plus grande
« évidence. — Tout esprit étant comme un monde à
« part, suffisant à lui-même, indépendant de toute
« autre créature, enveloppant l'infini, exprimant l'u-
« nivers, est aussi durable, aussi subsistant et aussi
« absolu que l'univers même des créatures. (128,
« *Système nouveau*). » C'est, enfin, parce que l'harmonie est préférable au désordre, que le monde des monades est régi par les grandes lois de l'analogie, de la continuité, et forme comme une hiérarchie infinie et immuable dont la divinité, la monade parfaite, est à la fois le lien, le principe et la fin. La règle du meilleur domine, en un mot, toute la métaphysique de Leibniz; et son système ne lui paraît plus vrai que tous les autres, que parce qu'il satisfait plus complétement la raison, tant dans l'explication des faits que dans la recherche des principes.

L'exposition de la monadologie va servir à justifier notre appréciation.

§ II

MONADOLOGIE

Les *Monades* de Leibniz, comme l'*Un* de Parménide, les *Idées* de Platon, les *Énergies* d'Aristote, les *Formes* de la scolastique, appartiennent au monde intelligible, à cette région inaccessible aux sens, dont la pure et éclatante lumière ne peut être soutenue que par le regard de la raison. Platon demandait au philosophe de mourir aux sens avant de pénétrer dans la région de la vérité. Leibniz, comme tout vrai métaphysicien, ne voit dans le monde sensible, auquel s'attachent la pensée et le cœur de l'ignorant, qu'un monde de phénomènes dont il faut secouer les dangereuses et décevantes apparences. Il rompt sans ménagement avec le sens commun, qui n'est pour lui que la commune illusion. Il se plaît à reprendre contre l'opinion vulgaire, en les fortifiant, les accusations dont sont remplis les dialogues de Platon. Il avait même traduit le *Théétète* et le *Phédon*. Sa dialectique n'est pas moins pressante que celle du philosophe grec. Nous avons rassemblé dans le chapitre précédent les plus curieux de ses arguments, en faisant ressortir avec quel art ingénieux Leibniz les rattache comme autant de conséquences nécessaires, à son grand principe de la *Raison suffisante.*

Il nous faut pénétrer maintenant à sa suite dans le monde nouveau de réalités purement intelligibles, qu'il oppose, qu'il substitue à celui que les sens nous présentent.

Le nom qu'il donne à ces substances, indique assez quelle pensée dominante a conduit son esprit à les admettre. L'être et l'unité ne sauraient être séparés, répète-t-il sans cesse. — « Ens et unum convertuntur. » (*Epist. ad des Bosses,* 435). — « Pour trancher court, « je tiens pour un axiome cette proposition identique, « qui n'est diversifiée que par l'accent, savoir que ce « qui n'est pas véritablement *un* Être n'est pas non plus véritablement un *Être.* » (*Corr. avec Arnaud,* 655 — *Edit. Janet.*)

Partout où se rencontrent la vie, le mouvement, il faut un principe qui ramène la diversité à l'unité. Ou ce principe sera en nous : et alors l'harmonie, l'unité des choses seront le produit de notre intelligence, et les choses tireront de nous seuls ce qui les rend intelligibles, ce qui en fait la réalité. Ou il faut admettre, en dehors de notre esprit, des principes d'unité, des *formes,* comme dit Leibniz, qui aime à reproduire le langage des anciens philosophes, afin de faire ressortir l'accord des doctrines successives sous leurs contradictions apparentes. Il les appelle encore *atomes de substances* (126-185), *atomes formels* (124, *Edit. Erdm.*).

Que peuvent être ces formes, sinon des forces, c'est-à-dire des principes d'harmonie où l'unité engendre la diversité, « des unités fécondes ? » Et comme l'expérience ne nous permet de saisir directement, de bien connaître qu'une substance de ce genre, le moi, l'âme, ce sont des *analogues de l'âme,* du moi (*Ed. Erdm.*, 158). On peut encore les nommer des principes de vie ou des forces douées de *perception*.

Ce terme de perception, qui a prêté à des malentendus, indique plus énergiquement encore l'analogie de la monade et de l'âme. Percevoir, pour l'âme pensante, c'est ramener à l'unité du moi la diversité des impressions sensibles. « Quum percipimus, exprimun-« tur multa in uno, nempe ipso percipiente. » (*Ed. Erdm.*, 439). — Percevoir pour la monade, ce n'est pas seulement connaître la diversité harmonieuse ; c'est aussi la produire. Il faut même distinguer davantage. Pour nous la perception est une forme de la conscience : mais Leibniz ne commet pas l'absurdité de douer de con-

science toutes les forces dont il remplit l'univers. La pierre, la plante, pour être des monades ou des aggrégats de monades, ne sont pas animées par lui, comme dans la fable, de la vie, de la conscience ; aussi remplace-t-il souvent percevoir par *exprimer, représenter*, lorsqu'il veut donner à sa pensée toute la clarté désirable. « Exprimer, c'est représenter dans l'unité d'un
« seul être ce qui est divisible et matériel, et se trouve
« divisé en plusieurs êtres. » (*Corr. avec Arnaud*, 668-677. — *Ed. Janet.*) — Il déclare que les monades expriment leur objet très-inégalement, les unes plus confusément que les autres, celles-ci pour elles-mêmes ou avec conscience, les autres pour le spectateur seulement.

C'est l'identité de ces notions fondamentales : l'*un*, l'*action*, la *perception* avec l'*Être*, que traduit la notion de la substance. Il n'y a pas de substance sans action ; pas d'action qui ne soit la perception, l'expression d'une diversité; pas de perception, enfin, qui ne suppose l'unité d'un sujet percevant.

Qu'expriment ces miroirs vivants indivisibles ? L'univers entier. — Quelque diversité qu'il y ait entre les monades, elles ont toutes le même objet. « Ce n'est
« pas dans l'objet que les monades diffèrent entre
« elles. Elles sont limitées et distinguées par les
« degrés des perceptions distinctes. » (*Monade,* 709). —
« Dans la plus obscure des monades, des yeux aussi
« perçants que ceux de Dieu pourraient lire toute la
« suite des choses de l'univers. » (197, *Nouveaux essais*). — Et il explique longuement à Arnaud (*Corresp. avec Arnaud,* 668. — *Ed. Janet*) cette *expression* infinie des monades. Considérons le corps, lui dit-il : chacun des mouvements de l'univers matériel, par

suite de la connexion de toutes choses dans le plein, se communique jusqu'à lui. Mais, si l'on admet la correspondance parfaite de l'âme et du corps, en sorte que chaque mouvement de l'un corresponde à une modification de l'autre (et c'est justement le principe de Descartes et surtout de Spinoza), il faut avouer que notre âme, elle aussi, subit tous les changements de l'univers. Elle *exprime* donc le monde des corps tout entier ; mais, plus confusément sans doute, les corps plus éloignés, et qui ont moins de rapport avec le sien. Et que l'on n'objecte pas à Leibniz que la conscience ne nous dit rien de cette perception infinie de l'univers : c'est assez que la raison l'affirme. Est-ce que les sens nous instruisent de la communication à l'infini des mouvements de la matière ? Est-ce qu'ils saisissent autre chose que les mouvements les plus apparents, disons mieux, que les mouvements composés ? La physique cartésienne, confirmée et développée par ses propres expériences, sert à Leibniz à éclairer, à justifier sa pensée. Qu'est-ce que la perception d'une couleur, d'un son, sinon la perception confuse d'une multitude de couleurs, de sons simples ? Et un son simple n'est-il pas lui-même l'expression d'un rapport entre une multitude de mouvements ? L'infiniment petit, c'est-à-dire l'imperceptible, nous enveloppe de toutes parts, dans le monde physique ; et l'on s'étonnerait qu'il en fût de même dans le monde des pensées ! La théorie des petites perceptions tient une grande place dans la doctrine de Leibniz. » Elles sont de plus « grande efficace qu'on ne pense. » (*Nouveaux essais*, 197) ; car le sensible a sa raison dans l'insensible. (736, *Lettre à de Montmort*). C'est sur elles que repose la doctrine de l'harmonie préalable et la conception de la monade microcosme.

Nous avons vu ce qu'étaient la nature et l'objet des monades. Il faut parler maintenant de leurs différences.

Chaque monade se compose de deux forces : une *force active primitive,* une *force passive primitive.* En vertu de la première, les monades représentent uniformément l'univers ; mais comme elles doivent être distinctes et, par suite, limitées (autrement elles seraient infinies), elles tirent d'un élément inférieur, inhérent à la substance de chacune d'elles, et leur diversité et leur inégalité : cet élément, c'est la *vis passiva primitiva,* qui engendre la matière. — Il faut distinguer entre la *materia prima, nuda* et la *materia secunda ou vestita.* Celle-ci est l'effet, celle-là est la cause ; l'une est le principe de l'organisme, de la vie corporelle, l'autre en est la manifestation sensible sous ses formes successives. De la *vis passiva primitiva* découle l'imperfection essentielle aux monades créées, laquelle, en les limitant, fait leur individualité.

Mais quel genre d'imperfection peut se rencontrer dans la monade ? Sa perfection consisterait dans la perception totale et distincte de l'univers ? « Si elle « n'avait que pensées distinctes, ce serait un Dieu, sa « sagesse serait sans bornes ; c'est une des suites de « nos méditations. » (*Théodicée,* 540. — Id. 520-613). — C'est l'expression obscure, confuse, incomplète, substituée à l'expression claire, distincte, complète, qui fera son imperfection. Chaque monade étant par essence une force spontanée, ce sera l'obscurcissement de cette spontanéité : l'inertie remplaçant l'action, l'étendue enfin, la pensée. Tout comme dans l'engourdissement périodique de l'intelligence, qu'on appelle le sommeil, les pures conceptions de la pensée semblent des objets indépendants de nous et comme des réalités matérielles ; ou encore, de même que dans l'évanouissement, la pensée paraît suspendue, quoique la raison nous oblige de croire que l'action du dehors ne cesse pas d'avoir son écho dans les modifications de l'âme ; ainsi, l'imperfection des monades, l'affaiblissement de leur énergie perceptive (*vis perceptiva*) supprime en elles la conscience de leur spontanéité et obscurcit la clarté de leur représentation. C'est ainsi que s'explique l'apparente réalité du temps et de l'espace, qui ne sont au fond que la succession et la simultanéité des perceptions, ainsi que l'existence mensongère des corps, qui résume en elles nos autres illusions (*Lettre à Basnage*, 153).

Non-seulement le corps constitue l'imperfection des monades, mais il en fait aussi la distinction, il en mesure l'inégale perfection. Au développement de l'organisme répond celui des sens ; et de la perfection de ces derniers dépend la clarté de notre représentation. Ce qui distingue les monades, c'est le degré de clarté des perceptions. « Toutes vont à l'infini, mais les « unes plus distinctement que les autres. » (710, *Monadol.*). « Toutes expriment l'univers, mais cha- « cune suivant son point de vue, les unes plus claire- « ment par rapport à certaines choses. » (*Lettre à Arnaud*, 107). — L'univers, envisagé du point de vue propre à chaque monade, est comme une même ville contemplée de points différents et par des hommes doués de facultés, de sens inégaux : ce sera toujours le même objet ; mais quelle connaissance différente suivant les individus ! (*Monadol.* 709). Or, ce point de vue propre à chaque monade, que Leibniz appelle le point de vue métaphysique, c'est le corps, la matière, l'organisme attaché à chacune d'elles qui le déterminent. Baumgarten dira plus tard : « anima repræsentatio universi « pro positu corporis in eodem. »

Leibniz, dans toute cette théorie, se montre fortement pénétré des enseignements de Descartes et de Spinoza sur l'étroite corrélation du développement de l'organisme et de celui de l'intelligence. Il le répète avec eux sous toutes les formes : « pas un mouvement dans le « corps qui ne corresponde à un mouvement de l'âme, « et vice versâ. » (Voir *la Réplique à Bayle*, 184 — *la Monadol.*, 706 — et *les Nouveaux essais*, 225-235). — Plus l'organisme est compliqué, délicat, mieux il répond aux impressions du dehors. L'exercice des sens extérieurs, de la mémoire, de l'imagination, n'est-il pas entièrement dépendant de la constitution et de l'état du corps? La réflexion est-elle possible en dehors de certaines conditions physiques, et n'en faut-il pas dire autant de la conscience? L'activité de l'âme, à tous les degrés et sous toutes les formes, l'engourdissement, le sommeil, la passion, la réflexion, la volonté, pour n'en citer que quelques-unes, correspond exactement à la perfection inégale et aux modifications variables de l'organisme. La différence de la plante, de l'animal et de l'homme ne saurait s'expliquer d'une autre façon.

Mais si le corps, l'organisme, est source d'imperfections, d'inégalité entre les monades, et, par suite, fait leur différence et leur individualité, il est aussi le lien

qui les unit. « Les créatures franches ou affranchies de
« la matière seraient comme les déserteurs de l'ordre
« général. » (*Sur le principe de vie,* 432.) — Voyez,
en effet, ce qui arrive quand la vie de relation est suspendue par l'inaction des sens, dans le sommeil, ou
par leur perturbation, comme dans la folie ? Chaque
âme dans ce double état n'habite-t-elle pas un monde
distinct, à part de tous les autres, et n'est-elle pas
incapable de discerner la réalité de l'illusion ? Nous ne
distinguons les corps réels des corps imaginaires que
parce que l'existence des premiers est en accord avec
les lois de la matière (*Réplique à Bayle,* 444 : *de
Phœnomenis realibus et imaginariis.* — Surtout : *Nouveaux essais,* 344 et 353). — « Les choses actuelles ne
« sauraient s'écarter des règles mathémathiques, et on
« peut dire en effet que c'est en cela que consiste la
« réalité des phénomènes, qui les distingue des son-
« ges. » (*Erdm.* 189). — Ainsi la réalité physique
des corps, l'existence des autres esprits qui ne nous
sont connus que par l'intermédiaire des corps, et par
conséquent le commerce mutuel, la société des âmes,
sont subordonnés par nous à l'existence de la matière.
« S'il n'y avait que des esprits, ils seraient sans la
« liaison nécessaire. Cet ordre demande la matière, le
« mouvement et ses lois. » (*Théodicée,* 537).

La matière est pour les âmes ce qu'est le corps pour
les amants, dans cette épigramme de Schiller : « Er nur
« ist's, der die Seelen trennt und der die Seelen vereint.
« — C'est lui seul qui sépare les âmes, c'est lui aussi
« qui les rapproche. »

Si le corps, l'organisme, distingue les âmes, la
diversité ainsi créée n'est pourtant pas sans règle, sans

ordre : c'est une harmonie, c'est-à-dire une échelle de perfections relatives. Depuis la plus humble des espèces jusqu'à la plus élevée, et dans chaque espèce, depuis le plus obscur jusqu'au plus parfait de ses représentants, c'est une hiérarchie, une gradation sans fin des énergies perceptives. Or, comme chacune des monades est un microcosme, une expression de l'univers, un monde en raccourci, elles multiplient autant de fois le même univers. C'est parce qu'elles ont toutes le même objet, et parce qu'elles le représentent avec une clarté différente, qu'il y a entre elles harmonie. L'harmonie, en effet, c'est l'unité dans la variété. Il n'y a pas de sauts, c'est-à-dire de transitions brusques, dans la série des existences, en vertu du grand principe de la continuité dont Leibniz fait les plus fécondes, comme aussi les plus étranges applications. On ne doit pas plus admettre le vide métaphysique « vacuum metaphysicum seu formarum » que le vide des physiciens « vacuum materiæ. » On ne saurait trouver un seul degré inoccupé dans l'échelle infinie des monades. Le fini ne peut exprimer dignement l'infini, l'imparfait le parfait, que par un progrès éternel, que par une hiérarchie infinie de créatures, qui toutes y aspirent également et ne s'en rapprochent toutes que d'une manière inégale. — Cette harmonie est préétablie, prédéterminée par la volonté divine. «De toute éternité, « chacune est accommodée à toutes les autres, de telle « sorte que leurs expressions se répondent. » Chaque monade porte dans sa notion le germe de toutes les perceptions qui doivent se succéder en elle. Comme la notion du triangle renferme dans sa compréhension, pour qui l'entendrait parfaitement, toutes les propriétés du triangle.

Tel est le sens dans lequel il convient d'entendre l'harmonie préétablie de Leibniz. — Dans l'école de Wolff et, après elle, chez de nombreux historiens qui ont jugé Leibniz d'après Wolff, l'harmonie se dit surtout des rapports de l'âme et du corps. On reproduit fréquemment la comparaison des deux horloges, qui se trouve dans la *lettre à Basnage* (152) et dans le *troisième éclaircissement* (135). Mais c'est là une explication populaire. L'auteur la donne aux Cartésiens, peu curieux d'entendre tout son système, qui veulent seulement connaître la solution qu'il apporte au problème, si souvent agité par eux, des relations du corps et de l'âme. Mais croire qu'il s'agit au fond, pour Leibniz, d'un commerce entre deux substances, c'est tellement contredire les principes essentiels de la monadologie, que nous n'avons pas besoin d'insister sur une si grossière erreur. Il ne peut être question d'une différence substantielle entre la pensée et l'étendue, dans un système qui, sous la distinction de l'âme et du corps, ne voit rien autre chose que la distinction des perceptions claires et des perceptions confuses de la même monade. On peut rechercher seulement comment deux classes aussi diverses de perceptions s'accordent au sein d'une même substance. Par l'image des deux horloges, Leibniz ne veut qu'exprimer énergiquement le déterminisme rigoureux qui enchaîne dans une correspondance parfaite tous les changements de la monade, le monde de ses pensées comme celui de ses mouvements. Mais la doctrine de l'*Harmonie préétablie* a bien plus d'étendue, et concerne surtout le problème de la *communication des substances*.

L'harmonie des monades conduit nécessairement à

Dieu comme auteur de cette harmonie. La doctrine des possibles et celle de la création, la théorie des vérités éternelles servent également à Leibniz à prouver l'existence de l'Être suprême : mais la démonstration qu'il tire de la monadologie est celle qu'il reproduit et développe le plus volontiers. Elle lui plaît parce qu'elle est nouvelle et qu'il en est l'auteur, et parce qu'elle fait de Dieu le principe et la fin du monde des monades.

Dieu est monade, la plus parfaite des monades, acte pur. L'ordre des choses créées vient de lui, et par suite, la durée et l'étendue, qui n'expriment qu'un ordre entre les phénomènes : l'immensité et la durée ne donnent de la diversité qu'à ses opérations. Il est au-dessus et en dehors de cet ordre des créatures, dont il est le principe : c'est-à-dire qu'il est affranchi du temps et de l'espace, et, par suite, de la matière. Il n'y a en lui que des perceptions distinctes et parfaites; il possède la perception et l'action à leur plus haut degré, ou la science et la liberté absolues.

On a prétendu que la matière était essentielle à la monade. Mais Leibniz ne dit pas cela. Il soutient seulement que sans la matière « vis passiva primitiva », les monades seraient acte pur, ou parfaites comme Dieu. La matière ne fait pas l'essence, mais la distinction des monades. Bien loin de constituer l'unité et l'être des monades, la matière n'en est que la limitation. En Dieu, il n'y a pas de matière, puisqu'il n'a pas de perceptions confuses. Il possède la perfection de l'acte et de la pensée.

C'est au nom du principe de raison suffisante que Leibniz l'affirme. Les perceptions confuses ne s'expliquent que par les perceptions distinctes. Le plus ne peut venir du moins; l'esprit, qui est la clarté, de la matière qui n'est que confusion. N'y a-t-il pas d'ailleurs de l'ordre, de la spontanéité dans le confus comme dans le distinct? Mais cet ordre, cette spontanéité qui se trouvent partout dans l'univers, que notre intelligence défectueuse les saisisse ou les ignore, doivent venir d'une cause capable de les expliquer, d'un Être qui réunisse la perfection de l'intelligence et de la volonté.

Cet être est créateur. Sans cesse Leibniz parle de la création continue; il veut exprimer par là l'efficacité éternellement persistante de l'acte divin. — Mais faut-il rapporter l'existence du mal à un *fiat* de la puissance créatrice? Ce terrible problème occupe le génie de Leibniz et lui inspire sa théodicée. Sans doute les créatures ne peuvent pas être parfaites; mais pourquoi Dieu a-t-il créé? D'où vient l'inégale perfection des créatures?

C'est dans la région des possibles qu'il faut chercher le principe du mal métaphysique. Dieu veut le bonheur et la perfection des créatures : mais elles ne s'y prêtent pas toutes également; Dieu choisit entre elles celles qui peuvent composer le monde le meilleur. Il veut *antécédemment* le bien et *conséquemment* le mal: « malum à causâ deficiente, non efficiente. » Le mal a son origine dans une nécessité métaphysique indépendante de la volonté de Dieu et que conçoit son entendement.

Tous les possibles sont présents à la pensée de Dieu : « Je demeure d'accord qu'il n'y a pas d'autre
« réalité dans les purs possibles que celle qu'ils ont

« dans l'entendement divin. » (*Corresp. avec Arnaud,* 607-612, *éd. Janet*); — mais qu'est-ce que cette région des possibles? Les espèces, les genres y coexistent avec les individus, de toute éternité. (*Corr. avec Arnaud,* id). Qu'est-ce que cette existence idéale qui, pour les individus, ne devient réelle que par un décret libre de la volonté divine? « Nous avons déjà montré, dit Leib-
« niz, que cette source du mal se trouve dans les
« formes ou idées des possibles; car elle doit être éter-
« nelle, et la matière ne l'est pas. » (*Théodicée,* 614-623). Les possibles sont coéternels à Dieu. Sont-ils indépendants de lui, ainsi qu'on serait tenté de le conclure d'expressions comme les suivantes : « Omne possibile exigit existere. » *(Erdm.,* 99) : « Possibilia pari jure ad existentiam tendunt pro quantitate realitatis, vel pro gradu perfectionis quem involvunt. » *(Erdm.* 146. *De rerum originatione radicali)*? Ou bien faut-il voir en eux, au sens littéral, des émanations de la substance divine, des pensées de son intelligence, auxquelles sa volonté donne la réalité? « Dieu pro-
« duit diverses substances, selon les différentes vues
« qu'il a de l'univers. » (*Corresp. avec Arnaud,* 579).
— Cette doctrine panthéiste ne s'accorde assurément pas avec les intentions expressément déclarées de Leibniz; mais l'insuffisance, l'obscurité de ses explications ont conduit quelques historiens à la lui attribuer.

En tout cas, le rapport du monde des possibles et de celui des existences demeure un des points obscurs de la philosophie de Leibniz; la correspondance avec Arnaud, qu'il faut consulter particulièrement sur ces difficultés de la doctrine, montre que Leibniz avait conscience de l'insuffisance de ses explications et de la difficulté du problème.

La science des phénomènes.

§ III

LA PHYSIQUE

Avec cette théorie des monades qui nie la réalité de l'espace et du mouvement, et ne voit dans la matière qu'un phénomène bien fondé, que devient la science des corps ? — Elle reste ce qu'elle était dans la philosophie de Descartes : un mécanisme où tout est soumis aux lois des causes efficientes. « Tout se passe « dans les corps comme s'il n'y avait pas d'âmes, et « tout se fait dans les âmes comme s'il n'y avait point « de corps. » (*Réplique à Bayle*, 185). — « Il faut « toujours expliquer la nature mathématiquement et « mécaniquement, pourvu qu'on sache que les prin- « cipes mêmes ou lois, de mécanique ou de force, ne « dépendent pas de la seule étendue mathématique, « mais de quelques raisons métaphysiques. » (*Corr. avec Arnaud, éd. Janet*, 619.)

Nous avons vu plus haut quelles étaient ces lois,

et exposé les raisons pour lesquelles Leibniz ne croit pas que les principes mathématiques soient capables de les expliquer.

« Cependant qu'approbateur des scolastiques que
« je sois dans cette explication générale et pour ainsi
« dire métaphysique des principes des corps, je suis
« aussi *corpusculaire* qu'on le saurait être dans l'expli-
« cation des phénomènes particuliers. » (Ut sup., 619, id. 578-638.) Mais comme nos analyses ne sauraient atteindre à la subtilité infinie des œuvres de Dieu, la considération des causes finales peut être utilement introduite. « J'accorde que les effets particuliers de la
« nature se peuvent et se doivent expliquer mécani-
« quement, sans oublier pourtant leurs fins et usages
« admirables que la Providence a su ménager. » (*Lettre à Bayle,* 106.)

« M. Descartes ne veut point que son Dieu agisse
« suivant quelque fin ; et c'est pour cela qu'il retran-
« che de la philosophie la recherche des causes
« finales, sous ce prétexte adroit que nous ne sommes
« pas capables de découvrir les fins de Dieu, au lieu
« que Platon qui a si bien fait voir que, si Dieu est
« l'auteur des choses et que si Dieu agit suivant la
« sagesse, que la véritable physique est de savoir les
« fins et l'usage des choses. Car la science est de
« savoir les raisons : et les raisons de ce qui a été fait
« par entendement sont les causes finales ou desseins
« de celui qui les a faites, lesquels paraissent par
« l'usage et la fonction qu'elles font. C'est pourquoi
« la considération de l'usage des parties est si utile
« dans l'anatomie. » (*Foucher de Careil. — Lettres et opuscules inédits de Leibniz,* p. 5.)

Le monde des corps n'est fait que pour celui des esprits (*Système nouveau de la nature,* 125). « On « peut dire que tout tend à la perfection, non-seulement « de l'univers en général, mais encore de ces créatures, « en particulier, qui sont destinées à tel degré de bon- « heur que l'univers s'y trouve intéressé en vertu de « la bonté divine. » (Ut sup.) — « Les esprits ont des « lois particulières qui les mettent au-dessus des révo- « lutions de la matière, et on peut dire que tout le reste « n'est fait que pour eux, ces révolutions mêmes étant « accommodées à la félicité des bons et au châtiment « des méchants. » (Id. 125). — Cette subordination du naturalisme au moralisme, des causes matérielles ou efficientes aux causes finales, de la nature, enfin, à l'esprit « sunt spiritualia priora naturalibus. — Causæ pendent materiales à finalibus, » est le principe même sur lequel reposent la *monadologie* et l'*optimisme*.

A cette question de la méthode qu'il convient de suivre dans l'étude de la nature, se rattache celle de la réalité du monde extérieur. Leibniz, après les Cartésiens, s'est beaucoup occupé de ce second problème. Sa pensée trouve son expression définitive et reçoit toute la clarté désirable dans les *Nouveaux essais* (344, 353, 379), et dans le petit opuscule : *de modo distinguendi phœnomena realia ab imaginariis* (442). Remarquons cette expression si énergique dans sa concision : *phœnomena realia*. La réalité qu'affirme le physicien n'est pas plus pour Leibniz la réalité vraie que le monde des apparences sensibles auxquelles s'attache l'imagination de l'ignorant : la vérité et la réalité ne résident que dans les monades.

La réalité physique n'est pas autre chose que la

liaison des phénomènes, conformément aux lois de la raison, c'est-à-dire aux règles des mathématiques. « Ainsi, quoique les méditations mathématiques soient « idéales, cela ne diminue rien de leur utilité, parce « que les choses actuelles ne sauraient s'écarter de « leurs règles; et on peut dire en effet que c'est en « cela que consiste la réalité des phénomènes, qui les « distingue des songes. » (190.)

Il faudrait citer tous les passages des *Nouveaux essais* qui ont rapport au même sujet.

Bornons-nous à la suivante : « Vous avez raison de « dire qu'il y a de la différence pour l'ordinaire entre « les sentiments et les imaginations : mais les scepti- « ques diront que le plus et le moins ne varient point « l'espèce. D'ailleurs, quoique les sentiments aient « coutume d'être plus vifs que les imaginations, l'on « sait pourtant qu'il y a des cas où des personnes ima- « ginatives sont frappées par leurs imaginations autant « ou peut-être plus qu'un autre ne l'est par la vérité « des choses; de sorte que je crois que le vrai critérium « en matière des objets des sens, est la liaison des « phénomènes, c'est-à-dire la connexion de ce qui se « passe en différents lieux et temps, et dans l'expé- « rience de différents hommes, qui sont eux-mêmes les « uns aux autres des phénomènes très-importants sur « cet article. Et la liaison des phénomènes, qui garantit « les vérités de fait à l'égard des choses sensibles « hors de nous, se vérifie par le moyen des vérités de « raison; comme les apparences de l'optique s'éclair- « cissent par la géométrie. Cependant il faut avouer « que toute cette certitude n'est pas du suprême « degré, comme vous l'avez bien reconnu. Car il n'est

« point impossible, métaphysiquement parlant, qu'il
« y ait un songe suivi et durable comme la vie d'un
« homme; mais c'est une chose aussi contraire à la
« raison que pourrait être la fiction d'un livre, qui se
« formerait par le hasard, en jetant pêle-mêle les
« caractères d'imprimerie. Au reste, il est vrai aussi
« que, pourvu que les phénomènes soient liés, il
« n'importe qu'on les appelle songes ou non, puisque
« l'expérience montre qu'on ne se trompe point dans
« les mesures qu'on prend sur les phénomènes, lors-
« qu'elles sont prises selon les vérités de raison. »
(Nouv. Essais, 344, Erd.)

§ IV

LA PNEUMATOLOGIE

La science de l'âme doit éclairer la connaissance des corps; les vérités intelligibles, qui sont le fondement de la vérité des phénomènes, c'est-à-dire de la réalité sensible, de la réalité des corps, c'est en nous-mêmes que nous les trouvons. « La vérité est que nous voyons
« tout en nous et dans nos âmes; que la connaissance
« que nous avons de l'âme est très-véritable et juste,
« pourvu que nous y prenions garde; que c'est par la
« connaissance que nous avons de l'âme que nous
« connaissons l'Être, la substance, Dieu même; et que
« c'est par la réflexion sur nos pensées que nous con-
« naissons l'étendue et les corps. » *(Erd. 452).*

Si Leibniz reste fidèle sur ce point à la pensée fondamentale du *Discours de la méthode*, il se sépare de son devancier dans sa théorie *des petites perceptions.* Tandis que, pour Descartes, la conscience est l'essence même de la pensée, Leibniz soutient que l'inconscience est un état de l'âme et son état le plus ordinaire. L'activité supérieure que la pensée déploie dans le sentiment, dans la réflexion, dans la volonté, a sa source dans la vie sourde, inférieure, des petites perceptions. Il ne faut chercher que dans la distinction des pensées et des mouvements la limite qui sépare le domaine de la pneumatologie de celui de la physique.

Leibniz contredit encore Descartes dans l'affirmation du *déterminisme* des pensées. Si la loi des causes efficientes qui régit le monde des corps, fait place à celle des causes finales dans le monde des faits moraux, les pensées comme les mouvements ne s'en produisent pas moins avec une inflexible nécessité. La liberté des actes volontaires n'arrête pas Leibniz : la liberté n'est pour lui qu'une spontanéité intelligente « spontaneitas intelligentis. » Mais partout dans l'univers se découvre à ses yeux la spontanéité, *l'appetitus ad novas perceptiones tendens.* Qu'elle s'ignore elle-même, comme dans les plantes ; qu'elle n'atteigne qu'au sentiment confus, comme dans les animaux ; qu'elle s'élève, enfin, à la claire lumière de la réflexion, dans la conscience humaine : partout règne la spontanéité, mais une spontanéité réglée, déterminée. *L'harmonie préétablie,* sur laquelle repose la conception des monades, non moins que la prescience divine, paraît à Leibniz réclamer impérieusement ce déterminisme.

Si les effets du déterminisme moral sont moins faciles à calculer, à prévoir, que ceux du déterminisme physique ; en d'autres termes, si la science de l'âme

est plus compliquée que celle du corps, c'est que les changements de la matière sont simples, tandis que ceux de l'âme sont composés. « L'état de l'âme comme de
« l'atome est un état de changement, de tendance;
« l'atome tend à changer de lieu, l'âme tend à changer
« de pensées; l'un et l'autre de soi change de la manière
« la plus simple et la plus uniforme que son état per-
« met. — D'où vient-il donc, me dira-t-on, qu'il y a
« tant de simplicité dans le changement de l'atome et
« tant de variété dans les changements de l'âme ? —
« C'est que l'atome tel qu'on le suppose, bien qu'il n'y
« ait rien de tel dans la nature, bien qu'il ait des par-
« ties, n'a rien qui cause de la variété dans sa tendance,
« parce qu'on suppose que ces parties ne changent
« point leurs rapports; au lieu que l'âme, tout indivi-
« sible qu'elle est, renferme une tendance composée,
« c'est-à-dire une multitude de pensées présentes, dont
« chacune tend à un changement particulier suivant ce
« qu'elle renferme, et qui se trouvent en elle tout à la
« fois, en vertu de son rapport essentiel à toutes les
« autres choses du monde. » (*Réplique à Bayle,* 186).

§ V

LA MORALE. L'APPÉTIT INNÉ DU BIEN OU DU BONHEUR

Le déterminisme absolu sert, à coup sûr, les intérêts de la physique autant que ceux de la métaphysique leibnizienne : est-il également favorable à la moralité ?

Leibniz a-t-il aussi bien défendu les droits de la conscience que ceux de la science ?

Toutes les tendances de l'âme, quelque diversité que la multitude infinie des choses y produise, ne sont que les manifestations fugitives, imparfaites de la tendance essentielle, nécessaire de toute monade vers la perception complète et distincte de l'univers, en d'autres termes, vers la perfection.

Comment parler du devoir de tendre au bien dans une doctrine qui fait de l'appétit du bien le fond même de l'être fini ?

Sans doute, cette impulsion n'est pas imposée à la monade par une force étrangère. Leibniz, dans sa théorie des possibles, s'efforce d'établir que les formes individuelles, ou les essences éternelles des monades, avec leur aspiration inégale au bien, préexistent dans l'entendement divin à l'acte créateur qui les appelle à l'existence (voir ci-dessus). Les créatures sont responsables de leur imperfection native : l'individu est nécessairement, dans le monde changeant des existences, ce qu'il était librement dans la région éternelle des essences. Avec une telle doctrine, il ne peut être question de la liberté d'indifférence, ni même de ce que nous appelons le libre arbitre (voir *La Théodicée*). On n'a le droit de parler que des tendances instinctives de l'âme. Quelles sont celles qui mériteront le nom de tendances morales *(Nouv. Ess.* 213 et sq.)? Leibniz donne ce nom aux formes désintéressées que prend l'appétit inné du bonheur, sous l'action supérieure de la raison. (Voir 1er liv. : ***Des principes de pratique)***.

Chacun aspire au bonheur, mais la raison nous apprend que la félicité de l'individu comprend nécessairement celle des autres comme son élément, en vertu de la liaison de toutes les choses, de tous les êtres dans l'univers. De là naissent en nous les tendances au bien général : éclairées, érigées en maximes, elles deviennent les lois de la conduite, les principes de la morale. C'est en ce sens que la notion du bien moral, du devoir, se rencontre dans la philosophie de Leibniz.

Les tendances morales trouvent dans l'amour leur suprême expression. Aimer, c'est faire son bonheur de la félicité des autres : « Amare sive diligere est felicitate alterius delectari, vel quod eôdem redit, felicitatem alienam asciscere in suam. » (118).

De l'amour découle la justice : « Justitiam... commodissime, ni fallor, definiemus caritatem sapientis » (id). Mais la justice ne peut être parfaitement connue, qu'autant qu'on la fait reposer sur la foi dans l'existence de Dieu et dans l'immortalité. « C'est donc la « considération de Dieu et de l'immortalité, qui rend les « obligations de la vertu et de la justice absolument « indispensables. » (264).

§ VI

L'ART OU LA PERCEPTION CONFUSE DE L'HARMONIE

Nous venons de voir ce que devient la morale, chez l'auteur de la *Monadologie :* une sorte d'*eudémonisme rationnel.* Son système s'accommode-t-il mieux du beau et de l'art ?

Le beau, d'après la définition de Leibniz, c'est la perfection sentie ; et, par suite, puisque toute connaissance sensible est confuse, c'est la perfection confusément aperçue, saisie à l'aide des sens. Le beau est comme un intermédiaire entre les choses sensibles et les choses vraies ; la faculté qui le saisit, l'imagination, tient le milieu entre les sens et l'entendement ; et l'art, qui l'exprime, qui le produit, s'élève au-dessus de l'expérience et donne la main à la science. — L'artiste servira donc d'interprète et comme de précurseur au vrai savant, au philosophe : il préparera la foule à entendre la vérité.

En dehors d'un court passage des principes de la nature et de la grâce (717), c'est dans un opuscule en allemand sur la félicité (*von der glückseligkeit*, 671), qu'il nous faut chercher l'expression la plus développée de la doctrine esthétique de Leibniz. On nous saura peut-être gré d'en traduire ici la partie la plus intéressante.

« On ne remarque pas toujours en quoi consiste la perfection des choses agréables, ni quelle perfection elles peuvent développer en nous ; pourtant notre sensibilité, à défaut de notre entendement, en a la perception. On dit habituellement : il y a un je ne sais quoi qui me plaît dans cette chose, et l'on appelle cela du nom de sympathie. Mais ceux qui recherchent les causes des choses trouvent le plus souvent la raison de ce plaisir. Ils comprennent qu'il se passe là quelque chose qui nous profite véritablement, à notre insu.

« La musique nous en donne un exemple. Tout corps sonore exécute des vibrations, c'est-à-dire des oscillations en sens contraire, comme cela se voit dans les cordes. Le son est donc produit par des mouvements invisibles. Si ces mouvements ne sont pas désordonnés, mais se suivent avec ordre, s'ils se combinent en cadence, nous éprouvons une impression agréable. C'est ainsi que la cadence des syllabes longues et brèves, et les combinaisons des rimes, qui se remarquent dans les vers, sont comme une sorte de musique muette qui, lorsqu'elle est juste, nous fait trouver du plaisir à la poésie sans le secours du chant. Lorsqu'on bat du tambour, que l'on danse en mesure et en cadence, lorsqu'on exécute des mouvements semblables avec ordre et régularité, on cause à l'âme un plaisir qui vient de l'ordre : car l'ordre, sous toutes ses formes, satisfait l'âme, et il règne un ordre régulier, quoique insaisissable, dans les mouvements et les vibrations qu'on imprime avec art aux cordes, aux fifres et aux cloches, et par suite à l'air auquel ces corps communiquent leur ébranlement régulier. Ces mouvements se transmettent à l'âme par l'intermédiaire de l'ouïe, lui font percevoir les sons harmonieux, qui leur correspondent, et qui mettent en mouvement les esprits vitaux. Voilà pourquoi la musique est si propre à exciter les esprits, bien que l'on ne remarque pas assez d'ordinaire cet effet important et qu'on ne le poursuive pas.

« Il n'est pas douteux que les sensations du toucher, du goût et de l'odora doivent leur douceur à un ordre certain, bien qu'imperceptible, à une perfection ou encore à une proportion secrète que la nature y a réalisée, pour nous exciter ainsi que les animaux aux actes qui nous sont nécessaires. Ainsi le juste usage des choses agréables nous est réellement profitable, bien que nos imprudences et nos excès en fassent trop souvent sortir beaucoup plus de mal que de bien.

« Plus une force est grande, plus elle nous manifeste l'action de l'un sur le multiple, soit au dedans, soit en dehors de l'être, puisqu'elle nous montre comment une seule chose en gouverne beaucoup en dehors d'elle, ou se les représente. Mais l'unité dans la multiplicité, c'est l'harmonie ; et comme une chose s'accorde mieux avec celle-ci qu'avec celle-là, l'ordre découle de cette diversité harmonieuse et engendre la beauté, laquelle à son tour éveille l'amour.

« On voit par là combien la félicité, le plaisir, l'amour, la perfection, l'essence, la force, la liberté, l'harmonie, l'ordre et la beauté sont étroitement unis ensemble : peu d'esprits ont bien entendu ce rapport. »

CHAPITRE II

LE DOGMATISME DE WOLFF

Leibniz n'avait donné nulle part une exposition systématique, complète, définitive de ses idées. C'est sous la forme de lettres, d'essais, d'éclaircissements, de communications aux savants du temps, qu'il les avait présentées. De là certaines obscurités, certaines contradictions. Il importait de déterminer l'enchaînement, l'importance relative des théories particulières, de rattacher à leurs principes les conséquences isolées, et de conduire à leurs dernières conséquences les principes plutôt énoncés que développés. Cette tâche demandait un génie plus formaliste qu'inventif : tel fut celui de Wolff. Les habitudes de précision et de méthode qu'il devait à l'étude assidue des mathématiques, à la pratique de l'enseignement et à la fréquentation des scolastiques, se manifestent avec leurs avantages et leurs défauts dans son œuvre.

On regrette que chez lui la lumière se joue à la surface des doctrines sans en éclairer les profondeurs;

qu'il s'attache plus à la déduction des conséquences qu'à la démonstration des principes; qu'il abuse de l'appareil un peu pédantesque des distinctions et des définitions. Il se montre plus pénétré de la lettre que de l'esprit des théories de Leibniz, et semble plus préoccupé de les accommoder au sens commun que de les bien entendre. Pour caractériser brièvement le génie de Wolff, il suffira de dire qu'il ne poursuit et n'atteint guère que la clarté logique, mais que la clarté métaphysique lui échappe.

§ Ier

LE PRINCIPE DE CONTRADICTION

Leibniz avait fait reposer sa critique des philosophes antérieurs et la démonstration de son propre système sur la subordination du principe de contradiction à celui de raison suffisante.

Wolff, avant tout logicien et mathématicien, entreprend de ramener le principe de raison suffisante à celui de contradiction.

Voici à l'aide de quel singulier raisonnement il opère cette réduction : si une chose existait sans raison suffisante, la raison de son être serait un néant (*nichts*); il faudrait affirmer qu'elle existe parce que ce rien est (*weil nichts ist*). Mais il serait contradictoire que le néant fût la raison de quelque chose : donc..... Le principe de raison suffisante ainsi démontré, Wolff le formule en ces termes: « Nihil est sine ratione efficienti cur potius sit quam non sit; hoc est, si aliquid esse ponitur, ponendum etiam est aliquid, unde intelligitur, cur idem potius sit quam non sit. » (*Logica, disc. præl.* § 70.) Signalons encore les hésitations et même les contradictions, que présente la démonstration de ce principe. Tantôt Wolff le donne comme un axiome « absque probatione instar axiomatis. » (*Ibid,* § 75); tantôt il en fait un résultat de l'expérience « ab exemplis seu singularibus tanquam universale abstrahi potest. » (*Ibid.* § 73).

En présentant le principe de contradiction comme la loi suprême de la pensée et de l'être, Wolff oublie que l'intelligibilité ne suffit pas à l'existence. Aux yeux de Leibniz, nous l'avons montré précédemment, la perfection seule contient la raison suffisante de l'existence. Et voilà pourquoi, la monade valant mieux que l'atome, la vie que l'inertie, l'âme que la matière, il n'y a dans la réalité que des monades, que des forces, que des âmes. Ce sens profond du principe de raison suffisante échappe complétement à Wolff.

Aussi est-il amené à confondre la métaphysique avec la logique, et à définir la première : la science du possible en tant qu'il peut être. « Philosophia est scientia possibilium quatenus esse possunt...... Hanc (*definitionem*) eum in finem adduco ut appareat quam animo conceperim philosophiæ notionem, cum primum de ea accuratiori methodo tradenda cogitarem : ad eam enim per omne tempus direxi omnes meas de philosophia cogitationes. » (*Log., disc. præl.* § 29.) — Cette définition paraîtra sans doute bien ambitieuse; quelques-uns même la jugeront impie (*imo forte nonnullis prorsus impia.*) Mais ni les uns ni les autres n'entendent la vraie philosophie. « At hi erunt qui philosophiæ rationalis verioris ne prima quidem elementa primis quod aiunt labris degustaverunt. » *Ærom. Elem. Præf.*) Je ne prétends pas d'ailleurs, s'empresse de déclarer l'auteur, que mes principes suffisent à rendre compte de tous les possibles. « Non id arrogantiæ mihi sumo ut spondere audeam dogmata mea ad omnium possibilium rationes detegendas suffectura. » (*Ratio prælect. Wolffian*, 3, ch. 1.) Ni mes efforts, ni ceux de mes devanciers n'ont pu amener encore la philosophie à ce degré de perfection. Mais il faut tendre à cette philosophie idéale, qui doit donner la raison dernière de toute possibilité.

Comme tout ce qui ne présente pas de contradiction est possible, il n'y a qu'à suivre dans ses applications diverses le principe de contradiction pour trouver les derniers principes de la réalité. On ne saurait fausser plus complétement le sens de la doctrine de Leibniz.

Sans doute, les conséquences de ces erreurs capitales ne se produisent pas toujours dans la philosophie de Wolff. Les théories expresses, le texte de Leibniz l'obligent parfois à sortir de ses propres pensées. Mais il accommode d'ordinaire la doctrine de Leibniz à ses conceptions personnelles, alors même qu'il prétend la suivre.

L'examen rapide de ses principales théories va nous en convaincre.

La logique de Wolff n'offre rien de remarquable : elle est cependant un heureux commentaire des essais de Locke et des nouveaux essais de Leibniz. Les divisions qu'elle établit entre les concepts, les jugements et les raisonnements ont été reproduits par Kant.

§ II

ONTOLOGIE

L'ontologie est la partie la plus originale de l'œuvre de Wolff. L'auteur y veut construire cette métaphysique, dont Leibniz avait de bonne heure conçu le projet. (*Erd.* 80, *num analysis ad notiones irresolubiles perduci possit*), et qu'il appelle la désirée dans les *Nouveaux essais*. « Une telle métaphysique est ce « qu'Aristote demandait ; c'est la science qui s'appelle « chez lui la désirée... C'est pourquoi Aristote disait « que les autres sciences dépendent de la métaphy- « sique, comme de la plus générale, et en doivent « emprunter leurs principes démontrés chez elle. » (372, *Erd.*)

Il s'agit de dresser une liste complète et méthodique des lois universelles de l'être, des principes qui dominent à la fois la nature et l'esprit. « *Quamobrem ontologia seu philosophia prima definitur, quod sit scientia entis in genere, seu quatenus ens est... Istiusmodi notiones generales sunt notio essentiæ, existentiæ, attributi, modi, necessitatis, contingentiæ, loci, temporis, perfectionis, ordinis, simplicis, compositi, etc. Quæ nec in psychologia, nec in physica commode explicantur, propterea quod in utraque scientia, tum ceteris philosophiæ partibus quibuscunque, generalibus istis notionibus ac pendentibus inde principiis habemus opus.* » (*Log. disc. præl.* § 73.)

Wolff commence par établir les deux principes suprêmes de toute connaissance, celui de contradiction et celui de raison suffisante. Nous avons déjà montré comment il subordonne le second au premier.

Sur le principe de contradiction se fonde la distinction du *possible* et de l'*impossible*. « Possibile est quod nullam contradictionem involvit. » (§ 85 *Ontol.*)—A ces deux catégories correspondent celles du *rien* et du *quelque chose*. « Impossibile est nihilum » (101). — « E contrario possibile semper est aliquid. » (102). Le rien est ce à quoi ne répond aucune notion; le contraire du rien est quelque chose (57-59). Il suit de là qu'il n'y a pas de milieu entre rien et quelque chose. « Consequenter inter nihilum et aliquid non dari medium. » (60). C'est ainsi que le devenir (*fieri*) est oublié par Wolff, en vertu du principe : *ex nihilo nihil fit*.

Du *possible,* nous passons au *déterminé.* Puisqu'au possible répond une notion, le possible devient le déterminé. « Est adeo determinatum, de quo aliquid affirmari debet. » (112.) *L'indéterminé* ne peut être conçu, à moins de l'être comme susceptible de détermination, comme déterminable : et c'est ce qui distingue l'indéterminé du pur rien. « Quo ipso a pure nihilo distinguitur. » (109.)

Ce qui détermine le possible à être une chose plutôt qu'une autre s'appelle *la raison suffisante* du déterminé. « Determinentia sunt ratio sufficiens determinati. » (116).

Les déterminations qu'une chose ne doit pas à une autre chose et qui ne dépendent pas non plus les unes des autres constituent son *essence*, (143); celles qui dérivent de l'essence sont les *attributs ;* celles qui, sans lui être contraires, n'en sauraient être tirées pourtant, s'appellent les *modes.* « Attributa enti constanter insunt; modi inesse et non inesse possunt. Attributa enim per essentialia determinantur..... Modi per essentialia non determinantur, iisdem tamen minime repugnant. » (150.) —Essentia definiri potest per id quod primum de ente concipitur et in quo ratio continetur sufficiens, cur cetera vel actu insint, vel inesse possint. » (168.) L'essence fait la possibilité de l'être : « essentia primum est quod de ente concipi potest, nec sine eâ ens esse potest. » (144.) L'Être « *ens* » c'est ce qui peut exister, ce à quoi ne répugne pas l'existence.

Pour *l'Existence,* il faut autre chose que la possibilité, que l'essence. « Præter possibilitatem entis aliud quid adhuc requiritur ut existat. » (173.) De là cette définition : l'existence ou la *réalité* est le complément de la possibilité, « complementum possibilitatis. » (174.) Mais ce n'est là, Wolff le reconnaît, qu'une définition purement nominale. On demande en quoi consiste ce complément de la possibilité. Un exemple heureusement sert à éclairer la pensée de l'auteur. L'arbre, que la graine contient en puissance, a besoin, pour exister réellement, du concours des choses extérieures. « Arbor in semine delitescens, quatenus per entia alia existentia ad actum deduci potest, est ens potentiale. » (175.) Il faut donc pour transformer le possible en réel s'appuyer sur la liaison, sur la compossibilité des choses, suivant le mot de Leibniz. Mais la doctrine de Wolff est ici très-confuse, très-incertaine.

Le réel est l'être parfaitement déterminé. « Quicquid

existit vel actu est, id omnimodè est determinatum. » (226.) Un être est un *individu :* « Principium individuationis est omnimoda determinatio eorum, quæ enti actu insunt. » (229.) Les universaux ne sont donc pas réels : l'absolu indéterminé de Spinoza n'est pas non plus un être véritable.

Si la raison suffisante de la réalité de l'être est contenue dans son essence, l'être est *nécessaire* (308.) S'il la faut chercher en dehors de lui, il est *contingent* (310.) Il convient encore de distinguer entre la nécessité absolue et la nécesité hypothétique. « Si ratio sufficiens in essentia rei continetur, illud absolute necessarium est quod per eam potius est quàm non est; si vero in alio ab essentia diverso deprehenditur, id nonnisi hypothetice necessarium est, quod per eam potius est quàm non est. » (320.)

Les essences sont absolument nécessaires : « Essentiæ rerum sunt absolutè necessariæ. » (303.) Mais n'oublions pas que de l'essence on ne peut conclure à l'existence sans raison suffisante. « Quibus enim essen-
« tiarum absoluta necessitas adeo periculosa visa fuit,
« illi cum nonnullis scholasticorum essentiam ita conce-
« pere ut existentiam ad eamdem pertinere existimave-
« rint, quam nos ab eadem procul removemus. » (303.)

Wolff s'engage ensuite dans de longs développements sur les catégories de la quantité, de la qualité, de l'ordre.

A la *quantité* se rattachent le nombre, la grandeur, la mesure. Les principaux axiomes de mathématiques trouvent ici leur application.

Par la *qualité* Wolff désigne toutes les déterminations internes, différentes de la quantité. Il distingue les qualités primitives et les qualités dérivées, les nécessaires et les accidentelles; et parle de la ressemblance et de l'analogie : « similitudo et congruentia. »

A la catégorie de *l'ordre* il ramène celles de la *vérité* et de la *perfection*. La vérité, au sens « transcendental » ou métaphysique, est définie « l'ordre dans la diversité des choses simultanées ou successives, » ou encore « l'ordre de ce qui appartient à une chose. » — La perfection, à son tour, n'est que « l'harmonie du divers. »

La seconde partie de l'ontologie traite des diverses espèces d'êtres : ils sont simples ou composés. Les premiers sont ingénérables, indestructibles, etc. (688); eux seuls méritent le nom de *substances*. « Subjectum perdurabile et modificabile dicitur substantia. Ens autem, quod modificabile non est, accidens appellatur. » (768.) La substance a en soi le principe du changement, ou la *force* (869.) « Nous appelons force ce qui contient la raison suffisante de la réalité d'un acte. » Il faut distinguer la force passive et la force active : la première est la puissance de pâtir, la seconde celle d'agir (716.)

Les êtres composés ne sont des substances qu'en apparence « phœnomena substantiata. » Il ne faut voir en eux que des aggrégats de substances simples. « Corpora sunt substantiarum simplicium aggregata. » *Cosmol.* » (176.)

L'*espace* est l'ordre des choses simultanées, en tant qu'elles coexistent « ordo simultaneorum, quatenus coexistunt. » (589). Le temps est l'ordre des choses successives dont la série est continue : « ordo successivorum in serie continua. » (572.) Nous nous formons l'idée d'un espace imaginaire, quand nous concevons une étendue continue et uniforme, immobile et indivisible, qui existerait indépendamment des choses. Toutefois, lorsqu'il n'est question que de mesurer les dimensions, les grandeurs, la notion imaginaire de l'espace peut sans inconvénient se substituer à la notion vraie : « spatii imaginarii notio veræ vicaria esse potest. » (599.) Les concepts de la figure, de la grandeur, de la divisibilité, du mouvement, de la vitesse, etc., sont ensuite longuement analysés.

Wolff arrive enfin à la distinction de l'être infini et de l'être fini (*Ontol.* II, 2, 3), et s'attache à déterminer les divers sens de la notion de l'infinité, surtout à éclairer l'idée de l'infini mathématique.

On voit par ce rapide exposé que l'ontologie, tout en reproduisant la plupart des notions et des termes de la métaphysique leibnizienne, a le mérite d'en rechercher et d'en découvrir l'enchaînement et la progression logique. Mais elle offre aussi de graves dissidences avec la pensée de Leibniz. Les catégories du réel, du temps, de l'espace, des êtres composés sont expliquées tout autrement que dans la monadologie. Le réel est défini l'être complètement déterminé : mais cela ne nous apprend pas à distingner la réalité métaphysique de la monade, de la réalité matérielle des choses sensibles. Le temps et l'espace sont appelés, non pas l'ordre des phénomènes, mais l'ordre des choses : et les choses, ce sont ici les réalités sensibles « existentia ». La catégorie de la réalité précède donc celles du temps et de l'espace. Leibniz au contraire, en soutenant que la réalité des choses sensibles se fonde sur l'ordre des phénomènes, faisait des notions du temps et de l'espace les conditions, et, par suite, les antécédents logiques de la catégorie du réel. Remarquons enfin que les êtres composés, ou les corps, sont pour Wolff des composés de substances simples ; Leibniz se bornait à les appeler des phénomènes résultants des monades.

On pourrait multiplier ces observations; mais la cosmologie, qui découle des prémisses posées par l'ontologie, va rendre plus frappantes encore les différences du dogmatisme Wolffien et de la monadologie.

§ III

COSMOLOGIE

Les monades ne sont pas chez Wolff de même nature : il méconnaît les grands principes de l'analogie et de la continuité.

Il admet deux sortes de substances : les spirituelles et les corporelles. Pour celles-là notre philosophe garde le nom de monades, mais il appelle plus volontiers celles-ci : « *elementa rerum*. » Rien d'ailleurs de commun entre elles, que l'unité, la simplicité et l'activité : les unes produisent seulement des pensées, les autres des mouvements. La distinction établie par Descartes entre la pensée et l'étendue, l'esprit et la matière, domine la philosophie de Wolff. Là où il n'y a point conscience, il n'y a point pensée : disons mieux, il n'y a que mouvement. Les atomes formels de Leibniz deviennent pour la plupart des *atomi naturæ*.

« Elementa rerum materialium sunt atomi naturæ. » *Cos-*

mol. (187.) Wolff consent à voir en eux des points métaphysiques, ingénérables, indestructibles comme les atomes des matérialistes, et qui sont en plus des centres d'énergie, non des éléments d'étendue : mais il ne leur accorde que ce qui est nécessaire à l'explication mécanique de la matière. Il se refuse à les envisager comme des microcosmes, des miroirs vivants, représentatifs de l'univers : les esprits seuls ont incontestablement ce privilége.

Les *atomi naturæ* ou derniers éléments des corps forment par leur aggrégation les *corpuscules primitifs*. Ces corpuscules peuvent être regardés comme les éléments de l'étendue réelle, ainsi que les atomes des physiciens, des matérialistes. Mais ils sont déjà des composés, et, à vrai dire, des phénomènes. L'unité réelle ne se trouve que dans les atomes métaphysiques. Si nos sens grossiers ne peuvent saisir les corpuscules, les atomes des physiciens, où se rencontre cependant déjà une certaine étendue, une certaine figure, il est bien évident que la simplicité des atomes métaphysiques ne rendent ces derniers accessibles qu'aux regards de la raison pure.

Ces atomes n'en sont pas moins les véritables éléments des corpuscules primitifs et, par suite, des corps qu'ils composent

Si les atomi naturæ composent les corps, il faut dire aussi qu'ils sont, comme eux, dans l'espace. Sans doute nos sens nous trompent, en nous faisant voir comme étendu ce qui est simple, comme inerte ce qui est actif, en nous montrant enfin des corps, là où il n'y a en réalité que des forces indivisibles ; mais ces forces sont dans l'espace, qui n'est point ainsi un produit de notre esprit.

Il n'y a pas deux de ces substances élémentaires, deux de ces atomes physiques qui soient absolument semblables. Et voici la démonstration que Wolff après Leibniz apporte à son tour du principe des indiscernables : « Ponamus duo elementa esse similia. Cum nihil in eorum uno detur, quod non etiam deprehendatur in altero, unum alteri salvis compositis substituere licebit quæ ingrediuntur. Quare aliquid est, cujus nulla ratio reddi potest cur potius sit quam non sit adeoque datur casus purus : id quod absurdum. » (*Cosm.* § 195).

La différence des deux doctrines s'accuse de nouveau dans l'interprétation que Wolff donne de l'harmonie préétablie. C'était pour expliquer le concours des substances semblables, mais indépendantes, que Leibniz avait inventé sa célèbre hypothèse ; Wolff l'emploie pour rendre raison du commerce réciproque de l'âme et du corps, de la monade et des *atomi naturæ*. L'action d'une monade physique sur l'autre ne lui présente aucune difficulté (*Cosmol.* 207) : tout s'y borne à une communication de mouvements. Mais, ainsi que les Cartésiens, il ne sait comment expliquer le commerce de substances aussi différentes, que celle dont l'essence est dans la pensée, et celle dont toute l'essence consiste dans le mouvement. Si l'on peut trouver une hypothèse préférable à la théorie des causes occasionnelles, qui ne fasse pas intervenir à chaque instant l'action miraculeuse de la divinité, il se déclare tout disposé à l'accepter. La doctrine de l'harmonie préétablie n'obtient sa préférence, que parce qu'elle a cet avantage sur celle qui l'a précédée; mais toute autre explication lui plairait également. — On voit que rien n'est plus contraire à la pensée de Leibniz que cette façon de comprendre l'harmonie préétablie (*Cosmol.* 287-294). Wolf restreint la portée et le sens de la doctrine du maître. La métaphore des deux horloges lui en paraît la traduction la plus exacte.

Comment, après cela, demander que Wolff entende et admette la série infinie des êtres? Les grandes lois de l'*analogie* et de la *continuité* qui produisent l'harmonie des monades, parce qu'elles en règlent l'ordre hiérarchique et le progrès continu dans la représentation infiniment diversifiée du même objet, déconcertent par leur profondeur et l'audace de leur sens métaphysique le génie timide et peu spéculatif de Wolff.

Le retour au dualisme de l'esprit et de la matière est une altération plus grave encore de la doctrine de Leibniz. Sans doute, ce n'est plus le dualisme radical de l'esprit et de l'étendue; mais entre la monade spirituelle et la monade physique, entre les pensées de l'une et les mouvements de l'autre, nous trouvons encore une opposition. Le monde physique, que composent seuls les *atomi naturæ*, n'est plus qu'une machine où dominent exclusivement les lois du mécanisme. Si l'on y découvre des traces de finalité, c'est en dehors des substances et, par suite, en dehors de la nature qu'il faut en chercher le principe. Le monde physique est un mécanisme sans vie, que gouverne, que dirige une pensée étrangère. C'est l'action divine qui accommode cette machine à certaines fins. En un mot, la finalité interne a disparu : il n'y a plus que la finalité externe. Leibniz disait que l'organisme est partout dans l'univers, que chaque monade réalise d'elle-même sa fin particulière, tout en concourant au plan général, à l'harmonie de l'ensemble : nous revenons avec Wolff au mécanisme de Descartes.

§ IV

PHYSIQUE

Sur ces principes généraux de la Cosmologie se fonde la physique de Wolff. Elle doit se borner à expliquer les corps par les combinaisons des corpuscules dérivés, et s'interdire de remonter jusqu'aux corpuscules primitifs, non plus qu'aux substances élémentaires, aux *atomi naturæ*, qui sont l'objet exclusif de la métaphysique. « Minime probamus, si quis philosophus corpuscularis sapere velit ultra id, quod intelligit. » (*Cosm.* 236).

Si nous pouvions ramener toutes les propriétés des corps à la figure et au mouvement, comme elles s'y réduisent en réalité, nous n'aurions pas recours à d'autres explications qu'à celles de la physique mécanique. Mais le physicien est obligé souvent de prendre pour des matières homogènes (ainsi l'eau, le feu, la chaleur) des matières évidemment composées de corpuscules hétérogènes; de là, la nécessité de joindre ce que Wolff appelle les principes physiques aux principes mécaniques dans la science des corps. « Qualitates mechanicas voco, quæ immediate per principia mechanica sunt explicabiles. Qualitates vero physicas appello, quæ per principia mechanica immediate explicari nequeunt. » (Id. § 238).

Ce n'est même pas assez dire : les principes de la téléologie ne doivent pas être séparés des principes mécaniques et physiques. Il faut toujours associer les causes finales aux causes efficientes. Cette doctrine toute leibnizienne est développée plus particulièrement dans l'écrit intitulé : *Considérations philosophiques sur la finalité naturelle* (*Vernunftige Gedanken von den Absichtender naturlichen Dinge*, 1725).

Wolff, à chaque pas qu'il fait dans sa physique, se demande l'usage, la fin des choses ; et ses réponses les rapportent toujours aux besoins, à l'utilité spéciale de l'homme. Les étoiles servent à nous éclairer pendant la nuit. « La lumière du jour nous présente de « grands avantages ; elle nous permet d'exécuter com- « modément certains travaux que l'obscurité rendrait « impossibles ou malaisés, et aussi plus coûteux. » A*bs. d. nat. Dinge*). A quoi bon multiplier les exemples de cette téléologie dégénérée, trop souvent puérile, dans laquelle Wolff paraît se complaire ?

Sur l'attraction newtonienne, sur les deux forces essentielles de la matière, la force passive (resistentia) et la force motrice, sur la permanence de la force, enfin sur la contingence des lois du mouvement, Wolff ne tient pas un langage différent de celui de Leibniz.

§ V

THÉOLOGIE

Que peut être la théologie de Wolff? Dieu n'y est plus le principe et la fin suprême des monades, et comme le commun idéal dont elles tendent sans cesse à se rapprocher, la raison suffisante de l'harmonie universelle. Aussi pour démontrer l'existence de Dieu, Wolff a recours aux arguments cartésiens, qui n'ont pas besoin de la monadologie. Il ramène ces preuves à deux : l'argument à posteriori et l'argument à priori. Le premier comprend la preuve des causes finales et la preuve cosmologique « a contingentia mundi. » Le second est l'argument ontologique.

Après avoir établi que l'argument téléologique ne conduit légitimement qu'à l'existence d'un ordonnateur des choses, d'une cause capable d'expliquer l'ordre du monde, Wolff s'applique, dans l'argument ontologique, à montrer que la cause des êtres contingents doit contenir éminemment ce qu'il y a de réel dans l'effet qu'il s'agit d'expliquer, et à définir (ce que n'avait pas fait Descartes) le sens qu'il convient d'attacher à cette expression de *réel*. Sous ce mot, il entend tout ce qui constitue la vraie nature des Êtres, lorsqu'on écarte les limites, les imperfections qui caractérisent la créature. Au fond, nous l'avons vu, il n'y a dans la monade que perception et spontanéité. L'étendue, le mouvement, l'inertie, la passion sont des apparences, des choses imaginaires auxquelles notre pensée confuse, imparfaite, attache, seule, quelque réalité. « Realitatis nomine hic nobis venit quidquid enti alicui vere inesse intelligitur, non vero per perceptiones nostras confusas inesse videtur. E g. : intellectus est animæ nostræ..... quædam realitas..... Ast colores..... objectis tales non insunt, quales per imagines nobis exhibentur, sed tantummodo propter confusas..... perceptiones inesse videntur. Realitates igitur non sunt. » (*Theologia naturalis*, § 5).

Wolff se sert de cette théorie pour donner la

démonstration de la possibilité de l'Être parfait, que Leibniz regrettait de ne pas trouver dans l'argumentation de Descartes, et dont l'absence lui paraissait le seul vice, l'unique faiblesse de la preuve ontologique. — L'Être parfait, celui qui réunit toutes les réalités (ens realissimum), est possible, c'est-à-dire que sa notion n'implique aucune contradiction. Il ne contient que des réalités qui s'accordent entre elles (entia compossibilia) : tout y est acte et pensée pure. — Quoi de plus facile, après cela, que de prouver son existence. Il réunit toutes les réalités, c'est-à-dire tous les attributs que les êtres ne tiennent ni de notre imagination, ni de leur limitation en tant que créatures. Or, l'existence, parmi les attributs des choses, n'appartient ni à la classe des attributs imaginaires, ni à celle des attributs limités : elle est une réalité, un attribut positif, elle ne peut manquer à l'être parfait (*Theologia naturalis*), § 5-12-20).

Dieu ainsi prouvé, Wolff affirme, comme Leibniz, l'action providentielle et se fait le défenseur de l'optimisme. Mais ici encore, comme précédemment, la doctrine du maître s'altère, s'affaiblit dans la traduction, dans le commentaire du disciple. Le Dieu de Wolff crée librement et en vue du meilleur ; entre tous les mondes possibles, il choisit le meilleur : mais la fin de l'univers est exclusivement le bonheur, le bien de l'espèce humaine. De là ces abus du principe des causes finales, dans lesquels sont tombés les philosophes du xviiie siècle, de l'école de Wolff. On ne dira plus avec Leibniz, que le mal a sa raison d'être ; que les espèces vivantes ont leur fin propre, indépendamment des services que l'homme en peut tirer ; que

Dieu, en un mot, a créé, non le monde le plus accommodé aux besoins sensibles, au bonheur des êtres raisonnables, mais le plus digne de sa puissance autant que de sa bonté. On se rapproche de plus en plus de l'interprétation superficielle de l'optimisme, que Voltaire a si justement ridiculisée dans son roman de *Candide*.

Non-seulement l'optimisme est corrompu par cette conception étroite qui place la raison suffisante des choses dans le bien de l'homme, et de l'homme en tant qu'être sensible; par cette théorie du mal, qui nie le mal physique au lieu de l'expliquer : mais le déterminisme que Wolff soutient ne sait pas, comme celui de Leibniz, trouver dans la notion des possibles, des essences éternelles, le principe incréé du mal; ni voir, dans l'attachement originel et spontané de chaque essence possible à une forme déterminée de l'imperfection, une raison métaphysique qui justifie Dieu et conserve la liberté des créatures.

§ VI

MORALE

La morale de Wolff est, avec son ontologie, la partie la plus originale de son œuvre.

La philosophie pratique doit être placée après la métaphysique. « Ex dictis consequitur metaphysicam philosophiæ practiæcomni esse præmittendam. » (*Logica*

Disc. præl. 93.) La morale emprunte ses principes théoriques et pratiques à l'ontologie, à la psychologie, à la théologie naturelle et même à la physique (Id. § 105).

Mais il ne faut pas se méprendre sur la pensée de Wolff. Si la science morale ne peut se passer de tous ces auxiliaires, de toutes ces sciences préliminaires, la loi morale tire son origine de la conscience seule. Elle est indépendante de la volonté divine, et devrait être pratiquée, lors même que Dieu n'existerait pas. Wolff se déclare sur ce point de l'opinion de Grotius contre Puffendorff. Il croit trouver dans la morale chinoise une preuve incontestable, que l'idée du devoir n'a besoin d'être appuyée sur aucune notion théologique. Sans doute la volonté de Dieu et la loi morale s'accordent entre elles, mais en ce sens que les choses sont bonnes non parce que Dieu les a prescrites, mais qu'il les a prescrites parce qu'elles sont bonnes. *Philosophia practicia universalis.*

La loi morale nous ordonne de travailler à nous perfectionner, c'est-à-dire de vivre conformément à notre nature raisonnable : et par suite la loi de la conscience et la loi de la nature se confondent. « Lex naturæ est lex conscientiæ. » (Ib. § 521). Comme au progrès de notre perfection répond celui de notre félicité, on peut dire aussi que le devoir nous commande de tendre au bonheur. Le souverain bien « summum bonum ou beatitudo philosophica » est un progrès continu vers une plus haute perfection.

La perfection a été définie à la fin de la première partie de l'ontologie : « l'harmonie du divers. » C'est dans le même sens métaphysique que Wolff ramenait la vérité à n'être que « l'ordre dans la diversité des choses simultanées ou successives. » La vie n'a donc de perfection, et, par suite, de vérité qu'autant que l'entendement la compose comme un beau poème, et qu'une volonté intelligente en fait concourir toutes les actions particulières à la réalisation d'une fin unique : et cette fin n'est autre que la plus grande perfection de la double nature sensible et raisonnable de chaque individu. La science de nous-mêmes et du monde nous peut seul éclairer sur les éléments et les conditions de notre véritable bien et sur l'art de nous conduire dans la vie. L'entendement doit être le guide de la volonté. Wolff, comme Leibniz, associe, dans une correspondance étroite et constante, la connaissance, la vertu et le bonheur.

Sa morale est essentiellement individualiste : cela découle des principes énoncés précédemment. La société n'existe que pour l'individu ; elle n'est, aux yeux de Wolff, que le résultat d'un contrat entre les individus. C'est à peine si la famille échappe à une semblable explication. Les obligations réciproques des parents et des enfants sont fondées sur une sorte de contrat idéal, « quasi pactum », que Wolff imagine entre les deux parties dans l'intérêt de l'éducation des enfants.

Nous n'avons pas à entrer ici dans le détail interminable et trop souvent fastidieux des théories qui remplissent l'éthique et la politique ; qui fondent la distinction péniblement maintenue de la légalité et de la moralité, qui égarent enfin le philosophe dans des prescriptions puériles sur les actes et les habitudes les plus vulgaires de la vie quoditienne.

Malgré tous ses défauts, la philosophie de Wolff mérite d'être étudiée à côté de celle de Leibniz. L'homme que Frédéric II se plaisait à proclamer son illustre maître « seinen grossen Lehrer » ; que Hégel appelle « l'instituteur de l'Allemagne, » a le mérite, qu'on ne saurait trop célébrer, d'avoir rendu accessibles, en les coordonnant, en les éclairant par ses définitions et ses divisions, les enseignements épars, obscurs, difficiles de Leibniz. Sans doute il les affaiblit souvent pour les rendre plus intelligibles. Il a réussi du moins à mettre en circulation de précieuses vérités qui, sans lui, seraient restées enfouies dans la correspondance, dans les rares opuscules de Leibniz, ou n'auraient jamais été connues que d'un petit nombre d'initiés.

Ajoutons cependant, avec M. Christian Bartholmess (*Histoire philosophique de l'Académie de Prusse*, 1er vol., 108), qu'il répugnait à Wolff de passer pour l'imitateur et le continuateur de Leibniz. Il parlait souvent avec dérision de la monadologie et de l'harmonie préétablie ; et désirait qu'on lui appliquât ce que Fontenelle avait dit de Malebranche, qu'il « avait rencontré Descartes plutôt que suivi. » — « Le système de Leibniz, disait-il, commence où finit le mien, » donnant à entendre par là que Leibniz n'avait forgé que des hypothèses. Les disciples de Wolff furent plus justes, en s'intitulant l'école Leibnizo-Wolffienne.

Il n'en reste pas moins vrai que la logique de Hégel a son antécédent dans l'ontologie de Wolff, comme le rappelle justement M. Erdmann à certains Hégeliens, trop tentés de rabaisser l'œuvre de ce dernier. (*Darst d. gesch. d. neuer. Phil. Wolff*, 289.) Disons encore que la philosophie pratique de Wolff n'a pas été sans influence sur la doctrine de Kant ; et reconnaissons qu'il mérite en partie, malgré ses défauts, le bel éloge qui est fait de lui dans l'introduction à la *Critique de la Raison pure*. (*Edit. Hartenstein*, 28).

« Dans l'exécution du plan que prescrit la critique, c'est-à-dire dans le développement d'un système futur de métaphysique, nous devrons suivre avant tout la méthode sévère de l'illustre Wolff, le plus grand de tous les philosophes dogmatiques, » etc.

Telle est la doctrine qui dominait dans les universités d'Allemagne, lorsque Kant fit ses premières études. C'est la métaphysique de Leibniz, interprétée et souvent aussi défigurée par Wolff et ses disciples, qu'il apprit d'abord à connaître.

DEUXIÈME PARTIE

HISTOIRE DE LA PENSÉE DE KANT

CHAPITRE PREMIER

KANT MÉTAPHYSICIEN OU LE SOMMEIL DOGMATIQUE

(DE 1746 A 1759.)

Les premiers écrits de Kant nous le montrent adonné surtout aux sciences de la nature. La période de neuf années qu'il consacra hors de Kœnigsberg, de 1746 à 1755, à divers emplois de précepteur, débute et se termine par deux essais étendus sur des questions de physique, un essai sur la mesure des forces vives (1747), et une histoire générale de l'univers (1755).

§ Ier

Le premier de ces écrits porte le titre suivant :
« Pensées sur la véritable mesure des forces vives,
« et appréciation des arguments que M. de Leibniz
« et d'autres philosophes mécanistes ont employés dans
« la discussion de ce problème, précédées de quelques

« considérations générales touchant la force des
« corps. » — (1747. *Kant's S. W. Bd. I.S.* 1. —)
Nous suivons dans toute cette étude Hartenstein
en 8 volumes.

Kant entreprend de concilier les doctrines différentes
de Descartes et de Leibniz sur la mesure des forces.
Le premier veut que l'espace parcouru par le mobile,
et par suite la vitesse soit en raison directe du temps;
l'autre qu'elle soit en raison du carré du temps. Kant
montre que Descartes a raison quand il parle des
forces brutes (todte Kräfte), et que la théorie de
Leibniz s'applique surtout aux forces vives (lebendige
Kräfte). Leur erreur mutuelle vient de ce qu'ils ne
distinguent pas suffisamment les points de vue
opposés sous lesquels ils envisagent les corps (modus
cognoscendi). L'un considère le mouvement en géomètre, l'autre en physicien : et en cela Descartes est
conséquent avec sa conception géométrique du corps,
Leibniz avec les principes de son dynamisme.

Mais ce qui nous intéresse surtout dans cet essai
d'un jeune homme de vingt-trois ans, c'est que nous
y surprenons les premiers indices de ce sens critique,
qui demandera plus tard l'explication et le contrôle
de toutes nos connaissances non pas à l'examen des
objets, mais à l'analyse de nos facultés.

Nous sommes frappés aussi par l'expression d'une
précoce défiance à l'endroit de la métaphysique.
« Notre métaphysique n'est encore en réalité qu'au
« seuil de la véritable science » (ist in der That nur an
« der Schwelle einer recht gründlichen Erkenntniss);
« Dieu sait quand on la verra le franchir. Il n'est pas
« difficile de démêler sa faiblesse dans plusieurs de

« ses entreprises. Le préjugé y fait souvent toute la
« force des preuves. » (Man findet oft das Vorurtheil
« als die grösste Stärke ihrer Beweise). La faute en
« est surtout à l'irrésistible tentation, qu'éprouvent
« ceux qui cherchent à développer la connaissance
« humaine. Ils veulent avant tout une science éten-
« due ; mais il serait à souhaiter aussi qu'elle fût
« solidement démontrée. » — *Bd. I. S.* 29).

Kant professe néanmoins pour Leibniz l'admiration d'un disciple : la première et la dernière page de son livre en portent le témoignage manifeste. « Leibniz,
« auquel l'esprit humain doit tant de reconnaissance,
« enseigna, le premier, que dans le corps réside une
« force essentielle, qu'il possède antérieurement à
« l'étendue. » (p. 15). — « S'il m'est arrivé de
« signaler quelques erreurs dans l'œuvre de M. de
« Leibniz, je suis encore, en cela même, un débiteur
« de ce grand homme ; car je n'aurais rien trouvé,
« si je n'avais été guidé par l'admirable principe
« de la continuité que nous devons à cet immortel pen-
« seur. » (p. 177).

Ce qui est plus décisif encore que ces aveux, c'est que Kant fait reposer toute son argumentation sur les principes mêmes de la métaphysique de Leibniz.

Chaque monade est indépendante et porte en soi la source unique, la raison suffisante de toutes ses déterminations « die vollständige Quelle aller seiner Bestimmungen. » (p. 20). — « L'état intérieur de l'âme
« n'est que l'ensemble de ses représentations et de
« ses notions ; et, en tant que cet état interne se
« rapporte au dehors, il s'appelle l'état représentatif
« de l'univers, « status repræsentativus universi. » (19).

L'auteur se borne à rappeler, par ces rapides indications, quels sont les principes métaphysiques sur lesquels il appuie sa conception des corps, son objet étant uniquement la discussion d'un problème de physique.

Et, cependant, son esprit ne peut résister à la tentation d'agiter, quelque temps encore, la question si souvent discutée par Leibniz de la nature de l'espace. Dès le début de sa carrière philosophique, Kant nous apparaît préoccupé du problème, dont la solution, qu'il devait chercher sans trêve pendant vingt-trois ans, et ne rencontrer définitivement qu'en 1770, est le point de départ et presque la doctrine capitale de toute la philosophie critique. Mais combien peu se laissent pressentir, dans les pages que nous étudions, les théories de l'esthétique transcendentale !

Le jeune disciple de Leibniz voudrait connaître la raison des trois dimensions de l'espace. « La raison « des trois dimensions de l'espace est encore ignorée. » (p. 21.) — « Je maintiens que les substances, dans le « monde dont nous faisons partie, sont douées de « forces essentielles, dont la nature est telle que leur « action s'exerce en raison inverse du carré des dis- « tances ; en second lieu que le tout qui en résulte « doit à cette loi les trois dimensions qui le caracté- « risent ; troisièmement, que cette loi est arbitraire, et « que Dieu aurait pu la remplacer par une autre, en « vertu de laquelle les corps s'attireraient, par « exemple, en raison inverse du cube des distances ; « qu'enfin, en quatrième lieu, une autre loi produirait « une étendue de propriétés et de dimensions diffé- « rentes. Une science de ces divers espaces possibles

« serait sans doute la plus haute géométrie qu'un
« entendement fini puisse concevoir. L'impossibilité,
« où nous nous sentons, de nous représenter un espace
« de plus de trois dimensions me paraît résulter de ce
« que notre âme reçoit les impressions du dehors
« d'après la loi de la raison inverse du carré des dis-
« tances, et de ce que notre nature n'est pas faite seu-
« lement pour être impressionnée, mais pour agir en
« conformité avec cette loi. » (p. 32). — « S'il est
« possible qu'il y ait des espaces de dimensions diffé-
« rentes du nôtre, il est vraisemblable que Dieu les a
« effectivement réalisés quelque part; car ses œuvres
« ont toute la grandeur et toute la variété qu'elles
« peuvent comporter. Des espaces de cette espèce ne
« pourraient être en rapport avec des espaces de
« nature toute différente; aussi n'appartiendraient-ils
« pas à notre monde, et formeraient-ils des mondes
« distincts du nôtre. » (p. 23).

L'auteur ne se fait pas illusion sur la valeur de ces
hypothèses. « Ces pensées peuvent suggérer le plan
« d'une étude que je ne veux pas entreprendre. Je ne
« puis nier que je les présente au hasard, comme elles
« s'offrent à moi, sans m'être assuré de leur certitude
« par une longue recherche. Je suis prêt à les rejeter,
« aussitôt qu'un jugement plus mûr m'en aura démon-
« tré la faiblesse. » (p. 24).

Nous n'insisterons pas sur une critique que Kant
pressentait lui-même. S'il reproche à Leibniz de commettre un cercle vicieux, en voulant dans la *théodicée*
(Erd. 605) démontrer les trois dimensions de l'espace,
par l'impossibilité de faire passer plus de trois lignes
par un même point, de manière qu'elles se coupent à

angle droit, nous n'aurions pas à relever, dans sa propre théorie, des erreurs de raisonnement moins graves : il parle de la distance (Weite) des substances, avant d'avoir démontré l'espace.

On se demande encore pourquoi le cube, substitué au carré des distances dans la mesure des actions mutuelles des monades, modifierait, en quelque chose, les dimensions de l'étendue.

Il n'en reste pas moins établi que Kant trouve déjà des obscurités, de grandes difficultés, dans la théorie régnante sur la nature de l'espace. Mais cette théorie est celle de Wolff, et non celle de Leibniz. Dire « qu'il « n'y aurait ni espace, ni étendue, si les substances « n'avaient pas la force d'*agir au dehors* » (21), c'est placer les substances, en réalité, dans l'espace; c'est remplacer l'harmonie préétablie par une sorte d'influence physique : or ce sont là des conceptions particulières à Wolff et à son école.

§ II

HISTOIRE GÉNÉRALE DE LA NATURE

On peut considérer les deux petits opuscules qui portent les titres suivants : « *La terre dans sa rotation autour de son axe a-t-elle subi un changement depuis les premiers temps de son origine ?* 1754. » (p. 179), *S. W. B. I.*) « *Si la terre vieillit ?* » (id. 179), comme la préface d'un livre considérable : « *Histoire générale de la nature, et théorie du ciel, ou essai sur la formation et l'origine mécanique du système du monde d'après les principes de Newton*, 1755. » (*S. W. — B.* 1. — *S.* 207.

Kant s'y propose de donner une explication mécanique de la formation du système du monde. Il veut appliquer les principes de la physique de Newton à la solution d'un problème cosmogonique, devant lequel la conscience religieuse du grand philosophe avait reculé. Il devance et prépare les hypothèses de Lambert et surtout de notre Laplace. Mais ce que nous voulons avant tout mettre en lumière, c'est l'inspiration leibnizienne de l'ouvrage.

Leibniz admettait avec Descartes que le monde des corps est soumis au déterminisme inflexible des lois mécaniques, asservi à l'empire absolu des causes efficientes; que tout se passe, en un mot, dans les corps comme s'il n'y avait pas d'âme, pas de finalité dans l'univers. Rappelons-nous la célèbre réplique à Bayle (185, *Erd.*), où Leibniz s'élève avec tant de force contre les maladroits défenseurs du spiritualisme, qui ne savent pas faire au matérialisme sa part, et, en lui contestant l'exercice de ses droits, provoquent et excusent ses prétentions et ses excès.

Kant croit également que tout dans la matière est produit par le seul jeu des forces physiques, et que la formation d'une planète, comme celle du système solaire lui-même, ne dérivent pas d'autres principes, que ceux qui suffisent à l'explication du corps le plus vulgaire. « Il me semble qu'on peut sans témérité dire ici
« dans un certain sens : donnez-moi de la matière et
« je construirai le monde. » (Mich dünkt, man könne hier in gewissem Verstande ohne Vermessenheit sagen :

gebet mir Materie, ich will eine Welt daraus bauen. » (p. 219).

Nous n'avons pas à entrer dans le détail de la démonstration, à l'aide de laquelle Kant fait sortir d'une matière gazeuse, diffuse dans l'espace, sous l'action des seules lois de l'attraction, la riche et harmonieuse diversité des éléments de notre système planétaire. Mais il nous convient de faire remarquer l'énergie avec laquelle, dans la préface surtout, l'auteur s'élève contre ceux qui prétendent que ses théories diminuent la puissance et la sagesse de Dieu, et mettent en péril les croyances religieuses.

« Si le monde (dit-on), avec l'ordre et la beauté de
« ses parties, n'est qu'un produit de la matière aban-
« donnée aux lois générales du mouvement; si le
« mécanisme aveugle des forces naturelles a su si
« bien se développer au sein du chaos, et atteindre de
« soi-même à une telle perfection : la preuve de
« l'existence d'un divin moteur, que l'on tire de la
« beauté du spectacle des choses, se trouve complète-
« ment détruite : la nature se suffit à elle-même,
« l'action divine devient superflue, la doctrine d'Epi-
« cure renaît en plein christianisme, et une science
« impie éteint sous ses pieds le flambeau que la foi
« lui présentait pour l'éclairer. »

« Si je croyais, réplique Kant, à la légitimité d'une
« telle critique, la conviction que m'inspire l'infailli-
« bilité des vérités divines est si puissante en moi,
« que je n'hésiterais pas à tenir tout ce qui les contredit
« pour suffisamment réfuté par soi-même, et que je le
« rejetterais sans tarder. Mais l'accord que je trouve
« entre mon système et la religion me donne, en dépit

« de toutes les difficultés, une confiance que rien ne
« saurait ébranler. Je reconnais tout le prix des argu-
« ments, que l'on tire de la beauté et de l'ordre par-
« fait de l'univers, en faveur de l'existence d'une cause
« souverainement sage. A moins de nier de parti pris
« toute évidence, on doit se rendre à la solidité de
« raisons aussi irréfutables. Mais je soutiens que
« les défenseurs de la religion font de ces arguments
« un si mauvais usage, qu'ils éternisent le débat
« avec les matérialistes, en ne leur montrant sans
« nécessité leur doctrine que par ses côtés faibles. »
(p. 212).

Kant ne peut se lasser de prouver qu'une matière, qui se dispose d'elle-même avec ordre, sous la seule impulsion des lois du mécanisme, témoigne plus hautement de la sagesse du créateur, qu'une matière impuissante et désordonnée, que la main de Dieu aurait besoin de surveiller, de redresser et de mettre sans cesse en mouvement. « Il y a un Dieu jus-
« tement parce que la nature, même au sein du chaos,
« ne peut se comporter qu'avec ordre et mesure. »
(p. 217).

C'est avec une éloquente indignation qu'il s'élève (p. 215 et 315) contre l'atomisme et le hasard des Epicuriens : « Comment serait-il possible que des
« choses de nature différente tendissent, par leur mu-
« tuelle action, à réaliser un si bel accord et une si
« parfaite beauté ; à s'accommoder aux fins des êtres,
« qui sont, dans une certaine mesure, en dehors de la
« matière morte, aux besoins par exemple des hommes
« et des animaux, si elles ne dérivent pas d'une cause
« commune, d'un entendement infini, qui a conçu

« préalablement la pensée de toutes ces propriétés
« essentielles aux choses ? » (p. 215).

Kant n'est guère jusque là qu'un disciple de Descartes; il reproduit (218) un passage du traité du monde, qui justifie ses propres pensées.

Mais c'est la pensée de Leibniz, qui lui inspire les pages, où il met en lumière l'insuffisance du matérialisme épicurien, aussi bien que du mécanisme cartésien, pour rendre compte de la vie et de l'organisation. « Les Epicuriens poussent l'extravagance
« jusqu'à vouloir expliquer l'origine de tous les êtres
« vivants, par la rencontre fortuite des atomes aveu-
« gles: ils font sortir réellement la raison de la
« déraison. (§ 217). » Si l'on peut dire sans témérité :
donnez-moi de la matière, et j'en ferai un monde;
« peut-on se vanter d'un tel succès, à propos de la
« plus infime des plantes, ou du moindre insecte? Est-
« on en état de dire : donnez-moi de la matière, je
« vous montrerai comment on peut faire une chenille ?
« Ne sera-t-on pas arrêté, dès le premier pas, par
« l'ignorance où l'on est de la vraie structure interne
« de l'objet, et la complexité des éléments divers
« qu'il contient? On ne doit pas s'étonner, si j'ose
« soutenir que la structure de tous les corps célestes,
« les causes de leurs mouvements, en un mot l'ori-
« gine de tout le système actuel du monde pourront
« être expliqués, avant que la génération d'une seule
« graine, d'une chenille soit rendue claire et parfai-
« tement intelligible par des principes mécaniques. »
(p. 219).

Tout ce que dit Kant de la complexité infinie, de la subtilité merveilleuse des organismes vivants rappelle presque mot pour mot le langage même de Leibniz.

Il ne se contente pas de lui emprunter la distinction solide du mécanisme et de la finalité. Les audaces métaphysiques, auxquelles se complait Leibniz, dans l'application de ses deux principes favoris de la raison suffisante et de l'analogie, semblent gagner le génie sévère du père futur de la philosophie critique. Tout le septième chapitre de la deuxième partie (p. 225), par l'éclat et les témérités de l'imagination, qui s'y donne libre carrière, n'est certainement pas l'œuvre d'un froid et méthodique disciple de Wolff. Nous y sentons le souffle inspiré des conceptions cosmogoniques, auxquelles se laisse emporter parfois l'auteur de la *Monadologie* (voir *Théodicée,* passim).

Le monde est infini, aussi bien dans l'espace que dans le temps; l'œuvre créatrice n'est jamais achevée : elle a commencé, mais elle ne finira pas. (289-297). Sans cesse de nouveaux mondes sortent du sein du chaos, pour y être ensuite replongés : car tout ce qui commence doit périr. Le feu qui engendre tout (303), dans chaque système solaire, doit aussi tout dévorer. A travers ces productions et ces ruines, sans cesse renouvelées, se réalise la perfection progressive de la création.

Les vers de Pope, de Haller et d'Addison viennent se placer sous la plume de Kant, et s'associer naturellement à l'émotion poétique et religieuse de son âme. L'infinité, l'harmonie, la perfection graduelle de la création ravissent son imagination et subjuguent sa raison. Les objections, qui lui paraîtront plus tard si décisives contre l'infinité du monde, et qu'il développera avec tant de force dans la première antinomie, ne déconcertent en aucune façon sa conviction actuelle, et ne sauraient dissiper, ni même troubler le beau rêve cosmogonique qui enchante son esprit. « L'idée de « l'étendue infinie du monde trouve des adversaires « chez les métaphysiciens, et de ce nombre s'est « rencontré tout récemment M. Weitenkampf. Puisque « ces messieurs, à cause de la prétendue impossibilité « d'une multitude sans nombre et sans limite, ne peu- « vent se faire à cette idée, je leur adresserai seulement « cette question préalable. La succession éternelle des « choses à venir ne comprendra-t-elle pas une véritable « infinité de changements divers? Cette suite infinie « n'est-t-elle pas tout entière présente à l'entendement « divin? Et, s'il est possible que Dieu réalise dans « une série d'événements successifs le concept de cette « infinité, qui est tout entière présente en un seul « moment à son intelligence, pourquoi ne pourrait-il « pas également réaliser le concept d'une autre infinité, « celui d'un enchaînement infini de choses juxtaposées « dans l'espace, et faire ainsi que le monde fût un tout « d'une étendue sans limites? »

Nous sommes loin de la dialectique transcendentale, loin des théories en général de la critique. Combien plus encore nous en écartent les hypothèses de la troisième partie de l'ouvrage, qui s'intitule audacieuse- ment : « des habitants des étoiles! » (p. 329.) C'est une nouvelle et plus hardie application du principe leib- nizien de l'analogie à l'examen comparé des caractères, physiques et moraux, des diverses espèces d'êtres que renferment les planètes.

Kant s'engage très-sérieusement dans ces considé- rations aventureuses. Il prévient, en commençant, son lecteur qu'il ne veut pas se livrer à un simple jeu d'esprit : la dignité de la science lui ferait un devoir de s'en abstenir. Il n'apporte ici que des propositions capables de servir efficacement à l'extension de notre savoir, et dont la vraisemblance est assez solidement fondée, pour qu'on ne puisse s'empêcher d'en reconnaître la valeur. (p. 329).

L'étude de la nature humaine nous apprend que les sens dépendent des organes, et que la perfection de ces derniers est subordonnée aux influences que la chaleur du soleil exerce sur leur développement. La même loi doit régir la constitution des habitants des autres planètes. (p. 333-335). On peut déduire de là les propositions suivantes : — Premièrement : « La « matière, dont les habitants des diverses planètes, « ainsi que les animaux et les plantes, sont formés, « doit être d'autant plus légère et plus subtile, l'élas- « ticité des fibres et les dispositions avantageuses de « leur structure d'autant plus grandes, que ces planètes « sont plus éloignées du soleil. (336.) — Secondement : « La perfection des natures intelligentes est en raison « directe de la distance, qui sépare du soleil la planète « où elles séjournent. » (337). — Enfin, on peut résumer le tout dans cette troisième proposition : « La perfection « des esprits, aussi bien que de la matière, dans les pla- « nètes, depuis Mercure jusqu'à Saturne, et peut-être « au-delà (car d'autres planètes peuvent se rencontrer), « croît et se développe en raison directe de leur éloi- « gnement du soleil. » (338.)

Les mystères de l'autre vie eux-mêmes ne lassent pas l'insatiable curiosité de l'auteur, et lui inspirent les religieuses et éloquentes considérations qui forment la conclusion du livre. (344).

Il serait intéressant de rapprocher de toutes ces idées les objections, dirigées plus tard, par Kant lui-même, contre les conceptions semblables que développait Herder dans sa *Philosophie de l'histoire de l'humanité*. (*Recension der Ideen zur Philosophie der Gesçhichte der Menschheit*, 1785. *Kant's, S. W. B. IV, S.* 175). On sent qu'entre les deux époques a paru *la Critique de la raison pure*. Les hypothèses cosmogoniques, auxquelles, sur la foi du principe de l'analogie, se laissait aller l'imagination du disciple de Leibniz, ont fait place aux postulats circonspects de la philosophie critique : et celle-ci limite sévèrement ses inductions, ses croyances aux besoins de la raison pratique. L'auteur de l'*histoire du ciel* ne croit pas pouvoir enfler assez ses pensées pour égaler la majesté de la création. Le critique de Herder ne voit plus dans la nature que la condition nécessaire, l'instrument de la loi morale. Et alors même que, quelques données plus tard, 1790, il essaiera, dans la *critique du jugement*, de faire leur part aux puissances esthétiques dans la nature et dans l'homme, les préoccupations morales continueront de dominer sa pensée et d'inspirer ses théories.

A la date de 1755, Kant est tout entier sous l'empire des doctrines de Leibniz. Il en est tellement pénétré, qu'il ne craint pas de combattre la cosmologie dégénérée de Wolff et de ses disciples. Il rend son véritable sens à l'optimisme, que les causes-finaliers, comme les appelait Voltaire, transformaient en une sorte de conception utilitaire de la nature. Le monde est fait pour manifester sans doute la bonté, mais aussi la puissance de la cause suprême ; et le bien de l'homme n'est pas le seul objet que se propose la volonté créatrice. (p. 215-332.) « L'infinité de la création embrasse « dans son sein, avec une égale nécessité, toutes les « natures qu'engendre son inépuisable fécondité. « Depuis l'espèce la plus élevée, parmi les créatures « intelligentes, jusqu'au plus méprisable des insectes, « pas un seul membre de la série des êtres n'est « indifférent. Aucun d'eux ne pourrait manquer, sans « que la beauté du tout, qui consiste dans l'harmonie « de l'ensemble, ne fût par là mutilée. » (p. 332).

C'était encore rappeler l'école de Wolff à la véritable doctrine de Leibniz, que d'insister sur la distinction, dont s'inspirera plus tard la *critique du jugement*, de la finalité externe et de la finalité interne. La première dans l'univers peut s'expliquer par l'action seule des lois générales du mécanisme; la seconde répond aux fins particulières que poursuit la nature dans la production des espèces ou des individus. Cette distinction est présentée avec la plus grande précision dans la préface (215), et à l'aide des mêmes arguments, des mêmes exemples, que la *critique du jugement* emploiera dans la suite. Les vents de la mer, qui viennent rafraîchir le sol dans les régions torrides, aux heures mêmes de la journée où la chaleur du soleil est la plus intense, comme cela arrive dans l'île de la Jamaïque, produisent un phénomène surprenant et salutaire, que l'optimisme puéril de l'ignorant n'hésite pas à regarder comme une manifestation spéciale de la Providence, mais où le savant ne découvre qu'un effet nécessaire des lois les plus connues de la physique. (p. 213).

Dans tout ce qui précède, Kant nous est apparu aussi attaché, plus fidèle, disons mieux, que ses maîtres wolffiens aux conceptions cosmologiques de Leibniz. L'indépendance et l'originalité de son esprit s'accusent cependant en quelques endroits. Au milieu de ses hypothèses les plus audacieuses, une pointe de doute et d'ironie trahit le futur philosophe critique.

Ce qui domine pourtant dans cet écrit, c'est l'expression des sentiments que la contemplation astronomique éveille dans l'âme de l'auteur. « Deux choses, » dira-t-il plus tard dans une page restée célèbre, « me remplis-« sent de respect et d'admiration..... la voûte étoilée « sur ma tête, la loi morale dans mon cœur. » L'histoire du ciel, comme les autres écrits de la période que nous venons d'étudier (1747-1755), nous permettent de mesurer quelle séduction exercèrent d'abord sur la pensée de Kant les sciences de la nature et surtout les recherches astronomiques. Comme cela était arrivé pour Socrate, le génie essentiellement moral et pratique de Kant subit momentanément l'ivresse de ces aventureuses spéculations. L'émotion religieuse, qu'elles lui communiquent, lui dissimule les chimères et les dangers où elles risquent de l'égarer. L'infinité de la création, le contraste entre le néant du corps et l'immortalité de l'esprit écrasent et ravissent tour à tour son imagination et son cœur.

Il n'a pas encore reconnu cette autre infinité qu'il placera bien au-dessus de la première en vérité et en dignité : l'infinie liberté du moi pratique, de la volonté pure. La grandeur de l'univers l'empêche d'être sensible à la grandeur de la personne morale. La conscience qu'il prendra graduellement de cette seconde infinité accompagnera, et pourra mesurer le développement de son originalité philosophique. A la date de 1755, son génie critique n'est pas encore éveillé.

Les travaux de Kant pendant les dix premières années qu'il vient de parcourir suggèrent encore une observation importante. Il a surtout étudié la nature en géomètre. Les merveilles du monde inorganique ont captivé sa curiosité et provoqué son admiration. Quoi d'étonnant, si nous le verrons désormais plus préoccupé d'expliquer philosophiquement l'élément général et mathématique des corps, que l'élément particulier et organique. Il n'oubliera pas assurément le second; mais le premier seul recevra de sa doctrine une explication suffisante.

§ III

LES THÈSES D'ADMISSION DE 1755-56

En même temps que paraissait l'*Histoire générale de l'univers*, Kant se préparait à entrer comme professeur à l'université de Kœnigsberg, qu'il ne devait pas quitter jusqu'à sa mort. Un décret royal exigeait que tout candidat aux fonctions de professeur soutînt trois thèses. Kant défendit les deux premières dans l'année 1755, la troisième dans le courant de 1756. La première était une courte dissertation sur la nature du feu (meditationum quarumdam de igne succincta delineatio); la seconde contenait une nouvelle explication des premiers principes de la connaissance métaphysique (principiorum primorum cognitionis metaphysicæ nova dilucidatio); la troisième essayait de concilier les principes métaphysiques avec ceux de la géométrie dans la philosophie naturelle, et présentait à ce sujet un essai de monadologie physique (metaphysicæ cum geometria junctæ usus in philosophia naturali, cujus specimen continet monadologiam physicam).

Nous n'avons à nous occuper que des deux derniers de ces écrits, et surtout du plus considérable par l'étendue des développements et l'importance de la doctrine, l'étude sur les premiers principes de la connaissance métaphysique.

PRINCIPIUM PRIMORUM COGNITIONIS METAPHYSICÆ NOVA DILUCIDATIO, 1755.

(S. W, — Bd. 1, S. 365.)

C'est le premier ouvrage de pure métaphysique que Kant ait composé; c'est en même temps le dernier écrit d'une véritable importance, qu'il ait publié sous l'inspiration dominante et presque exclusive de la philosophie de Leibniz. Sans doute, il convient de faire remarquer à l'avance l'origine, la destination de ce travail. Une thèse, qui devait concilier au candidat les suffrages et lui ouvrir l'accès d'une université entièrement composée de disciples de Leibniz ou de Wolffiens, n'était pas propre à l'expression d'idées indépendantes, de théories originales. Mais il y a un tel accord entre l'esprit général de cet opuscule et celui des ouvrages précédents ; on y retrouve si exactement les hésitations, les critiques, les doctrines personnelles qui s'accuseront davantage dans les écrits ultérieurs ; enfin le caractère de Kant prête si peu au soupçon de dissimulation complaisante ou intéressée dans l'expression de ce qu'il regarde comme la vérité, que nous ne faisons aucune difficulté de considérer la thèse dont il s'agit comme la traduction fidèle des conceptions dogmatiques auxquelles s'arrêtait, en 1755, la pensée du futur auteur de la philosophie critique.

On se tromperait sans doute, si l'on croyait que Kant ne s'y présente que comme un pur interprète, un simple commentateur de la doctrine qui régnait alors dans les universités. Cependant la vigueur et l'indépendance de son esprit ne sont appliquées qu'à éclairer, simplifier, compléter les théories de l'école. C'est au profit de la métaphysique que son originalité de penseur se déploie ; et, en dépit de ses critiques, son argumentation n'est consacrée qu'au triomphe des principes du dogmatisme.

La thèse roule sur la discussion des deux grands principes de contradiction et de raison suffisante.

Kant place à la tête de toutes les vérités le principe d'identité, fidèle en cela plus à Wolff qu'à Leibniz : il s'en sert pour définir et prouver le principe de raison suffisante (374).

Toute cette première section de la thèse d'admission présente une subtilité que l'auteur ne peut s'empêcher de reconnaître ; mais il veut justifier l'utilité de son travail par l'importance de la conclusion métaphysique qui s'en peut tirer.

« Comme tout l'art de raisonner se réduit à démê-
« ler l'identité de l'attribut et du sujet, en examinant
« celui-ci, soit en lui-même, soit dans ses rapports
« avec les autres choses (et cela résulte évidem-
« ment du principe dernier, auquel toute vérité doit
« être rapportée), il est facile de voir que Dieu n'a
« pas besoin de raisonner. Comme tout est distincte-
« ment présent à son intuition, le rapport et l'opposition
« des choses sont saisis par un seul et même acte de
« son entendement. Il n'a pas recours à l'analyse, que
« les ténèbres, par lesquelles notre esprit est obs-
« curci, nous mettent dans la nécessité d'employer. »
(372).

La thèse est consacrée, dans la deuxième partie, à la démonstration et au développement du principe de la raison suffisante (372). Kant distingue soigneusement la raison déterminante et la raison conséquente. La premiere *est ratio existentiæ* (essendi vel fiendi) ou *ratio cur;* la seconde *ratio veritatis* (cognoscendi), ou *ratio quod.* L'auteur éclaire cette distinction par de très-heureux exemples, et reconnaît d'ailleurs que Crusius l'avait déjà faite. Il prélude ainsi à la théorie plus complète, qu'il présentera, dans ses traités postérieurs, sur la séparation de la *raison idéale* et de la *raison réelle* (Idealgrand et Realgrund).

La raison *antecedenter determinans* doit, son nom l'indique, précéder le déterminé, comme la cause précède l'effet. Il suit de là qu'aucun être ne peut avoir sa cause en lui-même, et que Dieu ne saurait être appelé la cause de sa propre existence. Kant, dans la scolie de la proposition vi (375), réfute longuement la preuve ontologique des théologiens cartésiens. Mais il ne fait, en cela, que s'inspirer de Leibniz; et l'argument, qu'il substitue à celui qu'il combat, se trouve également dans Leibniz : « Datur ens, cujus existentia praevertit ipsam et ipsius et omnium rerum possibilitatem, quod ideo absolute necessario existere dicitur. » (376.) C'est le même argument qu'il reprendra dans son essai sur l'unique preuve de l'existence de Dieu; et dont il voudra faire le fondement de la vérité théologique. Dieu est le seul être, dont l'existence ne s'explique point par une raison déterminante : au contraire, les êtres contingents ne sauraient se passer d'une telle explication ; autrement ils se confondraient avec l'être nécessaire (377).

Il s'agit maintenant de défendre le principe de raison déterminante contre les objections de Crusius. L'auteur multiplie les témoignages d'admiration et de respect à son illustre adversaire. Il insiste complaisamment sur les idées qui leur sont communes (379). Néanmoins, la meilleure partie de son travail est remplie par la discussion des idées de Crusius sur le libre arbitre.

Crusius n'admettait pas que le principe de raison déterminante s'appliquât aux résolutions de la volonté; il signalait avec insistance les périls, qu'une telle doctrine fait courir à la moralité humaine et à la perfection divine.

Kant réfute longuement ces objections (378 à 387). Il établit d'abord que, sans un antécédent nécessaire (ratio antecedenter determinans), on ne peut fixer la place qu'occupe un acte dans le temps, et que par suite la réalité de cet acte reste indéterminée, incertaine (378). Nous découvrons dans cette brève, mais ferme démonstration, le germe de la déduction des analogies de l'expérience : mais elle nous rappelle aussi la doctrine leibnizienne du déterminisme des phénomènes sous la loi des causes efficientes.

L'objection faite par Crusius, au nom de la responsabilité humaine et de la bonté divine, est soumise à un examen approfondi. Kant se garde bien de l'affaiblir par l'exposé qu'il en donne (380), et s'empresse de réconnaître que les partisans de Wolff ne l'ont pas refutée sérieusement, par leur vaine distinction de la nécessité morale ou hypothétique et de la nécessité physique ou absolue (381). Toute l'argumentation de notre philosophe est ingénieuse et pénétrante, et présentée sous la forme d'un dialogue entre un partisan de la liberté d'indifférence, Caius, et un défenseur de la raison déterminante, Titius. Kant, au fond, se borne à reproduire les raisons que Leibniz avait déjà développées dans sa *Théodicée*.

Après cette réfutation étendue de Crusius, l'auteur passe à l'exposé des conséquences, qui dérivent du principe de raison déterminante.

« Nihil est in rationato quod non fuerit in ratione. » (389). Il n'en faudrait pas conclure que les limites et les imperfections de la créature doivent se rencontrer aussi dans le créateur. « Limitata est actio Dei
« creatrix, pro ratione entis limitati producendi. Hæc
« autem actio cum sit determinatio Dei respectiva,
« quam rebus producendis respondere necesse sit,
« non interna et absolutè in ipso intelligibilis, limita-
« tiones has Deo internè non competere patet. » (389).

A ces conséquences s'en rattache une troisième de la plus haute importance : « La quantité de la réalité absolue dans le monde ne peut naturellement ni croître, ni diminuer. » Cette loi s'étend aussi bien aux esprits qu'aux corps. Kant la démontre par d'ingénieuses considérations sur les phénomènes du monde physique ou moral, qui semblent la contredire. C'est, au fond, sur le rapport du monde à Dieu et sur l'immutabilité de la cause suprême, que repose la constance des choses de l'univers. La preuve, que Kant expose ici, du fameux principe de substance est tout entière conçue dans l'esprit du dogmatisme de Leibniz.

En regard de ces corollaires indiscutables du principe de raison déterminante, Kant place pour les combattre certaines propositions qu'on prétend également en faire sortir. Baumgarten, ce coryphée des métaphysiciens, comme il l'appelle (391), veut démontrer que rien ne saurait être sans conséquence, « nihil est sine rationato »; que toute cause doit avoir des effets. Mais cela n'est vrai, réplique Kant, que dans l'ordre logique, où tout principe est éternellement gros de ses conséquences. « Verùm, si rationata existendi hic subintel-
« ligimus, entia hisce in infinitum feracia non esse, vel
« ex postrema hujus commentationis sectione, videre
« licebit, ubi permutationis omnis expertem subs-
« tantiæ cujuslibet, quæ nexu cum aliis exempta est,
« statum rationibus invictis adstruemus (391).

Le principe des Indiscernables, qu'on veut également tirer du principe de raison déterminante, est encore moins acceptable que celui de Baumgarten. On soutient qu'il n'y aurait pas de raison suffisante de distinguer deux choses qui seraient semblables de tout point; mais la place différente qu'elles occuperaient néanmoins dans l'espace et dans le temps ne suffirait-t-elle pas à rendre toute confusion impossible ? Comment prétendre d'ailleurs que, dans la nature, il n'y a pas deux objets semblables ? Ce n'est pas que la pensée de Leibniz ne puisse se défendre dans bien des cas, et qu'elle ne nous mette utilement en garde contre l'identité apparente, dont une vue superficielle des choses est trop disposée à se contenter : mais elle n'en reste pas moins inacceptable sous la forme absolue que son auteur lui a donnée (392). Kant reviendra souvent dans la suite sur cette critique, dont il ne nous donne ici qu'une première ébauche.

Mais plus tard, comme aujourd'hui, il n'entrera pas dans le vrai sens de la doctrine qu'il combat. Leibniz sait très-bien que les déterminations externes, c'est-à-dire de temps et de lieu, suffisent, aussi bien que les déterminations internes (d'essence, de qualité), à la distinction suffisante des phénomènes : mais c'est aux substances, aux monades, aux réalités indépendantes de l'espace et du temps, qu'il fait surtout l'application de son principe des indiscernables. L'argumentation de Kant ne porte pas sur ce point.

La section troisième du livre contient deux nouvelles et importantes applications du principe de raison déterminante. C'est dans cette partie surtout que cherche à s'affirmer l'originalité de l'auteur (393). Ces deux propositions métaphysiques reçoivent le nom de principe de succession et de principe de coexistence.

Voici dans quels termes Kant formule le premier :

« Aucun changement ne peut arriver aux substances,

« qu'autant qu'elles sont liées entre elles : leur dépen-
« dance réciproque détermine les changements mutuels
« que leur état présente. » (393). Il ne faut donc pas
dire, avec Wolff, que la substance simple change con-
tinuellement, en vertu d'un principe interne d'activité.

De cette proposition découlent d'importantes vérités.

L'existence des corps ne saurait pas plus être révo-
quée en doute, que la réalité des changements internes
des âmes : la correspondance des âmes ne peut s'établir, en effet, que par l'intermédiaire des corps.

Le principe de succession ruine également la doctrine de l'harmonie préétablie (395).

Mais, en même temps, se trouve confirmée cette autre
proposition, chère à Leibniz, que tous les esprits sont
associés indissolublement à un corps organisé.

Enfin comment contester l'immutabilité de la nature
divine, qui résulte nécessairement de son absolue
indépendance, à l'égard de tous les autres êtres ?

Le deuxième principe, celui de coexistence, ne paraît
pas moins riche en précieuses conséquences. Kant le définit ainsi : « Les substances finies ne doivent pas au seul
fait de leur existence les rapports et le commerce qu'elles
ont entre elles : il faut faire dériver leur existence d'un
principe commun, l'entendement divin, pour que leurs
relations mutuelles puissent s'expliquer. » (396).

Puisque le lieu, la position, l'espace n'expriment
que des relations entre les substances, et que ces relations ont été établies par volonté divine, il suit de là
que Dieu peut avoir créé des substances en dehors de
notre espace et les avoir enchaînées, cependant, par
des rapports nouveaux, d'où résulteraient des espaces
différents du nôtre, et par suite d'autres mondes.

Cette question de l'espace revient sans cesse à la pensée de Kant.

La nécessité d'une cause commune, pour expliquer les rapports des monades, nous fournit la preuve la plus convaincante de l'existence d'une cause suprême et unique (398).

La loi de l'attraction newtonienne ne trouve pas moins sa justification dans l'action mutuelle des substances; et reçoit de cette confirmation métaphysique une universalité et une nécessité, que la physique ne pouvait lui donner (398).

Enfin le vrai sens de l'harmonie universelle est mis en lumière. Il n'est plus permis de la confondre avec l'harmonie préétablie, qui reconnaît l'action conspirante, mais non réciproque des substances; non plus qu'avec la conception vulgaire désignée sous le nom d'influx physique (399).

La thèse d'admission marque le point culminant de ce que nous pouvons appeler la période dogmatique dans la carrière philosophique de Kant. Avant de rassembler les traits principaux, qui caractérisent les doctrines et le génie de notre auteur, à la date de 1755, nous devons dire quelques mots de la troisièms thèse d'admission.

Métaphysicæ cum geometria junctæ usus in philosophia, seu monadologia physica (1756, B 1 457).

Il en faudrait citer la courte, mais trés-instructive préface. L'auteur entreprend d'accorder la géométrie et la métaphysique, et de signaler les services, que la première peut tirer de la seconde, dans l'explication des phénomènes de la mécanique (459). Kant ne veut que montrer la voie, où de plus habiles sauront aller plus loin que lui.

« Les corps sont composés de monades. » (461). — « Chaque monade est non-seulement dans l'espace, « mais le remplit, sans que sa simplicité en soit alté- « rée. » (464). L'espace occupé par la monade n'est que la sphère où se déploie son activité (465). Il ne faut donc pas dire qu'en divisant l'espace, on divise la monade elle-même (466). L'activité de la monade se manifeste sous la double forme de l'attraction et de l'impénétrabilité (460). L'auteur termine par des réflexions sur l'inertie, dont la quantité demeure invariable en chaque monade corporelle et en constitue la masse, mais doit varier de l'une à l'autre, si l'on veut pouvoir rendre compte de la densité différente des corps (470).

Ce court travail est le premier essai que Kant ait tenté pour concilier Leibniz et Newton, et pour expliquer le mécanisme des corps, par les deux seules forces de l'attraction et de la répulsion.

Mais combien est métaphysique la base sur laquelle repose sa théorie! Combien peu, d'un autre côté, il paraît comprendre la théorie des monades! Si Leibniz eût applaudi au langage de la préface, qu'aurait-il dit des monades qui composent les corps et occupent une place dans l'espace? Est-il nécessaire de faire remarquer que la définition de la monade physique n'est, cette fois encore, que celle des atomi naturæ de Wolff?

Après les observations de détail, dont nous avons accompagné l'analyse des théories particulières que Kant expose dans les thèses d'admission, observations que nous aurions pu, sans doute, étendre et multiplier davantage, nous croyons devoir nous borner à dégager de cette étude, à juger sommairement les idées essentielles, qui ont inspiré dans ces deux écrits la métaphysique de notre philosophe. La doctrine de la raison déterminante exprime pour Kant, comme pour Leibniz, une loi des choses, une nécessité objective. Il est dominé, ainsi que son devancier, par la conviction, toute dogmatique, que ce principe, comme celui d'identité, est une vérité éternelle, un principe inné, qu'il n'y a pas lieu, un seul instant, de discuter, encore moins de mettre en doute. Mais, avec Wolff, il rattache trop étroitement, ou plutôt subordonne la raison déterminante au principe de contradiction. Et par là, il s'écarte complétement de la doctrine de Leibniz, qui place, au contraire, le principe de raison suffisante au premier rang des vérités métaphysiques. C'est une pure nécessité, logique, que Kant, comme Wolff, affirme par sa théorie de la raison déterminante ; la grande loi de la raison suffisante traduit pour Leibniz l'aspiration au bien, au meilleur, qui est l'essence même de la raison. Il n'y a donc pas qu'un changement de mots indifférent dans la substitution, que Kant fait, à l'exemple de Crusius (Thèse d'admission 372), du nom de raison déterminante à celui de raison suffisante.

La théorie de la substance n'est pas moins infidèle à la pensée de Leibniz. Kant distingue, comme Wolff, deux classes de substances, les monades spirituelles et les monades physiques. Elles n'ont entre elles de commun que la simplicité, que l'activité spontanée ; et diffèrent, en ce que les unes produisent des pensées, les autres des mouvements. Les monades physiques sont dans l'espace : ce qui n'empêche pas que l'espace, de même que le temps, est défini comme un ordre entre les actions mutuelles des monades. Kant ne s'embarrasse pas des difficultés, qui lui feront plus tard refuser d'admettre la coexistence et la succession des phénomènes, avant que la réalité du temps et de l'espace ait été déjà reconnue. Ne lui demandez pas davantage sur quoi se fonde la vérité des substances, ni ce qu'il faut entendre par la vérité.

Il emploie les notions métaphysiques de l'école avec la même confiance qu'un sensualiste accorde à la réalité, à la valeur objective des perceptions du toucher. Il n'en est pas arrivé à concevoir des doutes sur l'origine et l'autorité des vérités éternelles, comme on les appelait alors : le philosophe critique n'est pas encore éveillé.

L'idée de la perfection divine lui sert à démontrer le principe de raison déterminante, aussi bien qu'à prouver l'ordre et le progrès infini de la création; et, à leur tour, le principe de la raison déterminante et la loi de la continuité portent témoignage de la raison toute puissante qui a créé l'univers.

Ne sont-ce pas là en effet les traits les plus saillants de l'esprit dogmatique : l'affirmation sans preuve, sans déduction du moins, comme dira Kant plus tard, des vérités métaphysiques, des vérités éternelles et divines : le recours à ces principes pour prouver Dieu et expliquer le monde, en même temps qu'on prétend trouver en Dieu ou dans la nature la confirmation et la démonstration de ces mêmes principes.

§ IV

LA QUESTION DE L'OPTIMISME

Les convictions du disciple ardent de Leibniz devaient être mises à une rude épreuve, dans le même temps que paraissaient l'histoire générale de l'univers et les thèses d'admission. Le tremblement de terre, qui détruisit Lisbonne dans les derniers mois de 1755, semblait apporter un tragique démenti aux trop confiants partisans des causes finales et de l'optimisme.

Kant, à l'appel de ses amis, de ses élèves, et pour réfuter les adversaires de la philosophie, fit paraître successivement trois opuscules : Des causes des tremblements de terre (Von den Ursachen der Erderschütterungen, 1756.) : Histoire et description des faits les plus curieux qui ont accompagné le tremblement de terre de 1755 (Geschichte und Naturbeschreibung der merkwürdigsten Vorfälle des Erdbebens, 1756.) : Nouvelles considérations sur les récents tremblements de terre : (Fortgesetzte Betrachtung......1756). La question des tremblements de terre est, dans ces divers écrits, ramenée à ses véritables proportions, discutée avec des raisons, et résolue avec des données purement scientifiques. Nous n'avons pas à exposer ici les théories, auxquelles l'érudition si sûre et si active de Kant demande l'explication théorique du phénomène. Ses précédentes études sur la chaleur, sur la formation du globe, et les causes qui en peuvent amener la destruction, le préparaient, plus qu'aucun autre, à démêler les raisons physiques du redoutable événement.

Mais le moraliste ne voulut pas que les fruits d'une si amère expérience fussent perdus pour l'éducation morale des hommes. Il se complut à développer la leçon qui en ressortait (415).

Au lendemain de la ruine de Lisbonne, il ne craignit pas de terminer son second opuscule par un chapitre sur « l'utilité des tremblements de terre. » (439). Kant défendait, comme il l'avait déjà essayé dans l'histoire du ciel, le vrai sens de l'optimisme contre les puériles interprétations des Wolffiens. Il faisait cause commune avec Rousseau et Pope contre le pessimisme, que Voltaire exhalait dans ses poèmes sur le Désastre de Lisbonne et sur la Loi naturelle.

Tous les esprits étaient partagés dans les universités par le curieux problème, auquel venait de s'ajouter un si poignant intérêt d'actualité. Le débat durait depuis plus de trois années, quand un docteur de l'université de Kœnigsberg, Weymann, fit paraître un écrit de *mundo non optime,* dont il s'offrait à défendre la doctrine. Kant, sollicité de répondre dans une argumentation publique, déclina l'invitation, et préféra publier, comme programme de ses prochaines leçons, un essai de quelques considérations sur l'optimisme (Versuch einiger Betrachtungen über den Optimismus 1759. — S. W. Bd **2** — p. 35).

ESSAI DE QUELQUES CONSIDÉRATIONS
SUR L'OPTIMISME
(1759).

L'auteur débute par railler spirituellement les esprits difficiles, qui, plutôt que de se ranger à l'opinion commune, et de se faire modestement les avocats du bon sens, consacrent, avec ostentation, leur stérile originalité à la recherche de nouveautés subtiles et à la défense de doctrines paradoxales. Soutenir avec Leibniz que ce monde est le meilleur possible, c'est « une pensée si simple, si naturelle, et qu'on répète si « souvent, qu'elle en devient commune et paraît insi- « pide au goût des gens délicats. (Bd 2 — S. 37). « Aussi a-t-on trouvé plus ingénieux, plus beau, et « finalement plus vrai de dire que Dieu a choisi ce « monde, non parce qu'il était le meilleur de tous ceux « qu'il pouvait produire, mais uniquement parce que « cela lui plaisait ainsi. »

Et immédiatement, sans viser ni à l'enchaînement méthodique, ni au développement complet des pensées, Kant, en cinq ou six pages, réfute les principales objections, qui sont dirigées d'ordinaire contre la thèse de l'optimisme.

On soutient que l'idée d'un monde plus parfait que tous les autres n'est pas plus acceptable que celle d'un nombre plus grand que tout autre nombre, et qu'elle doit figurer parmi les notions décevantes dont parle Leibniz. On oublie qu'il n'en va pas des degrés de la perfection ou de la réalité (les deux termes sont synonymes), comme de ceux de la quantité (40).

Vous dites qu'il n'est pas possible de concevoir un monde plus parfait que tous les autres, lors même qu'il en existerait un semblable. Mais il faut dire alors que l'entendement divin en est également incapable, et que Dieu, par conséquent, n'a pas eu connaissance de tous les mondes possibles. « Cette dernière proposition est fausse ; donc la première l'est aussi. » (38).

Sans doute il resterait encore à prouver qu'un monde unique peut seul réunir la plus haute perfection possible. Mais comment en concevoir deux ? Ils seraient absolument semblables : rien ne pourrait les distinguer. Le principe des indiscernables s'oppose à l'admission d'une telle hypothèse.

A quoi bon du reste de si longs raisonnements ? « Le « bon sens ne nous dit-il pas, avec assez de force, que « le meilleur des mondes est possible, puisqu'il existe ; « et qu'il existe, puisqu'il est l'effet du dessein le plus « sage et le meilleur ? » (41).

L'argumentation de Kant n'est qu'une série de pétitions de principe. La perfection divine lui sert à prouver à priori celle du monde ; et la perfection du tout lui répond de la perfection de cette infime partie, qui nous est accessible. Sa théologie soutient sa cosmologie : c'est dans le possible qu'il cherche l'explication du réel. Nulle part les vices du dogmatisme ne se sont étalés dans les premières œuvres de Kant avec plus de liberté.

Cela explique la critique très-vive, que Hamann faisait de cet écrit à son ami Lindner. « Je ne comprends pas les raisons de Kant. Ses idées sont comme de jeunes chiens aveugles, qu'une chienne trop pressée a laissé tomber. S'il valait la peine de le réfuter, j'aurais pu me donner celle de le comprendre. »

Kant lui-même ressentait plus tard, contre cet opuscule de ses premières années, un mécontentement, dont son biographe Borowski nous a rapporté un curieux témoignagne. C'était quelques années avant la mort du philosophe. Borowski le pria de lui donner le livre qu'il voulait envoyer à un ami. « Avec un sérieux solennel, raconte l'historien, Kant me pria de ne plus songer à cet écrit sur l'optimisme, me recommandant, s'il me tombait par hasard sous la main, de ne le prêter à personne, mais de le remettre de suite à sa place. »

Avec quelques petits opuscules, dont il est inutile de parler ici, l'essai sur l'optimisme clot la période dogmatique dans le développement philosophique de notre auteur.

Il convient de rassembler nos impressions et nos jugements sur ces commencements d'ordinaire trop ignorés.

Nous sommes en état maintenant d'apprécier toute la justesse de l'opinion sévère qu'exprimait Kant, dans la préface des prolégomènes, sur son passé métaphysique; nous pouvons mesurer la profondeur de ce sommeil dogmatique, où il avoue lui-même qu'il est resté plongé, jusqu'à la lecture des œuvres de David Hume.

Il est disciple enthousiaste de Leibniz, admirateur sans réserve de ses principales doctrines. Toute l'histoire du ciel n'est que l'application audacieuse, mais éloquente du grand principe de la continuité. L'essai sur les premiers principes défend énergiquement le déterminisme du maître contre les objections de Crusius; et développe d'une manière ingénieuse presque subtile les conséquences inaperçues ou négligées, qui en dérivent. Kant combat sans doute la théorie des indiscernables et celle de l'harmonie. Mais on peut trouver qu'il les juge surtout par le commentaire infidèle ou maladroit des continuateurs de Leibniz.

En même temps l'influence de Wolff est si puissante sur son esprit, qu'il subordonne, dans sa thèse principale, la règle de la raison déterminante à celle de l'identité; et que, dans la monadologie physique, il fait de la monade l'élément substantiel, constitutif des corps.

Quelles que soient l'autorité et les inspirations que sa pensée reconnaît, et tous les métaphysiciens depuis Leibniz et Wolff, jusqu'à Baumgarten et Crusius, obtiennent tour à tour ses respectueux et reconnaissants hommages; qu'il se réduise modestement au rôle d'interprète ou de continuateur de ses devanciers, ou que son indépendance se hasarde à celui de critique: il est tout entier sous l'empire des conceptions et de l'esprit du dogmatisme. Les notions du temps et de l'espace, les principes d'identité et de raison déterminante, l'idée de substance sont pour lui autant d'axiomes indiscutables, dont il croit avoir suffisamment établi les titres, lorsqu'il les a décorés avec Leibniz et Woff du nom de vérités éternelles. Ce sont à la fois les pensées de l'Entendement divin, les lois nécessaires, universelles de la nature et de la pensée.

CHAPITRE II

ÉVEIL DU GÉNIE CRITIQUE

(1759-1770).

Les documents nous manquent pour déterminer le moment précis, où le génie de Kant subit le contact et l'excitation de David Hume. Nous savons que le principal traité de Hume : *Enquiry, concerning human understanding* est de 1748. Or Hamann écrivait à Kant, à la date du 27 juillet 1759, dans une lettre qui nous a été conservée, et où il invitait son ami à étudier les œuvres du penseur anglais : « L'attique Hume se dresse « au milieu des philosophes, malgré ses fautes, comme « Saül parmi les prophètes. »

Nous apprenons aussi par le témoignage de Herder que Kant, dans les années 1762 et 1764, commentait Hume dans ses leçons, à côté de Leibniz, Wolff, Baumgarten et Crusius. Nous pouvons donc croire qu'il était sous l'influence des objections dirigées par Hume contre le dogmatisme de l'école de Leibniz, lorsqu'il fit paraître coup sur coup, en moins de trois années, de 1762 à 1764, les quatre ouvrages qui annoncent le réveil et préparent la victoire de l'esprit critique.

§ Ier

LA FAUSSE SUBTILITÉ DES QUATRE FIGURES DU SYLLOGISME DÉMONTRÉE

Die falsche Spitzfindigkeit der vier syllogistischen Figuren erwiesen 1762 (Kant's W. — Bd. 2. — S. 53.)

Kant enseignait la logique, comme le comportait le programme de son cours. Nous savons, par ses propres indications, qu'il suivait et commentait le traité de Meier. Mais il n'avait pas tardé à reconnaître la stérile subtilité du formalisme compliqué, où s'égaraient les théories syllogistiques. Avec Bacon et Descartes, il regardait comme perdu, pour l'avancement de la science, tout le temps que prenait dans les écoles l'étude des figures et des modes du syllogisme. « Les sérieuses « connaissances se multiplient de nos jours : bientôt « notre capacité sera trop faible et notre vie trop courte, « pour que nous puissions en embrasser seulement la « partie la plus utile. Les trésors de la science s'of- « frent à nous si abondamment, que, pour nous les « approprier, nous devons nous débarrasser de bien des « acquisitions inutiles, dont nous aurions mieux fait « sans doute de ne pas nous charger (64.) »

Kant ne se flatte pas de renverser par son modeste travail le « colosse dont la tête se perd dans les nuages « de l'antiquité, et dont les pieds ne sont pourtant que « d'argile (65.) » Il veut toutefois expliquer pourquoi son enseignement de la logique réduit, trop peu sans doute à son gré, mais trop encore au goût dominant des auditeurs, le temps consacré d'ordinaire aux études syllogistiques.

L'étude du raisonnement nous montre que, pour être concluant, tout syllogisme doit être ramené aux règles de la première figure. A quoi bon s'ingénier à multiplier, se fatiguer à étudier les combinaisons auxquelles peuvent donner lieu les termes du syllogisme dans les trois autres figures? Le plaisir qu'on y trouve n'est-il pas aussi vain que celui qu'un joueur d'échecs peut prendre à ses inventions; ou moins encore, ne rappelle-t-il pas la satisfaction puérile, que goûtent les faiseurs d'anagrammes à faire sortir d'un même mot, par des transpositions de lettres, des noms et des sens inattendus? (65.)

Ce qui nous intéresse surtout dans le travail de Kant, ce sont les considérations finales qu'il y joint : « Un vice ordinaire de la logique, telle qu'elle est « habituellement présentée, c'est qu'elle traite des « notions, avant de parler des jugements, bien que les « premières dérivent des seconds. »

Il n'est pas malaisé de voir que le jugement et le raisonnement ne sont pas des facultés essentiellement différentes. De ces deux noms, le premier désigne le jugement immédiat, l'autre le jugement médiat. De là découle cette importante vérité que « la plus « haute faculté de connaître réside entièrement dans la « faculté de juger (67). »

Du jugement dérivent les notions claires (deutliche Begriffe). L'animal a de claires représentations (klare Vorstellungen) des choses; il n'en a pas de notions claires, parce qu'il n'est pas capable de juger, et par suite de connaître. (Erkennen).

« Il est de la plus haute importance dans l'étude de
« la nature animale de faire attention à ceci : nous
« saisissons chez les animaux des actes extérieurs,
« dont la diversité traduit la nature différente de leurs
« désirs. Mais que, dans leur for intérieur, se pro-
« duise un acte de connaissance, par lequel ils pren-
« draient conscience et par suite jugeraient (bewusst
« sind, also urtheilen) de l'accord ou de l'opposition de
« ce qui se trouve dans une impression avec ce qu'une
« autre contient, cela ne suit pas nécessairement (67). »
Leibniz disait plus explicitement encore : « les animaux
« ne connaissent que les rapports habituels des choses,
« non leurs rapports nécessaires. » (Erd. 237-466-707).

Quoi qu'il en soit, Kant admet désormais deux facultés bien distinctes dans l'âme : la sensibilité et l'entendement. Ce n'est pas une différence en plus ou en moins, en clarté ou en confusion, qui sépare l'intelligence de l'homme de celle de l'animal, mais une distinction radicale de nature. Il faut qu'un être soit capable de s'interroger sur la réalité de ses représentations, pour que le jugement ait lieu : et c'est là, comme Kant le remarque très-bien, le propre du sens intime, de la réflexion, qui n'est plus la simple conscience, mais la conscience volontaire.

L'opuscule se termine par la distinction des vérités médiates (mittelbare), auxquelles s'applique la démonstration (erweisliche), et des vérités immédiates, indémontrables par le raisonnement (unerweisliche). Les premières sont soumises à la loi d'identité, et reposent sur l'analyse des notions (Zergliederung der Begriffe) : il n'en saurait être de même des secondes. « La « connaissance humaine est pleine de ces jugements « indémontrables. Chaque définition en suppose plu- « sieurs. On les forme alors que, pour définir une « chose, on se représente comme prédicat de cette « chose tout ce qui en est connu dès l'abord et immé- « diatement (was man zunächst und unmittelbar an « einem Dinge erkennt.) 68. » « Ceux là se trompent « parmi les philosophes, qui croient qu'il n'y a qu'une « seule vérité indémontrable. Ils s'abusent également « ceux qui sont trop portés sans raison légitime à « réclamer ce privilége pour plusieurs de leurs pro- « positions. » (68).

Kant est, on le voit, sur le point de faire la distinction des jugements analytiques et des jugements synthétiques : il range clairement les vérités de raisonnement dans la première catégorie. C'est dans le traité de 1764, dont nous parlerons plus loin, que pour la première fois la distinction nominale sera faite. Elle n'en est pas moins au fond l'idée dominante et l'affirmation finale de l'essai sur la fausse subtilité du syllogisme.

Kant s'éloigne de la doctrine, qu'exposait la thèse d'admission, et qui rapportait toute vérité à l'analyse, au principe de l'identité. Il rompt avec la logique de Meier, de l'école de Wolff, et paraît céder à l'influence de Hume, dont la théorie repose sur l'opposition fondamentale des propositions analytiques et des propositions synthétiques. Mais il ne se doute pas qu'il se rapproche d'autant de la vraie pensée de Leibniz.

Ainsi du court, mais très-substantiel opuscule que nous venons d'étudier, se dégagent deux conceptions nouvelles : la séparation de la sensibilité et de l'entendement, la division des jugements en analytiques et synthétiques.

Avec l'admirable conséquence d'un génie qui enchaîne méthodiquement, comme celui de Descartes, ses idées et ses recherches, Kant, dans l'ouvrage plus considérable, qu'il va faire paraître ensuite, reprendra et développera la théorie, dont les dernières lignes du présent traité contiennent seulement le germe.

§ II

ESSAI D'UNE APPLICATION PHILOSOPHIQUE DU CONCEPT DES GRANDEURS NÉGATIVES

Versuch den Begriff der negativen Grössen in die Weltweisheit einzuführen, 1763 (Bd. 2 — S. 69.)

Parmi les jugements indémontrables, c'est-à-dire dont l'analyse ne peut rendre compte, Hume rangeait et étudiait spécialement ceux de causalité. Kant était certainement sous l'impression du livre de l'auteur anglais, lorsqu'il composa son essai sur l'application à la philosophie de l'idée des grandeurs négatives. L'ouvrage est tout entier rempli par l'examen de la notion

de cause. Les défiances déjà anciennes de Kant à l'égard de la métaphysique s'expriment avec une énergie nouvelle, où l'on retrouve comme un écho du scepticisme de Hume. « Quant aux intelligences méta-
« physiques, dont la science est absolue, il faudrait
« bien peu les connaître, pour s'imaginer qu'on puisse
« ajouter quelque chose à leur sagesse ou retrancher
« quelque chose à leurs illusions (74). »

Mais Kant ne fait encore le procès qu'à la fausse métaphysique. C'est elle qui craint d'appliquer aux problèmes philosophiques les concepts dont les mathématiques ont déjà établi l'incontestable évidence, parce que la rigoureuse simplicité de ces notions ne permet pas à la docte ignorance d'en tirer parti, pour produire, comme ailleurs, l'illusion de la solidité (74).

L'auteur se propose d'emprunter aux mathématiques une de leurs notions les mieux établies, celle des grandeurs négatives, et d'en rechercher l'usage dans la philosophie. Il voudrait que les métaphysiciens fissent souvent de ces emprunts aux sciences exactes. La stérile et même dangereuse imitation, qui se contente de reproduire les formes, l'appareil extérieur de la démonstration mathématique et décore avec une orgueilleuse naïveté ses propositions douteuses des noms d'axiomes, de définitions, de postulat, ne peut faire oublier « qu'il ne convient pas de faire le fier
« avec des ressources bornées, et que l'importun non
« liquet ne se laisse pas écarter par tout cet étalage
« (71). » Ne vaudrait-il pas mieux mettre à profit les recherches des mathématiciens sur les notions de l'espace, du temps, de l'infiniment petit, sur le calcul des probabilités ! « Mais on trouve plus commode de

« s'en tenir à des abstractions obscures, difficilement
« démontrables, que d'entrer en rapports avec une
« science où les notions claires et évidentes à première
« vue sont seules en usage (72). »

Leibniz ne tenait pas un autre langage dans ses divers écrits (de primæ philosophiæ emendatione (Erdm. 121) — de vera methodo philosophiæ (id. 109). Son système n'est-il pas le plus bel exemple de ce que peuvent l'alliance du génie métaphysique et du génie mathématique? Kant ne fait que rappeler les disciples de Leibniz aux enseignements trop tôt oubliés du maître.

L'application du concept des grandeurs négatives va le conduire à des conséquences nouvelles, que Leibniz n'aurait pas moins approuvées que les réflexions précédentes.

On entend par grandeur négative en mathématiques toute quantité qui en supprime une autre, tout mouvement, toute force qui paralyse l'effet d'un mouvement, d'une force contraire. Cette opposition est *réelle,* est bien distincte d'une opposition *logique.* Le résultat de la première est quelque chose d'intelligible *(*cogitabile): ainsi l'immobilité d'un corps sollicité en sens contraire par deux forces égales. L'effet d'une opposition logique est un pur néant (nichts irrepræsentabile), un non-sens : par exemple, la supposition d'un corps qui serait à la fois en mouvement et en repos (75).

Selon la méthode des mathématiciens, pour bien marquer que l'opposition de deux termes n'est pas purement logique, mais réelle, que tous deux sont également positifs, nous appelons l'un le négatif de l'autre; et nous dirons que la chute est une ascension négative, le recul un avancement négatif. » (79). Mais il faut encore distinguer entre la négation qui résulte d'une opposition réelle, et celle qui n'en vient point. Ainsi la négation du mouvement (le repos) peut résulter pour un corps de l'absence de toute force motrice, ou du conflit de deux forces qui se font équilibre : dans le premier cas, la négation est une privation, dans le second un manque (81).

Dans la deuxième partie, Kant éclaire ces distinctions par des exemples empruntés à la psychologie (84) et à la morale (85).

Après avoir ainsi déterminé le concept de grandeur négative, l'auteur l'applique dans la troisième partie, à la solution de certains problèmes philosophiques.

De même que, dans le monde physique, aucune force n'interrompt ou ne modifie son mouvement, que sous l'action égale et opposée d'une autre force : ainsi, pour que nous passions d'une impression à une autre, il faut que dans l'âme se déploient, se rencontrent des énergies contraires, dont les effets s'opposent et s'annulent, bien que souvent notre conscience ne nous en dise rien. La merveilleuse activité de l'âme se répand à la fois en tant d'actions diverses, que chacune d'elles ne se laisse sentir que confusément (93).

On se trompe et l'on se paie de mots, si l'on croit expliquer comment les mouvements de l'âme sont suspendus ou détournés de leur direction naturelle, en disant que l'âme s'abstient d'agir. Car au fond, il n'est pas question de montrer pourquoi l'on n'agit pas, mais comment a été contrariée, arrêtée dans son cours l'activité qui se déployait : et il faut une cause positive à cela (94).

Ces fines analyses font honneur à la pénétration du psychologue. Familiarisé sans doute avec la méthode expérimentale des philosophes anglais, de Hume surtout, Kant découvre et signale tous les vices de cette psychologie de logiciens et de moralistes, plutôt que d'observateurs, qui était à la mode dans l'école de Wolff. Mais tout ce que dit notre auteur de l'activité sourde ou distincte de l'âme, du conflit de ses énergies indéfiniment diversifiées, ne le trouvons-nous pas dans la doctrine des monades, dans la théorie des grandes et des petites perceptions? Ces rapports deviennent de plus en plus manifestes dans les derniers chapitres du traité, et Kant lui-même ne pourra s'empêcher de les signaler.

Après avoir appliqué la théorie des grandeurs négatives aux forces contraires qui agissent dans un seul et même être, il l'étend aux forces opposées qui se déploient dans des corps ou dans des êtres différents (95). Il n'a jusqu'ici étudié que les oppositions réelles, il va envisager maintenant les conflits possibles des forces (oppositio actualis, oppositio potentialis). Ces considérations sont familières aux mathématiciens : elles doivent avoir leur place dans la métaphysique.

Kant en fait sortir deux lois qui lui paraissent de la plus haute importance. Voici la première : « Dans tous « les changements naturels du monde, la somme du « positif, si, pour la mesurer, on additionne toutes les « réalités concordantes, et si l'on retranche toutes celles « qui s'opposent mutuellement, n'est ni augmentée, « ni diminuée. » (96).

Les principes mécaniques de la conservation de la force et de l'inertie trouvent dans cette règle leur justification philosophique (97).

Les mouvements de la sensibilité et de la pensée sont aussi bien que ceux des corps régis par cette loi métaphysique (97).

La seconde loi est la suivante : « Toutes les causes « réelles dans l'univers, si l'on additionne celles qui « s'accordent et si l'on retranche celles qui s'oppo- « sent, donnent un résultat qui est égal à zéro. » (99).

La démonstration de ces lois revient à dire que, le monde n'étant rien que par la volonté divine, puisque cette volonté est immuable, la somme de réalité que le monde contient est aussi invariable.

C'est dans la remarque générale qui termine l'ouvrage, qu'il faut chercher l'idée originale de Kant. L'essai sur les grandeurs négatives est destiné surtout, en effet, à prouver que la vérité des jugements ne résulte pas toujours d'une opération logique, et ne repose pas seulement sur la simple analyse d'un concept. A côté des jugements analytiques, l'auteur reconnaît aussi des jugements synthétiques, bien qu'il n'en prononce pas encore le nom. Les premiers sont fondés sur une raison logique (Ideal Idealgrund); les autres demandent une raison positive, une cause réelle (Realgrund).

Cela est vrai des jugements négatifs, comme des affirmatifs. Toute négation n'est pas une simple contradiction : et s'il y a des oppositions logiques, il y en a aussi de réelles.

Mais comment s'établit dans les jugements ce lien du Realgrund et de la conséquence, de la cause et de l'effet, que le principe de contradiction, l'analyse logique ne saurait expliquer? C'est le problème même que Hume se posait. Voyons en quels termes Kant, s'il ne le résout pas, en fait ressortir du moins la nature et l'importance.

« Chaque jour voit croître le nombre de ces philo-
« sophes profonds, comme ils s'appellent eux-mêmes,
« qui pénètrent si avant en toute chose, qu'il n'est plus
« rien de caché pour eux, rien qu'ils ne se flattent
« d'expliquer et de comprendre. Je sais à l'avance que
« le concept de réelle opposition (der Begriff der
« Realentgegensetzung) (103), dont j'ai fait dès le
« début le principe de mon travail, leur paraîtra très-
« superficiel ; et que celui de grandeur négative, qui
« en est une conséquence, ne leur semblera pas suffi-
« samment profond. Moi qui ne fais aucun mystère de
« la faiblesse de mon intelligence, et qui trouve d'or-
« dinaire que ce que je comprends le moins est ce que
« tous les autres croient aisément entendre, j'ose me
« flatter que ma faiblesse me donne quelques droits
« à réclamer l'assistance de ces grands esprits ; et
« j'espère que leur haute sagesse voudra bien combler
« les lacunes que ma pauvre intelligence a dû laisser
« subsister.

« Je comprends très-bien comment une conséquence
« découle d'un principe d'après la loi de l'identité,
« puisqu'il suffit d'analyser le concept de l'un pour en
« faire sortir l'autre. Ainsi la nécessité entraîne l'im-
« mutabilité ; la composition, la divisibilité ; l'infinité,
« l'omniscience.

« Mais comment une chose dérive d'une autre, non
« plus en vertu de la loi de l'identité, c'est là ce que
« je voudrais que l'on m'expliquât. J'appelle la pre-
« mière espèce de raison le principe logique (logische
« Grund) et je nomme la seconde principe réel (Real-
« grund). »

On voit combien la pensée de Kant est dominée par la lecture de Hume; combien sont présentes à son esprit les objections du sceptique anglais contre le principe de causalité. S'il était nécessaire d'éclairer le sens de la conclusion à laquelle s'arrête notre auteur, nous dirions qu'il reproche aux logiciens de son temps de faire un raisonnement analogue au suivant : pourquoi cette pomme tombe-t-elle sur le sol? parce qu'elle est pesante : pourquoi les corps sont-ils pesants? parce qu'ils obéissent à la gravitation : et d'où vient la gravitation? de l'attraction. Mais il reste toujours à se demander pourquoi les corps s'attirent. Vous avez pu répondre aux questions précédentes par une simple analyse de concepts; mais la notion finale à laquelle vous êtes ainsi conduits est simple, irréductible : c'est de celle-là que l'analyse ne peut rendre compte, et qu'il faudrait cependant donner l'explication.

Kant s'écarte de plus en plus de la doctrine logique qu'il avait soutenue dans la thèse d'admission. Le principe d'identité, l'analyse ne sont plus pour lui l'unique fondement de la vérité. La distinction des jugements analytiques et des jugements synthétiques est la conclusion implicite des deux essais que nous venons d'étudier, bien que Kant ne l'ait pas encore formulée. Il cherche l'explication des jugements synthétiques. La doctrine de Hume ne le satisfait pas; et il ne peut se résoudre à en accepter les conclusions sceptiques.

Mais n'aurait-il pu trouver dans Leibniz la solution qu'il poursuit si laborieusement? La doctrine des causes efficientes, qui affirme le déterminisme des phénomènes, le mécanisme de la nature, comme la condition *sine quâ non* de l'ordre, de l'intelligibilité des choses sensibles, comme un postulat nécessaire de la grande loi métaphysique du meilleur, de la raison suffisante, ne lui indiquait-elle pas la voie où il devait atteindre l'explication si ardemment désirée ? (Erd. Replique à Bayle, 190 : de phœnom real et imag. 446, surtout nouv. essais : 344-353-379).

§ III

LE SEUL FONDEMENT POSSIBLE A UNE DÉMONSTRATION DE L'EXISTENCE DE DIEU

Der einzig mögliche Beweisgrund zu einer Demonstration des Daseins Gottes, 1763. (Kant's S. W. — Bd. 2.) (107-205).

Kant, dans l'opuscule sur la fausse subtilité des figures du syllogisme, avait montré que l'application du principe de contradiction n'étend pas véritablement notre science; l'essai sur les grandeurs négatives établissait que la connaissance des causes réelles n'est pas une opération logique, une simple analyse de concepts. Le traité de la seule démonstration possible de l'existence de Dieu développe les mêmes idées, et veut prouver que de la possibilité on ne saurait faire sortir l'existence. La pensée dominante des trois ouvrages, qui se succèdent dans les années 1862 et 1863, et dont la date suffirait à faire pressentir l'inspiration commune, c'est de protester contre la confusion de la logique et de l'expérience, contre la substitution du raisonnement à l'observation, contre l'abus de la méthode à priori enfin qui caractérisait la philosophie de Wolff. Le même besoin s'exprime dans les critiques que la philosophie de Hume ne peut se lasser de diriger contre la métaphysique. L'esprit éminemment positif de Kant, sous l'action à coup sûr du penseur anglais, était engagé définitivement dans la voie qu'il ne quittera plus désormais, et où l'attendent plus tard ses immortelles découvertes.

A chaque pas nouveau, les défiances de Kant à l'endroit de la métaphysique se traduisent avec moins de ménagement. « La métaphysique, dit-il dans la
« préface, est un sombre Océan sans bords et sans
« phare : on n'y doit avancer que comme fait le navi-
« gateur sur une mer inexplorée, contrôlant sa mar-
« che à chaque terre nouvelle qu'il rencontre, pour
« voir si quelque courant ne l'a pas égaré dans sa
« route, malgré toutes les précautions que l'art peut
« lui enseigner (109). — Il y a un temps où, dans une
« science comme la métaphysique, on croit pouvoir
« tout expliquer, tout démontrer; un autre où l'on ne
« se hasarde qu'avec crainte et méfiance à de pareilles
« entreprises. » (110).

S'il se bornait dans l'écrit précédent (103) à citer le mot de Simonide, qui trouvait de plus en plus impénétrable le mystère de la nature divine, il est cette fois plus explicite et parle en son propre nom » La « démonstration de l'existence de Dieu n'a jamais été « trouvée : d'autres philosophes l'ont déjà remarqué » (110). J'imagine que ces autres philosophes ne peuvent être que les philosophes anglais, dans la lecture desquels il était alors si profondément versé.

Déjà s'accuse aussi le vrai caractère de sa doctrine. Il me paraît digne de remarque que Kant ouvre et termine son livre par l'expression énergique de cette foi pratique (moralische Glaube) qui tiendra une si grande place dans la philosophie critique. « La Provi-
« dence n'a pas voulu que les connaissances les plus
« nécessaires à notre félicité dépendissent de la
« finesse de quelques raisonnements subtils : elle en
« gratifie directement le bon sens naturel, qui ne
« manque jamais, lorsqu'il n'est pas corrompu par le
« sophisme, de nous conduire en ligne droite au vrai et
« à l'utile, aux biens dont nous avons le plus grand
« besoin. » (109).

Les deux dernières lignes de l'ouvrage sont plus significatives encore dans leur concision. « Il est abso-
« lument nécessaire qu'on soit persuadé de l'existence
« de Dieu ; il ne l'est pas qu'on le démontre. » (Es ist
« durchaus nöthig, dass man sich vom Dasein Gottes
« überzeuge ; es ist aber nicht eben so nöthig dass
« man es demontrire » (205).

Dans ces passages se révèle à nous la véritable originalité de Kant. Dès le début, il est bien résolu à ce que l'audace de sa critique ne coûte rien à sa moralité. Il ne veut pas faire partager à sa volonté les incertitudes de son jugement, ni entraîner sa conscience dans les aventures où pourrait s'égarer sa pensée. Rassuré sur l'indépendance réciproque de la morale et de la spéculation ; persuadé que la première trouve dans une lumière supérieure des règles, une loi que ne sauraient atteindre la mobilité, les troubles de la seconde; convaincu enfin que la foi pratique, loin d'avoir rien à attendre, ni à craindre des affirmations ou des négations de la théorie, a plutôt le droit d'imposer à cette dernière ses espérances et de l'assujettir à ses besoins (moralische Bedürfnisse) : il poursuivra sans trouble, sans remords l'enquête impitoyable où son génie critique doit mettre au jour et dissiper tous les mensonges, toutes les illusions de la métaphysique. A mesure qu'il avancera dans son œuvre de destruction, cette conviction s'affermira davantage dans son esprit. Au milieu des ruines, des débris des systèmes et des croyances, que sa critique va, comme le doute de Descartes, accumuler autour de lui, une certitude invincible lui reste, qui servira de fondement inébranlable à l'édifice d'une philosophie nouvelle. Le père du dogmatisme moderne avait inscrit en tête de sa doctrine : *cogito, ergo sum*. Kant pourrait dire : je dois agir (ich soll), donc la réalité, la vérité existent. Nous ne trouvons rien de pareil chez Leibniz : il convenait de signaler la première apparition du principe nouveau.

Appuyé sur la foi morale, Kant aborde le difficile et redoutable problème, dont il ne craint pas d'affirmer que la solution n'a pas encore été trouvée. Ni le souvenir de Descartes, ni la pensée présente encore de Leibniz ne sauraient contenir, troubler l'audace de sa déclaration.

Avant de le suivre dans la critique résolue, approfondie, à laquelle il soumet la théologie de ses devanciers, voyons quelle doctrine il veut substituer à celles qu'il condamne, puisqu'il commence lui-même son livre par l'exposé de ses propres idées.

Comme il s'agit de démontrer l'existence de Dieu,

ne convient-il pas de définir d'abord l'objet même de notre recherche et d'analyser le concept d'existence (Dasein)? Kant déclare ne céder en cela ni à l'affectation d'une rigueur inutile, ni à la dangereuse tentation d'imiter les mathématiques. On peut et l'on doit dans bien des cas se servir des idées et des mots, sans chercher à les définir. La signification commune qu'on leur donne est autorisée, et suffit à l'application qu'on en veut faire. Tels sont en philosophie le mot idée (Vorstellung), en mathématiques la notion d'espace : « et pourtant » ajoute l'auteur, « je doute qu'on ait jamais « défini l'espace exactement. » Ich zweiffe dass Einer jemals richtig erklärt habe, was der Raum sei. » (115).

C'est pour avoir négligé de définir l'existence, qu'on l'a confondue avec la possibilité, et qu'on a mal connu les différences qui les séparent. « Il est certain que « dans toute la philosophie le mot existence peut être « employé sans inconvénient avec l'acception confuse « qu'il a dans l'usage commun ; mais il faut excepter « la seule question de l'existence absolument néces- « saire et de l'existence relative. Ici l'analyse subtile « d'une solution maladroitement formée, quoique très- « juste d'ailleurs, conduit à des conclusions dont l'er- « reur s'est étendue aux parties les plus élevées de la « philosophie. » (114).

« L'Être n'est pas un prédicat ou Détermination de « quelque chose que ce soit..... Si extraordinaire et « déraisonnable que paraisse cette proposition, elle « est incontestable. » (115). Le monde réel n'est pas différent de ce qu'il était dans l'entendement divin à l'état de pur possible.

« L'existence n'est pas un prédicat de la chose elle-

« même, mais plutôt de la pensée que nous en avons. » (116). Pour se prononcer sur l'existence d'une chose, ce n'est pas le concept que s'en fait le sujet qu'il faut interroger : « on n'y trouve que les prédicats d'une « chose possible ; mais l'origine de la connaissance « qu'on en a » (nicht in dem Begriffe des Subjects, denn da findet man nur Prädicate der Möglichkeit, sondern in dem Ursprunge der Erkenntniss, die ich davon habe.) (116).

Affirmer l'existence d'une chose, c'est l'affirmer absolument, sans réserve ; affirmer un prédicat, c'est affirmer seulement qu'une chose est, si une autre existe (117). Exemple : si un triangle existe, il a trois côtés, trois angles ; l'existence de ces derniers est subordonnée à l'existence du triangle. Mais quand j'affirme que ce dernier existe, j'affirme du même coup l'existence de tout le reste. « Dans une chose existante « (in einem existirenden), on n'affirme rien de plus que « dans une chose purement possible (car il n'est alors « question que des attributs de la chose); mais par quel-« que chose d'existant, on affirme quelque chose de « plus que par une pure possibilité : car on affirme « alors absolument la chose en question. Ainsi, dans « la pure possibilité, ce n'est pas la chose elle-même, « mais seulement les rapports d'une chose à une autre « qui sont affirmés par le principe de contradiction. Il « reste donc établi que l'existence n'est le prédicat « d'aucune chose. » (119).

Kant passe ensuite en revue les définitions qu'ont tentées du concept de l'existence les principaux philosophes de son temps: Wolff, Baumgarten, Crusius. Il montre qu'aucun d'eux n'a suffisamment distingué le possible du réel.

Il faut distinguer l'élément réel et l'élément logique de toute possibilité : c'est-à-dire les choses elles-mêmes que la pensée conçoit, et l'accord qu'elle affirme entre elles en vertu du principe de contradiction. Ainsi, concevoir la possibilité d'un triangle rectangle, c'est concevoir le triangle et l'angle droit, ou le réel, et leur accord logique, c'est-à-dire le formel de la pensée. Il est évident que là où font défaut les premiers, il ne peut être question du second. Là où la pensée manque d'objet, elle n'a pas à établir de rapports, et le principe de contradiction demeure sans application.

« Il résulte clairement des considérations précé-
« dentes, que la possibilité disparaît non-seulement
« quand une contradition intrinsèque constitue une
« impossibilité logique, mais aussi quand la pensée
« n'a ni matériaux, ni données. Si toute existence est
« supprimée, il n'y a rien d'absolument affirmé : il
« n'y a ni donnée, ni matière pour la pensée; toute
« possibilité s'évanouit. » (122).

Mais il est absolument impossible qu'il n'y ait rien de possible. C'est là une proposition identique dans les termes mêmes. « On peut donc appeler cette réalité, qui
« est comme le principe de toute possibilité, la pre-
« mière cause réelle de la possibilité absolue (der erste
« Realgrund); le principe de contradiction en serait le
« premier principe logique (der erste logische Grund).
« La conformité des choses à ce dernier constitue le
« formel de la possibilité ; mais la cause réelle en
« fournit à la pensée les données et la matière. » (123).

Il faut qu'il y ait quelque chose d'absolument néces-saire, soit parce que le nier, ce serait supprimer la forme de toute pensée, c'est-à-dire y introduire la contradiction ; soit parce que sans cela la matière de toute pensée ferait absolument défaut. (126).

Il existe donc un être absolument nécessaire, dont l'existence est la condition de toute possibilité ; tout autre être est contingent (zufällig).

Cet être est un, simple, immuable, éternel. Il est la source de toute réalité : mais cela ne signifie pas qu'il les réunisse toutes en lui. Kant fait ici le procès à la Théodicée de Leibniz, qui attribue à Dieu toutes les réalités ; et, pour échapper à la difficulté de réunir en lui des qualités incompatibles comme l'étendue et la pensée, déclare que la première n'est qu'une privation. « Assurément », reprend l'auteur, « la chute d'un corps « ou la force de la cohésion sont des choses véritable- « ment positives. (129). »

On dit que deux réalités ne peuvent se contredire, parce qu'elles sont l'une et l'autre l'objet de véritables affirmations, et qu'elles ne sauraient par conséquent s'opposer au sein du même sujet. Mais on oublie que, s'il n'y a pas entre elles d'opposition logique, elles peuvent présenter une opposition réelle. (Realrepugnanz.) « Or, comme il ne peut y avoir d'opposition « positive, au sein de la suprême Réalité, parce que « la conséquence serait une privation, un manque, qui « ne sauraient se rencontrer en elle sans contradiction ; « et, comme d'un autre côté, si toutes les réalités « constituaient autant de déterminations de sa nature, « une telle opposition aurait nécessairement lieu : il « suit de là que toutes ne sauraient se trouver à la fois « en lui à titre de prédicat ; et, puisqu'elles dérivent « pourtant toutes de lui, il faut qu'elles soient ou des « déterminations ou des conséquences de son « être. » (130).

L'Être souverainement réel n'est pas pour cela la cause des négations, des privations attachées à l'existence des choses finies. Ces dernières tirent de lui leur réalité, mais elles ne doivent leurs défauts qu'à elles seules, qu'à leur nature finie, qu'à leur dépendance.

Cet être nécessaire est un esprit (Geist). Il serait inférieur aux créatures, s'il était privé de l'entendement et de la volonté : la cause serait moindre que l'effet. D'ailleurs comment expliquer l'ordre, la beauté, la perfection des choses, qui doivent avoir en lui comme tout le reste leur raison suffisante, si on ne les rapporte pas à l'action d'une volonté réglée par l'entendement ? Enfin ces deux attributs (la volonté et l'entendement), constituent deux réalités, qui peuvent se rencontrer à un degré infini sans s'opposer au sein du même être : c'est ainsi du moins qu'en juge immédiatement l'esprit, sans pouvoir le démontrer avec une rigueur absolue. (131 à 133).

« Il existe donc un être absolument nécessaire. Cet être
« est un dans son essence, simple dans sa substance,
« esprit par sa nature, éternel dans sa durée, immua-
« ble dans ses attributs, raison suffisante de toute
« possibilité, de toute réalité. Il y a un Dieu. » (Es
« existirt etwas schlechterdings nothwendig. Dieses
« ist einig in seinem Wesen, einfach in seiner Substanz,
« ein Geist nach seiner Natur, ewig in seiner Dauer,
« unveränderlich in seiner Beschaffenheit, allge-
« nugsam in Ansehung alles Möglichen, und Wirkli-
« chen. Es ist ein Gott. » (132).

« Je ne me suis pas servi, dans tout le cours de cette démonstration, du nom de la perfection, » ajoute Kant

dans une remarque. « Ce n'est pas que je tienne la
« perfection pour synonyme de la réalité, ou que je la
« fasse consister dans la plus grande unité possible
« entre des éléments divers. J'ai de sérieux motifs de
« m'écarter sur ce point de l'opinion de beaucoup
« d'autres. Après avoir, pendant longtemps, fait sur
« le concept de perfection des études approfondies
« d'ensemble, ou de détail, j'en ai conclu qu'une
« connaissance exacte nous y découvrirait bien des
« choses cachées, que la nature d'un esprit, notre pro-
« pre sentiment et même les premiers concepts de
« la philosophie pratique peuvent seuls nous faire
« entendre (133.) » Au milieu des acceptions variables
« et inexactes qu'il reçoit, ce mot a toujours fait
« penser à un être doué de connaissance et de
« désir. » (134).

La preuve qui vient d'être exposée, conclut Kant, est
une véritable preuve à priori, puisqu'elle repose sur la
simple notion de la possibilité, et ne suppose aucune
donnée empirique. « Toutes les autres preuves qui con-
« cluent des effets à l'existence de la cause, en admet-
« tant que leur force démonstrative soit aussi incon-
« testable qu'elle l'est peu, ne peuvent en aucune façon
« nous faire entendre la nécessité de la nature divine.
« Il suffit qu'il existe un être absolument nécessaire,
« pour que l'existence d'une première cause soit pos-
« sible ; mais de ce qu'il y a une première cause, une
« cause indépendante, il suit seulement que, tant que
« l'effet existe, elle doit exister aussi, mais non qu'elle
« soit absolument nécessaire. » (134).

Tel est le résumé de la première partie du livre où
Kant expose la seule vraie preuve, à son sens, de

l'existence de Dieu. Cette démonstration est-elle aussi nouvelle qu'il le croit? Valait-il la peine de commencer son travail par une condamnation absolue de tous les efforts tentés avant lui?

Est-ce que Leibniz ne fait pas de Dieu le principe de toute réalité et de toute possibilité? Toute possibilité repose pour lui sur le principe de contradiction, et n'exprime pas autre chose à ses yeux qu'un rapport logique entre des éléments réels déjà donnés. Il déclare hautement qu'il faut à toutes les réalités finies, dont nous ne faisons qu'affirmer l'enchaînement raisonnable dans nos jugements sur la possibilité, un principe commun d'existence, une cause unique qui contienne en soi la réalité absolue, la plus haute réalité. En un mot l'existence suprême est pour lui la raison suffisante à la fois des possibilités et des réalités. Kant ne change que les termes, lorsqu'il l'appelle *logische Grund et Realgrund*.

Sans doute Leibniz admet d'autres preuves à l'existence de Dieu. Il fonde sur l'harmonie des monades un argument nouveau, que Kant reproduisait en partie dans la thèse d'admission, mais qu'il abandonne ici complétement. Leibniz n'en avait pas moins profondément médité sur le rapport du possible et du réel, sur leur commune dépendance vis-à-vis d'un principe unique et nécessaire. L'argument cartésien qui se fonde sur la notion de l'Être parfait ne lui paraissait pas aussi méprisable qu'à Kant, bien qu'il y demandât des corrections. Dans sa lettre au père Lami, il déclare qu'il le trouverait excellent, s'il n'y manquait une chose, à savoir qu'on prouvât la possibilité même de l'être parfait. Cette démonstration doit être cherchée, selon lui, dans la nécessité d'un tel être, conçu comme l'unique principe des possibilités et des existences : or ce n'est pas autre chose que Kant entreprend dans son livre.

Kant croit encore combattre la doctrine de Leibniz, lorsqu'il présente sa définition de la perfection. La perfection et la réalité ne lui semblent plus identiques, comme dans l'essai sur l'optimisme. Mais, chez Leibniz, le mot réalité est pris au sens métaphysique, lorsqu'il est associé à celui de perfection. Il n'y a de réalité pour Leibniz que dans les monades, et dans leurs deux attributs essentiels, la perception et l'appétit. (perceptio et appetitus). Le degré de cette double réalité est infiniment variable d'une substance à l'autre : en Dieu seul résident l'entendement et la volonté infinis. C'est de la monade suprême que les monades créées tirent leur perfection ou leur réalité ; c'est à leur nature finie qu'elles doivent leur imperfection, leur manque (defectus, imperfectio). — Mais appliqués aux choses sensibles, les mots réalité et perfection ont une tout autre acception. Leibniz se serait aussi bien gardé de nier dans ce second sens la réalité du repos ou de la peine, qu'il aurait été peu tenté d'en faire des perfections.

Évidemment Kant n'a en vue dans toutes ces critiques que les métaphysiciens de l'école de Wolff, qui altèrent et rapetissent les conceptions de Leibniz, tout en reproduisant son langage. Il n'en reste pas moins établi qu'il ne fait pas la distinction entre le maître et les disciples infidèles, et qu'il croit à la nouveauté de ses propres théories sur les idées de la possibilité, de l'existence et de la perfection.

Quoi qu'il en soit, il est encore bien éloigné des doctrines de la dialectique transcendantale.

S'il dirige contre les preuves de la théologie wolfienne une critique qui, dans sa pensée, doit atteindre toutes les théologies antérieures, il admet cependant qu'un argument, ignoré auparavant, selon lui, échappe à toutes les objections ; et sur cet unique argument, il n'hésite pas à fonder une métaphysique absolument semblable à celle dont il conteste la légitimité. L'argument cartésien qui conclut de la possibilité de l'être parfait à son existence est l'objet de critiques nouvelles et plus approfondies encore que dans la thèse d'admission. Mais Kant ne doute pas que de la possibilité en général on puisse s'élever à l'existence nécessaire d'un principe suprême. Il comprend déjà la catégorie de la possibilité comme il l'exposera dans l'analytique transcendantale : elle n'est que l'application à la pensée du principe de contradiction, et ne détermine que la forme logique de la connaissance. Il faut que la matière de nos jugements nous soit donnée d'ailleurs dans sa réalité, sans quoi notre esprit ne travaille que sur une forme vide et se nourrit de ses propres conceptions. Mais Kant est en même temps convaincu que si la loi de la possibilité, ou le principe de contradiction doit gouverner toutes nos idées, elle règle aussi les choses. L'ordre qu'exige la pensée, il n'hésite pas à le transporter dans la nature ; et, s'il faut un principe nécessaire pour rendre compte de l'unité logique de la première, on ne saurait davantage s'en passer pour expliquer l'unité réelle de la seconde.

C'est ainsi que Kant raisonne aujourd'hui, d'accord avec l'opinion commune, d'accord, à son insu, avec la doctrine de Leibniz.

Nous aurons à rechercher plus tard par quelles causes, et en vertu de quels arguments il a été conduit à ne plus reconnaître à la catégorie de la possibilité, non plus qu'à toutes les autres, qu'une valeur logique ou plutôt qu'une autorité purement subjective. Il croit aujourd'hui qu'elle appelle un principe logique (logische Grund) et un principe réel (Realgrund), qui se confondent dans l'unité vivante d'un principe nécessaire, indépendant de notre pensée. Il sera intéressant d'opposer l'auteur de l'unique démonstration de l'existence de Dieu à l'auteur de la doctrine des catégories ; et de voir comment Kant a pu être amené à rejeter des conclusions, dont il se sent aujourd'hui assuré.

L'ordonnance des derniers chapitres du livre laisse quelque chose à désirer ; les redites y sont fréquentes. Mais ces vices légers de forme n'ôtent rien à l'intérêt des idées présentées.

Kant, dans la deuxième partie, (137 à 199), fait surtout le procès à la physicothéologie du temps, et soumet à une critique approfondie la méthode des causes finales. Les idées qu'il exposera dans la dialectique transcendentale et dans la critique du jugement téléologique non-seulement se trouvent ici en germe, mais ont déjà atteint pour quelques-unes un riche et définitif développement.

L'intention de l'auteur est de concilier le mécanisme et la finalité dans l'explication de la nature ; de faire prévaloir dans la science l'usage du premier sans proscrire l'emploi de la seconde ; et en même temps de montrer que la physicothéologie n'a pas moins à profiter de l'un que de l'autre dans sa démonstration de

l'existence et des attributs de Dieu. « Mon dessein
« présent est de montrer qu'on doit accorder à la
« nature une plus grande capacité de produire ses
« effets d'après des lois générales, qu'on ne le fait
« ordinairement. (158). » — « Ce qui nuit le plus au des-
« sein que poursuit la physicothéologie, c'est qu'elle
« regarde la production des perfections naturelles par
« des lois contingentes (particulières) comme indis-
« pensable pour prouver la sagesse du créateur. Aussi
« toute réalisation de l'ordre dans le monde par des
« lois nécessaires (générales) crée dans une telle
« supposition de dangereuses objections. » (161).

Les philosophes, d'accord en cela avec le préjugé
vulgaire, ne croient pouvoir rendre compte de l'ordre,
de l'harmonie, de la beauté de la nature, qu'en recou-
rant à l'hypothèse de fins spéciales, en les rattachant à
des desseins particuliers de la sagesse divine. Mais la
science et l'expérience leur opposent des contradictions
sans fin. La matière, sous l'action de ses lois générales
et en vertu des règles si simples de la mécanique,
produit d'elle-même et nécessairement un enchaînement admirable entre les parties et les mouvements de
l'univers physique. Kant puise dans les trésors de son
érudition scientifique les exemples les plus convain-
cants. Il montre comment la formation des montagnes
et des fleuves s'explique par le simple jeu des forces
physiques ; comment, en vertu des lois si simples de
sa nature élastique, l'air s'accommode de lui-même aux
fins les plus variées (132 à 145-171 à 175). Enfin, dans
le septième chapitre, il reproduit, sous le titre de
cosmogonie (180), l'hypothèse qu'il avait déjà présentée
dans l'histoire générale du monde.

Kant répète après Maupertuis que les lois générales, qui mettent une unité nécessaire dans la diversité infinie des éléments de la nature, prouvent bien plus efficacement les perfections de la cause suprême, que les fins particulières qui n'y réalisent qu'un ordre mobile et accidentel. (142.)

Sans doute ces lois générales, de même que les règles de la géométrie, expriment les possibilités éternelles, que Dieu ne fait pas mais qu'il trouve dans son entendement ; qui dérivent non du libre choix de sa volonté mais des conceptions nécessaires de sa pensée éternelle ; et ne sont pas, comme les lois particulières de la nature, dans une dépendance morale à son égard (moralische, unmoralische Abhängigkeit).

Kant reproduit ici, sous d'autres termes, la distinction que faisait Leibniz entre la nécessité morale, heureuse, et la nécessité métaphysique, logique.

En résumé, du moment où Dieu est conçu comme la source des possibles, il n'est pas moins l'auteur des possibilités nécessaires que des possibilités contingentes, des vérités mathématiques ou logiques que des vérités physiques ou morales. La physicothéologie ne gagne pas moins à expliquer l'ordre et la beauté du monde par les unes que par les autres.

Ces profondes observations éclairent les critiques que l'auteur, aux chapitres 5 et 6 (158 à 180), dirige contre la physicothéologie de son temps.

Mais, dans cette seconde partie de l'ouvrage comme dans la première, Kant s'adresse en réalité à l'école de Wolff et non à la doctrine de Leibniz. Ce fut, nous l'avons vu, la préoccupation constante de l'auteur de la monadologie de concilier le mécanisme et la finalité.

Sa Théodicée s'attache à démontrer que l'action de
Dieu doit être admise par quiconque veut comprendre
l'harmonieuse unité que présentent, dans la sphère
idéale des mathématiques, les combinaisons des nombres, des figures et des mouvements, tout comme de
celle que réalisent, dans la nature, les règles du mécanisme et les lois particulières de la finalité. Comment
Kant peut-il soutenir que personne avant lui n'a
médité sur cette absolue suffisance (Allgenugsamkeit)
de l'être divin.

La 3ᵉ partie du traité contient une classification et un
examen rapide des diverses preuves de la théologie
naturelle (198 à 205.) Mais les idées en sont absolument identiques aux théories correspondantes de la
philosophie critique : nous n'en parlerons donc pas.

Tel est ce livre, dont la lecture produisit sur Jacobi,
suivant son propre récit, une impression si profonde
qu'il dut la suspendre dans le transport de son émotion, ainsi que fit Malebranche, lorsque le traité de
l'homme de Descartes lui tomba entre les mains pour
la première fois (Jacobi's Werke II Bd. § 189. —
David Hume über den Glauben).

Nous comprenons cette admiration de Jacobi. Trop
bon dialecticien, pour ne pas être, comme Kant, sensible aux vices du dogmatisme des écoles, à l'insuffisance des preuves et des méthodes de la théologie
rationnelle de Wolff, il était en même temps trop profondément religieux pour se résigner aux négations du
scepticisme. L'argumentation de Kant donnait, pour la
première fois, satisfaction aux exigences de son esprit
critique et aux besoins moraux de son âme. Il s'asso-

ciait d'autant mieux à la guerre impitoyable que Kant dirigeait contre les erreurs de la métaphysique traditionnelle, qu'elle ne coûtait rien aux droits de la conscience religieuse. Si la faiblesse des preuves empiriques, les défauts logiques de l'argument cartésien étaient mis en une vive lumière, la rigueur et la solidité de la preuve nouvelle n'étaient pas démontrées avec une moindre clarté. Ce qui plus encore peut-être était fait pour toucher Jacobi, c'était l'expression répétée de cette foi morale (Glaube), dont Kant opposait l'invincible et facile certitude aux arguties des sceptiques, aux laborieuses recherches des métaphysiciens, et qu'il invoquait avec une secrète ironie dans la conclusion même de l'ouvrage, pour suppléer à l'insuffisance de ses démonstrations théoriques.

Mais n'oublions pas que les critiques de Kant contre la théologie de Descartes et de Wolff sont plus conformes à l'esprit de la philosophie de Leibniz, que leur auteur ne paraît le croire lui-même. Chercher dans l'existence de l'Être nécessaire la raison dernière des possibilités, c'est placer en Dieu, comme Leibniz, la source des possibilités aussi bien que celle des réalités.

§ IV

ESSAI SUR L'ÉVIDENCE DES PREMIERS PRINCIPES DE LA THÉOLOGIE NATURELLE ET DE LA MORALE

Untersuchung über die Deutlichkeit der Grundsätze der natürlicher Theologie und der Moral, 1764.

(Kant's W. — Bd. 2. — S. 281-309.)

Après avoir successivement, dans les trois ouvrages que nous venons d'analyser, soumis à son investigation les principes généraux de la connaissance sous ses diverses formes, logique, empirique et théologique, et avoir fait ressortir l'insuffisance des théories correspondantes de la philosophie contemporaine, Kant était amené à se demander la raison de cette impuissance, de ces erreurs du dogmatisme traditionnel. L'occasion lui en fut offerte par le concours qu'ouvrit, en 1763, l'académie de Berlin sur l'évidence des principes de la théologie naturelle et de la morale. Il était tout préparé pour répondre à la question. Bien qu'il s'excuse dans la conclusion de son mémoire de n'avoir pu donner au sujet tous les développements qu'il comporte, son exposition est néanmoins parfaitement claire dans sa brièveté. Toute la pensée de Kant sur la métaphysique de son temps se trouve résumée dans ces quelques pages.

Il disait dans l'essai précédent : « On n'a pas encore « trouvé la vraie démonstration de l'existence de « Dieu. » Il étend aujourd'hui sa critique et l'exprime avec une concision non moins énergique. « La méta-« physique est sans doute la plus difficile de toutes « les sciences humaines ; mais on n'en a point encore « écrit une véritable. » « allein es ist noch niemals eine geschrieben worden. » (290).

A quelle cause faut-il attribuer les vices qui ont jusqu'ici condamné cette science à la stérilité ? La réponse se trouvait déjà dans les essais précédents : à l'imitation maladroite des mathématiques. Mais dans le présent mémoire que la comparaison des c'est caractères particuliers, des avantages ou des difficultés propres à la méthode des mathématiques et à celle des métaphysiciens est présentée dans toute son étendue :

1° Le mathématicien arrive à ses définitions par synthèse, le philosophe par analyse. C'est que le premier crée, en les définissant, les objets mêmes de sa pensée. « La notion que j'éclaircis n'existe pas dans « mon esprit, avant la définition que j'en donne ; mais « elle naît de cette définition même. » (284). Les notions que le second étudie préexistaient dans sa conscience, sous la forme confuse de croyances instinctives, à l'analyse réfléchie qu'il entreprend d'en faire.

2° Les mathématiques représentent le général par des signes concrets ; la philosophie, par des signes abstraits (286-299-300).

Les premières peuvent substituer les signes aux choses, opérer sur les premiers sans s'occuper des secondes, et ne songer à ces dernières que dans l'expression du résultat : ainsi font l'algèbre et l'arithmétique. La géométrie démontre sur un exemple, à l'aide d'une figure particulière, les propriétés communes à toute une espèce de figures. — Il n'en est pas de même en philosophie. Les mots n'y réussissent à exprimer ni toutes les idées élémentaires contenues dans la compréhension de l'idée générale que l'on envisage, ni les rapports philosophiques que ces idées ont entre elles. Il faut toujours avoir la chose, c'est-à-dire la notion présente à la pensée : les signes ne la représentent que d'une manière abstraite et par suite insuffisante.

3° Il y a en mathématiques très-peu de notions irréductibles et de propositions indémontrables : la philosophie en contient une quantité innombrable (287). L'auteur souhaiterait de voir dresser une table des propositions évidentes par elles-mêmes, qui servent de fondement aux vérités philosophiques. Il ne se dissimule pas l'étendue et les difficultés d'un pareil travail : mais c'est à l'entreprendre, à le poursuivre que consiste l'œuvre capitale du métaphysicien.

4° L'objet des mathématiques est simple et facile, celui de la philosophie difficile et compliqué (290).

« Le rapport d'un trillion à l'unité est très-clair ;
« mais les philosophes n'ont pas encore pu s'entendre
« pour ramener le concept de la liberté à ses unités,
« c'est-à-dire à des concepts élémentaires et bien
« connus. »

Si telles sont les différences que présentent entre elles les mathématiques et la philosophie, et il y en a encore bien d'autres (293), on doit conclure que « rien
« n'a été plus nuisible à la philosophie que les mathé-
« matiques, c'est-à-dire que l'application de leur
« méthode à un objet auquel elle ne saurait convenir.»
(291).

La vraie méthode de la métapyhsique est « au fond « identique à celle que Newton introduisit dans les « sciences de la nature, et qui leur a rendu de si grands « services. » (294).

Les règles de cette méthode peuvent se ramener à la suivante: « On ne doit faire usage en métaphysique « que de la méthode analytique. » (297).

Si la certitude philosophique est d'autre sorte que celle des mathématiques, elle n'en est pas moins rigoureuse dans ses limites et dans son espèce.

La certitude métaphysique repose, comme celle des mathématiques, sur des principes formels et matériels (303). Crusius, dont Kant oppose et préfère les théories logiques à celles des autres philosophies, avait déjà fait cette distinction.

Les principes d'identité et de contradiction sont les deux principes formels de la connaissance. Mais on n'en saurait tirer une conclusion particulière, si l'on ne fait intervenir des principes matériels. Ceux-ci sont toutes les autres propositions d'évidence immédiate, qu'on ne saurait démontrer par le raisonnement, mais qui forment les vrais principes de la démonstration, tandis que les principes formels n'en sont, à vrai dire, que la condition. Les logiciens ordinairement ne font cas et ne parlent que de ces derniers. Le mérite de Crusius a été de reconnaître l'importance et le rôle des principes matériels : il ne s'est pas toujours assez souvenu, selon Kant, qu'on ne doit ranger parmi eux que les vérités dont tout entendement humain reconnaît l'évidence (303). Mais les définitions, qui donnent la matière du raisonnement (303), sont beaucoup plus difficiles à trouver et d'une évidence moins sensible en métaphysique, que ne le sont les principes qui constituent la matière de la connaissance mathématique.

Kant applique ensuite la méthode, dont il vient de déterminer les règles, aux problèmes de la théologie et de la morale. Il ne fait que présenter très-sommairement, dans deux courts chapitres, les critiques et les réflexions que lui suggère l'état présent de ces sciences.

« Les premiers principes de la théologie naturelle « sont susceptibles de la plus grande évidence philoso-« phique. » (304). Telle est la proposition qu'il place en tête du premier chapitre, et qu'il s'attache exclusivement à développer.

Les attributs de l'être nécessaire sont beaucoup plus faciles à connaître que ceux des êtres contingents.

« Partout où la nature divine ne présente aucune « analogie avec les êtres contingents, la connaissance « métaphysique de Dieu peut atteindre à la plus haute « certitude. Mais s'il s'agit de porter un jugement sur « la liberté de ses actes, sur sa providence, sa justice « et sa bonté, alors que les notions que nous nous « faisons de toutes ces choses par rapport à nous « mêmes sont encore bien confuses, il n'est possible « d'arriver qu'à une certitude approximative, c'est-à-« dire morale » (nur eine Gewissheit durch Annäherung, oder eine, die moralisch ist) (305).

Le second chapitre (306) a pour objet de montrer que les premiers principes de la morale n'ont pas, dans la philosophie actuelle, toute l'évidence désirable.

Pour le prouver, Kant aborde immédiatement l'analyse du concept de l'obligation (Verbindlichkeit). Il n'a pas de peine à établir que ce premier principe de la morale n'est pas encore bien connu ; et qu'on est très-éloigné, sur ce point, de la parfaite évidence que doivent avoir les premières propositions de la philosophie pratique. La distinction de l'impératif catégorique, des maximes de l'intérêt et des lois du devoir se trouve contenue en germe dans ce passage. L'insuffisance de la philosophie pratique lui paraît beaucoup plus sensible encore que celle de la philosophie spéculative : la première en est encore à décider, avant tout, si c'est à la faculté de connaître ou au sentiment (le mobile intérieur du désir) qu'elle doit demander les premiers principes (308).

Le programme des leçons que Kant fit dans le semestre d'hiver (1765-1766) contient de précieuses indications sur la méthode et l'esprit qu'il portait dans son enseignement. C'est le bref et intéressant commentaire des doctrines que nous venons d'exposer. Notre philosophe prend pour texte de ses leçons, en métaphysique Baumgarten, dont il loue l'abondance et la précision (316) ; en logique Meier, que recommandent l'érudition élégante et l'utilité pratique (318). En morale Baumgarten encore, mais surtout les philosophes anglais, Shaftesbury, Hutcheson et Hume sont ses auteurs préférés :

« Les essais de Shaftesbury, d'Hutcheson et de
« Hume, bien qu'ils soient incomplets et défectueux,
« ont poussé très-loin cependant l'analyse des pre-
« miers principes de la moralité. Ils recevront ici la
« précision et les développements qui leur font défaut.
« En portant, sans cesse, dans la science des mœurs, le
« regard de l'historien et du philosophe sur ce qui se

« fait avant de décider ce qui doit se faire, je mettrai
« en lumière la méthode qu'il convient d'appliquer à
« l'étude de l'homme. Je ne l'envisagerai pas seule-
« ment sous les formes changeantes qu'il tient du
« hasard des circonstances, qui le défigurent et l'ont
« fait, presque de tout temps, méconnaître par les phi-
« losophes : mais dans sa nature immuable, à la place
« spéciale qu'il occupe dans la création. Cette méthode
« dans son application aux recherches morales est une
« belle découverte de notre temps; et, si on l'embrasse
« dans toute l'étendue de ses applications, elle a été
« totalement ignorée des anciens. » (319).

L'essai sur l'évidence des premiers principes de la théologie naturelle et de la morale résume et étend tout à la fois les critiques que Kant avait successivement dirigées, dans les trois traités précédents, contre la métaphysique de son temps. Il les explique, les justifie, en cherchant dans l'imitation maladroite, excessive de la méthode mathématique la cause générale, habituelle des erreurs des philosophes. On appréciera suffisamment la portée et la valeur de cette affirmation, si l'on songe que l'école cartésienne, depuis le maître jusqu'aux disciples, Malebranche, Spinoza, était dominée par le désir de porter dans la métaphysique non-seulement la rigueur, mais les formes mêmes de la démonstration mathématique; si l'on se rappelle surtout que Wolff avait autant abusé des procédés mathématiques que du formalisme des logiciens.

Mais Kant paraît ignorer que Leibniz s'est justement élevé contre cet abus, avec non moins d'énergie et d'insistance que lui-même. Il enveloppe dans la sévérité de son jugement tous les métaphysiciens qui l'ont précédé. Et cependant Leibniz n'avait-il pas dit expressément que les principes des mathématiques ne sont pas opposés à ceux des matérialistes ? (Correspondance avec Clarke, Erdmann 748). N'attribuait-il pas les erreurs des philosophes à l'usage exclusif du principe de contradiction, qui est pour lui le principe même des mathématiques ?. — Qu'on lise à ce sujet tout le début de la correspondance entre Clarke et Leibniz, ainsi que les deux écrits sur la vraie méthode de la philosophie et de la théologie (Erd. 109), et sur le perfectionnement de la métaphysique (de primæ philosophiæ emendatione (id. 121).

Leibniz ne sentait pas moins vivement que Kant la nécessité de remédier à l'insuffisance des définitions philosophiques : « Video plerosque, qui mathematicis « doctrinis delectantur, a metaphysicis abhorrere, quod « in illis lucem, in his tenebras animadvertant. Cujus « rei potissimam causam esse arbitror, quod notiones « generales et quæ maxime omnibus notæ creduntur « humanâ negligentia atque inconstantia cogitandi « ambiguæ atque obscuræ sunt factæ. Et tamen passim « homines metaphysicas voces necessitate quadam « adhibent, et sibi blandientes intelligere credunt quæ « loqui didicere. Nec vero substantiæ tantum, sed et « causæ et actionis et relationis et similitudinis et « plerorumque aliorum terminorum generalium no- « tiones veras et fæcundas vulgo latere manifestum « est. » (Erdm. 121). — « Il est vrai que les excellents « auteurs modernes de l'art de penser, de la recherche « de la vérité et des essais sur l'entendement humain « ne se sont point attachés à fixer leurs idées par des

« définitions : en quoi ils ont trop suivi l'exemple de
« M. Descartes, qui méprisait la définition des termes
« connus que tout le monde à son avis entend et qu'on
« définit ordinairement per æque obscurum…. J'ai
« fabriqué quantité de définitions que je souhaite de
« pouvoir ranger un jour. » (Principes de la nature
et de la grâce, Erd. 723).

Sans doute Kant traite avec plus de profondeur
et d'étendue que Leibniz de l'abus de la méthode des
mathématiciens et de l'insuffisance des définitions philosophiques. Il énumère en détail les causes, et fait
ressortir les dangers particuliers de ce double défaut.
La nature et les conditions différentes de la vérité
mathématique et de la vérité métaphysique lui sont
mieux connues qu'à Leibniz. Mais, tout en rendant
justice à l'originalité de son travail, nous ne pouvons
assez insister sur l'oubli dans lequel il laisse les
efforts et les travaux de son illustre devancier. Comme
nous l'avons déjà maintes fois remarqué, il n'est
possible d'accuser ici que l'ignorance où il se trouvait
des œuvres complètes de Leibniz.

Il expie chèrement cette ignorance ; car le mécontentement que lui inspire la méthode de Wolff le porte à
adopter sans réserve la méthode expérimentale de la
philosophie anglaise.

Les premiers principes de la philosophie spéculative,
comme de la philosophie pratique, doivent être établis
selon lui par l'analyse, par l'expérience, comme les vérités même de la philosophie newtonienne (293).

Toute démonstration repose sur les principes indiscutables de l'identité et de la contradiction. Mais ces principes ne s'appliquent qu'à la forme de la connaissance, et n'ont d'autre effet que d'en assurer l'unité, l'enchaînement systématique. Il faut une matière, un objet à l'activité logique que l'entendement déploie dans l'application de ces deux principes. Cette matière, c'est l'expérience intime qui la donnera au métaphysicien. Nous trouvons en nous certaines notions indémontrables, auxquelles nul homme ne refuse son assentiment : ce sont là les principes irréductibles de la métaphysique, les vérités premières. Toutes les autres en sont tirées par voie de composition ou par déduction.

De même la philosophie pratique a un principe formel, indiscutable, qui est aussi pauvre de compréhension qu'il est riche d'extension; c'est le principe du devoir (das formale Grund aller Verbindlichkeit 307) : agis le mieux qu'il t'est possible. Mais elle a, en assez grand nombre, des principes matériels, indémontrables : ils correspondent aux sentiments moraux élémentaires, émotions simples de plaisir ou d'aversion, que la vue des actions humaines provoque invariablement en chaque conscience, et qui nous les font spontanément déclarer bonnes ou mauvaises. Ces jugements simples, à leur tour, sont la source de jugements plus complexes, qui nous font souvent oublier les connaissances élémentaires dont ils sont dérivés : mais l'analyse du philosophe doit toujours savoir les ramener à leurs principes. C'est à cette œuvre qu'ont commencé de se livrer avec succès les moralistes anglais, dont Kant se propose de suivre la trace.

L'expérience, on le voit, décide de la vérité, aussi bien métaphysique que morale. La forme, comme la matière de toute connaissance, doit être puisée dans le sentiment intérieur.

Mais comment concilier avec cette méthode analytique à posteriori les affirmations dogmatiques sur lesquelles reposent la nécessité, l'universalité des premiers principes ?

Kant tombe ici dans la même contradiction que Hume. Celui-ci affirmait, comme les Wolffiens, tout en se séparant d'eux pour le reste, l'autorité indiscutable des principes logiques de contradiction et d'identité, aussi bien que l'évidence des définitions mathématiques. En morale, il croyait satisfaire le sens commun et échapper à la contradiction, en séparant la philosophie pratique de la philosophie spéculative; et distinguait les vérités du sentiment de celles de l'entendement. Mais dans un cas, comme dans l'autre, il oubliait que l'expérience ne peut prouver l'universalité des principes soit logiques, soit pratiques : des vérités instinctives, non plus que des sentiments moraux qu'il invoque.

Kant s'égare dans les mêmes fautes que Hume et en commet de nouvelles. Si ce dernier n'avait pas échappé à l'inconséquence en logique, en morale, et surtout en mathématique, il l'évitait du moins en métaphysique et en théodicée, puisqu'il rejetait l'une et l'autre comme sciences : Kant persiste à soutenir que la métaphysique est possible, quoiqu'il déclare qu'elle n'a pas encore été faite (290). Il croit échapper aux difficultés, en la réduisant à n'être plus que la science des premiers principes de la connaissance (291). Comme s'il était plus facile de faire sortir de l'analyse expérimentale, ou de la conscience empirique les principes nécessaires de l'entendement que ceux de la réalité, les vérités de l'idéologie, que celles de l'ontologie!

Combien la lecture des nouveaux Essais sur l'entendement aurait été efficace pour éclairer l'esprit de Kant! Mais, nous l'avons déjà dit, ce n'est qu'en 1766, par conséquent deux ans après la composition de son mémoire, que Kant put en prendre connaissance.

La doctrine des nouveaux Essais l'aurait éclairé sur la contradiction, que présentent la méthode à posteriori et les principes nécessaires de sa philosophie. Il aurait reconnu l'insuffisance de sa métaphysique, qui se fonde exclusivement sur le principe d'identité, et demeure étrangère au grand principe de la raison suffisante.

Mais sa pensée n'en serait pas moins demeurée asservie, comme il le dira plus tard, aux conceptions du dogmatisme.

Combien, en effet, Kant est éloigné encore des théories de la critique! Il admet, sans les prouver, sans les avoir déduits, et sur la foi du sens commun ou du sentiment, les principes formels et matériels de la connaissance théorique ou pratique. De l'expérience, à laquelle il les veut rapporter, il ne songe ni à demander les titres, ni à rechercher les conditions!

§ V

SONGES D'UN VISIONNAIRE EXPLIQUÉS PAR LES SONGES DES MÉTAPHYSICIENS 1766.

Träume eines Geistersehers erläutert durch Träume der Metaphysik (Kant's W. Bd. 2.—323-381.)

C'est l'année même où Raspe trouva dans les papiers de Leibniz, et livra au public les nouveaux essais sur l'entendement humain, que Kant fit paraître l'ouvrage où il semble rompre définitivement avec la métaphysique.

Nous avons vu avec quelles réserves et au prix de quelles contradictions il en maintenait l'utilité dans l'écrit précédent; et comment il se dédommageait sur les métaphysiciens de la violence que lui faisait la métaphysique. Cette fois, c'est sur le ton de l'ironie, de la plaisanterie qu'il le prend avec elle. Le titre même de l'ouvrage en indique l'esprit, Kant rapproche les visions de Swedenborg des illusions des métaphysiciens. Il ne voit que songes des deux côtés; les uns lui expliquent les autres. Leurs caratères sont les mêmes; ils ont aussi les mêmes causes.

L'auteur passe en revue dans la première partie (326-360) les raisons, bien différentes, sur lesquelles les philosophes, les visionnaires et les médecins font reposer la croyance aux esprits: il l'appelle pour cela la partie dogmatique de l'ouvrage. La seconde partie expose l'histoire des visions principales et les théories de Swedenborg.

Kant débute par le très-curieux résumé des difficultés qu'il trouvait à la doctrine de la spiritualité de l'âme. « Si toutes les choses que l'écolier répète touchant les
« esprits, que la foule en raconte, que le philosophe en
« démontre étaient rassemblées, elles ne constitue-
« raient pas, à ce qu'il semble, une médiocre partie de
« notre science. Néanmoins je n'hésite pas à affirmer
« que, s'il plaisait à quelqu'un de s'arrêter quelque
« temps à cette question : qu'est au juste cette chose
« que sous le nom d'esprit on paraît si bien entendre?
« il mettrait tous ces grands savants dans le plus
« sérieux embarras.

« Le bavardage méthodique des hautes écoles n'est
« souvent qu'un procédé convenu pour échapper, par
« l'emploi de mots à plusieurs sens, aux difficultés de
« la solution demandée. Cette parole si commode et
« bien souvent si raisonnable, je ne sais pas, ne se dit
« point volontiers dans les Académies (327). » Il n'est
« pas étonnant que les philosophes se contentent si
« facilement des réponses illusoires qu'ils se font à eux-
« mêmes et aux autres. Ce que l'on croit trop bien
« entendre dès l'enfance, on peut être sûr que, plus
« tard et avec l'âge, on n'en saura rien ; et l'homme
« dans sa maturité n'est souvent qu'un sophiste com-
« plaisant pour les erreurs de son jeune âge. » (328).

Avant de rechercher réellement s'il existe des esprits, il faut d'abord bien définir ce qu'on entend par le mot esprit (Geist). Consultons l'usage, le langage. Ils nous répondront que le nom d'esprits se donne à des êtres qui peuvent être présents dans un espace rempli de matière, sans avoir en eux-mêmes l'impénétrabilité, sans pouvoir jamais par leur réunion constituer une masse solide. Des êtres simples, comme ceux-là, sont des êtres immatériels ; quand ils sont doués de raison, on les nomme des esprits (329).

Mais de cette définition purement nominale, on ne doit pas encore conclure ni la réalité, ni même la possibilité de pareils êtres. « On trouve dans les écrits
« des philosophes de très-bonnes preuves, auxquelles
« on peut se confier, pour établir que tout ce qui pense
« doit être simple ; que toute substance raisonnable est
« une par nature ; et que le moi indivisible ne peut-être
« le résultat d'une aggrégation de parties. Mon âme
« d'après cela doit être regardée comme une substance
« simple. Mais tout cela ne m'apprend pas si elle est de
« la nature de ces êtres simples, qui se combinent dans
« l'espace pour former un tout étendu et impénétrable
« et qui sont matériels ; ou si elle est immatérielle et
« par conséquent un esprit. Je ne sais même point par
« là si une espèce d'êtres comme les esprits est seu-
« lement possible. » (330).

La répulsion est la seule force que l'expérience me permette de constater dans les substances simples que contient l'espace : dois-je leur en reconnaître une autre, comme la pensée ? Mes sens ne m'en disent rien, et mon esprit ne saurait le comprendre. Mais il ne suit pas de là que cela soit impossible : car je ne m'explique pas davantage comment la répulsion est possible. « On
« peut admettre la possibilité d'êtres immatériels, sans
« crainte d'être réfuté, mais aussi sans aucun espoir
« de la pouvoir démontrer. » (331).

Comme les substances matérielles, qui sont les éléments des corps, cette substance spirituelle agirait immédiatement dans l'espace (in ihm unmittelbar thätig), mais ne le remplirait pas, c'est-à-dire n'y opposerait pas la résistance de l'impénétrabilité aux autres substances matérielles. Pas plus que ces dernières, elle ne serait étendue : car l'étendue, comme la forme, résultent des actions mutuelles, des rapports des substances simples. Enfin elle n'aurait pas davantage de figure (332). — Telles sont les raisons, difficiles à comprendre, sur lesquelles se fondent ceux qui admettent que l'existence dans l'univers d'êtres immatériels n'est pas une chose impossible.

« Que celui qui connaît un moyen plus commode
« d'arriver à cette connaissance ne refuse pas d'ins-
« truire un homme avide de savoir, qui voit en avan-
« çant dans ses recherches, se dresser souvent devant
« lui des obstacles insurmontables comme les Alpes,
« là où d'autres trouvent, devant eux, une route unie et
« commode, qu'ils croient pouvoir parcourir jusqu'au
« bout ou du moins en partie. » (332.)

Admettons maintenant qu'il soit prouvé que l'âme de l'homme est un esprit, s'il résulte clairement de ce qui précède que cette preuve n'a pas encore été faite, il resterait encore à déterminer la place qu'elle occupe dans l'espace.

Dirai-je avec les docteurs des écoles : l'âme est toute entière dans tout le corps et toute entière dans chacune de ses parties (333) ; ou bien frappé des difficultés d'une telle opinion et ne sachant comment les écarter, irai-je me jeter aux pieds des sages qui soutiennent que l'âme occupe une place déterminée dans le cerveau (333), et les supplierai-je de me communiquer leurs lumières ? Mais d'un côté, comme de l'autre, il n'est pas plus facile de démontrer le pour que le contre : et cela tient à ce que l'on ne connaît pas au fond la nature de l'âme. Je ne me mêlerai donc pas à ces disputes des « écoles « où les deux parties parlent d'ordinaire d'autant « plus qu'elles connaissent moins leur sujet. » (334). Je me bornerai seulement à rechercher quelles conséquences peut entraîner l'adoption de semblables doctrines.

N'est-il pas évident d'abord que nous n'aurons plus aucun moyen sûr de distinger l'âme des substances simples qui composent le corps. « La plaisante idée de « Leibniz, d'après laquelle nous avalerions peut-être « dans le café des atomes destinés à devenir des âmes « humaines, ne serait plus une pensée risible. » (335).

Dans ce cas, le moi pensant ne partagerait-il pas la destinée de toutes les choses matérielles ? Le hasard, qui l'aurait tiré du chaos des éléments pour en faire l'âme d'une machine animale, ne pourrait-il pas l'y replonger, au terme de cette union passagère ? « Il est de « temps en temps nécessaire d'effrayer le penseur qui « s'engage dans une fausse voie, en lui mettant sous « les yeux les conséquences de sa doctrine. Elles peu- « vent le rendre plus attentif aux principes qui l'y ont « conduit comme à travers un rêve. » (335).

Je suis porté, je l'avoue, continue Kant, à croire à l'existence d'Êtres spirituels, immatériels. Si je cède à cette inclination, combien le commerce de l'âme et du corps à son tour ne va-t-il pas me présenter d'obscurités ? Comment un esprit peut-il bien ressentir le mouvement du corps ? Comment le corps exerce-t-il son action sur l'âme, qui ne saurait l'empêcher de pénétrer dans l'espace qu'elle occupe elle-même ? Faut-il dire que chaque esprit fait sentir intimement sa présence à la matière qui lui est unie, et qu'il agit non

sur les forces mécaniques par lesquelles les substances élémentaires de la matière sont en rapport, mais sur le principe intérieur de leur état (auf das innere Principium ihres Zustandes (336)? — Chaque substance, en effet, aussi bien physique que spirituelle, doit avoir dans une activité interne la source de ses actions extérieures, bien qu'il soit embarrassant de déterminer la nature de cette activité. Peut-être bien, convient-il d'attribuer à toutes les substances une pensée confuse, comme le soutenait Leibniz, dont on a ri plus souvent qu'on ne l'a compris (336). — Mais, dans ce cas, ce serait dans les déterminations internes que provoque en elle l'action des choses extérieures que l'âme prendrait connaissance de l'univers. Pourquoi alors l'associer à un corps pour ne former avec lui qu'un seul être? Comment d'un autre côté expliquer les désordres qui brisent cette unité ? « Toutes ces questions, ainsi que
« bien d'autres, dépassent de beaucoup mon intelli-
« gence ; et, bien que je sois d'ordinaire trop peu
« audacieux pour vouloir pénétrer les secrets de la
« nature, j'ai pourtant assez de confiance pour ne
« redouter aucun adversaire, si terribles que parais-
« sent les armes dont il fait usage, et quelque peu de
« goût que j'aie pour la lutte. Je ne crains pas de faire
« dans une discussion contradictoire l'épreuve des
« arguments opposés aux miens : l'art de discuter
« n'est souvent chez les savants que l'habileté à prou-
« ver leur mutuelle ignorance. » (336). Oublions toutes ces difficultés, et demandons-nous si les esprits ne pourraient pas agir les uns sur les autres sans l'intermédiaire des corps. Le commerce de substances semblables est, après tout, plus aisé à comprendre que

celui de substances contraires (337). Pourquoi n'admettrait-on pas que ce commerce purement intelligible des esprits est leur état naturel, constant, indestructible, tandis qu'il n'ont qu'accidentellement rapport avec la matière ? Il serait beau que la vérité de cette société des âmes ne reposât pas seulement sur un concept hypothétique, comme celui de la nature spirituelle, mais pût être sinon démontrée, du moins rendue vraisemblable par une expérience réelle et incontestée (341).

Le second chapitre (342-349) répond à ce vœu final.

Kant, avec sa pénétration ordinaire, analyse les faits moraux qui rendent manifeste ou probable l'union directe des Esprits (342). Non-seulement le besoin que nous avons de l'approbation des autres dans nos jugements et dans nos actes, mais surtout la force secrète, appelée sens moral, qui nous ordonne, malgré les résistances de notre égoïsme, de travailler au bien de tous, ne pourraient-ils pas être considérés comme l'effet de l'empire exercé par la volonté générale sur la volonté de l'individu, et comme un témoignage de cette action réciproque que nous attribuons aux esprits ? Si cette remarque paraît offrir quelque vraisemblance, les conséquences qui en découlent la recommandent encore davantage. A l'aide de ce commerce direct des âmes, il est facile de relier la vie présente à la vie future. On peut encore montrer, grâce à ces actions et réactions purement intelligibles des esprits, que rien ne se perd dans le monde moral pas plus que dans le monde physique des énergies bonnes ou mauvaises qui s'y déploient. Elles semblent, au contraire, se dépenser en pure perte, lorsqu'on n'envisage leurs effets que dans le monde physique (344).

Comment se fait-il que l'on n'ait pas plus souvent une claire conscience de ces influences spirituelles ? Ne serait-ce pas que l'homme, dans ce mélange des sens et de l'esprit que la vie présente produit en lui, transforme en impressions sensibles, en images toutes les pures idées que le monde des esprits lui envoie ? On en a la preuve dans les analogies (347) plus ou moins grossières, que notre langage et notre pensée établissent inévitablement entre les choses morales et les choses matérielles, entre la nature purement spirituelle de l'être divin par exemple et la nature humaine. Ne serait-ce pas ainsi également qu'il y aurait lieu d'expliquer les hallucinations des visionnaires ? (348). Les influences incontestables que le monde intelligible exerce sur eux n'arriveraient à leur conscience, d'après notre supposition, que par l'intermédiaire de leur mémoire, de leur imagination, et prendraient en traversant ce milieu grossier les couleurs et les formes de la réalité matérielle ! Il est malheureux que la contemplation de cet autre monde intelligible ne nous soit accordée que dans la mesure où nous perdons le sens de la réalité présente. « Je ne suis pas bien sûr que cer-
« tains philosophes eux-mêmes soient affranchis de
« cette dure condition, eux que je vois si profondé-
« ment appliqués à diriger leurs lunettes métaphy-
« siques vers ces régions éloignées et qui savent nous
« en raconter tant de merveilles. En tout cas, je ne
« leur envie aucune de leurs découvertes. Je songe
« plutôt qu'un homme de bon sens et d'un peu de
« rudesse pourrait bien leur donner la même leçon que
« Tycho-Brahé reçut de son cocher, une nuit qu'il
« cherchait à s'orienter dans sa route à l'aide des

« étoiles : « Cher Monsieur, vous vous entendez sans
« doute beaucoup aux choses du ciel ; mais ici sur la
« terre vous n'êtes qu'un sot. » (349).

Les profondes théories que nous venons d'exposer
ne sont-elles pas rendues superflues, continue ironiquement l'auteur, par les explications, toutes différentes, des nôtres, que donnent les médecins de
visions semblables à celles dont nous venons de
parler. C'est aux troubles de l'organisme qu'ils
rapportent les hallucinations des malades et des fous :
qui nous dit que la croyance au monde des esprits
ne résulte pas d'illusions analogues chez les visionnaires ? Le lecteur, si enclin qu'il soit à goûter l'idéalisme des principes précédents, ne trouvera-t-il pas
plus court et plus sûr de s'en tenir aux enseignements
de l'expérience et de la science ? N'hésitera-t-il pas
à se laisser aller sur la foi de raisonnements subtils
et de conceptions imaginaires à des affirmations qui
pourraient lui attirer des railleries ? (355).

L'auteur ne prétend pas sans doute avoir victorieusement démontré que toutes les visions doivent être
rapportées à des troubles physiques : il ne considère
pas indistinctement les voyants qui croient avoir commerce avec les esprits comme des candidats à l'hôpital
plutôt que comme les citoyens d'un autre monde. Il a
paru même regarder leurs visions comme l'effet d'une
communication réelle avec les esprits : « mais quelle est
« la folie qu'on ne pourrait mettre d'accord avec les
« affirmations d'une philosophie sans fondement. »(356).

N'a-t-on pas d'ailleurs raison de se défier des
doctrines des philosophes, quand on les voit si différentes entre elles. » (350).

Quelle conclusion théorique peut-on tirer des considérations qui précèdent ? C'est ici que se découvre à nous toute entière la vraie pensée de l'auteur. Le ton moitié sérieux, moitié ironique nous l'avait, jusqu'ici, dissimulée en partie.

« Puisque j'en suis maintenant à la conclusion de
« ma théorie sur les esprits, je prends la liberté
« de dire que cette étude, si le lecteur en fait un
« usage convenable, contient toute la connaissance
« philosophique qu'on peut avoir de pareils êtres.
..... On peut appeler la pneumatologie des philoso-
« phes la théorie de leur nécessaire ignorance, relative-
« ment à une espèce d'êtres hypothétiques. J'abandonne
« désormais toute cette question des esprits..... A l'ave-
« nir elle ne m'occupera plus (360)».

Après avoir exposé dans la première partie ce qu'il appelle ses visions métaphysiques, Kant consacre la seconde à raconter quelques-unes des visions de Swedenborg. Nous ne le suivrons pas dans ce nouveau travail, auquel il est du reste pressé lui-même de mettre fin. Il éprouve le besoin de s'excuser de propager des contes qu'un homme sensé aurait scrupule d'écouter patiemment, et même d'en faire la matière de réflexions philosophiques. « Mais puisque la doctrine qui a
« été exposée précédemment est, non moins que toutes
« ces histoires de visionnaire, un conte rapporté du
« pays de cocagne de la métaphysique (364), je ne vois
« pas d'inconvénient à les réunir et à les présenter
« ensemble. »

Qu'on ne regarde pas, conclut l'auteur, cette longue et fatigante recherche comme inutile. « J'avais en réa-

« lité un but qui me paraît plus important que celui
« que j'annonçais; et celui-là, je crois l'avoir atteint.
« La métaphysique dont j'ai le malheur d'être forte-
« ment épris, bien que je ne puisse me vanter d'en
« avoir reçu que de bien rares faveurs, présente
« néanmoins un double avantage. Elle satisfait en
« premier lieu aux questions qu'agite un esprit cher-
« cheur, quand il veut pénétrer par sa raison les
« propriétés cachées des choses. Mais ici trop sou-
« vent le succès trompe les espérances..... L'autre
« service est plus approprié aux besoins de l'esprit
« humain. Elle nous fait voir si le problème que nous
« agitons fait partie des choses que l'on peut savoir,
« et quel rapport il a aux données de l'expérience,
« qui sont l'unique fondement sur lequel doivent
« s'appuyer tous nos jugements (375). Dans ce sens
« la métaphysique est une science des limites de la
« raison humaine (cine Wissenschaft von den Gren-
« zen der menschlichen Vernunft)».

« Cet avantage de la science en question est le
« moins connu, bien que le plus important; il n'a été
« découvert qu'assez tard et après une longue expé-
« rience. Si je n'ai pas fixé les limites de notre esprit
« avec précision, j'en ai assez dit pour que le lecteur
« réfléchi comprenne qu'il doit s'abstenir de recher-
« ches stériles, au sujet d'une question dont il faut
« puiser les éléments dans un monde différent de celui
« où il vit et sent..... Si je n'ai apporté aucune con-
« naissance nouvelle à mon lecteur, j'ai du moins
« dissipé l'illusion et la vaine science qui gonflent
« l'entendement, et tiennent dans sa capacité restreinte
» la place que les leçons de la sagesse et d'un ensei-

« gnement utile devraient occuper. . . . .

« Auparavant nous voyagions comme Démocrite dans
« l'espace vide..... Nous nous retrouvons maintenant
« sur le sol bas de l'expérience et du sens commun,
« heureux, si nous le regardons comme le véritable
« séjour que nous ne pouvons impunément quitter et
« qui contient tout ce qui doit nous suffire, tant que
« nous nous en tenons à l'utile. » (376).

Il faudrait enfin reproduire en entier les dernières pages du livre. Le scepticisme théorique et la foi pratique, auxquels se sont arrêtés à la date de 1766 et semblent pour jamais fixés la pensée et le cœur de Kant, y reçoivent leur expression complète et définitive (381).

Nous avons cru devoir laisser souvent la parole à l'auteur. Toute analyse n'aurait fait qu'affaiblir l'énergie des déclarations, où s'affirme son scepticisme métaphysique. L'influence de Hume est tout à fait maîtresse de son esprit. La foi morale qu'il exprime si éloquemment dans les dernières pages se ressent elle-même de l'inspiration du philosophe anglais.

La rupture est complète et définitive avec le dogmatisme de la première période (1747-1755). On ne reconnaît plus l'auteur de la thèse d'admission dans ce langage ironique, qui confond à dessein les rêveries des métaphysiciens et les songes des visionnaires. Les doctrines de Crusius, de Leibniz, ne sont plus pour leur ancien admirateur que des constructions en l'air (Luftbaumeister).

Ce n'est pas seulement l'ardeur spéculative de l'essai sur les premiers principes que Kant condamne et raille aujourd'hui : la curiosité métaphysique, dont les autres ouvrages contiennent de nombreux témoignages, et que n'avaient pu étouffer les satisfactions données à l'esprit critique, est cette fois dédaigneusement et, il semble, pour jamais rejetée.

Mais la métaphysique, qui inspire à notre philosophe un si vif éloignement, n'est toujours que celle de Wolff et de ses élèves : Kant ne paraît pas mieux connaître que précédemment la doctrine de Leibniz. Les critiques, qu'il multiplie contre la doctrine de la spiritualité, tiennent au fond à la difficulté qu'il éprouve de concilier l'esprit et la matière, entendus comme des substances différentes. Mais, pour Leibniz, les questions de la présence de l'âme dans l'espace, de l'action externe que le corps et l'âme exercent l'un sur l'autre, de la place qu'occupe l'âme dans le corps ou dans le cerveau, ne pouvaient avoir aucun sens, puisqu'il fait de l'espace, du corps, du cerveau, des produits même de la spontanéité confuse de la monade.

Quoi qu'il en soit, Kant croit avoir renoncé pour jamais à la métaphysique.

Mais il n'a pas encore rompu complètement avec le dogmatisme. A celui des Wolffiens il a substitué celui des sensualistes anglais. S'il rejette l'autorité de la métaphysique, il invoque celle de l'expérience. La liberté, l'âme, Dieu ne lui paraissent pas pouvoir être démontrés : mais il croit à la réalité de l'espace et du temps, aux lois des phénomènes, sans s'être encore demandé ce que vaut et sur quoi repose cette conviction. Quatre années encore le séparent des doctrines de l'esthétique transcendantale de 1770; et ce n'est qu'en 1781 que paraîtront les théories de l'analytique.

§ VI

Rien ne nous annonce encore, avons-nous dit, les doctrines de l'esthétique; et cependant elles sont l'un des fondements essentiels de la philosophie transcendentale, et constituent la différence la plus profonde, la plus frappante du dogmatisme et de la critique. Mais la doctrine de la réalité de l'espace et du temps est le seul point sur lequel tous les philosophes d'alors soient d'accord et elle réunit dans une commune affirmation l'école de Wolff et l'empirisme anglais. On comprend que la pensée de Kant ait été moins promptement mise en confiance à l'endroit d'un concept généralement indiscuté. Je ne veux pas dire que Hume et Wolff, par exemple, conçoivent l'espace et le temps d'une façon absolument identique, mais qu'ils en admettent également l'objectivité. Que les corps soient dans l'espace ou le constituent; que l'espace soit envisagé comme l'ordre des coexistences ou comme une réalité indépendante des autres choses; qu'on en admette ou non la divisibilité et l'extension à l'infini : il n'en demeure pas moins établi par tous les philosophes de cette époque que les corps existent en dehors de la pensée, que l'étendue est indépendante de l'esprit.

Il faut un nouvel et vigoureux effort du génie de Kant pour le débarrasser sur ce point de la croyance commune. Ce n'est pas que son attention ne se soit depuis longtemps portée sur les notions du temps et de l'espace. Nous l'avons vu, dès son premier écrit sur la mesure des forces, et dans la thèse d'admission, discuter longuement les difficultés que présente le concept de l'espace. Dans les écrits de 1763, surtout dans la mémoire pour le concours de 1764, il déclare à plusieurs reprises qu'on n'a pas encore donné une bonne définition de l'espace et du temps. Après s'en être tenu longtemps à la doctrine de Wolff, qu'il confond volontiers avec celle de Leibniz, il en est venu plus tard, sous l'impression de Hume, à considérer la réalité de l'espace comme une vérité simple, irréductible, comme un fait qui n'a pas besoin d'être démontré. N'est-ce pas l'expérience, soit interne, soit externe, qui décide de la vérité de toutes nos connaissances? or l'expérience suppose la réalité de l'espace. C'est, en ce sens du moins, qu'il est permis d'interpréter la pensée qui s'exprime dans les deux écrits de 1764 et de 1766.

DU PREMIER FONDEMENT DE LA DISTINCTION DES LIEUX DANS L'ESPACE 1768

Von dem ersten Grunde des Unterschiedes der Gegenden im Raume 1768 (Kant's W. Bd. 2. — S. 383-391.)

Kant ne s'élève pas du premier coup à sa théorie définitive sur l'idéalité de l'espace et du temps. Dans un court opuscule de 1768 sur le premier fondement de la distinction des lieux dans l'espace, il se borne à établir que l'espace est indépendant de la matière et qu'il a sa réalité propre. C'est surtout contre Leibniz et Wolff qu'est dirigé ce travail « Mon but dans cet « écrit est de rechercher si dans nos jugements intui- « tifs sur l'étendue, comme ceux que présente la « géométrie, on ne trouve pas une preuve évidente « que l'espace absolu est indépendant de l'existence

« de toute matière, et que même, comme le premier
« fondement sur lequel repose la possibilité des com-
« binaisons de cette dernière, il a sa réalité propre. »
(386).

Imaginez deux corps dont les diverses parties sont
absolument semblables et dans les mêmes rapports,
par exemple les mains. N'est-il pas évident qu'on ne
les pourra distinguer l'un de l'autre que par la place
différente qu'ils occupent dans l'espace? « Accepte-
« t-on le concept que soutiennent beaucoup de philo-
« sophes modernes, surtout les Allemands, lequel
« fait consister l'espace uniquement dans le rap-
« port extérieur des parties juxtaposées de la ma-
« tière, tout l'espace réel dans le cas précité serait
« celui qu'embrasse la main. Mais comme il n'y a
« aucune différence dans les rapports qu'ont entre elles
« les parties, que la main envisagée soit la droite ou
« la gauche, la main sous ce rapport serait tout à fait
« indéterminée, c'est-à-dire qu'elle conviendrait à
« chacun des deux côtés du corps humain, ce qui est
« impossible. (391) ».

Pour un lecteur attentif, le concept de l'espace, tel
que les géomètres l'acceptent et dans le sens même où
des philosophes pénétrants l'ont entendu dans leurs
théories cosmologiques, ne sera donc pas regardé
comme un pur produit de la pensée (ein bloses Gedan-
kending).

« Ce n'est pas qu'il ne présente de nombreuses dif-
« ficultés, lorsque l'entendement veut en comprendre
« la réalité, qui paraît si claire au sens intérieur
« (wenn man seine Realität, welche dem inneren Sinn
« anschauend genug ist, durch Vernunftideen fassen

« will). Mais cette difficuté, nous la rencontrons toutes
« les fois que nous voulons philosopher sur les pre-
« mières données de notre connaissance. Elle n'est
« jamais si grande en tout cas que celle à laquelle on
« se heurte, lorsque les conséquences d'un concept
« admis sont en désaccord avec les données les plus
« évidentes de l'expérience. » 391.

En résumé, il n'y a bien souvent d'autre distinction
à établir entre les objets sensibles, entre les choses
matérielles, que celle qui résulte de leurs positions
différentes dans l'espace : la réalité de l'espace ne saurait donc pas plus être contestée que celle de ces distinctions, puisque seule elle les rend possibles.

Mais en même temps que Kant affirme contre Leibniz la réalité de l'espace, il a conscience des difficultés
qu'elle présente. Sa mémoire lui rappelle sans doute le
débat célèbre qui s'engagea sur ce sujet entre Clarke
et Leibniz.

Il lui suffit pour aujourd'hui, et nous verrons que
ce sera désormais sa préoccupation constante, d'avoir
accommodé aux nécessités de l'expérience, aux exigences de la connaissance empirique, la notion provisoire qu'il se fait de l'espace. Mais les difficultés, qu'il
écarte, n'en continueront pas moins d'obséder sa pensée,
et ne lui laissseront de repos que lorsqu'il les aura
surmontées. Ce qu'il cherche, c'est un concept de
l'espace qui satisfasse à la fois les sens et la raison.
Il le trouve bientôt ; et le dernier traité qu'il nous
reste à étudier, et qui clôt la période ante-critique de
son œuvre, en contient la première et définitive
expression.

§ VII.

DE LA FORME ET DES PRINCIPES DU MONDE SENSIBLE ET DU MONDE INTELLIGIBLE 1770

De mundi sensibilis atque intelligibilis forma et principiis
(Kant's W. Bd. 2. — S. 393-425.)

Il s'agit de la thèse d'inauguration (Inauguralschrift), par laquelle, suivant les statuts académiques, Kant devait ouvrir son enseignement à l'université de Kœnigsberg comme professeur ordinaire de philosophie.

Le sujet qu'il s'y propose est très-étendu et du plus haut intérêt. Il entreprend d'étudier, dans leurs rapports et dans leurs différences essentiels, la nature et les principes de la connaissance sensible et de la connaissance rationnelle.

Le génie critique de Kant, pour la première fois, est entré dans sa véritable voie. Il ne se contente plus de faire ressortir l'insuffisance des doctrines antérieures, et présente avec confiance au public les conceptions originales qu'il veut leur substituer. La thèse inaugurale nous le montre en pleine possession des doctrines de l'esthétique : on y chercherait en vain les théories de la logique transcendentale. Il semble même sous certains rapports que sa pensée ait reculé, et que la nouveauté de ses conceptions sur l'espace et le temps soit payée par un retour complaisant à la métaphysique des écoles, dont ses derniers écrits semblaient pour longtemps l'avoir détaché.

Tel est le contraste curieux que nous essaierons de faire ressortir par notre analyse.

Le monde est un tout composé de substances simples (395). La définition qu'on en veut donner doit avoir un triple objet, et le déterminer dans sa matière, dans sa forme et dans la totalité de ses parties.

Sa matière, c'est-à-dire les éléments fixes qui le composent, ce sont des substances simples, dont il sera facile de démontrer la dépendance et la contingence vis-à-vis d'une cause unique.

Sa forme résulte des rapports essentiels qui enchaînent ses diverses parties, et suffit à expliquer toutes les influences possibles qu'elles échangent entre elles. Cette forme est immuable « tout changement suppose l'identité du sujet, dont les déterminations se succèdent. » (398). Les considérations que Kant expose ici rapidement rappellent les idées de la thèse d'admission.

Après avoir défini ce que sont les parties et la forme essentielle du monde, il faut rechercher ce que peut être le tout qui en résulte. Mais comment admettre qu'un nombre infini de parties, qu'une série éternelle de changements constituent un tout? Comment disons mieux, parler d'un nombre infini, sans une flagrante contradiction?

On comprend pourtant qu'un entendement différent du nôtre, l'entendement divin, par exemple, puisse embrasser distinctement d'un seul regard toute une multitude, sans être obligé comme nous d'en additionner successivement les éléments, et par conséquent de la ramener à un nombre défini.

On se laisse embarrasser par de telles difficultés

pour n'avoir pas suffisamment réfléchi sur la distinction de la connaissance sensible et de la connaissance intelligible.

La deuxième section de la thèse développe avec une admirable précision d'idées et de langage les différences que l'auteur découvre entre elles.

« La sensibilité est cette réceptivité du sujet qui « fait que son état représentatif peut être modifié par « la présence de quelque objet 400. » — « L'entende- « ment est la faculté qui permet au sujet de se repré- « senter les choses que leur nature rend impercep- « tibles à ses sens. (400) ». L'objet de la sensibilité, « c'est la chose sensible, celui de l'entendement, la « chose intelligible. Le premier s'appelait chez les « anciens le phénomène; le second, le noumène. »

Les sens dépendent de la nature du sujet et en partagent la mobilité : ils ne nous représentent pas leurs objets tels qu'ils sont, mais tels qu'ils nous apparaissent. Il faut distinguer dans les représentations de la sensibilité entre la matière et la forme de la connaissance.

L'entendement, de son côté, a deux usages qu'il convient de soigneusement distinguer : un usage logique (usus logicus), et un usage réel (usus realis).

Employé dans le premier sens, il subordonne les unes aux autres, en vertu du principe de contradiction, les connaissances élémentaires que l'esprit a puisées à la source des sens ou à celle de la raison (401 et 417). Quelques modifications que ce travail logique de l'entendement ait fait subir aux données de la sensibilité, elles n'en restent pas moins des connaissances sensibles. Telles sont les lois les plus générales de l'expérience, les notions géométriques (non excedunt sensitivorum classem 401). — Les éléments matériels ou formels de la sensibilité, avant qu'ils aient subi l'action logique de l'entendement, s'appellent des apparences, des phénomènes. On donne le nom d'expérience à la connaissance réfléchie, qui résulte de la comparaison faite par l'entendement entre plusieurs apparences (ab apparentia itaque ad experientiam via non est, nisi per reflexionem secundum usum intellectus logicum 401) : — mais, sous le nom de phénomènes ou d'expérience, on n'a toujours que des connaissances sensibles (voir 417).

Au second usage de l'entendement, (usus intellectus realis,) nous devons les concepts des choses ou de leurs rapports, qui ne peuvent en aucune façon être tirés des sens (dantur per ipsam naturam intellectus, neque ab ullo sensuum usu sunt abstracti, 402), tels que les concepts de la possibilité, de l'existence, de la nécessité, de la substance, de la cause, ainsi que leurs contraires ou corrélatifs. C'est à la métaphysique à les expliquer. Mais la métaphysique demande une recherche préliminaire (scientia propædeutica) 403), qui apprenne à séparer nettement la connaissance sensible de l'intelligible : la présente dissertation en offre un spécimen.

On ne saurait, pour peu qu'on l'ait comprise, admettre les définitions que Wolff a données du sensible et de l'intelligible, rapportant au premier toute connaissance confuse, identifiant avec le second toute connaissance distincte. Ce ne sont là que des distinctions logiques, qui ne nous apprennent rien sur la nature des données auxquelles s'applique l'opération logique

de la comparaison. « Les données de la sensibilité peu-
« vent être très-distinctes, et celles de l'entendement
« très-confuses. » (Possunt autem sensitiva admodum
esse distincta et intellectualia maxime confusa, 402).
Wolff a méconnu, au grand détriment de la philosophie,
la célèbre distinction que l'antiquité se plaisait à faire
entre les phénomènes et les noumènes. Il n'a détourné les esprits de ces fécondes théories, que pour les attacher exclusivement à des minuties logiques.

Combien Kant est ici plus dans le vrai que dans son chapitre des amphibolies de la réflexion, où il rend Leibniz responsable des erreurs de Wolff !

Les purs concepts, auxquels nous conduit l'usage réel de l'entendement (usus intellectus realis) servent à une double fin : critique (elenchtichus), et dogmatique (dogmaticus usus, 403).

L'emploi critique en est purement négatif : ils préviennent l'application aux noumènes des notions sensibles (sensitive concepta arcent à noumenis) ; s'ils n'étendent pas notre savoir, ils le préservent au moins de la contagion de l'erreur. — L'usage dogmatique, qu'on en peut faire encore, conduit l'esprit à ces principes généraux de l'entendement pur, que nous offrent l'ontologie et la psychologie, et qui sont comme l'exemplaire, conçu seulement par l'entendement pur, comme la mesure commune de toutes les réalités (secundum quem principia generalis intellectus puri... exeunt in exemplar aliquod..., et omnium aliorum quoad realitates mensuram communem) : c'est ce qu'on appelle la perfection intelligible (perfectio noumenon), qui se prend au sens théorique et pratique, comme l'être suprême, Dieu, ou comme la perfection morale (403).

Chercher, ainsi qu'Epicure et Shaftesbury, à tirer de la sensibilité les principes de la morale, c'est mériter les critiques les plus sévères (summo jure reprehenditur, 403). Kant se montre entièrement dégagé de l'influence des moralistes anglais, dont il faisait un si grand éloge dans son mémoire de 1764. Les choses, dont le degré varie et qui sont susceptibles de mesure, doivent être rapportées à un maximum fourni par l'entendement. Ainsi, pour estimer la perfection des individus dans l'espèce humaine, il faut avoir présent à l'esprit un maximum de perfection (maximum perfectionis), ce que nous appelons aujourd'hui un idéal, ce que Platon désignait sous le nom d'idée. De même, pour apprécier la perfection relative des êtres en général, il les faut mettre en regard de la perfection suprême, d'un idéal de perfection, qui est Dieu.

Il est facile de juger, par ce qui précède, que l'homme ne connaît pas les choses intelligibles par intuition, mais par une connaissance symbolique (intellectualium non datur homini intuitus, sed nonnisi cognitio symbolica, 404) : il ne les saisit qu'à l'aide de concepts généraux, d'une manière abstraite, non par une représentation individuelle, par une intuition concrète (intellectio nobis tantum licet per conceptus universales in abstracto, non per singularem in concreto). C'est que nos intuitions sont assujetties aux conditions formelles de la connaissance sensible, parce qu'elles sont passives.

L'intuition de Dieu, qui voit les choses parce qu'il les fait, est seule purement intellectuelle, c'est-à-dire affranchie des lois de l'espace et du temps, (divinus autem intuitus qui objectorum est principium, non principiatum, cùm sit independens, est archetypus et proptereà perfectè intellectualis, 404 et 419).

Bien que la connaissance des phénomènes nous donne l'apparence et non la réalité des choses (neque internam et absolutam objectorum qualitatem exprimunt), la science de ces apparences n'en a pas moins sa vérité. D'abord, comme elles répondent aux impressions que les choses font sur nous, elles manifestent l'action réelle des objets; et cela suffit à condamner l'idéalisme (causata testantur de præsentia objecti, quod contra idealismum, 404). En second lieu, comme dans tout jugement la vérité résulte de l'accord du sujet et de l'attribut, l'un et l'autre dans la connaissance des phénomènes peuvent être soumis à des lois communes, puisqu'ils sont également des données sensibles, et par suite faire l'objet d'une science très-certaine. La physique, la psychologie, les mathématiques s'occupent de la construire (405).

Nous n'insisterons pas sur l'analyse que Kant fait dans la troisième section de la thèse inaugurale (405-413) des concept du temps et de l'espace, comme principes formels du monde sensible (de principiis formæ mundi sensibilis) Tous les arguments qu'il condense ici seront repris et développés plus tard dans l'esthétique transcendentale, et nous aurons à les étudier sous cette forme définitive. Nous conseillons, à ceux qui ne peuvent lire le texte original de la critique de la raison pure, de méditer le résumé élégant et concis que leur offre la thèse latine.

Tandis que la section III traite des principes formels du monde sensible, la section IV (413-417) contient l'analyse des principes formels du monde intelligible.

Les relations des phénomènes dans l'espace et dans le temps résultent du commerce qu'ont entre elles les substances simples, qui constituent, nous l'avons vu en commençant, les éléments réels du monde. Mais comment est-il possible que plusieurs substances aient des rapports entre elles, et fassent ainsi partie du même tout, du même monde ? Il faut pour cela qu'elles soient contingentes et qu'elles dépendent d'une cause unique, créatrice. S'il y avait plusieurs causes nécessaires, réciproquement indépendantes, il pourrait exister plusieurs mondes, mais dans ce cas seulement.

Parce que les substances contingentes dépendent d'une seule et même cause, il s'établit entre elles un commerce direct, un véritable influx physique, et non pas seulement une harmonie occasionnelle ou préétablie (416).

Puisque notre esprit n'est en rapport avec le reste de la nature que par l'action de la puissance divine, qui soutient et relie tout, ne peut-on pas dire que l'espace est la manifestation phénoménale de l'omniprésence divine, et le temps celle de l'éternité divine (spatium, omnipræsentia phænomenon ; tempus, æternitas phænomenon, 416) ?

Mais il est plus prudent, ajoute aussitôt l'auteur, de nous en tenir aux recherches, qui ne dépassent pas la médiocrité de nos facultés. Gardons-nous de nous engager à l'aventure, comme Malebranche, sur l'océan du mysticisme : c'est assez de nous être rapprochés pour un moment de la vision en Dieu.

Kant termine la thèse inaugurale par un chapitre important sur la méthode métaphysique (V sectio. De methodo circa sensitiva et intellectualia in metaphysicis, 417-425)

Dans les sciences, dont les données premières sont empruntées à la sensibilité, et où l'entendement n'a qu'une fonction logique à remplir, l'expérience apprend la méthode qu'il faut suivre (usus dat methodum, 417). Mais la métaphysique, où la raison tire de son propre fonds et la matière et la forme de la connaissance, ne peut mettre à profit le contrôle de l'expérience. La méthode y doit devancer la science (methodus antevertit scientiam). C'est parce que cette méthode a été jusqu'à présent ignorée, que l'impuissance des métaphysiciens rappelle le sort de Sisyphe condamné à rouler éternellement son rocher.

Kant n'entreprend pas de traiter complétement cette importante et vaste question de la méthode (de tam insigni et latissime patenti argumento, 418). Il n'en abordera qu'une partie, intéressante sans doute, celle qui apprend a démêler, à écarter la confusion qui s'établit si souvent entre la connaissance sensible et la connaissance intelligible (sensitivæ cognitionis cum intellectuali contagium).

La règle principale, que prescrit la méthode, est d'éviter que les principes propres de la connaissance sensible ne soient appliqués hors de leur sphère, et ne viennent se mêler aux notions purement intelligibles pour les corrompre. De là naissent les axiomes trompeurs (subreptitia axiomata), qu'on peut ramener à trois classes. Ils tiennent tous à ce que nous prenons les lois, les formes de notre intuition sensible pour les lois mêmes de toute intuition (419).

1re classe. — On fait des conditions sensibles, en dehors desquelles une chose ne pourrait être pour nous l'objet d'une intuition, les conditions mêmes qui rendent cette chose possible (419 et 420) ; ainsi le prétendu axiôme : tout ce qui est existe en un lieu et en un moment déterminé (quicquid est, est alicubi et aliquando). De là tant d'extravagantes conceptions sur le siége de l'âme (425), la place qu'occupent dans le monde les substances immatérielles; enfin sur l'étendue infinie de Dieu.

2° — Les conditions sensibles, qui nous permettent seules de rassembler les données nécessaires à la formation d'un concept intellectuel, sont regardées comme les conditions mêmes de la possibilité de l'objet auquel le concept répond (421). Ainsi l'axiome : toute multitude actuelle peut être représentée par un nombre (421), ainsi que toute quantité finie. « Puisque toute quantité
« et toute série ne peuvent être connues distinctement
« que par une coordination successive de leurs élé-
« ments, le concept intellectuel d'une quantité et d'une
« multitude ne se forme qu'à l'aide de la notion du
« temps, et ne s'achève définitivement qu'autant que
« la synthèse des parties peut être faite dans un temps
« déterminé (421). » « Mais ce qui ne s'accorde pas
« avec les lois qui régissent l'entendement du sujet
« n'est pas pour cela au-dessus de tout entendement ;
« et l'on peut concevoir une intelligence, qui, sans
« mesurer successivement, pourrait, distinctement et
« d'un seul coup d'œil, embrasser une multitude : ce
« ne serait sans doute pas l'intelligence humaine (396). »

De ce que pour la raison pure le monde est fini (non maximum), de ce qu'il a un principe, de ce que les corps sont composés d'éléments simples, la sensibilité n'a pas le droit de conclure : « que l'univers,
« envisagé dans sa masse, soit limitable mathémati-

« quement; que son passé puisse être mesuré; que le
« nombre des éléments des corps soit susceptible d'une
« détermination (quod universum, quoad molem,
« sit mathematice definitum; quod ætas ipsius transacta
« sit ad mensuram dabilis; quod simplicium quodlibet
« corpus constituentium sit definitus numerus (422). »

Un autre sophisme de la sensibilité, c'est celui qu'elle commet en affirmant que tout ce qui est impossible est contradictoire (quidquid est impossibile sibi contradicit, 422), parce que notre entendement ne reconnaît une impossibilité que là où il trouve deux assertions contraires faites sur le même objet au même moment; que là, en un mot, où il rencontre une contradiction, il ne suit pas que cette condition sensible régisse toute autre intelligence que la nôtre. On ne saurait donc retourner la proposition et conclure que tout ce qui n'implique pur contradiction est possible (quicquid contradictionem non involvit, ideo sit possibile, 422). »

3° — La troisième classe de sophismes transforme en condition de la possibilité de l'objet la condition sensible, qui permet d'appliquer à l'objet un concept fourni par l'entendement. (423).

Ainsi dire avec les écoles : tout ce qui est contingent a dû ne pas exister à un moment (quicquid existit contingenter aliquando non existit, (423), c'est vouloir que l'entendement n'ait pas d'autre moyen de constater la contingence d'une chose que ceux que lui fournit la sensibilité. Il est vrai, sans doute, que tout ce qui a commencé est contingent; mais il ne suit pas de là que tout ce qui n'a pas commencé soit nécessaire. «Car le monde est éternel, quoique contingent.»

(Nam mundus hic quanquam contingenter existens est sempiternus, 423) . »

Si l'entendement écoute les sophismes de la sensibilité, quand il soutient les propositions que nous venons de critiquer, il ne s'abuse pas moins lui-même dans l'usage excessif qu'il fait souvent de certains principes de convenance (principia convenientiœ, 424). « L'esprit
« se laisse tromper par eux, au point de regarder
« comme des règles, fournies par les objets eux-
« mêmes, des principes qui ne font que favoriser le
« libre et large emploi, et s'accommoder à la nature par-
« ticulière de notre intelligence. » (Quibus intellectus itâ luditur ut ipsa habeat pro argumentis ab objecto depromptis, cum tantummodo per convenientiam, cum libero et amplo intellectus usu, pro ipsius singular natura nobis commendantur, 424.)

Ainsi, quand nous affirmons que tout se fait dans l'univers suivant l'ordre naturel ; que les choses réalisent la plus haute unité possible ; que rien dans la matière ne se crée ou ne se détruit, nous ne devons pas croire que l'expérience ou la raison démontrent clairement qu'il n'en saurait être autrement. Nous avons seulement le droit de soutenir que notre science expirerait, que l'application de la raison aux choses s'arrêterait, si ces règles n'étaient plus observées.

Jamais, depuis la thèse d'admission de 1755, Kant ne s'était trouvé en aussi intime et aussi complète communion d'idées avec Leibniz. On le suit avec étonnement dans cette région des noumènes, où il semblait avoir pour jamais renoncé à pénétrer depuis la satire des Visionnaires. Que sont devenues les critiques qu'il dirigeait contre la psychologie rationnelle, contre la métaphysique en général dans tous les écrits publiés depuis 1762 ? Comment a-t-il secoué l'influence de la philosophie anglaise, à laquelle il paraissait avoir complétement cédé?

C'est qu'il est enfin en possession des théories de l'esthétique transcendentale, et qu'il a trouvé la vraie notion de l'espace. Du même coup, il a conçu la distinction du monde des phénomènes et de celui des noumènes, de la connaissance sensible et de la connaissance rationnelle.

Toutes les fines critiques, que lui inspire la confusion des principes de la sensibilité et de l'entendement, annoncent le chapitre des amphibolies de la réflexion, dans la critique de la raison pure; et font admirablement ressortir les vices, les sophismes cachés (subreptitia axiomata) de la cosmologie et de la psychologie des écoles. Notre analyse de la satire des visionnaires et des précédents opuscules nous avait déjà montré que l'argumentation de Kant n'atteint que les théories métaphysiques de Wolff. La thèse inaugurale met également en lumière l'insuffisance des conceptions du même auteur sur les monades, sur l'union des deux substances, sur les idées de l'infini, du contingent, sur le principe de contradiction, sur la distinction de la connaissance confuse et de la connaissance distincte, etc,. etc.

Kant retrouve aujourd'hui en partie le vrai sens de la doctrine de Leibniz. Les droits de l'expérience se concilient sans peine pour lui avec ceux de la métaphysique; la science des faits, avec celle des substances. Il reconnaît dans les phénomènes et les noumènes deux mondes essentiellement distincts, et n'hésite pas à mettre sous le patronage de Platon et de la philosophie antique l'idée qu'il se fait de leur opposition. Avec l'empirisme anglais, il demande à l'expérience l'explication du premier. Les principes de la méthode, qui réduit toute la fonction de l'entendement dans l'œuvre de la connaissance à celle d'une coordination logique des données de la sensibilité, sont les seuls qu'il veut faire prévaloir dans l'étude des phénomènes : en cela, il est fidèle à l'esprit de ses derniers ouvrages. Mais, d'un autre côté, le monde des noumènes, des substances est entièrement inaccessible au regard des sens et aux procédés de l'investigation empirique : c'est la région propre de la métaphysique.

Ainsi semble terminée la lutte que l'empirisme et le dogmatisme se livraient depuis près de dix années (1760-1770) dans la pensée de Kant. Mais ce n'est là qu'une apparence, à laquelle il ne faut pas se laisser prendre. La conversion de l'auteur à la métaphysique est très-superficielle et très-incomplète. Kant, dans sa thèse inaugurale, s'occupe de déterminer, de démontrer les lois du monde sensible, plutôt que celles du monde intelligible. Les chapitres qu'il consacre à l'étude du second sont, à vrai dire, beaucoup plus critiques que dogmatiques : il veut surtout prévenir la confusion, qui s'établit si souvent entre les principes de l'un et de l'autre.

On ne voit pas qu'il cherche à éclairer et à justifier ses affirmations sur le monde intelligible. Il soutient l'existence des monades, mais sans se donner la peine de la démontrer, sans nous dire quelle nature il leur attribue. Est-il avec Wolff ou avec Leibniz ? Distingue-t-il les monades corporelles ou atomi naturæ, et les monades spirituelles (âmes)? Les unit-il, en dépit de leurs différences, par cette analogie intime de nature, qui fait de chacune d'elles un miroir vivant de l'univers, un monde en raccourci, pars totalis? Quels sont enfin leurs rapports; quelle hiérarchie les subordonne? Il n'est pas question de tout cela. Si, à un moment, la pensée de l'auteur paraît séduite par la conception mystique de la vision en Dieu, cette ivresse métaphysique ne tarde pas à se dissiper.

Ce qui est plus remarquable encore, c'est que Kant, préoccupé de prévenir toute confusion entre les phénomènes et les noumènes, n'éprouve pas le besoin de se demander quel en est le rapport. Il les isole tellement qu'on ne voit plus comment il pourra les réunir. Le génie compréhensif de Leibniz aspirait à déterminer, aussi bien dans leurs relations que dans leurs différences, les principes du monde sensible et du monde intelligible, du déterminisme et du moralisme.

La philosophie de Kant n'est pas moins infidèle à la pensée de Leibniz, lorsqu'elle fait de la science des phénomènes une pure opération logique, l'application exclusive du principe de contradiction. Le dogmatisme logique de Wolff domine et trouble encore notre auteur, et l'empêche d'entendre ce que dit Leibniz sur la nécessité de recourir au principe de raison suffisante, non seulement pour établir les vérités du monde des substances, mais même les règles du mécanisme et de la force dans celui des phénomènes.

S'il reste encore beaucoup à faire à Kant, pour comprendre les principes de l'auteur de la monadologie, il n'est pas moins éloigné des doctrines définitives de la critique. La théorie des catégories, aussi bien que les critiques de la dialectique transcendentale ne se laissent en aucune façon pressentir dans la thèse inaugurale. Kant en est encore à l'ontologie des dogmatistes : son originalité est d'en nettement séparer les principes du monde phénoménal. Mais, sans parler de l'oubli où il laisse la démonstration des principes de la connaissance métaphysique, on se demande en vain sur quoi il fait reposer les lois de la connaissance sensible, de l'expérience. Il semble à un moment, lorsqu'il parle des règles de la convenance, qu'il n'y voie que les conditions nécessaires de l'expérience, et se rapproche en cela de la définition future des catégories : mais pourquoi n'étend-il pas cette remarque aux autres principes de l'expérience ? Pourquoi la loi de la contradiction, sur laquelle il insiste comme dans ses précédents traités, n'est-elle pas l'objet d'une explication semblable ? Sur tous ces points, nous cherchons en vain l'expression d'une doctrine originale. Kant se borne à reproduire les principes de la logique et de l'ontologie de son temps ; il ne les modifie toujours que dans un sens dogmatique. Ce sont pour lui les lois indiscutables de la pensée et de l'être. S'il leur cherche une raison dernière, c'est en Dieu qu'il la trouve. Ainsi la connaissance métaphysique repose sur l'idée de Dieu : mais sur quoi repose notre croyance en Dieu ?

Kant ne s'adresse pas encore ces questions. Elles ne feront l'objet de sa pensée et il n'en trouvera la solution que dans les dix années qui vont suivre.

TROISIÈME PARTIE

LA PHILOSOPHIE CRITIQUE

1781 à 1790

LA CRITIQUE DE KANT

A travers les évolutions diverses que nous avons décrites d'après le témoignage de ses ouvrages successifs, la pensée de Kant s'est toujours défendue du scepticisme complet. Elle a constamment placé l'évidence des vérités pratiques dans une sphère inaccessible aux troubles, aux doutes de la recherche théorique. De la connaissance, elle n'a jamais suspecté, puis rejeté que la partie métaphysique : en cela seulement elle est d'accord avec l'empirisme de Hume. Elle se refuse à reconnaître la valeur des arguments qui servent dans les écoles à prouver l'immortalité de l'âme et l'existence de Dieu : mais elle croit en trouver dans les aspirations morales du cœur une démonstration irréfutable. Avec Hume encore, Kant nie que le principe sur lequel la science repose, le principe de causalité, de raison déterminante, soit, comme le veut l'école de Wolff, un jugement analytique. Mais si, à l'exemple des philosophes anglais, il en fait une synthèse empirique, il n'en soutient pas moins et croit pouvoir en maintenir la réalité objective ; il ne s'est jamais associé aux critiques que le sceptique Hume dirige contre la certitude des vérités physiques. C'est que la foi pratique protége la pensée de Kant contre les incertitudes et les défaillances de son entendement.

La mémoire de 1764 sur l'évidence des principes métaphysiques, aussi bien que la thèse inaugurale de 1770 réduisent sans doute le rôle de la raison dans l'expérience à la simple coordination logique (usus realis logicus) des données des sens : n'est-ce pas ainsi que Locke conciliait avec les principes de son empirisme les exigences du bon sens et l'autorité de la science ?

Mais l'arme que Hume avait tournée victorieusement contre le dogmatisme des métaphysiciens était aussi dirigée contre celui des empiristes. Ses coups ne ménageaient pas plus Locke que Wolff. Kant avait applaudi et s'était associé aux efforts de la dialectique de Hume contre les constructions artificielles de la psychologie et de la théologie rationnelles. Il considère maintenant avec étonnement et inquiétude les entreprises audacieuses du philosophe anglais contre l'autorité respectée de la science. Il comprend que le terme fatal de cette campagne critique sera la négation de la pensée, la suppression même de la vie rationnelle ; et que le sceptique triomphera aisément des dernières illusions d'un dogmatisme, qui croit pouvoir rejeter la métaphysique sans renoncer à l'expérience.

Après avoir trouvé le vice principal de Wolff dans la confusion des principes de la connaissance logique ou analytique avec ceux de la connaissance empirique ou synthétique, Kant découvre maintenant avec Hume que l'erreur capitale de Locke et du dogmatisme empirique est de prendre les jugements synthétiques contingents pour des jugements synthétiques nécessaires. Les connaissances véritables, celles qui étendent la matière de notre savoir et qui ne se bornent pas à en modifier la forme par le travail purement logique de la pensée, doivent être des jugements synthétiques à priori : car ceux-là seulement ont l'universalité et la nécessité qui caractérisent la vérité.

Le problème qui s'impose à l'esprit de Kant est donc de constituer la théorie des jugements synthétiques à priori, puisque la distinction des jugements synthétiques et des jugements analytiques est déjà faite. Telle est l'œuvre capitale et originale de la philosophie critique. L'auteur ne peut se lasser d'insister sur ce point. La préface et les premiers chapitres des Prolégomènes à toute métaphysique future, comme la réponse à Eberhard, et le mémoire pour le concours sur les progrès de la métaphysique depuis Wolff et Leibniz, sans parler du texte plus connu des trois critiques, contiennent, à ce sujet, les témoignages les plus explicites et les plus nombreux.

Mais dans le vaste problème, qui occupera désormais exclusivement la pensée de Kant, et dont la solution doit décider du sort de la connaissance humaine, par quelle question de détail va-t-il commencer? Ses travaux antérieurs, concourent à fixer dès l'abord son attention, de même qu'ils préparent à l'avance son jugement sur le problème de la certitude mathématique.

La comparaison qu'il avait établie fréquemment et es distinctions profondes qu'il avait cru devoir faire entre la certitude des sciences exactes et celle de la métaphysique, surtout et d'une manière définitive dans le mémoire de 1764, l'avaient déjà éclairé sur la vraie nature des jugements mathématiques. Il savait que ce sont des propositions synthétiques, des produits purs de la pensée, des intuitions concrètes (intuitus... in concreto, non in abstracto) et non des concepts abstraits. Il venait de reconnaître, dans l'opuscule de 1768, que l'intuition dont l'espace est l'objet, est primitive, indépendante de l'expérience. Enfin l'évidence des mathématiques était pour son esprit tellement au-dessus de toute contestation qu'il l'opposait sans cesse, comme un modèle inimitable, aux incertitudes de la connaissance philosophique.

Il était naturel que les dangers du scepticisme de Hume fussent surtout révélés à Kant par les menaces qu'il contient contre l'évidence des propositions mathématiques ; et qu'il en fût d'autant plus frappé que le philosophe anglais ne paraissait pas les soupçonner lui-même. Le bon sens de Kant se refusait énergiquement à suivre le système jusqu'à ses conséquences extrêmes. Comment admettre que la synthèse, en vertu de laquelle l'esprit produit les jugements mathématiques, soit purement empirique; et s'exposer ainsi à voir retourner contre eux les objections déjà dirigées par Hume contre les jugements synthétiques, qui ont leur source dans l'expérience. Il ne restait qu'une hypothèse possible : c'était qu'ils fussent des jugements synthétiques à priori ; à cette condition seulement, ils auraient l'universalité et la nécessité qui appartiennent aux vérités des sciences exactes.

C'est ce que Kant démontra dans la thèse inaugurale. Mais n'est-il pas évident que la certitude des autres sciences doit également reposer sur une synthèse à priori de l'intelligence : il faudra donc passer en revue les diverses formes de la connaissance humaine, expérience, morale, esthétique; et en dégager les jugements synthétiques à priori, qui s'y trouvent mêlés, et que l'on reconnaîtra à ce double signe qu'ils sont universels et nécessaires.

« La métaphysique que je présente, dit Kant dans la « préface des prolégomènes, est une science tout à « fait nouvelle, dont personne avant moi n'a embrassé le « plan; dont l'idée même était inconnue, et qui n'a aucun « profit à tirer des recherches antérieures, si l'on excepte « l'indication que pouvait donner le doute de Hume. » A Hume, en effet, revient l'honneur d'avoir plus fortement marqué que ses prédécesseurs de l'école empirique la distinction des jugements synthétiques et des jugements analytiques; d'avoir le premier insisté sur la différence de la synthèse empirique qui appartient aux sens et de la synthèse nécessaire qui est l'œuvre de l'entendement. Il a préparé ainsi la théorie classique, aux yeux de Kant, des jugements synthétiques à priori; et contribué plus qu'aucun autre à tirer de son sommeil dogmatique le père de la révolution critique.

Nous allons suivre Kant dans le double travail qu'il se propose d'accomplir sur les jugements synthétiques à priori. Il y a, en effet, deux questions à résoudre : une de fait, une de droit. Il faut d'abord constater la présence de ces jugements dans la pensée humaine sous ses formes diverses; il faut ensuite en prouver la légitimité, en déterminer le rôle.

CHAPITRE PREMIER

CRITIQUE DE LA RAISON PURE 1781
(Kant's. S. W, — III. B.)

§ Ier

ESTHÉTIQUE TRANSCENDENTALE

Kant avait reconnu, dans le mémoire de 1764, que l'objet des définitions mathématiques n'existe que par l'acte même de l'esprit qui définit; qu'il ne nous est pas donné, mais que nous le produisons. Il était en cela d'accord avec Hume, qui déclarait que la vérité des propositions géométriques est indépendante de l'expérience. « Les propositions de ce genre se découvrent par de simples opérations de la pensée, et ne dépendent en rien de ce qui existe dans l'univers. N'y eût-il ni cercle, ni triangle dans la nature, les théorèmes démontrés par Euclide n'en conserveraient pas moins leur évidence, leur éternelle vérité. » T. IV, Essay IV. Kant avait établi encore que les définitions mathématiques sont des intuitions de la pensée. Il fallait admettre maintenant que ces jugements résultent d'une intuition et d'une synthèse à priori, sous peine d'en nier l'universalité et la nécessité.

Kant commence par ce qu'il appelle l'explication méthaphysique de l'espace, c'est-à-dire, par l'énumération de ses caractères à priori (58) : 1° L'espace n'est pas un concept empirique (*empirischer Begriff*), que nous tirions par voie d'abstraction des choses situées dans l'espace : pour déterminer la place des objets dans l'espace, il faut avoir déjà l'idée d'espace. 2° L'espace est une représentation nécessaire, à priori : nous ne pouvons concevoir qu'il n'existe pas, tandis que tous les objets de notre expérience se prêtent très-bien à cette supposition. 3° L'espace n'est pas un concept discursif, une notion abstraite et générale, mais une pure intuition (*reine Auschauung*). Toute notion générale est formée par la comparaison de plusieurs objets particuliers; mais il n'y a pas plusieurs espaces. Les étendues particulières ne sont pas les parties de l'étendue totale. D'ailleurs toute notion générale a moins de compréhension que les perceptions particulières auxquelles elle correspond : l'espace a les mêmes caractères que chacune des étendues particulières qu'il comprend dans son sein. 4° L'espace d'ailleurs est infini en grandeur. Quelle est la notion générale, qui renferme dans sa compréhension une multitude infinie d'idées particulières ?

L'explication transcendentale de l'espace (60) démontre la vérité de la théorie qui précède par cette considération que l'espace doit être une intuition à priori, pour que les propositions de la géométrie puissent être des jugements synthétiques et à priori.

L'espace est donc pour Kant une intuition à priori, qui précède dans notre esprit toute perception des objets sensibles. On doit le regarder comme la forme du sens extérieur. (*Form des ausseren Sinnes*), c'est-à-dire, comme la forme sous laquelle notre esprit se représente les objets, par une disposition toute subjective de sa nature. L'étendue n'appartient pas aux choses en elles-mêmes. Nous ne pouvons parler de l'espace, des êtres étendus, que du point de vue propre à l'homme. Les choses ne sont étendues qu'en tant qu'elles nous apparaissent (*erscheinen*), qu'elles affectent notre sensibilité.

Qu'on ne dise pas que cette théorie supprime la réalité de l'espace. Nous verrons plus tard, quand nous étudierons la catégorie de la réalité, que la réalité sensible ne désigne qu'un ordre universellement établi et par suite nécessaire entre nos sensations ; et que, à ce compte, l'espace, condition à priori de cette synthèse, a la même réalité que les objets qu'il comprend.

Kant cherche par une explication également métaphysique 64, et transcendentale 66, à établir la réalité empirique, et l'idéalité transcendentale du temps.

Il insiste sur ce point que le temps n'est pas seulement la forme du sens intime (*Form des inneren Sinnes*), mais la condition à priori de nos représentations extérieures, puisque ces dernières sont également des déterminations internes de notre pensée.

Kant résume en ces termes les conclusions de l'esthétique transcendentale (Remarques générales sur l'esthétique transcendentale, § I, p. 72). « Les choses
« que nous voyons (*Anschauen*) ne sont pas en elles-
« mêmes telles que nous les voyons ; elles n'ont pas par
« elles-mêmes les rapports dans lesquels elles nous
« paraissent associées. Si l'on supprime le sujet pensant,
« ou seulement la constitution toute subjective de
« notre sensibilité, les rapports des objets dans l'es-
« pace et dans le temps et les propriétés qui en dé-
« rivent, l'espace et le temps eux-mêmes s'évanouissent

« complètement : car ce sont là des phénomènes qui
« n'ont pas de réalité en soi, et qui n'existent qu'en
« nous. »

§ II

ANALYTIQUE TRANSCENDENTALE

Les mathématiques attachent l'esprit à ses propres conceptions, le renferment dans une sphère purement idéale. C'est à l'expérience que nous devons demander la science des choses : la véritable connaissance (Erkenntniss), celle qui a la réalité pour objet, ne saurait être puisée à une autre source. Mais Hume, qui n'avait pas osé nier la vérité des mathématiques, n'hésite pas à contester la certitude des sciences physiques. Il sait que tout y repose sur la notion de cause, et combat l'autorité de ce principe.

Selon lui, toute affirmation d'une cause est un jugement synthétique, dont les éléments ne peuvent être donnés que par l'expérience. Mais l'expérience emprunte ses matériaux aux sens; et, pour les sens, toute liaison entre les phénomènes est relative, accidentelle. L'habitude, seule, nous fait transformer en un rapport nécessaire une relation contingente que nous avons vue se répéter souvent. Conclure d'un besoin, d'une disposition de notre esprit à une loi de la nature, c'est une affirmation arbitraire, dont rien ne saurait justifier la témérité. La réalité sensible n'est pour nous qu'une collection de phénomènes, c'est-à-dire de sensations qui n'ont d'autres rapports entre elles, que celui que leur donne notre mémoire ou que l'habitude leur prête. La conscience du moi, dont toutes ces sensations

ne sont que les modifications indéfiniment variables, participe elle-même à leur mobilité, puisqu'elle n'est que la collection toujours renouvelée de nos impressions, un lien passager et fragile que les accidents de la vie peuvent à chaque instant briser. Le monde n'est plus qu'un rêve dont les visions ont plus de netteté, de suite que celles du sommeil, sans avoir plus de réalité; qui change et s'évanouit avec les individus, sans qu'aucune de ces formes de l'universelle illusion puisse prétendre à plus de vérité que les autres.

Ce scepticisme de Hume, qui aboutit au nihilisme, c'est l'ennemi contre lequel Kant dans l'analytique transcendentale dirige toutes les ressources de sa dialectique, auquel il oppose l'énergique protestation de son bon sens, surtout de son sens pratique.

Il commence par en accepter les prémisses. Nous ne connaissons immédiatement, directement des choses que ce que nos sens nous en apprennent. L'unité, la liaison, la synthèse que nous établissons entre les phénomènes, sont l'œuvre propre et péniblement élaborée de notre entendement. « Toutes les représenta-
« tions, qui concourent à former notre expérience, sont
« des produits de la sensibilité, une seule exceptée, celle
« de la liaison universelle des choses. » (Kant's W-T. 8ᵉ, Fortschritte der Metaphysik, § 536).

Kant est d'avis que Hume a raison, s'il n'y a pas d'autre connaissance que la connaissance empirique, d'autre liaison des phénomènes que les relations incertaines de la mémoire et de l'habitude, d'autre sujet pensant que ce moi fugitif dont la conscience ne projette qu'une lueur vacillante, éphémère.

Toute la question consiste à rechercher, comme précédemment pour les mathématiques, si l'expérience ne repose pas sur une synthèse à priori, si elle ne contient pas des jugements nécessaires, universels; ou plutôt, car Hume avait déjà reconnu que le principe de causalité se présente avec ces caractères au regard des métaphysiciens et du vulgaire, il s'agit de faire l'énumération rigoureuse, la classification méthodique des jugements à priori, qui sont les conditions de l'expérience, et surtout d'en essayer la justification, la déduction, comme dit Kant.

Kant n'éprouve aucune peine à dresser la table de ces jugements, ou, comme il les appelle, des catégories. Les logiciens n'ont-ils pas depuis longtemps distingué dans tous nos jugements la matière et la forme, la première répondant à l'élément variable de la connaissance, la seconde en représentant l'élément fixe. La doctrine des catégories d'Aristote n'est elle-pas une analyse ébauchée de ces formes universelles de la pensée ?

La distinction des jugements, sous le rapport de la quantité, de la qualité, de la relation et du mode nous conduit aisément à la détermination des purs concepts (*reine Begriffe*) que l'entendement mêle aux jugements empiriques, et qui supposent autant d'affirmations à priori (*reine Verstandsurtheile*). Ce ne sont plus des formes intuitives (***Anschauungen***) de la pensée, mais des formes logiques (***Begriffe, Gedanken***) : elles ne lient plus les choses pour notre sensibilité, mais pour notre entendement.

La dé'uction transcendentale.

(106-136)

Kant n'a encore résolu que la question de fait : il a dressé la liste des catégories. Mais le problème autrement difficile de leur légitimité n'est pas tranché.

Comment les catégories peuvent-elles régir l'expérience, gouverner les phénomènes ? Les catégories sont les produits de l'entendement (*hervorgebracht*), les phénomènes nous sont donnés (*gegeben*); ou encore, les premiers résultent de la spontanéité (*Spontaneität*) de l'esprit, les seconds de la réceptivité (*Réceptivität*) de la sensibilité. Comment établir un lien entre deux puissances si différentes, l'une active, l'autre passive ? Comment s'assurer que les catégories trouvent dans la nature une application nécessaire et universelle, si leur autorité doit reposer sur le témoignage variable, sur les confirmations passagères de l'expérience. Si la réalité et l'esprit sont indépendants l'un de l'autre; si les objets sensibles existent en dehors de la pensée, comme des choses en soi, des noumènes : qui nous répond que la nature se conformera toujours aux lois de l'entendement, et que les règles de notre raison sont aussi celles de l'univers ? Le scepticisme de Hume demeure invincible si on se place à ce point de vue. (Voir le résumé lumineux de ces difficultés, tel que Kant le présente lui-même à son ami Marcus Herz. Lettre IV et XVII, 8ᵉ vol, p. 688 et 714).

Il faut donc que les choses tirent leur réalité de l'entendement lui-même (*Verstand*) ; que les objets sensibles, que la nature soient les créations mêmes de l'esprit. Il est évident alors qu'ils devront se plier à toutes ses exigences, puisqu'ils n'existeront que par lui. C'est ce que Kant s'attache à établir dans une analyse merveilleuse de finesse et de profondeur. Il suit la matière sensible (*Empfindungen*) dans toutes les transformations que lui fait subir l'activité synthétique de l'imagination d'abord (*Einbildung*), de l'entendement ensuite (*Verstand*). Du chaos des impressions confuses, isolées, que les sens apportent à l'esprit, la triple synthèse de l'appréhension, de la reproduction, de la récognition fait sortir des images (*Bilder*), où se rencontre déjà l'unité de l'intuition sensible ; où se découvre l'ordre que communiquent à la matière des sensations les formes à priori de l'espace et du temps. Mais ce n'est là encore qu'une unité inférieure, qui peut suffire à la sensibilité, mais dont l'entendement ne saurait se contenter. Nous n'avons encore que des perceptions passagères, flottantes (*Wahrnehmungsurtheile*). Tout ce que dit si profondément Platon de la sensation dans le Théétète se retrouve dans ces passages de l'analytique. Les perceptions sensibles ne sont que des associations accidentelles, contingentes d'impressions. Sans doute elles expriment déjà le besoin de l'ordre ; mais elles n'expriment qu'un ordre apparent. L'image qu'elles présentent est diverse comme les individus, changeante comme l'individu lui-même. Elle ne peut avoir d'autre unité que celle de la conscience empirique qui la produit ; et la conscience empirique a la mobilité et la fragilité de l'organisme auquel elle est attachée.

Il faut qu'une autre conscience apparaisse dans l'individu, dont la pure et immuable clarté ne puisse être troublée par les ombres et les vicissitudes de la connaissance sensible; qui éclaire l'individu sans naître et s'évanouir avec lui; qui, en un mot, prête à tous les esprits sa lumière, comme le soleil la répand sur tous les corps, sans rien perdre par cette communication de son essence inaltérable. C'est l'*ursprüngliche Bewusstsein*, qui se manifeste par le je pense (*ich denke*) de la pure aperception (*reine Aperception*). En elle, la conscience empirique trouve sa vérité. Elle est l'unité absolue, qui relie et coordonne les témoignages discordants des sens; elle fait cesser la contradiction qui non-seulement divise les individus, mais oppose l'individu à lui-même. C'est à cette pensée pure, qu'il appartient, sous le nom d'entendement, de tracer les règles immuables, suivant lesquelles doit s'opérer la synthèse des phénomènes. Les jugements qu'elle nous suggère ont la nécessité et l'universalité que réclame la science, et que la synthèse sensible ne saurait donner: ce ne sont plus des jugements empiriques (*Wahrnehmungsurtheile*), mais des jugements d'expérience (*Erfahrungsurtheile*), c'est-à-dire qu'ils ne portent plus sur l'apparence, mais sur la réalité sensible. Les objets, la nature, comme dit Kant, doivent toute leur réalité à la liaison nécessaire, à la synthèse que l'entendement opère entre leurs éléments.

Kant a fait ainsi la déduction des catégories, c'est-à-dire qu'il en a démontré la légitimité, la vérité. Il s'agit maintenant de formuler ces règles imposées par l'entendement aux phénomènes. C'est l'objet des chapitres consacrés au schematisme et à l'analyse des principes de l'expérience.

Schematisme de l'entendement.

(140-146)

Comment faire descendre les catégories de la région abstraite et immuable de l'entendement dans la sphère concrète et mobile de la sensibilité ? Comment soumettre aux règles nécessaires de la synthèse réclamée par l'entendement des phénomènes, qui ne connaissent encore que la synthèse empirique de la sensibilité ? C'est à l'aide des schèmes de l'imagination que va s'opérer la conciliation des deux facultés opposées : l'imagination est le pouvoir intermédiaire qui permet de donner à la matière confuse et mobile de l'une l'intelligibilité et l'unité de l'autre. Les schèmes sont de véritables créations : et par suite Kant distingue entre l'imagination reproductive et l'imagination productive. La première (*reproductive Einbildung*) ne fait que représenter l'image des objets sensibles : elle a son modèle dans la réalité. La seconde (*productive Einbildung*) crée des types, dont nos sens ne sauraient nous découvrir ni l'original, ni la copie, parce qu'ils tiennent à la fois de l'entendement et de la sensibilité. Kant les appelle des monogrammes, des schèmes : ainsi l'homme idéal, le triangle idéal. « C'est là un art caché dans les profondeurs de l'âme humaine, dont il nous sera bien difficile de jamais arracher le secret à la nature, et de dévoiler aux yeux les procédés ».

Le schème doit avoir la nécessité et l'universalité des catégories et participer en même temps à la nature sensible des phénomènes. Il ne peut réunir les deux conditions exigées qu'autant qu'il est une forme à priori de la sensibilité. Il doit aussi s'appliquer à tous les phénomènes indistinctement, ceux du sens interne, comme ceux du sens externe. Ce schème est le temps. Les phénomènes ont une durée mesurable (*Zeitdauer*, qu'ils remplissent avec une intensité inégale (*Zeitinhalt*), suivant un certain ordre dans leurs rapports mutuels (*Zeitordnung*) ; enfin tous sont dans le temps d'une manière déterminée ou indéterminée (*Zeitinbegriff*). Le nombre (*Zahl*) répond à la catégorie de la quantité ; le contenu (*Inhalt*) à celle de la qualité ; l'ordre (*Ordnung*) à la Relation ; enfin le rapport général des choses à la durée (*Zeitinbegriff*) répond à la catégorie de la modalité. Nous n'insistons pas sur le détail de la théorie, chaque schème général donnant à son tour naissance à trois schèmes particuliers. L'analyse des principes de l'entendement pur éclairera suffisamment ces distinctions.

Analyse des principes de l'entendement pur.

(147-208)

Après avoir découvert les schèmes qui permettent de ramener (*subsumere*) la matière des sensations à la forme des catégories, Kant entreprend l'analyse des lois à priori de l'expérience (*Grundsätze der Erfahrung*). Suivant son goût excessif des classifications, il les divise en axiomes de l'intuition, anticipations de la perception, analogies de l'expérience, postulats de la pensée empirique. Nous n'avons pas à rechercher le sens parfois subtil qui se cache sous cette terminologie assez laborieuse : nous étudions seulement les lois à priori de la nature que Kant expose sous ces différents chefs.

Axiomes de l'intuition (155-158).

Les sensations (*Empfindungen*) sont comme des points mathématiques indivisibles, isolés les uns des autres : elles ne reçoivent une forme déterminée, et ne deviennent des intuitions (*Anschauungen*) qu'autant qu'elles sont ramenées à l'unité du temps et de l'espace. Mais l'espace et le temps sont divisibles à l'infini, comme toute quantité continue ; les objets de notre intuition sensible doivent l'être également : ils ont une grandeur extensive (*extensive Grösse*). Donc notre intuition ne saurait atteindre d'éléments simples, atomes ou monades.

Anticipations de la perception (158-165).

La sensation (*Empfindung*) qui constitue l'élément irréductible de la conscience empirique (*empirische Bewusstsein*), n'est pas, comme l'intuition (*Anschauung*) une grandeur extensive ; elle n'a qu'une grandeur intensive (*intensive Grösse*). Comme le fait remarquer l'auteur, la lumière ne change pas de nature en raison de l'espace qu'elle éclaire, mais elle peut être plus ou moins vive. Il y a des degrés à l'infini du plus au moins dans l'énergie avec laquelle se produit telle ou telle sensation. Pour expliquer les phénomènes (*Erscheinungen*), ce n'est donc pas assez de tenir compte de leur forme, c'est-à-dire de leurs dimensions, de leurs rapports dans le temps ou dans l'espace; il faut aussi faire une part à l'intensité variable des sensations (*Empfindungen*) qui les constituent. Les mathématiques, ou la science des grandeurs continues, ne suffisent pas à expliquer les différences des choses sensibles. De là, selon Kant, les vices de la physique mécanique de Descartes qui ramène tout à des rapports mathématiques.

Analogies de l'expérience. (165-192)

C'est surtout le chapitre des analogies de l'expérience qui doit occuper notre attention. La métaphysique de la nature n'en est pour Kant que l'application (métaphysische Anfangsgründe der Naturwissenschaft.) Les principes de la science des phénomènes, de l'expérience (*Erfahrung*), comme il l'appelle, y sont déduits avec une admirable pénétration.

La matière de l'expérience nous est donnée par la sensation; et les sensations ne sont que les impressions successives du moi. Mais la liaison des phénomènes dans la conscience empirique est purement contingente, individuelle; leurs rapports y varient avec les modifications mobiles de la sensibilité. Aucune distinction ne sépare jusqu'ici l'illusion et la réalité, nos impressions et les choses, le sujet et l'objet. Comme nous l'avons montré plus haut, pour qu'il y ait une réalité sensible, pour que l'expérience soit possible, il faut que des lois constantes associent les phénomènes d'une manière uniforme dans toute conscience.

Nous devons être en état de distinguer la succession nécessaire de la succession contingente. Mais cela ne suffit pas encore. La succession n'est pas le seul rapport que les choses aient dans le temps : elles sont aussi simultanées. Il faudra discerner la simultanéité d'avec la succession. En résumé, l'ordre n'existe dans le chaos des impressions sensibles qu'autant que l'entendement conçoit et explique les règles nécessaires qui permettent de démêler : 1° la simultanéité et la succession ; 2° la succession contingente et la succession nécessaire ; 3° la simultanéité contingente et la simultanéité nécessaire. Ces trois règles ne sont autres que les trois principes de la substance, de la cause et de la réciprocité.

Il faut qu'il y ait quelque chose qui ne passe pas, pour qu'on puisse décider que quelque chose passe. Le changement suppose la fixité, comme le nombre l'unité : ce principe immuable, c'est la substance.

La succession contingente doit être distinguée de la nécessaire. La constance de la seconde s'oppose au caractère passager de la première ; et ne permet pas qu'on les confonde. Hume veut ramener le rapport de causalité à celui de succession habituelle ; mais il ne songe pas que la succession réelle des choses ne peut être distinguée elle-même de la succession apparente de nos impressions qu'à l'aide de la loi de la causalité : il fait un cercle vicieux.

Enfin c'est la causalité réciproque, par conséquent la simultanéité d'action (*Reciprocität, Simultaneität*), qui sépare le monde des objets réels du monde des objets imaginaires. La réalité sensible est le produit de cette catégorie. Par elle l'univers physique prend une fixité, une nécessité sans laquelle il s'évanouirait en une succession d'impressions changeantes et se confondrait avec le monde des songes, de l'illusion.

En résumé, les trois analogies de l'expérience permettent de marquer la place qu'occupent les phénomènes dans le temps et dans l'espace, et substituent à la succession confuse de la sensibilité l'ordre voulu par l'entendement.

Postulats de la pensée empirique (192-197).

Les postulats de la pensée empirique répondent aux trois formes de la modalité : la possibilité, la réalité, la nécessité. Kant avait établi dans les essais de 1762 à 1763 que les jugements sur l'existence ne dérivent pas d'une analyse logique, mais s'appuient sur une synthèse empirique. La théorie reçoit ici son expression définitive. L'auteur montre qu'il n'y a de possible que ce qui est conforme aux lois à priori de la sensibilité et de l'entendement. Le réel, c'est la sensation en tant qu'elle s'accorde avec les conditions formelles de l'expérience. Enfin, comme les phénomènes réels sont enchaînés dans la nature par le lien nécessaire de la cause et de l'effet, la catégorie de la réalité peut se ramener à celle de la nécessité.

En résumé, la fonction de l'entendement est de rendre possible l'expérience. C'est à l'aide des schèmes que se fait l'application des formes intelligibles à la matière des phénomènes; et les schèmes ne sont que des déterminations dans le temps (*Zeitbestimmungen*). Les catégories ne régissent donc que les choses qui occupent une place dans le temps ; elles en font l'objectivité, en établissant entre elles une synthèse nécessaire : il n'y a pas d'autre réalité. La critique se distingue par là du rationalisme et du sensualisme, qui croient atteindre les choses en soi, tandis qu'elle ne soumet à l'Entendement que les phénomènes. Elle peut donc s'intituler un idéalisme réel (*ideal Realismus*), conciliant ainsi Locke et Descartes.

§ III

DIALECTIQUE (244-450)

Les jugements synthétiques à priori, ou, comme Kant les appelle encore, les jugements métaphysiques que contiennent les mathématiques et les sciences physiques ont été classés et *déduits* par l'esthétique et l'analytique transcendentales. Mais ce ne sont pas les seuls jugements de ce genre que présente la connaissance humaine. A vrai dire, sous le nom de méthaphysique, on comprend toute une classe de principes bien différents de ceux que nous avons étudiés jusqu'ici, qui n'ont aucun rapport direct avec l'expérience, en ce sens qu'ils n'en sont ni les conditions indispensables comme les intuitions à priori de la sensibilité et les catégories de l'Entendement, ni les produits comme les notions empiriques de la science. L'âme, le monde, Dieu donnent lieu à des jugements de cette espèce ; et la philosophie, sous les noms de psychologie, de cosmologie, de théologie rationnelle fait son principal et souvent son unique objet de les analyser et de les démontrer.

Mais, en ce sens traditionnel, la métaphysique est-elle possible? Les théories de l'analytique aboutissent à cette conclusion que toute connaissance vraiment digne de ce nom (*Erkenntniss*) vient de l'expérience : et que les concepts de l'entendement (*Verstandesbegriffe*) doivent emprunter leur matière aux intuitions de la sensibilité (*Anschauungen*). Les premiers sans les secondes ne sont que des formes vides (*Begriff ohne Anschauung leer*); et celles-ci, à leur tour, ne sont sans ceux-là que des représentations obscures, inintelligibles pour la pensée (*Anschauung ohne Begriffe blind*).

Le chapitre consacré à la distinction des phénomènes et des noumènes, qui termine l'analytique, établit avec force que l'Entendement n'a d'autre fonction que de rendre possible, que de faire l'expérience (*die Erfahrung machen*). En séparant avec soin les noumènes des phénomènes, Kant affirme que les catégories de l'Entendement n'ont rien à voir avec le monde des choses suprasensibles. Puisque toute connaissance vient de l'application des concepts de l'Entendement à la matière des intuitions, et qu'il n'y a en nous d'autre intuition que l'intuition sensible, tout ce qui échappe à cette dernière ne saurait être l'objet d'une connaissance théorique (*Erkenntniss*); et l'âme, le monde, Dieu sont des noumènes que la pensée peut concevoir, mais auxquels la science demeure forcément étrangère.

Il ne peut donc être question, pour Kant, d'une déduction des jugements à priori de la métaphysique proprement dite, dans le sens où il entendait la déduction des catégories. L'analytique entreprenait de démontrer la possibilité et la légitimité de la connaissance empirique ; elle avait à résoudre une double question, celle du fait, et celle du droit (*Quæstio facti* ; *quæstio juris*). C'est le fait seul des jugements métaphysiques qu'il s'agit maintenant d'expliquer; la question de droit est résolue et tranchée par l'analytique dans le sens de la négation.

D'où vient l'illusion métaphysique, l'apparente réalité des objets suprasensibles ? Tel est le problème que se propose de résoudre la Dialectique transcendentale. Kant veut découvrir les causes de cette sophistique involontaire, par laquelle l'esprit se dupe invinciblement lui-même. L'illusion métaphysique est inévitable (*unvermeidliche Illusion*). La persistance des spéculations qui l'entretiennent, en dépit de leur stérilité, suffirait pour le prouver. Il en est de même des illusions des sens, que la science peut réfuter, mais qu'elle ne saurait supprimer.

C'est dans la raison (*Vernunft*) qu'il nous faut chercher la source des notions métaphysiques. Kant, pour les distinguer des concepts de l'Entendement (*Verstandesbegriffe*) se plaît à leur donner le nom d'Idées (*Ideen*).

La Raison poursuit en toutes choses l'absolu. Étant donné le conditionné, elle cherche l'inconditionné (*unbedingt*). Elle remonte dans la série des conditions (*regressiv Weg*) jusqu'à une condition dernière. C'est dans le raisonnement surtout, opération propre de la raison, que se manifeste, selon Kant, ce besoin de la pensée. Nous laissons de côté ce qu'il y a de factice et de systématique dans la distinction que l'auteur établit entre l'Entendement et la Raison (*Verstand, Vernunft*).

L'inconditionnel, l'absolu que le besoin invincible de l'esprit nous pousse à rechercher ne saurait se rencontrer dans l'expérience. Il n'est pas l'objet d'une connaissance théorique, mais d'une idée.

Quel peut être le rôle de l'idée ? Celui d'un principe régulatif qui favorise l'expérience, non d'un principe constitutif qui lui soit essentiel. Les concepts de la Raison (*Vernunftbegriffe*) nous aident à ramener à la plus haute unité possible, à coordonner dans un tout systématique les données des sens. Grâce à l'Idée, la Raison achève l'œuvre synthétique, que, sous des formes et à des degrés différents, la pensée réalise par le travail successif de la sensibilité et de l'entendement. Si la première ramène la matière diffuse des impressions (*Empfindungen*) à l'unité sensible des intuitions ; si le second introduit dans les intuitions mobiles, contradictoires de la sensibilité l'unité intelligible des catégories : la raison, à son tour, enchaîne dans une synthèse suprême et définitive les données de l'Entendement. L'idée propose un but à l'expérience (*Aufgabe*), mais un but dont celle-ci peut se rapprocher sans cesse, sans l'atteindre jamais : l'absolu, l'unité dernière ne peut tomber, en effet, sous la prise des sens. Il faut, pour le rencontrer, renoncer à l'intuition sensible, et par suite à la connaissance théorique. L'idée est pour Kant, comme pour Platon, un idéal qui gouverne et explique l'expérience, mais qui ne se réalise pas dans le monde sensible.

L'illusion transcendentale (*transcendentale Schein*) résulte de ce que nous prenons l'idée pour un objet d'expérience ; la fin proposée pour une fin réalisée ou réalisable dans la nature. Nous poursuivons l'inconditionnel dans le monde sensible, et nous en arrivons aisément à croire qu'il s'y trouve réellement.

Ainsi nous croyons découvrir dans une substance spirituelle, l'âme, le sujet dernier de toutes les modifications internes du moi, de tous les phénomènes du sens intime. Le monde nous apparaît comme un tout réel, indépendant de la pensée (*nicht als Aufgabe, als aufgegebenes Ganzes*); comme un tout infini (*unendliche Grösse*), composé d'éléments simples, monades ou atomes, où la série des effets doit avoir sa raison dans une cause absolue, où la contingence des parties repose sur la nécessité d'un commun principe. Enfin Dieu est affirmé comme l'essence absolue (*absolut unbedingtes Wesen*), en qui toutes les possibilités ont leur raison dernière; en qui, par conséquent, la réalité entière, les âmes comme les corps, trouvent leur unité suprême. Sous toutes ces idées, c'est toujours l'inconditionnel, que recherche la Raison dans les diverses sphères de la contingence. L'illusion dialectique est de croire le découvrir dans le monde des phénomènes, quand il ne peut exister que dans la région des noumènes.

C'est, comme Jacobi, comme Schopenhauer l'ont expressément remarqué, comme l'ont compris les disciples de Kant, l'un des mérites les plus considérables et l'originalité la plus incontestable de la philosophie critique, d'avoir profondément marqué la différence des phénomènes et des choses en soi, et d'en avoir en même temps affirmé aussi énergiquement l'égale vérité. Les uns sont l'objet de la science (*Wissen*), les autres celui de la croyance (*Glauben*). Kant, dans la critique de la raison pure, se préoccupe surtout de tracer les lois sur lesquelles reposent la connaissance et la réalité des phénomènes; il déclare pourtant que les noumènes peuvent être conçus par l'entendement ou par la raison.

Il veut, avant tout, défendre et limiter les droits de l'expérience, de la science des phénomènes, et, comme il disait dans la thèse inaugurale de 1770, prévenir la confusion de la connaissance sensible et de la connaissance métaphysique (contagium cognitionis sensivæ et metaphysicæ). Mais il admet déjà, dans l'analytique, l'existence de certains noumènes : la substance, la cause absolue (*Analogien der Erfahrung*): la chose en soi, comme principe transcendental des phénomènes (*transcendental Grund der Phœnomenon*) — (chapitre de la distinction des phénomènes et des noumènes, 209 à 225); et, dans les divers chapitres de la dialectique, il démontre la possibilité de l'absolu en dehors du monde des phénomènes (voir surtout les deux antinomies dynamiques de la causalité et de la nécessité, 370 à 390).

CHAPITRE II

PRINCIPES MÉTAPHYSIQUES DE LA SCIENCE DE LA NATURE (1786)

(S W. — B. IV : 357-462).

Les règles de l'expérience, que formule la logique transcendentale, trouvent leur application dans les premiers éléments d'une métaphysique de la nature (metaphysische Anfangsgründe der Naturwissenschaft). Il est intéressant de suivre la méthode de la critique dans la démonstration de ces mêmes lois de la physique, que le traité des principes de Descartes, que les nombreux opuscules sur la physique de Leibniz avaient établies par une argumentation toute différente.

Kant se propose de découvrir les règles nécessaires de la nature; et, comme toute vérité nécessaire reçoit de lui le nom de métaphysique, il annonce qu'il va écrire la métaphysique de la nature. Une telle science est, au fond, la seule science véritable des corps, puisque seule elle nous découvre leurs propriétés absolues, tandis que les lois empiriques ont toujours quelque chose de contingent, d'hypothétique.

Mais n'y a-t-il pas contradiction à parler de la connaissance à priori d'un objet sensible ?

Comment en savoir autre chose que ce que la perception (*Wahrnehmung*) nous en apprend ? L'étonnement disparaîtra, si l'on songe que les sensations externes, dont la perception nous informe, sont toutes des mouvements; et que le mouvement est l'objet propre des mathématiques, qu'il se peut construire et être connu par conséquent à priori.

Il n'est pas malaisé de montrer qu'il n'y a pas de connaissance à priori des phénomènes psychologiques, comme il y en a une des faits physiques : c'est que les premiers ne se laissent pas construire à priori et ne sauraient être connus par les mathématiques (B. IV : S. 361).

Voilà pourquoi, sous le nom de métaphysique de la nature, Kant ne traite que de la connaissance à priori des corps. Il explique sa pensée, sur ce point, en disant qu'il n'y a de science absolue d'un objet, qu'autant qu'il y entre de mathématiques (Ich behaupte aber, dass in jeder besonderen Naturlehre nur so viel eigentliche Wissenschaft angetroffen werden könne, als darin Mathematik anzutreffen ist, § 360); que la chimie elle-même se rapprochera toujours plus de la véritable science que la psychologie empirique (noch weiter als selbst Chemie muss empirische Seelenlehre jederzeit von dem Range einer eigentlich so zu nennenden Naturwissenschaft entfernt bleiben : id Vorrede).

Comme dans l'essai de 1758 « Nouvelle théorie du mouvement et du repos, (Neuer Lehrbegriff der Bewegung und der Ruhe »), Kant s'attache à réfuter la doctrine cartésienne de l'inertie et à lui substituer une conception dynamique de la matière. Il n'a besoin pour démontrer l'idéalité du mouvemement qu'à s'appuyer sur les conséquences de l'esthétique transcendentale. Si l'espace est une forme de la pensée, le mouvement, qui n'existe que dans l'espace, ne saurait davantage être indépendant de la pensée, appartenir aux choses en soi. Il faut que le mouvement soit idéal pour que l'entendement puisse en déterminer les lois à priori. Enfin, comme la matière ne nous est connue que par le mouvement, il suit évidemment qu'il n'y a ni repos ni inertie dans les phénomènes, dans le monde des corps.

Dans les quatre chapitres, désignés par les noms de phoronomie, de dynamique, de mécanique, de phénomenologie, Kant envisage successivement le mouvement dans son essence idéale au point de vue mathématique (*Grösse*, *Quantität*); dans sa réalité comme manifestation de la matière (*Qualität*) : dans ses combinaisons (*Relation*) ; dans sa modalité (*Modalität*). Il se flatte de démontrer à priori tous les principes sur lesquels repose la science générale des corps. La phoronomie et la phénomenologie ne paraissent placées là que pour le besoin de la division symétrique qu'appelle la table des catégories. Mais on ne saurait trop étudier la déduction métaphysique des deux forces constitutives de la matière dans la dynamique (387-430), et celle des trois lois correspondant aux analogies de l'expérience dans la mécanique (430-449).

Nous avons déjà trouvé une première ébauche de la dynamique dans la Monadologia physica de 1755. Mais la monade est alors une chose en soi, la cause suprasensible du mouvement. Ici, après la critique de la raison pure, il ne peut plus être question de principes de ce genre : les phénomènes s'expliquent cependant de la même manière qu'alors.

La matière, c'est le réel remplissant l'espace (das raumerfüllende Dasein 387), qui se fait connaître à nous par le mouvement. La matière est force (*raumerfüllende Kraft*). Elle doit réunir toutes les conditions nécessaires à son existence (388).

Dire qu'elle remplit l'espace, c'est affirmer qu'elle repousse tout autre corps qui voudrait l'occuper en même temps, en d'autres termes, qu'elle a une force répulsive. La répulsion, si elle agissait seule, disperserait dans l'espace à l'infini les parties de la matière. L'attraction rapproche ce que la répulsion tend à séparer ; en rendant la matière capable de remplir un espace déterminé, elle détermine le volume des corps (400).

L'espace où s'exerce l'action réciproque de ces deux forces est rempli de matière ; car il n'y a pas d'espace vide d'après les anticipations de la perception. La répulsion n'agit que par le contact (Berührung) ; l'attraction s'exerce à travers l'espace, à distance (in die Ferne). La matière, qui occupe ainsi l'espace, est, comme ce dernier, divisible à l'infini : cela résulte de la première antinomie et des axiomes de l'intuition. On ne doit pas entendre par là qu'elle soit réellement composée de parties en nombre infini. Kant n'admet pas une multitude infinie (*unendliche Menge*) ; mais la matière étant idéale comme l'espace, il ne s'agit que d'une division idéale, d'une possibilité à l'infini de division (394).

Chacune de ces parties étant douée d'attraction et de répulsion, la force attractive et répulsive d'un corps dépend donc de sa masse, c'est-à-dire du nombre de ses parties : mais puisque ce nombre ne peut être déterminé, attendu que les parties sont infiniment divisibles, nous sommes obligés de mesurer la force du corps par ses effets, par la vitesse des corps qu'il attire.

Kant arrive ainsi à la déduction à priori des lois de la gravitation, qui n'est que l'attraction des petits corps par les grands. L'attraction agit en raison directe des masses et en raison inverse des distances. A chaque point de l'étendue, la force attractive exerce son action tout autour d'elle : on peut la considérer comme occupant le centre d'une sphère et agissant également sur tous les points de la surface sphérique. A mesure que la sphère augmente, cette action doit diminuer. Or, c'est une loi mathématique que les surfaces des sphères concentriques augmentent et diminuent en raison du carré des rayons. De là cette loi : l'attraction diminue en raison inverse du carré des distances; la répulsion en raison inverse du cube de la distance (411-414).

Les différences qualitatives des corps, celles du solide et du liquide, par exemple, résultent du degré différent des deux forces de la matière. Ce degré peut varier à l'infini, sans que l'espace occupé soit modifié, comme l'ont montré les anticipations de la perception. Là est la raison des différences spécifiques des corps : on la demanderait en vain à la quantité, à des explications mathématiques, qui ne rendent compte que du rapport des parties dans l'espace.

La mécanique n'est pas moins originale que la dynamique. Les trois lois de Képler y trouvent leur confirmation métaphysique. Aux trois catégories de la relation répondent en effet les trois lois de la persistance des forces, de l'inertie et de la corrélation des forces.

La quantité de matière reste immuable : autrement les phénomènes physiques ne pourraient être rapportés à une substance. — Tout changement de la matière a une cause extérieure ; par conséquent, un corps ne change son mouvement que sous l'action d'un autre corps : cela résulte nécessairement de la seconde analogie. La loi de l'inertie, ou la tendance en vertu de laquelle les corps sont censés persévérer dans le repos ou dans le mouvement, répond à ce second principe de la mécanique. Par là est supprimé l'hylozoisme, cette mort de la philosophie de la nature (*dieser Tod der Naturphilosophie*). On est obligé de considérer la matière comme une chose sans vie (*leblose*), de tout expliquer par les principes du mécanisme, et de bannir rigoureusement ceux de la téléologie. — Enfin de la troisième analogie, celle de la réciprocité d'action des substances sensibles, découle une troisième et dernière règle : l'action est toujours égale à la réaction. On démontrerait encore cette loi, en s'appuyant sur l'idéalité du mouvement qui n'est qu'un changement de position entre deux corps, et qui, pouvant être attribué aussi bien à l'un qu'à l'autre, demeure égal par conséquent en tous deux (430-449).

Avec le traité des principes métaphysiques de la science des corps, Kant a terminé l'examen du grand problème qu'il s'était posé, et qu'il avait en grande partie résolu dans la critique de la raison pure : quels sont et que valent les jugements synthétiques à priori dans les trois sphères de la connaissance mathématique, empirique et métaphysique ?

Mais la question est loin d'être épuisée. Après avoir déterminé les lois absolues de la pensée, il faut rechercher celles de l'action. Si la raison théorique repose sur des jugements à priori, la raison pratique n'a-t-elle pas aussi les siens? D'ailleurs ce monde des noumênes, dont la science ne saurait pas plus nous donner la clé que nous interdire l'accês, ne pouvons nous trouver un autre guide pour nous y diriger? C'est le problême qu'aborde la critique de la raison pratique.

CHAPITRE III

CRITIQUE DE LA RAISON PRATIQUE 1788

(Kant's S. W. — IV et V. B.)

Y a-t-il des jugements à priori en morale ? Et, puisque tout jugement pratique porte sur la bonté des choses et des actes, que déclarons-nous bon à priori, c'est-à-dire universellement et nécessairement, indépendamment de toute expérience ? Le fondement de la métaphysique des mœurs 1785 (Grundlegung zur Metaphysik der Sitten, IV. B : 236 à 311.) contient la réponse à cette première question, à la question de fait.

Les objets, les actions agréables, utiles, qui contribuent à notre plaisir ou servent notre intérêt, n'ont qu'une bonté relative, c'est-à-dire, contingente et variable. Les règles de la prudence (*Klugheit*), celles de l'habileté (*Geschicklichkeit*) n'ont d'autorité à nos yeux qu'autant que nous recherchons la fin dont elles indiquent les moyens (263); nous ne leur obéissons, comme à des impératifs hypothétiques, qu'autant que nous poursuivons notre bien propre, (*Selbstliebe*), c'est-à-dire le perfectionnement de notre être sensible (*Vollkommenheit*), ou la félicité (*Glücklichkeit*) qui en résulte et le mesure. Mais ces règles doivent être empruntées à l'expérience, à la connaissance des dispositions changeantes, des facultés diverses des individus. L'amour de soi, qui en est la source, n'a, comme sentiment, ni l'universalité, ni la nécessité d'un principe à priori. La volonté qui se laisse guider par ce mobile et obéit à de telles maximes est la volonté empirique (*empirische Wille*).

Il nous faut quitter la sphère de la sensibilité, de l'individualité, si nous voulons atteindre le bien véritable.

Il n'y a de bon absolument que la volonté pure (*reine Wille*), que la bonne volonté (*gute Wille*). Celle-ci, à la différence de la volonté empirique, ne tire pas sa loi de l'expérience. L'impératif catégorique qu'elle promulgue s'impose à toutes les consciences d'une manière uniforme et invariable. Enfin, tandis que la volonté empirique est hétéronome, la volonté pure a l'autonomie parfaite. Le moi n'y relève d'aucune autre puissance au monde. Il se dicte à lui-même sa loi, n'agit qu'en vertu de cette loi qu'il s'est donnée, et ne dépend que de lui seul dans l'accomplissement de cette loi (241-264).

Les doctrines égoïstes qui fondent la moralité sur le désir du bonheur, ou les théories plus nobles qui la font reposer sur la volonté divine compromettent également l'absolue indépendance, l'autonomie de la volonté, en subordonnant le principe et la fin de son action, soit à la nature, soit à Dieu.

La pure volonté fait du moi une Personne (*Personnalität*), et lui assure une dignité (*Würde*) qui le met en dehors et au-dessus de la nature entière. Elle est à elle même sa propre fin. « Agis de telle sorte, que « l'humanité, dans ta personne comme dans celle de tes

« semblables, soit toujours pour toi la fin, et jamais
« l'instrument de ton acte 277. » — « Agis d'après
« l'idée que la volonté, qui se trouve en chaque être
« raisonnable, est une volonté générale faite pour
« donner des lois 279 » La loi morale peut encore se
formuler ainsi : « agis de telle sorte que la maxime
« de ta volonté puisse toujours être prise pour un
« principe de législation universelle 269 »

Tel est le principe qui se traduit d'une façon plus
brève encore dans le je dois (*ich soll*). C'est là le jugement à priori sur lequel repose la morale, le jugement pratique (*praktische Urtheil*). Kant l'appelle un concept de la raison (*Vernunftbegriff*) pour l'opposer aux concepts de l'Entendement (*Verstandesbegriffe*), dont l'origine est, sans doute, comme la sienne, purement intelligible, mais dont l'objet est empirique; qui sont, en un mot, les lois de l'expérience, tandis qu'il est la loi des volontés.

Il convient, maintenant, d'aborder le problème plus difficile de la déduction de ce concept à priori ; nous avons traité la question de fait : la question de droit reste à résoudre. La critique de la raison pratique n'a pas d'autre objet. (B. V.)

Il faut, comme pour les catégories, établir l'application du concept moral à l'expérience. Comment faire descendre le devoir, ce principe intelligible, dans la région des phénomènes ? Comment la volonté empirique peut-elle être soumise à la volonté pure ?

Le devoir ne se comprend qu'autant que le moi est libre : mais quelle preuve donner de la liberté du moi ? N'a-t-on pas établi dans la logique transcendentale que la réalité sensible est soumise à la loi inflexible du déterminisme, que tout est nécessaire dans le monde des faits? Et cependant le remords affirme la liberté.. La raison théorique a beau réclamer au nom de l'expérience et de la science : la conscience de son côté fait entendre son invincible protestation. Il n'est même pas juste, d'ailleurs, de dire que la raison théorique contredise absolument la conscience. Elle déclare seulement que la liberté n'est pas un objet de connaissance scientifique (*Wissen*) : elle n'en nie pas la possibilité. La troisième antinomie a eu pour résultat d'établir aussi bien la vanité des objections du fatalisme que la faiblesse des arguments contraires ; elle a conclu en affirmant que la liberté est intelligible (*denkbar*), mais non scientifiquement démontrable (*erkennbar*). Elle l'a exclu du monde des phénomènes, mais sans lui interdire celui des noumènes.

Le devoir vient trancher la question d'une manière définitive. Je dois ; donc je puis : (*Ich soll, ich kann*). La loi morale manifeste la liberté aussi clairement que la conséquence suppose le principe ; mais l'effet nous est connu avant la cause, et la loi morale précède la liberté dans l'ordre de la connaissance. (B. V. — 4 : la note).

La conception du devoir est un fait (*factum*) ; « On « doit, pour bien entendre dans quel sens cette loi peut « être considérée comme donnée, remarquer avec soin « qu'il ne s'agit pas ici d'un fait empirique, mais du fait « unique par lequel se manifeste la raison pratique, qui « s'annonce, grâce à lui, comme un pouvoir absolu de « donner des lois.» (Krit. d. Prakt. Vernunft B. V., 33).

Si la conception du devoir est un fait, la liberté en est un autre, non moins incontestable que le premier.

« Chose bien digne de remarque, une Idée de la raison
« (*Vernunftidee*), qui ne saurait en soi être représentée
« par aucune intuition sensible (die sich Keiner Darstel-
« lung in der Anschanung fähig), et dont, par conséquent,
« aucune preuve théorique ne démontre la possibilité,
« une telle idée se trouve être en même temps un fait
« (findet sich unter der Thatsachen) : c'est l'idée de la
« liberté. La réalité de cette idée, en tant que cause d'une
« espèce particulière, nous donne un concept qui dépasse
« notre pouvoir théorique (in theoretischem Betracht
« überschwenglich); mais elle se démontre évidemment
« (sich darthun lässt) par les lois pratiques de la raison
« pure, et se manifeste en conformité avec ces lois dans
« des actions réelles et par suite dans l'expérience
« (Kritik d. Urtheilskraft. 483 — B. V.)

L'idée de la liberté est, de toutes les idées de la raison,
la seule dont la réalité soit irréfutable, quoiqu'elle ne
puisse être théoriquement démontrée. Mais la certitude
que nous en avons n'étend en rien notre science des
faits. Elle ne nous apprend rien sur la façon dont se
doivent concilier la nature et la liberté.

Et cependant la pensée se trouve ici en présence
d'une antinomie qu'il lui importe de résoudre. La raison pratique a sa dialectique comme la raison pure. Le
déterminisme des phénomènes, que celle-ci exige impérieusement, semble au premier abord incompatible avec
la liberté que celle-là revendique.

C'est dans la distinction du caractère intelligible et
du caractère empirique (*intelligible, empirische Charakter*), autrement dit du moi intelligible et du moi empirique, ou encore de la volonté pure et de la volonté
empirique, que Kant trouve la solution de ce difficile

problème. Le moi appartient à la fois au monde intelligible et au monde sensible, aux Noumènes et aux Phénomènes. Envisagé sous le premier aspect, il est absolument libre; sous le second, on trouve que tout en lui est déterminé, nécessité. On reconnaît en même temps que le moi sensible a sa raison, son principe dans le moi intelligible ; que l'un, dans sa mobile nécessité, ne fait au fond que manifester la liberté éternelle de l'autre. La nature a sa racine dernière dans la volonté. Il est vrai, comme le déterminisme le soutient, parce que la science serait impossible sans cela, que le monde des phénomènes, aussi bien en dehors de nous qu'en nous, est soumis à l'enchaînement inflexible dont la doctrine des catégories nous a tracé les lois. Quiconque pourrait lire dans le secret des cœurs, prévoirait les résolutions de notre volonté avec la même certitude que l'astronome calcule à l'avance les phénomènes célestes. (Voir tout l'éclaircissement critique de l'analytique dans la critique de la raison pratique Kritische Beleuchtung der Analytik d. pr. Vern. — B. V. — page 102 à 104 surtout). Mais les déterminations fatales de la volonté empirique n'en expriment pas moins le libre choix de la volonté pure, qui, placée en dehors du temps (sofern es nicht unter Zeitbedingunden steht (102), — et affranchie de la nécessité des phénomènes, conserve et se reconnaît par le remords la responsabilité absolue de ses actions.

« En ce sens, tout être raisonnable peut dire avec
« raison d'un acte immoral qu'il a commis, bien que
« comme phénomène cet acte ait sa raison détermi-
« nante dans le passé et en ce sens soit absolument
« nécessaire, qu'il aurait pu néanmoins s'en abstenir :

« car cette action et toutes les précédentes qui la dé-
« terminent appartiennent à une seule et même mani-
« festation phénoménale du caractère empirique, que
« l'être s'est donné à lui-même, et qui lui fait en con-
« séquence s'attribuer la responsabilité de tous les
« phénomènes en question comme à une cause entiè-
« rement indépendante de la sensibilité. (id. 102) »

Les résolutions fatales, que nous avons conscience de prendre dans le temps, ont leur raison dernière dans le libre choix que nous avons formé dans l'éternité, c'est-à-dire en dehors du temps. Il ne faut pas chercher ailleurs la racine du mal moral : de ce mal qui consiste, non pas dans les dispositions de notre nature animale ou intelligente, que nous ne nous sommes pas données et dont nous ne sommes pas responsables, mais dans la préférence volontaire qui nous a fait sacrifier le devoir à l'égoïsme.

Kant explique longuement l'origine de ce qu'il appelle le mal radical (*radical Böse*) dans la première partie de son livre sur la religion dans les limites de la simple raison (Religion innerhalb den Grenzen den blosen Vernunft. B, 6 : 103-108).

S'il demande à la religion d'éclairer ces obscurs problèmes, c'est qu'il ne reconnaît pas à la science le droit de les résoudre. La foi morale (*moralische Glaube Vernunftglaube*) peut seule, au nom des besoins pratiques de la volonté (*praktische Bedürfnisse*) nous guider dans la solution de ces mystérieux problèmes : et la religion ne fait qu'interpréter les révélations de la foi pratique.

Il ne suffit pas à la raison pratique d'avoir résolu

l'apparente antinomie du déterminisme et de la liberté. Elle n'a ainsi assuré que la réalité du devoir, que la réalisation du bien moral.

Comme la raison théorique, elle aspire à la plus haute unité dans la possession du bien. Elle ne recherche pas seulement le bien le plus élevé (*das oberste Gut*), mais encore le plus grand bien possible (*das vollendete Gut, bonum consommatum*). Si elle poursuit le bien absolu, la vertu, elle ne sacrifie pas le bien relatif, le bonheur. Mais l'unité qu'elle veut réaliser entre eux est une unité non de coordination, mais de subordination : le bonheur ne doit venir qu'après la vertu et par la vertu. Celle-ci donne seule leur prix véritable aux autres choses ; le bonheur, en dehors d'elle, ne mérite plus d'être rangé au nombre des biens. (116-119)

En affirmant ainsi le rapport et la conciliation de la vertu et du bonheur, la raison pratique porte un nouveau jugement à priori. Il ne peut être question de justifier par le témoignage de l'expérience le rapport de deux termes, dont l'un échappe entièrement aux sens. Nous n'en saurions davantage comprendre (*einsehen*), expliquer théoriquement la possibilité. Et pourtant la raison pratique nous oblige de l'admettre, nous commande d'en espérer la réalisation. N'y a-t-il pas contradiction entre la moralité et la nature, entre la loi de la liberté et les lois de la nécessité ? Elles sont absolument différentes : ne sont-elles pas aussi opposées (119-125) ?

Kant répond à cette difficulté par la doctrine capitale du primat de la raison pratique. Il a établi précédemment que la volonté empirique est subordonnée à la volonté intelligible, qu'elle en est la manifestation sensible. Ce qui est vrai de l'homme l'est aussi du monde. Les phénomènes ont leur principe dans les noumènes ; la nécessité de la nature dans la liberté de l'esprit. Ni notre sensibilité, ni notre entendement ne voient les choses telles qu'elles sont, mais telles qu'elles leur apparaissent, en conformité avec les intuitions à priori de l'un et les catégories de l'autre. La raison pratique, au contraire, saisit la réalité ; elle atteint les seuls noumènes qu'il nous soit donné de connaître, le devoir, la liberté. Elle trouve ainsi dans l'être véritable la raison de l'apparence, et nous découvre dans la loi morale un principe supérieur aux lois physiques (125-128).

N'hésitons pas à affirmer les postulats qui répondent aux besoins de la raison pratique. Nous devons tendre à la perfection : telle est la fin que le devoir nous assigne. Mais c'est là l'objet d'une poursuite infinie, à laquelle doit répondre la durée infinie de notre existence : donc l'âme est immortelle.(128) La conscience réclame l'accord final de la vertu et du bonheur ; mais ce besoin pratique ne peut être satisfait qu'autant qu'une puissance supérieure domine la nature et en fait l'instrument docile de l'ordre moral : nous devons donc admettre l'existence d'une cause souveraine, intelligente et juste, et par suite croire en Dieu. (130)

La liberté, l'immortalité, Dieu sont les trois postulats, que la raison pratique affirme au nom du devoir et du souverain bien. Les trois jugements à priori qui s'y rapportent n'ajoutent sans doute rien à notre connaissance de la réalité sensible : mais leur évidence morale n'a pas besoin non plus du témoignage de l'expérience.

Kant, sans doute, distingue entre ces trois affirmations. L'objet de la première reçoit de lui les noms de *factum, scibile* : les deux autres n'ont pour objet que des idées. Kant ne conçoit pas qu'on croie au devoir, sans croire à la liberté ; mais il ne nie pas qu'on puisse pratiquer le devoir sans admettre ni la personnalité divine, ni l'immortalité de l'âme : Spinoza lui en paraît offrir un remarquable exemple (B. V : 466). Il soutient, en tout cas que la vérité des deux derniers postulats ne saurait être plus sérieusement menacée par les objections du scepticisme, que prouvée efficacement par les arguments du dogmatisme.

C'est en ce sens, et pour donner à sa pensée tout le développement qu'elle comporte, qu'il fonde sur la foi morale les premiers principes de la religion naturelle, et l'interprétation des dogmes chrétiens, qu'il expose dans le dernier de ses grands ouvrages : *la Religion dans les limites de la simple raison* (Religion innerhalb den grenzen der blosen Vernunft, 1793). L'origine du mal, la lutte du bon et du mauvais principe, le triomphe définitif du premier soulèvent des problèmes, provoquent dans la pensée des affirmations, auxquelles la science demeure forcément étrangère, mais que la foi morale impose avec la même autorité à toutes les consciences honnêtes. Nous devons croire, sans prétendre l'expliquer, que le mal a sa racine (*radical Böse*) dans la libre détermination de la volonté intelligible, bien que cette volonté, placée en dehors du temps, échappe complétement à la prise de l'expérience et par suite de la connaissance théorique. La loi morale, qui nous commande de délivrer notre volonté du mal, c'est-à-dire de l'égoïsme (*Selbstiede*), de l'amour de soi, et de l'identifier avec la raison, avec le bien, nous oblige d'admettre la possibilité de cet affranchissement. Mais cette véritable rédemption (*Erlösung*) du mal originel demande que la chair, les sens soient complètement vaincus, et par conséquent que le caractère empirique soit entièrement changé; elle suppose une révolution radicale de toute la nature, une création nouvelle (*Wiedergeburt*) de notre être sensible, et ne peut être en aucune façon l'objet d'une connaissance théorique. La religion donne un corps par ses symboles, et, par la foi dans le surnaturel, une expression énergique à ces hypothèses transcendentales de notre foi pratique. C'est en ce sens qu'elle achève et couronne l'œuvre de la Raison pratique.

CHAPITRE IV

CRITIQUE DU JUGEMENT 1790

(Kant's. S. W : B. V.)

La critique de la Raison pure a déterminé les lois à priori de l'expérience, et creusé un abîme infranchissable entre le monde sensible et le monde intelligible ; la critique de la raison pratique s'est surtout préoccupée de séparer profondément la volonté pure et la volonté empirique, la liberté et la nature. Il semble que le monde des phénomènes et celui des noumènes n'aient absolument rien de commun.

Mais la doctrine du Primat de la raison pratique est venue concilier, en les subordonnant, les deux termes jusque là opposés. La nature ne nous apparaît plus que comme l'œuvre de l'esprit, comme son instrument passif dans la réalisation du souverain bien. La loi morale est à la fois la fin suprême (*Endweck*) de l'homme et de l'univers.

Si, par la théorie capitale du Primat, tout antagonisme a cessé entre la nature et la pensée, il faut reconnaître que le lien est affirmé plutôt que connu ; qu'il a été formé par la foi, et non par la science ; et que, entre le déterminisme et la liberté, rien n'est venu, combler ou du moins diminuer la distance.

De la nature, l'Entendement (*Verstand*) n'explique que les lois générales, non les lois particulières, l'élément formel plutôt que l'élément réel (Introduction à la critique du jugement). Il nous dit les conditions en dehors desquelles un être ne pourrait être l'objet de l'expérience, non les différences qui séparent entre eux les individus et les espèces. L'analytique transcendentale met en lumière les relations nécessaires qui enchaînent les faits dans l'espace et dans le temps ; qui permettent d'en ramener la mobile diversité à l'unité de la pensée, et par suite de distinguer les apparences et la réalité sensible. Elle a en quelque sorte construit le cadre dans lequel la vie doit se développer : mais de la vie elle-même elle ne nous a rien appris. (186-192)

Kant n'avait pas attendu jusqu'en 1790 pour comprendre que l'entendement avec ses catégories n'explique pas tout dans la nature. Dès son premier ouvrage, dans son histoire générale du Ciel, il affirmait que la vie échappe au mécanisme : or, ce sont les règles seules du mécanisme qu'il a tracées dans la doctrine des catégories.

Enfin, après avoir soumis à sa critique les jugements à priori que nous portons sur le vrai et sur le bien, n'était-il pas conduit à se demander si le beau n'est pas aussi l'objet de jugements semblables. L'art n'est pas une manifestation moins éclatante de l'esprit humain que la science et la moralité : Kant pouvait-il le laisser en dehors de ses explications ?

C'est à combler ces diverses lacunes des œuvres antérieures, que la critique du jugement est destinée.

Si Kant donne à la double étude qu'il fait du jugement esthétique et du jugement téléologique le nom unique de critique du jugement, c'est afin de mieux marquer l'analogie qu'il trouve entre l'art de la nature et celui de l'homme, entre la vie et la beauté ; et aussi afin de montrer qu'un même principe, celui de la finalité, domine le monde réel comme celui de l'imagination artistique. Les jugements esthétiques et les jugements téléologiques ont, d'ailleurs, cela de commun, qu'ils sont accompagnés d'un sentiment de plaisir ; et, dans les deux cas, ce plaisir résulte de la satisfaction intime que l'esprit ressent à contempler l'union harmonieuse de l'idée et de la matière, de l'esprit et de la nature. (193-198)

La faculté de juger, dont il s'agit ici, doit être avant tout soigneusement distinguée de la faculté de même nom, que nous avons étudiée dans l'analytique transcendentale. Sans doute la fonction des deux est la même : il est question d'un pouvoir intermédiaire entre l'entendement et la sensibilité, qui ramène à l'unité des concepts (*Begriffe*) généraux et abstraits les intuitions concrètes et particulières (*Erscheinungen*). Mais les concepts du jugement théorique sont des règles nécessaires ; ceux du jugement esthétique ou téléologique des règles contingentes. Les premiers sont constitutifs (*constitutiv*), c'est-à-dire déterminent la réalité des objets; les seconds sont purement régulatifs (*regulativ*), en ce sens qu'ils s'imposent à la pensée, mais non aux choses. Le jugement, en un mot, est ici un acte de réflexion subjective (*reflectirend*); là, de détermination objective (*bestimmend*). De ce qu'un bel objet me plaît, en flattant à la fois ma raison et mes sens ; ou qu'un corps vivant me paraît offrir l'expression d'une finalité naturelle : il ne suit pas que le premier ait été fait en vue de favoriser l'harmonieux développement de mes facultés, ni que le second ne puisse s'expliquer que par l'hypothèse d'un dessein caché. Tout ce qu'il m'est permis de dire, c'est que mon esprit est ainsi fait que toute autre manière de voir ne le satisfait pas également. (185-187)

Entrons maintenant dans l'analyse des caractères du jugement esthétique et téléologique.

§ Ier
JUGEMENT ESTHÉTIQUE

Notre étude, ne l'oublions pas, doit porter sur l'élément métaphysique, à priori des jugements de cette espèce : commençons par les jugements esthétiques.

Si l'on fait abstraction de la matière qu'ils contiennent, de l'élément variable qu'ils présentent, il reste que tous prêtent à leurs objets le caractère commun de la beauté.

Mais le beau est-il l'objet d'une affirmation nécessaire et universelle ? A cette condition seulement, les jugements esthétiques contiendront une forme à priori.

Comment douter qu'il en soit ainsi ? Ne disons-nous pas que le beau a sa vérité ; qu'il ne varie pas avec les caprices, le goût différent des individus ? Nous attendons avec confiance que le jugement des autres vienne confirmer le nôtre ; nous résistons à leurs contradictions. Et la diversité des opinions ne réussit qu'à nous inspirer une sage défiance de nos propres lumières et de celles de nos semblables, non à troubler notre foi invincible dans le caractère immuable de la vérité esthétique. Par sa quantité et son mode, le jugement sur le beau est donc universel et nécessaire, et par conséquent à priori. (215 et 243)

Mais il faut l'étudier dans sa nature propre, dans les caractères qui le distinguent des autres jugements à priori : nous avons à l'envisager sous le rapport de la qualité et de la relation. Le goût excessif de Kant pour la symétrie lui fait reproduire ici encore les divisions de la table des catégories. (207-215. — 224-236).

Nous ne donnons l'épithète de beau qu'à l'objet dont la vue provoque en nous un sentiment de plaisir (*Gefühl*). Il importe de distinguer le plaisir esthétique des plaisirs que l'agréable, l'utile, le vrai ou le bien font naître en nous. L'agréable comme l'utile inspirent le désir de la possession ; le plaisir du vrai est accompagné ou plutôt vient tout entier de la croyance à la réalité de son objet ; la vue d'un acte bon nous réjouit par l'accord parfait de la volonté et de sa fin véritable. Mais le plaisir esthétique n'éveille en nous aucune convoitise, et nous laisse tout-à-fait indifférents à la question de savoir si la cause qui le produit est réelle ou purement imaginaire. Il n'ajoute rien à notre connaissance; ne donne aucune satisfaction à l'entendement; et n'a rien à démêler avec les catégories, ces règles absolues de la réalité et de la vérité sensibles. Comment le confondre d'un autre côté avec les plaisirs de la conscience, qui reposent sur l'idée du devoir et de la responsabilité ? Le beau nous laisse, dans la plénitude de notre liberté, étrangers aux conditions de la réalité matérielle, et en quelque sorte de l'existence sensible. Qu'il soit l'œuvre de la nature ou de l'art, qu'il flatte ou contrarie nos préférences, il n'en fait pas moins naître en nous ce plaisir désintéressé (*uninteressirt*), cette libre (*frei*) satisfaction, à laquelle aucun être raisonnable ne demeure étranger.

D'où provient le plaisir du beau ? Puisqu'il ne s'alimente pas aux sources de la réalité, la cause n'en doit être cherchée qu'en nous-mêmes : il est purement subjectif. C'est à l'exercice harmonieux des deux facultés dans lesquelles se résume l'opposition de notre double nature, c'est à l'accord de l'intelligence et de la sensibilité qu'il le faut rapporter. L'objet beau provoque et favorise le développement de ces deux puissances, que la vie met d'ordinaire en lutte, et qui ne trouvent ni dans la science, ni dans la moralité l'unité à laquelle elles aspirent. Le libre jeu (*frei Spiel*) de l'entendement et des sens fait cesser momentanément l'antagonisme de l'esprit et de la nature, de la pensée et de la matière ; et communique à l'âme cette joie sereine, qui caractérise le plaisir esthétique.

Il semble que l'objet beau soit destiné à produire cet effet : mais c'est nous qui lui prêtons une telle fin. Ce n'est pas assez dire : la beauté et notre plaisir s'évanouiraient, si nous pouvions supposer que l'objet a été fait en vue d'agir sur nous. Le moindre soupçon d'un dessein prémédité serait comme une atteinte à la liberté parfaite, que notre âme veut goûter dans la jouissance du beau. C'est ce que Kant traduit en disant que la finalité esthétique est purement formelle, que l'œuvre belle réalise une fin, mais sans la chercher (*Zweckmässigkeit ohne Zweck, absichtlose Zweckmässigkeit* 242).

Cette analyse du beau aboutit à lui attribuer deux caractères, qui semblent inconciliables. Si le beau résulte d'un sentiment, il est purement subjectif, individuel : comment alors parler de son universalité ? La dialectique du jugement esthétique dissipe cette apparente contradiction. Sans doute le beau est en nous, et non dans les objets. Comme nous sommes faits pour voir les choses sous deux aspects différents, avec notre raison et avec nos sens, nous sommes charmés par l'harmonie de cette double contemplation. Mais cette disposition se rencontre en chacun de nous : et voilà comment un état purement individuel peut devenir en même temps une loi générale de la nature humaine (350).

Le sublime nous plaît par une raison différente. Ce n'est plus l'harmonie de la raison et des sens, mais, au contraire, leur antagonisme qui produit l'émotion propre du sublime, où entrent tout à la fois une peine et un plaisir. Notre imagination se sent écrasée par les dimensions ou la puissance, que la nature déploie sous nos yeux ; mais en même temps notre raison, excitée à prendre conscience de son infinité par le spectacle de l'apparente infinité des choses, oppose avec joie sa grandeur véritable, son absolue liberté aux limites et à la contingence de la nature. En ce sens, il est vrai de dire que le sublime est en nous, et non dans les objets (250-273).

Si nous voulons maintenant mettre dans nos jugements sur le beau l'unité que réclame impérieusement la raison, il nous faut avant tout déterminer l'idéal de la beauté : ce sera comme la commune mesure à laquelle toutes les beautés inférieures pourront être rapportées. Tandis que la critique de la Raison pure voyait en Dieu son idéal suprême (*Prototypon transcendentale*), l'idéal du jugement esthétique est l'homme dans la perfection de sa double nature. (239)

Des considérations rapides que Kant présente sur le rôle et les formes diverses de l'art, nous ne rappellerons ici que l'analyse pénétrante à laquelle il soumet l'imagination créatrice. Le désintéressement, la spontanéité, l'originalité absolument inimitable du génie, le contraste enfin de l'artiste et du savant mettent une fois de plus en lumière cette pensée, qui semble inspirer toute l'esthétique de Kant, que l'art est avant tout l'œuvre, la manifestation de la liberté.

§ II

JUGEMENT TÉLÉOLOGIQUE

La finalité esthétique est indépendante de la réalité des objets : la finalité naturelle ne se rencontre que dans les objets, dont l'entendement nous a déjà démontré l'existence. Mais le principe sur lequel elle repose n'est pas plus que celui de la finalité esthétique un produit de l'entendement. Il ne nous apprend rien sur la nature des choses sensibles : il nous sert seulement à nous rendre compte de quelques-unes d'entre elles, à savoir des corps organisés.

La vie échappe aux explications du mécanisme. C'est qu'en effet les lois du mécanisme déterminent seulement la place que les phénomènes doivent occuper dans le temps et dans l'espace. Le principe de causalité, d'où elles dérivent, s'applique à des phénomènes que la conscience empirique saisit successivement. L'entendement, sous l'action de ce principe, ne procède jamais que par analyse. Les parties, les éléments lui sont toujours donnés avant le tout : ce que Kant traduit dans son langage en disant que l'entendement est déductif (analytique), non intuitif (synthétique).

Mais nous ne pouvons rendre compte des œuvres de la vie par la méthode analytique. Nous trouvons dans l'organisme un tel consensus des éléments atteints successivement par notre analyse, que les uns et les autres nous apparaissent dans un rapport de causalité, de dépendance réciproque ; que la partie est essentielle au tout, et le tout à la partie. Il n'en va pas de même dans les simples produits de la matière : l'effet n'y peut jamais être pris pour la cause, les parties s'expliquent sans le tout, et l'on peut modifier le composé sans changer la nature des éléments. Les corps organiques ne nous sont intelligibles, qu'autant que l'idée du tout précède celle des parties et en détermine les rapports. Et ce n'est pas seulement de l'unité directrice du développement organique que le mécanisme est impuissant à nous rendre raison : c'est aussi de la reproduction dans une série d'individus du type constant de l'espèce. Il nous faut admettre que l'idée de l'espèce préexiste à la naissance des individus, de même que nous avons dû croire que l'idée du tout organisé (*Ganzes*) précède et régit la formation et l'apparition successive des éléments de la vie. Nous supposons invinciblement que la nature, en les produisant, tend à réaliser certaines fins. Le principe de la finalité naturelle est donc le complément nécessaire du principe de causalité. § 65-66).

Mais ce n'est là qu'un principe régulatif. Tout ce que nous sommes autorisés à dire, c'est que notre intelligence est impuissante autrement à concevoir le consensus vital des éléments et des fonctions organiques ;

c'est que les concepts à priori de l'entendement ou les lois du déterminisme ne peuvent rendre compte ni de l'organisme, ni des espèces.

Notre savoir véritable (*erkennen*) n'est point par là augmenté. En effet, le propre de la vraie science, de celle que poursuit et que réalise la raison théorique, c'est de nous mettre en état de reproduire, de reconstruire, de créer en quelque sorte, à notre tour, les objets qu'elle explique : « On ne comprend pleinement « les choses qu'autant qu'on peut, à l'aide des idées « que l'on s'en fait, les produire soi-même et les gou-« verner à son gré. » (Nur so viel sieht man vollständig ein, als man nach Begriffen selbst machen, und zu Stande bringen kann. Kr. d. Urtheilshr, § 396, Bd. V). C'est en ce sens que, dans l'histoire générale du ciel, Kant n'hésitait pas à dire : « Donnez-moi de la matière « et je ferai le monde » ; mais, ajoutait-il aussitôt : « On ne peut espérer qu'un jour viendra où un homme « pourra s'écrier : « Donnez-moi de la matière, et je « ferai une chenille. »

Si le principe de finalité remplit dans les sciences de la nature le rôle que nous venons de lui assigner, il importe de ne pas le compromettre dans les maladroites interprétations qui en ont été faites si souvent. On doit surtout distinguer avec soin la finalité interne et la finalité externe. Celle-ci tient aux relations extérieures, accidentelles, variables que les êtres ont entre eux et que notre art peut modifier à l'infini ; celle-là est indépendante de notre industrie et du hasard des circonstances. L'une est un principe nécessaire d'explication ; l'autre une règle subrogatoire, nullement indispensable. **§ 62-63.**

Il n'en reste pas moins, même avec ces réserves, que la finalité semble inconciliable avec le déterminisme.

La dialectique du jugement téléologique résout aisément cette antinomie, en montrant que le mécanisme et la finalité ne répondent l'un et l'autre qu'à des manières de voir, qu'à des nécessités et des besoins différents de l'intelligence humaine. L'entendement ne saurait prétendre, plus que le jugement, à pénétrer l'essence des choses, à étendre aux noumènes la portée de ses affirmations. Sans doute les catégories sont des principes constitutifs, tandis que le concept de la finalité est simplement régulatif; et les premières nous garantissent l'existence réelle, tandis que le second explique seulement la forme des corps. Mais celles-là ne sont nécessaires qu'à condition de rester générales, et celui-ci ne pénètre plus avant le mystère des choses, n'atteint aux lois secrètes de la vie qu'en demeurant contingent et incertain. En tout cas, de quelque autorité inégale qu'ils jouissent auprès de l'intelligence, ces principes ne font encore une fois qu'accommoder les impressions de la sensibilité aux formes à priori, aux lois subjectives de la pensée, sans prétendre s'imposer aux choses en soi. Autrement il serait impossible de concilier les deux méthodes dans l'étude des corps; et la nature ne pourrait se prêter à la fois à leurs exigences contradictoires. En même temps, l'universalité et la nécessité du principe des causes finales, et par suite sa vérité, son autorité ne seraient pas plus susceptibles d'une déduction rigoureuse, que ne le sont les catégories pour qui nie l'idéalisme transcendental. § 71 à 78.

Cependant, notre esprit conçoit qu'un Entendement

différent du nôtre, tel que par exemple celui de Dieu, pourrait voir les choses non successivement, par analyse, mais d'une vue d'ensemble où le tout et les parties seraient donnés du même coup, indépendamment par suite de l'espace et du temps. Pour un tel esprit, voir les objets, ce serait les créer; comme, pour la pensée du géomètre, voir les figures, c'est les produire. Cet entendement architectonique (*architektonische Verstand*. 401), comme le génie créateur de l'artiste, concilierait dans ses œuvres la nécessité de la nature et la liberté de l'esprit. Les types qu'il produirait spontanément s'incarneraient sans effort dans la matière, s'accommoderaient d'eux-mêmes aux lois de la vie sensible (414-418). Kant se complaît dans cette hypothèse d'une intelligence intuitive, d'un intellect archétype (421) qui serait à la fois le principe du mécanisme et de la finalité; en qui s'associeraient les deux manières de voir que notre entendement discursif sépare et oppose nécessairement. La doctrine du caractère intelligible, du noumène favorise et soutient l'audace spéculative de la pensée de l'auteur. « Le prin-
« cipe commun du mécanisme et de la finalité des
« choses est le suprasensible auquel nous subordon-
« nons la nature comme un phénomène. » (K. d. Urt.
424). Mais le génie critique de Kant ne lui permet pas de s'égarer longtemps et de se reposer avec confiance dans de telles suppositions. Il lui suffit d'avoir établi que l'idée de cet entendement suprasensible peut être conçue sans contradiction (*denkbar*) : bien que la réalité n'en soit pas démontrable, bien qu'il ne soit pas un objet de connaissance.

Si notre intelligence ne peut s'élever jusqu'à décider

sur une pareille question, elle ne saurait pour cela renoncer à établir entre les données du jugement téléologique, comme entre celles de toutes les autres formes de la pensée, l'enchaînement systématique, l'ordre que la raison réclame. Nous croyons que la nature obéit à des fins diverses dans la production des espèces vivantes : nous sommes conduits invinciblement à envisager toutes ces fins comme un vaste système, où la finalité externe ne tient pas moins sa place que la finalité interne. Nous croyons que toutes les finalités particulières conspirent à une fin suprême. Nous n'avons pas d'autre moyen de ramener à une unité hiérarchique la multiplicité des espèces, et de coordonner dans la réalisation d'un but commun les appropriations infiniment variées, qui résultent pour les êtres et pour les choses de leurs rapports extérieurs. § 82.

Quel est cet absolu qui doit servir de règle à l'enchaînement, de principe à la subordination des fins? La nature, où tout est contingent, dépendant, ne saurait nous le présenter. L'homme, en tant qu'individu, n'est, ni en fait, ni en droit, le but suprême de la création. L'expérience et la raison nous disent assez que l'univers n'a point pour objet le bonheur ou le perfectionnement sensible de l'homme.

Mais l'homme n'est pas tout entier dans la sensibilité. Il est à la fois Noumène et Phénomène. Comme noumène, il se donne à lui-même sa propre loi, et fait en même temps la loi à l'univers. La fin que la conscience lui impose de poursuivre est une fin absolue (*Endzweck*), à laquelle sont suspendus le monde des corps et celui des esprits, la nature comme la volonté. Voilà la fin suprême que nous cherchons. § 83-84.

De ce point de vue, la finalité multiple de la nature ne nous apparaît plus que comme l'instrument mobile de la fin éternelle que poursuit notre volonté imparfaite, comme une sorte d'intermédiaire entre la nécessité aveugle de la matière et la liberté de l'esprit. La finalité naturelle relie les deux mondes jusque-là indépendants et opposés du mouvement et de la pensée.

Un système de fins, en même temps qu'il suppose une fin supérieure, demande aussi une volonté qui la conçoive et en assure la réalisation : l'idée de Dieu couronne ainsi la téléologie de Kant. Mais Dieu ne serait au regard du jugement qu'une hypothèse subjective : la raison pratique en a fait déjà un objet de croyance rationnelle (*Vernunftglaube*).

Kant recherche dans la méthodologie l'usage que la science et la théologie peuvent faire du principe des causes finales. Il conseille aux savants de ne jamais, dans l'étude de la nature, séparer le mécanisme de la finalité. S'ils ne doivent pas se borner à suppléer par la seconde à l'insuffisance du premier, qu'ils se croient encore moins dispensés par l'une de pousser aussi loin que possible l'application de l'autre.

Quant aux théologiens, ils se font illusion, s'ils espèrent fonder sur la téléologie naturelle une démonstration suffisante de l'existence et des perfections de Dieu. C'est à la téléologie morale, telle que la critique de la raison pratique en a tracé les principes, qu'ils ont à demander, non pas la démonstration théorique, mais la preuve morale, la seule qui soit possible, des vérités théologiques. § 86.

La conclusion de la critique du jugement nous ramène à la critique de la raison pratique.

QUATRIÈME PARTIE

ESSAI DE CONCILIATION THÉORIQUE
ENTRE LA MÉTAPHYSIQUE DE LEIBNIZ ET LA CRITIQUE DE KANT

LA CONCILIATION THÉORIQUE

Un premier examen nous a convaincu que Wolff et son école sont plus fréquemment en cause que Leibniz dans les objections que Kant dirige contre les représentants du dogmatisme.

Nous avons à rechercher maintenant si l'antagonisme n'en persiste pas moins entre la métaphysique de Leibniz et la philosophie de Kant ; à mesurer exactement les nouveautés de la critique ; à nous demander enfin si les deux doctrines, loin de s'exclure, ne pourraient pas servir à se compléter réciproquement.

Le plan de ce nouveau travail nous est tracé en quelque sorte par Kant lui-même. Dans un chapitre important de la critique de la Raison pure, il distingue les phénomènes et les noumènes ; et toute sa doctrine repose dans les trois critiques sur la séparation de ces deux objets de la pensée. Son disciple Schopenhauer n'hésite pas à déclarer que la distinction du phénomène et de la chose en soi est l'œuvre la plus originale, la plus profonde du génie du maître (dieser Meisterstück des menschlichen Tiefsinnes). Nous allons suivre cette division essentielle, et comparer à ce double point de vue les conceptions de Leibniz et de Kant.

CHAPITRE PREMIER

LE MONDE DES PHÉNOMÈNES : LA CONNAISSANCE THÉORIQUE

§ Ier

L'ESTHÉTIQUE TRANSCENDENTALE

La sensibilité pure (reine Sinnlichkeit). — Les intuitions (Anschauungen).

L'esthétique transcendentale est la première par la date, et, peut-être aussi, par l'importance des théories critiques.

Bien avant la critique de la Raison pure de 1781, et les Prolégomènes de 1783, nous en avons déjà trouvé dans la thèse inaugurale de 1770 une première exposition en latin, qui nous a paru supérieure à celles qui l'ont suivie par la vivacité et la clarté de l'expression. On ne s'étonne pas du soin persévérant avec lequel Kant revient sur cette doctrine, quand on réfléchit que l'analytique et la dialectique transcendentales n'ont pas d'autre fondement.

Mais l'originalité et la nouveauté de l'esthétique sont-elles. Aussi indiscutables que le rôle capital qui lui revient dans la révolution critique ?

« Avant Kant, dit Schopenhauer, nous étions dans « le temps; depuis lui, le temps est en nous » (Vor Kant waren wir in der Zeit; jetzt ist die Zeit in uns — Schop Kritik, d. Kant. Philosophie — 1 B. — 502 : Die Welt als Wille und Vorstellung).

Schopenhauer oublie que Leibniz avait, avant Kant, enseigné l'idéalité du temps. Nous ne croyons pas qu'il soit nécessaire de rappeler, à ce sujet, les passages si connus des Nouveaux Essais sur l'Entendement et de la correspondance avec Clarke.

Ce que nous disons du temps est vrai, à plus forte raison, de l'étendue, dont Leibniz ne fait pas moins résolument que Kant un être imaginaire (ens imaginarium).

La démonstration est sans doute différente chez les deux philosophes. L'un s'appuie surtout sur le principe de raison suffisante; l'autre sur le caractère nécessaire des jugements mathématiques, et l'impossibilité d'en rendre compte sans recourir à une intuition à priori de la sensibilité. Mais les deux preuves ne font que se fortifier mutuellement.

Kant reproche pourtant à Leibniz de commettre un cercle vicieux et de définir le temps et l'espace (corr. avec Clarke 752) un ordre de succession et de simultanéité entre les phénomènes, alors que la succession et la simultanéité sont elles-mêmes des dimensions du temps qu'il s'agit justement d'expliquer.

Comment n'a-t-il pas vu que Leibniz envisage le temps et l'espace tantôt comme les synthèses confuses, contingentes des sens et de l'imagination; tantôt comme les synthèses intelligibles, nécessaires de la raison? La vérité, selon Leibniz, ne se rencontre que dans les dernières. Elle y résulte uniquement de l'ordre que la pensée établit entre les éléments discordants, contradictoires de l'étendue et de la durée sensibles.

Kant objecte encore dans la thèse inaugurale (Kant's W — B. 2 — 408) que la raison ne peut avoir formé les idées du temps et de l'espace; que le principe de contradiction, sur lequel elle s'appuie, suppose déjà que le temps existe, puisqu'il nie que deux choses contradictoires soient vraies en même temps. Mais, avant d'écarter la contradiction dans les choses, c'est-à-dire dans la réalité sensible, il la faut écarter des possibles : et le temps et l'espace sont l'ordre des possibles. C'est le même besoin d'unité et d'ordre, qui sollicite la raison à concevoir les intuitions à priori de la sensibilité et les concepts à priori de l'entendement : le principe de contradiction domine les unes et les autres.

D'après Kant il semblerait que nos sensations sont indifférentes à tout ordre; et que, avant le travail de la réflexion, il n'y a nulle succession, nulle simultanéité, ni durée ni étendue enfin dans les données des sens: or toutes ces dimensions existent déjà, mais confuses et mobiles dans les phénomènes. Les sensualistes auraient trop beau jeu contre Kant, s'il fallait prendre à la lettre son esthétique transcendentale; et soutenir qu'avant l'intervention de la raison, de ce qu'il appelle la sensibilité à priori, nous sommes complétement étrangers à l'idée de la succession et de la simultanéité des phénomènes. Les sens de l'animal et de l'enfant, comme l'imaginaton du rêveur, voient les objets successifs, étendus : mais ils ne sont pas en état de juger le temps et l'étendue véritables. C'est qu'ils sont incapables de ramener à l'ordre, à une synthèse intelligible les impressions contradictoires de la sensibilité; c'est que la raison en un mot ne les éclaire pas.

Les critiques qui précèdent ne sauraient s'adresser à la doctrine de Leibniz. La perception confuse de la durée et de l'étendue précède pour lui la notion *distincte* du temps et de l'espace intelligibles.

Leibniz me paraît encore l'emporter sur Kant dans l'appréciation des dimensions du temps et de l'espace. Kant soutient qu'elles sont infinies. Il ne songe pas que les arguments de la première antinomie contre l'infini réel pourraient bien se retourner contre l'infini mathématique ou idéal. Le temps et l'espace sont, ainsi que le monde sensible, des grandeurs continues, des quantités. Leibniz a soin de nous dire que l'infinité, appliquée au temps et à l'espace, comme à la grandeur en général, n'est qu'une expression abrégée pour désigner une quantité plus grande que toute mesure donnée (Premier examen de Locke, 130, Erdm. — Lettre à des Bosses, 436, id.) « Il n'y a pas de tout infini. » L'infini a pour essence de ne pouvoir être épuisé, de ne jamais se laisser embrasser par la sensibilité. Kant a beau affirmer que le temps et l'espace ne sont que des formes à priori, des synthèses purement idéales de l'esprit : il les présente comme un tout donné, comme un infini réalisé dans la sensibilité pure, sinon dans la sensibilité empirique. Mais l'infinité réside dans le sujet pensant, non dans la représentation ou l'intuition à priori qu'il produit : non dans l'acte en un mot, mais dans la puissance de coordonner (Corr. avec Montmort. 703 Erd).

Kant, en revanche, nous présente une théorie profonde, précise, et développée des rapports de l'espace et du temps. Le temps est pour lui la forme essentielle des phénomènes, le schème universel de l'entendement. L'espace idéal se réduit, à vrai dire, à la simultanéité possible des sensations. Les impressions de la sensibilité sont, en dernière analyse, successives, c'est-à-dire de pures sensations internes : elles commencent par occuper toutes une place dans le temps. C'est notre imagination qui voit étendu ce qui est au fond successif, parce qu'elle est la faculté de réunir constamment et de retenir sous le regard de l'esprit, par la triple synthèse à priori de l'appréhension, de la reproduction et de la recognition, les éléments multiples que produit l'activité synthétique de la sensibilité pure (voir la déduction transcendentale). Le rôle de l'imagination à priori, productive, comme Kant l'appelle, demande à être étudié de près, si l'on veut comprendre cette subordination de l'espace au temps qui conduit à la doctrine du schématisme.

Ces conceptions ne sont pas absolument étrangères, à la pensée de Leibniz, mais elles y demeurent enveloppées. Nous lisons quelque part, à propos de la caractéristique universelle (Erd. 162), que le nombre est une figure métaphysique, qui s'applique à tout (numerus figura quædam metaphysica : nihil est quod numerum non patiatur). Or le nombre est la mesure du temps : c'est donc affirmer que tous les phénomènes doivent être rapportés au temps. Leibniz fait, en conséquenc, du nombre une sorte de schème universel, (Statica quædam universi qua rerum potentiæ explorantur). La mesure de l'étendue se ramène ainsi à celle du temps;

mais, encore une fois, ces rapports sont plutôt indiqués, pressentis, qu'affirmés avec précision par Leibniz.

Kant semble différer complétement de son devancier dans la manière d'expliquer l'origine des idées du temps et de l'espace. Il ne voit dans ces intuitions à priori que des produits de la pensée pure (*hervorgebracht*), des synthèses spontanées du moi (neque est intuitus quidem connatus. Thèse inaugurale 408). Elles sont l'œuvre de l'esprit, n'existent que par lui et pour lui. Leibniz en fait des idées innées; et en place la source dans l'entendement divin, dont elles sont les conceptions nécessaires. Mais, rapporter les intuitions pures de la sensibilité, comme du reste les autres formes à priori de la pensée, à l'activité de la raison pure qui est en nous, et, comme dit Kant, du moi théorique; ou voir dans les idées du temps et de l'espace, comme dans toutes les notions innées, les mystérieuses suggestions d'un entendement supérieur, les révélations constantes de la pensée éternelle à l'intelligence humaine : ne sont-ce pas là des théories qu'il est aisé de concilier?

C'est surtout dans l'explication de la connaissance mathématique que triomphe le génie de Kant. Il relève victorieusement l'erreur que commet Leibniz, lorsqu'il cherche à expliquer les vérités géométriques par l'analyse et le principe de contradiction. Kant montre qu'elles sont toutes les produits d'une synthèse à priori de la pensée qui se joue librement dans les constructions idéales, définit les figures en les créant elles-mêmes, et pour qui produire et connaître ne sont qu'un seul et même acte de la pensée.

Malgré les précieuses vérités qu'elle contient, l'esthétique transcendentale pèche par le même défaut que nous aurons à reprocher aux autres théories de la critique. Elle exagère les différences des facultés, jusqu'à les transformer en oppositions ; elle prend les exigences de l'analyse pour les conditions mêmes de la réalité ; et, débutant par des abstractions, paraît croire que la connaissance humaine ne commence pas autrement. Kant comprend que la connaissance mathématique est l'antécédent nécessaire de la connaissance expérimentale ; et montre avec une admirable pénétration que les jugements à priori des mathématiques reposent sur les intuitions pures du temps et de l'espace. Mais il oublie que l'intelligence humaine ne débute pas par la science ; que la notion vulgaire, empirique du temps et de l'espace précède la connaissance rationnelle qu'en donnent les mathématiques ; et que la seconde naît de la première sous l'excitation de la raison, et en vertu du besoin d'ordre qui est l'essence même de cette faculté.

C'est plus à la forme, sans doute, qu'au fond de la doctrine que ces critiques s'adressent. Kant a trop bien étudié Locke et les sensualistes, pour ignorer que le travail spontané de l'esprit est précédé du long développement de ses facultés réceptives ; que la vie des sens devance et prépare celle de la pensée rationnelle ; et que l'activité de cette dernière ne se dégage des mensonges des sens, ne s'élève à la pleine conscience d'elle-même que par une gradation insensible. Mais il ne le dit pas assez, et il compte trop que l'intelligence du lecteur suppléera à son silence. Il semble, comme on le lui a reproché quelquefois, que la sensibilité à priori crée tout à coup le temps et l'espace, et qu'avant ce travail de la réflexion nous soyons absolument étrangers à ces notions.

Si Kant sépare trop la sensibilité à priori de la sensibilité à posteriori, il ne montre pas non plus le lien qui unit la première à l'Entendement. C'est qu'il accorde à la sensibilité pure, vis-à-vis de l'Entendement, la même indépendance qu'il reconnaît aux mathématiques à l'égard de la physique. Mais il ne paraît pas faire attention que ces deux sciences ont une source commune; et que la même raison produit les intuitions pures comme les catégories. Sans doute, il le laisse sans cesse entendre. Ne dit-il pas que la pure aperception est la condition suprême (*oberste Grundsatz*) de toutes les formes à priori, celles de la sensibilité comme celles de l'Entendement ! Mais l'abus des divisions obscurcit l'évidence de cette vérité.

Le lien de la sensibilité empirique et de la sensibilité pure, de celle-ci et de l'Entendement ressort au contraire clairement de la doctrine de Leibniz. Selon ce dernier, l'ordre est déjà dans les phénomènes, avant d'être connu par notre conscience ; nous sommes conduits à l'entendre par le développement progressif de notre perception. Mais il n'est dans les choses et ne se manifeste à notre pensée, que parce qu'un Entendement parfait, que parce que Dieu le conçoit et le réalise éternellement. Nos idées du temps et de l'espace, comme nos autres idées à priori ont leur dernier principe dans la raison divine. C'est ainsi que les facultés désignées par Kant, sous les noms de sensibilité pure et d'Entendement, sont rattachées par Leibniz à une origine commune, et que l'unité de la pensée trouve sa raison suprême dans l'unité de l'absolu.

§ II.

L'ANALYTIQUE TRANSCENDENTALE

L'Entendement (Verstand). — Les Concepts (Begriffe).

Kant donne le nom d'Entendement à la faculté qui détermine les lois logiques de la réalité sensible : voilà pourquoi sa théorie reçoit le nom de logique transcendentale. L'entendement, à la lumière de ces règles à priori, qu'il se trace lui-même, démêle dans les sensations individuelles du sujet l'élément général qui appartient à l'objet.

Il faut bien distinguer l'objet sensible de l'objet intelligible qui n'est autre que le noumène, la chose en soi. Quand les sensations sont associées d'une façon nécessaire, quand leur liaison est identique pour toutes les intelligences, nous disons qu'elle dépend des objets, c'est-à-dire qu'elle est indépendante des variations de l'individu, de la conscience empirique. — Leibniz affirme la même chose en d'autres termes : « Pas de « plus grande réalité dans les choses sensibles hors « de nous, que celle de phénomènes réglés. » (Lettre à Basnage. 153. — Nouv. Essais 344-353-378.)

Il s'agit de tracer les règles suivant lesquelles doit se faire la synthèse nécessaire de l'entendement.

Fidèle aux divisions de la logique des écoles, Kant envisage les jugements qui dérivent de l'entendement sous le quadruple rapport de la quantité, de la qualité, de la relation et du mode.

Les deux premières catégories déterminent le rôle des mathématiques et de la science dans l'explication de la réalité sensible.

La science n'atteint que la forme, non l'élément dernier des corps. La matière de l'expérience, ce sont les sensations (*Empfindungen*), que les intuitions (*Anschauungen*) ramènent à l'unité de l'espace et du temps. Mais toute sensation est une impression indivisible. Elle n'a par elle-même qu'une grandeur intensive; et peut varier de degré à l'infini, sans pour cela rien gagner ou perdre en extension, sans que son unité soit altérée. La synthèse du sens interne et du sens externe coordonne et lie dans le temps et l'espace ces sensations isolées; et le tout qu'elle construit ainsi est, comme le temps et l'espace eux-mêmes, une grandeur extensive, continue, indéfiniment divisible : — mais ce qui est divisible, c'est la forme, non la matière des phénomènes; c'est l'intuition, non la sensation élémentaire. Il suit de là que, pour rendre compte de la réalité sensible, il ne suffit pas de l'envisager sous le rapport de la quantité : il faut encore tenir compte de la qualité. La science ne saisit sûrement que le premier de ces éléments, parce qu'il est le seul qu'elle puisse connaître et construire à priori, mathématiquement ; mais la science n'épuise pas toute l'explication des choses matérielles.

Ces profondes considérations se trouvaient déjà dans la doctrine des monades. Le temps et l'espace ne sont aussi pour Leibniz qu'un ordre établi par l'Entendement; et les perceptions, que cet ordre lie entre elles, ne présentent pas seulement des différences quantitatives, mais aussi qualitatives. Nul plus que l'auteur de la monadologie n'a insisté sur la diversité spécifique des perceptions, et sur l'intensité infiniment variable de l'activité représentative des monades : la loi de la continuité régit toutes les perceptions. Aucun philosophe n'a mieux déterminé le rôle des mathématiques dans l'interprétation de la nature; n'a plus fortement combattu l'abus des explications purement mécaniques de la physique expérimentale. La pensée, la vie, répète-t-il sans cesse, se rencontrent partout dans l'univers. La conscience et la métaphysique, qui n'est pour lui que la réflexion appliquée aux données de la conscience, peuvent seules nous faire connaître et entendre de tels principes : ils échappent entièrement à la prise des mathématiques.

La doctrine des deux premières catégories n'est donc pas aussi nouvelle que son auteur semble le croire.

Le chapitre des catégories de la relation ou des analogies de l'expérience est peut-être la partie la plus originale de la logique transcendentale.

Nous avons vu combien, depuis 1763, Kant s'était attaché à l'étude du principe de causalité. Après avoir, dans la thèse d'admission, soutenu la doctrine wolffienne qui subordonne la loi de la raison déterminante à celle de l'identité, et fait de tous les jugements des jugements analytiques, il était arrivé sous l'influence de la philosophie anglaise à séparer les jugements d'expérience et les jugements logiques, la cause réelle et la raison logique (*Realgrund* et *Idealgrund*). Cette distinction, il l'approfondit de plus en plus dans les trois traités de 1763. L'opuscule sur la fausse subtilité des figures du syllogisme sépare la connaissance logique de la connaissance empirique; l'écrit sur les grandeurs négatives établit avec insistance que le principe de contradiction, l'analyse ne peuvent rendre compte des jugements qui subordonnent l'effet à la cause. L'essai sur l'unique démonstration de Dieu étend à la métaphysique tout entière les conclusions du précédent traité; et soutient que l'existence ne peut être prouvée logiquement, qu'elle ne saurait se déduire de la possibilité ou de la simple notion d'une chose. Dans le mémoire de 1764 sur l'évidence des principes de la métaphysique, comme dans l'écrit sur les songes des visionnaires, Kant, en disciple fidèle de Hume, demande à l'expérience seule la justification du principe de causalité. Il n'avait pas fallu moins de vingt années environ, de 1762 à 1781, pour que la solution critique fût enfin trouvée.

Il s'agissait de déterminer les conditions métaphysiques de la réalité sensible, de construire à priori le monde des objets.

Les phénomènes ne trouvent dans la synthèse contingente de la sensibilité et de l'imagination qu'une liaison accidentelle, variable, qui ne permet pas aux intelligences de s'entendre dans l'affirmation d'un monde commun, et par suite de discerner la réalité de l'illusion. Autant d'individus, autant d'univers différents; et, suivant la formule de Protagoras, tout est également vrai, ou plutôt également faux. Nous devons pourtant de ces impressions particulières, qui se succèdent dans la conscience empirique de chacun, faire sortir la connaissance d'une réalité vraie pour tous. Cela n'est possible qu'autant que les sensations peuvent être enchaînées dans toutes les intelligences par des rapports constants, nécessaires, indépendants de la diversité et de la mobilité des sujets, des individus.

L'entendement conçoit ainsi les trois grandes analogies qui seules permettent de connaître la réalité, c'est-à-dire de distinguer entre la succession vraie et la succession apparente, entre la succession et la durée, entre la succession et la simultanéité.

Ces lois que Kant formule dans les trois catégories de la relation, sous le nom de lois de la substance, de la cause, de la réciprocité, pourraient se ramener sans doute, comme l'a montré Schopenhauer, à un principe commun, à la règle unique de la causalité. Il s'agit, en effet, dans chacune d'elles, de déterminer, par les rapports nécessaires de succession et par suite de causalité qui enchaînent les phénomènes, quels sont ceux qui durent, qui se suivent ou qui s'accompagnent véritablement.

Le principe de causalité, qui fonde chez Kant le déterminisme des phénomènes, n'est pas autre chose que celui des causes efficientes de Leibniz; mais la déduction n'en est pas la même chez les deux philosophes. L'enchaînement des perceptions est nécessaire dans la monade, parce qu'elle a reçu de Dieu, avec la naissance, « legem seriei operationum suarum. » Kant laisse de côté toute hypothèse théologique : le déterminisme est nécessaire à ses yeux, parce que, sans lui, l'expérience, la science de la nature seraient impossibles et que les faits échapperaient à la pensée.

Remarquons que l'idée de cause reçoit chez Leibniz un sens qu'elle n'a pas chez son successeur. A vrai dire, il n'y a pour l'auteur de la monadologie qu'une véritable cause des phénomènes, à savoir la nature originelle, éternelle de la monade elle-même, sa notion, comme il l'appelle. Le moi trouve en lui-même la cause véritable de tous les faits : et cette cause n'est autre que la perception confuse de l'univers. Mais, de même que dans le monde des corps, bien que tous les mouvements se tiennent, nos explications ne portent jamais que sur le détail des phénomènes : ainsi, dans cette représentation de la monade, qui embrasse tout, bien que les perceptions particulières dépendent les unes des autres à l'infini, notre attention et par suite notre connaissance distincte ne peut jamais s'attacher qu'aux faits particuliers. Nous rapportons à l'impulsion du corps par lequel le choc a été produit en dernier lieu le mouvement accéléré du corps en repos, alors qu'en bonne philosophie il faudrait le demander à l'action de tous les mouvements qui ont précédé dans l'univers. De même chacune de nos perceptions a sa raison suffisante dans la liaison universelle des perceptions particulières qui composent notre représentation totale ; mais nous n'expliquons jamais une perception que par celle qui la précède immédiatement, ou qui nous paraît le mieux en rendre compte. La pensée de Leibniz reçoit sur ce point toute la clarté désirable dans la correspondance avec Arnaud (Leibniz, Ed. Janet, fin du 2ᵉ volume). Le rapport de l'agent et du patient, ou de la cause et de l'effet, répond à l'augmentation de la perception chez le premier et à l'affaiblissement de la perception chez le second. D'ailleurs, ajoute Leibniz, ces explications valent pour nous, en ce qu'elles nous servent à nous procurer des phénomènes. (cf. Monadologie, 709).

Sous l'apparente diversité des idées et du langage, Leibniz ne dit pas autre chose que Kant. Pour ce dernier aussi, tout se tient dans le monde des phénomènes; et la vraie cause devrait être cherchée dans l'enchaînement total. Mais nous nous contentons d'apprécier les relations des phénomènes qui se suivent immédiatement.

Nous avons commencé par étudier le principe de causalité, parce qu'il est au fond, le principe, la condition des deux autres catégories. Cela va ressortir plus clairement de ce qui suit.

La substance n'est pas prise par Kant au sens où l'entend Leibniz. Elle n'est, pour le premier, que le durable dans le temps, qu'un phénomène constant (beharrlich: pour le second, l'unité étrangère au temps. Or, le durable dans le tamps, c'est la matière, tandis que l'unité suprasensible est le principe des phénomènes, la monade. Pourtant, à un moment, Kant ne se rapproche-t-il pas de Leibniz, lorsqu'il avoue que la vraie substance est placée en dehors de la sphère de l'expérience, et inaccessible aux sens? Il reconnaît que le monde des faits est contingent, et que le phénomène persistant qu'il nous présente, la matière, est contingente elle-même, n'a qu'une permanence relative. La permanence véritable ne peut se rencontrer que dans le nécessaire, et les sens n'atteignent pas le nécessaire. La raison est poussée à le chercher par les catégories, mais l'expérience ne le lui donne pas.

Le seul principe auquel Kant consente à donner le nom de substance, la matière, ne répond pas seulement à la permanence, mais à la simultanéité des phénomènes sensibles. La matière, en effet, n'est pas seulement le durable dans l'étendue, c'est la simultanéité des choses durables. Mais la simultanéité ne se juge que par la réciprocité du lien causal, qu'autant que les phénomènes peuvent être pris tour à tour pour cause et effet. C'est donc sur la causalité que repose la matière. La première catégorie vient se fondre ainsi dans la troisième par l'intermédiaire de la seconde.

La matière, pas plus que la substance, n'a chez Leibniz le sens que Kant lui attribue. Elle appartient à la fois au monde des phénomènes et à celui des noumènes. Il faut, en effet, distinguer entre la materia prima et la materia secunda. Celle-là est inhérente à l'essence de la monade, en constitue comme la vis activa primitiva, le fond permanent et fait partie intégrante de sa notion, de sa perception totale : elle exprime l'imperfection relative qui forme son individualité et la distingue des autres monades. Celle-ci est l'effet manifesté dans le temps de la première : c'est le corps dans ce qu'il a de fixe, dans sa masse, par opposition à sa forme qui est variable. La masse seule répond dans la philosophie de Leibniz à la matière des catégories (V. Corresp. av. des Bosses, 436-440 et sq.) — cf 736).

Sans la substance physique, dit Kant, c'est-à-dire sans la matière, sans la masse, la réalité sensible ne pourrait se distinguer de l'illusion. La doctrine des analogies de l'expérience prouve qu'il serait impossible de décider si les phénomènes durent, se succèdent ou s'accompagnent, par suite d'en déterminer la place dans le temps et dans l'espace, si l'on n'était assuré d'abord de l'existence d'un élément fixe, indestructible, d'un phénomène permanent, d'une première substance sensible, de la matière en un mot, pour servir de mesure au changement sous toutes ses formes.

La matière seconde, ou la masse, chez Leibniz, ou encore la matière sans épithète fait la liaison des monades et permet seule en même temps de juger de l'ordre des phénomènes et de la réalité sensible. « Les créatures franches ou affranchies de la « matière seraient en même temps détachées de la « liaison universelle, et comme les déserteurs de l'or-« dre général. « Erd. 429. — « S'il n'y avait que des « esprits, ils seraient sans la liaison nécessaire, sans « l'ordre des temps et des lieux. Cet ordre demande la « matière, le mouvement et ses lois. » Erd. 537. — (Voir aussi Lettre à Basnage, 153. — Nouveaux essais, 344, 353, 379. — Et l'opuscule : De modo distinguendi phænomena realia ab imaginariis, 443.)

Enfin Leibniz et Kant s'entendent pour affirmer également l'idéalité de la matière, comme celle du temps et de l'espace. « Massa phœnomenon bene fundatum ex monadibus resultans. » — « Partout où il y a « de la passion, des perceptions confuses, voilà les « sens, voilà la matière. » La matière n'est qu'un affaiblissement, qu'un obscurcissement de la perception (725-539-178). Au fond il n'y a que perception et action partout. « Il y a de la spontanéité dans le « confus comme dans le distinct. » (Réplique à Bayle 188.) Kant démontre l'idéalité de la matière, en se fondant sur ce qu'elle n'exprime que la permanence des mouvements simultanés ; sur ce que le mouvement n'est qu'un ordre de sensations dans le temps et dans l'espace ; sur ce qu'enfin la sensation est un fait purement subjectif.

La physique de Leibniz et celle de Kant ne peuvent

être que dynamiques, après une conception de la matière qui fait dire à Leibniz : *corpus est agens extensum*; et qui conduit Kant à cette définition : la matière est le mobile qui remplit l'espace (*das raumerfüllende Bewegliche*). Si Kant déclare que le mouvement relatif ne peut se mesurer que par rapport à l'espace absolu, Leibniz affirme de son côté la même chose sous une forme différente : le mouvement suppose un sujet immobile du mouvement.

Pour tous deux encore, l'inertie est une illusion de la fausse métaphysique. Leibniz ne conçoit pas l'être séparé de l'action. « Omnis substantia agit. — Ens et actio in unum convertuntur » (725 Erd. Lettre à Montmort). La matière, conçue comme la simultanéité réglée des mouvements, ne permet pas davantage à Kant d'admettre la théorie de l'inertie.

Que savons-nous du mouvement réel à priori ? Quelles sont les lois nécessaires de la matière ? Cette question met Leibniz aux prises avec la physique mécanique de Descartes. Sans cesse, il revient sur l'exposé et la démonstration des principes qu'il a découverts et qu'il oppose à ceux de son devancier. Il ne prétend pas les tirer de l'expérience, quoiqu'il y trouve leur justification, et qu'il ait été mis en garde contre l'insuffisance des règles de Descartes par les contradictions qu'elles reçoivent des faits. (Voir Nouveaux Essais, 1re partie). Les propriétés générales de la matière, l'impénétrabilité, (Erd. 228), la solidité, la fluidité relative (724), les lois du mécanisme (383) ne peuvent s'établir que par la raison. « Elles ne sont pas absolu-
« ment démontrables d'une nécessité géométrique ;
« elles naissent du principe de la perfection et de

l'ordre » (Théodicée. Erd. 604 à 606). Tandis que les lois de la physique cartésienne sont fondées sur le principe des mathématiques, celui de la contradiction : celles de Leibniz reposent sur le principe de raison suffisante. C'est la perfection divine et le libre choix de sa bonté qui en sont la véritable source. « Il y a « bien d'autres égalités ou conservations merveilleuses, « qui marquent non-seulement la constance, mais « aussi la perfection de l'auteur. (Lettre à Bayle, Erd. « 193). »

Kant ne recourt pas à une supposition métaphysique, et, en même temps, il affirme avec plus d'énergie que Leibniz la certitude à priori des lois du mécanisme. Il ne les regarde pas plus que lui comme susceptibles d'une démonstration mathématique : mais la *déduction* qu'il en présente n'est pas moins certaine à ses yeux que la preuve des vérités géométriques. L'évidence métaphysique des principes à priori de la nature n'est-elle pas la condition même de toute autre certitude sensible? Sans les lois de la matière, la réalité physique nous échappe, la science des corps est impossible. La construction à priori de la matière repose sur la même nécessité théorique et le même besoin pratique, que la construction transcendentale de la réalité sensible, dans la doctrine des analogies de l'expérience.

La démonstration des trois grandes lois de la mécanique, concernant la conservation, la direction et la mesure de la force, remplit la troisième partie des Préliminaires métaphysiques à la science de la nature, et en forme le chapitre à coup sûr le plus original. Le contraste du procédé critique et de la méthode dogmatique s'y accuse de la manière la plus sensible.

Leibniz, pour prouver que « dans une heure il y a
« autant d'action motrice dans l'univers qu'il y en a
« dans quelque autre heure que ce soit » (Lettre à
Bayle Erd. 192); et pour réfuter l'opinion de Newton,
qui prétend que la force s'use dans le monde et que
Dieu a besoin de la renouveler, se contente d'invoquer
son grand principe de la raison suffisante, et de
déclarer qu'une telle supposition ne serait pas digne
de la perfection divine. Kant raisonne différemment :
si la force ou le mouvement qui la mesure et par suite
la masse n'étaient pas immuables, il n'y aurait pas d'élément fixe (*beharrlich*), pas de substance dans le monde
sensible, et conséquemment pas d'expérience possible.

La deuxième loi de la mécanique leibnizienne, celle
de l'inertie, qui veut que la réaction et l'action soient
égales (Voir Leibniz. Lettre à Montmort 725), découle
nécessairement chez Kant de la seconde catégorie de
la relation.

Enfin le principe de la combinaison des mouvements
(*Gegenwirkung*, *Simultaneität*, *Reciprocität*), d'après
lequel « les corps s'attirent en raison directe du carré
des masses, et en raison inverse du carré des distances »,
est déduit à priori avec une rigueur toute géométrique
de la notion même de la substance matérielle.

Sur tous ces points, les deux philosophes s'entendent pour défendre les lois du mécanisme; et la différence des arguments n'enlève rien à l'identité des
affirmations.

Kant ne se prononce pas dans la dynamique avec
plus d'énergie contre l'atomisme et la philosophie corpusculaire, dans la mécanique contre l'hylozoisme et

la téléologie en faveur de l'application exclusive des lois du mécanisme à la matière, que ne le fait Leibniz dans la célèbre réplique à Bayle, lorsqu'il soutient que « tout se passe dans les corps comme s'il n'y avait « pas d'âmes »; que la règle des causes efficientes y règne en maîtresse absolue, et que le matérialisme a raison d'y défendre les droits du mécanisme.

Malgré ces étroits rapports, que nous n'avons fait qu'indiquer sommairement, Leibniz et Kant n'en diffèrent pas moins sur des points importants.

Kant compose la monade de deux forces, attraction et répulsion; et sa doctrine lui permet d'établir à priori dans la dynamique la loi de la gravitation. Leibniz combat dans la correspondance avec Clarke (Erd. 777) « l'attraction à la scolastique que quelques philosophes « modernes ont voulu renouveler »; mais il n'en croit pas moins pouvoir accorder sa doctrine avec les vérités de la physique.

Il l'emporte certainement sur son successeur par une importante et dernière différence. Kant construit la matière à l'aide de deux forces opposées : mais où est l'unité qui sert de principe à ce double mouvement, puisque tout est divisible dans le monde des phénomènes ? Kant a rejeté les monades par sa doctrine des catégories : et cependant il parle de forces. Leibniz lui demanderait si des forces peuvent être autre chose que des unités vivantes, des monades.

En résumé, les deux philosophes sont d'accord sur les points essentiels dans leur métaphysique de la nature, c'est-à-dire dans leur construction à priori de de la matière : c'est qu'ils sont aussi décidément idéalistes que déterministes dans leur explication métaphysique de la réalité sensible; et que la théorie Leibnizienne du mécanisme se retrouve avec ses traits essentiels dans la doctrine des analogies de l'expérience.

Les postulats de la pensée empirique ne font qu'appliquer aux conditions de l'expérience les catégories de la possibilité, de la réalité, de la nécessité. Ici encore, on ne trouvera aucune différence entre les idées de Kant et celles de Leibniz. L'auteur de la monadologie ne déclare-t-il pas expressément que la réalité des phénomènes résulte de leur liaison d'après les règles du calcul? « Et le fondement de la vérité des choses « contingentes et singulières est dans le succès qui « fait que les phénomènes des sens sont liés juste- « ment comme les vérités intelligibles le demandent. » (Erd. 353). Leur possibilité n'est donc pas autre chose que l'accord d'une sensation possible avec ces mêmes lois; et puisque ces règles reposent toutes sur le principe des causes efficientes ou sur l'enchaînement nécessaire du déterminisme, tout ce qui est réel est, en même temps, nécessaire.

En quoi Kant contredit-il Leibniz, en soutenant que de la simple possibilité on ne peut conclure la réalité dans le monde des faits sensibles?

La réfutation de l'idéalisme, qui suit, dans la seconde édition de la critique, l'analyse de la catégorie du réel, non seulement n'est pas retournée contre Leibniz, mais ne fait qu'énoncer des principes absolument semblables aux siens. Sans la matière, dit Leibniz, les esprits manqueraient de la liaison nécessaire, seraient étrangers à l'ordre des temps et des lieux. N'est-ce pas affirmer du même coup que l'existence phénoménale, empirique du moi, qui doit avoir une place déterminée dans l'espace et la durée, ne saurait être connue en dehors de tout rapport avec les autres êtres matériels, et sans que l'existence du monde des corps soit affirmée ? L'idéalisme, au sens vulgaire du mot, est aussi contraire à la doctrine de Leibniz qu'à celle de Kant.

L'usage empirique des catégories de la modalité ne permet donc pas d'opposer les deux doctrines.

Il n'est pas moins incontestable cependant que Leibniz se sert de ces mêmes notions de la possibilité, de la réalité, de la nécessité aussi fréquemment et avec autant d'assurance dans un sens métaphysique. Le monde des possibles ne comprend pas seulement les existences sensibles, les phénomènes, mais aussi les réalités métaphysiques, les monades : il renferme aussi bien les vérités logiques ou mathématiques qui font la liaison nécessaire des choses sensibles et découlent du principe de contradiction, que les vérités empiriques morales et métaphysiques, qui dépendent de la raison suffisante. L'entendement divin est la source des possibles (Erd. 309-148 Deus regio idearum); tandis que la volonté est la raison des existences (Erd. Théodicée 614 — Correspondance avec Clarke 766-774 — Corresp. avec Arnaud dans l'Edit Janet 579-607-612).
« Ce qui est nécessaire l'est par son essence, puisque
« l'opposé implique contradiction ; mais le contingent
« qui existe doit son existence au principe du meil-
« leur, raison suffisante des choses. ». (Erd. 763.) Il n'y a pas seulement de possible que ce qui est ;
« car si rien n'est possible que ce que Dieu a créé

« effectivement, ce que Dieu a créé serait nécessaire, en
« cas que Dieu ait résolu de créer quelque chose »
(Corr. av. Arnauld 607). Nier qu'il n'y ait d'autres
choses possibles que les choses réelles, c'est méconnaître la liberté de Dieu : c'est plus encore, c'est le
nier lui-même : « ceux qui nient que de l'idée on
puisse inférer l'être nient l'être de soi » (Lettre au père
Lami. Erd. 177.) Nous n'avons pas à étudier encore
la doctrine de Leibniz sur les possibles ; nous voulons seulement établir que la catégorie du possible
est loin d'avoir pour lui le sens exclusivement empirique auquel la restreint la théorie des postulats..

Mais Kant lui-même n'est pas fidèle longtemps à sa
propre définition du possible. Ne parle-t-il pas, dès
l'analytique, d'une notion que l'entendement peut concevoir, sans la démontrer (*gedenkliche*), comme celle
du noumène ; et les idées de la Dialectique ne sont-elles pas des possibles avant que la raison pratique soit
venue en affirmer la réalité ? La philosophie de Kant
tout entière présente le saisissant contraste du dessein
sans cesse affirmé de réduire toute connaissance à
celle des faits, et de la nécessité non moins expressément avouée de chercher, dans l'intelligible et le possible, l'explication du sensible et du réel.

Si nous résumons cette rapide appréciation des
catégories et des principes correspondants de la métaphysique de Leibniz, nous dirons que les différences
des deux doctrines portent sur la forme et non sur le
fond des idées. Les mêmes termes sont pris par Leibniz dans un double sens, tantôt empirique, tantôt métaphysique ; Kant les emploie presque toujours dans la

première seulement de ces deux acceptions. De là les erreurs que la signification équivoque des mots cause, substance, matière, possibilité, réalité, nécessité a pu faire naître dans l'esprit de Kant, lorsqu'il comparait sa théorie de la connaissance empirique à celle de son devancier. Les principes de Leibniz sont des notions innées qu'une sorte de lumière divine révèle à toute raison humaine : Kant ne voit dans les catégories que des actes de la spontanéité du moi. L'esprit de l'homme les affirme comme il les produit, librement, au nom de son besoin de comprendre les choses. Mais, des deux côtés, le mécanisme des faits repose sur une conception idéaliste de la réalité sensible. C'est parce que le temps est une forme subjective de notre pensée, que le mouvement, l'espace réel, que les relations auxquelles le principe de causalité soumet les phénomènes sont aussi toutes subjectives.

§ III

LA DIALECTIQUE

La raison (Vernunft). — Les idées (Ideen).

L'Entendement (*Verstand*), à l'aide des catégories, ne fait pas autre chose que mettre de l'ordre dans les représentations sensibles (*Gesetzmässigkeit*). L'imagination sans doute les coordonnait, mais dans une synthèse empirique, variable, incertaine : l'entendement les enchaîne par des règles nécessaires, universelles.

Or l'ordre suppose l'unité : il la manifeste et il en

vient. La pensée n'a réalisé par les catégories qu'un ordre imparfait, puisqu'il n'est pas rapporté à l'unité où il a son principe et sa fin. La raison aspire à couronner l'œuvre incomplète de l'Entendement.

Ici s'accuse, sans qu'il soit besoin d'y insister, la subtilité et la fragilité des divisions, auxquelles la pensée de Kant s'arrête trop volontiers, sur la foi de l'ancienne logique. Comme celle-ci distinguait la simple appréhension, le jugement, et le raisonnement, Kant sépare la sensibilité, l'entendement et la raison. Il ne songe pas assez que le même besoin d'ordre et d'unité s'exprime sous ces formes différentes de la connaissance théorique. Le successeur immédiat de Kant, Reynold n'eut pas grand peine à le démontrer.

Quoi qu'il en soit, sous les trois formes du raisonnement, catégorique, hypothétique, disjonctif, c'est l'unité que poursuit la raison : l'unité, sans laquelle l'ordre établi par les catégories n'est ni complet, ni garanti. En négligeant le détail des divisions factices, à l'aide desquelles Kant fait rentrer dans sa théorie la critique des trois grandes formes de l'ontologie, la psychologie, la cosmologie et la théologie rationnelles, nous pouvons affirmer que la recherche de l'unité, de l'absolu (*unbedingt*) est le seul objet que la raison (*Vernunft*) se propose.

Mais l'absolu ne se rencontre ni dans la réalité sensible, en nous ou en dehors de nous ; ni dans la région des possibles : c'est ce que la critique des paralogismes, des antinomies et de la théologie a pour but d'établir.

L'expérience ne saurait atteindre l'unité ni du sujet, ni de l'objet, ni du possible. Elle la poursuit, s'en rapproche indéfiniment sans la saisir jamais. C'est un but (*Aufgabe, Postulat*), qu'elle cherche à réaliser : non un objet réel (*aufgegebenes Objcct*) qu'elle puisse embrasser.

Comment le sujet pensant, dans son identité, sa simplicité, sa liberté, sa spiritualité, serait-il un objet d'expérience, puisque les intuitions sensibles, qui constituent l'élément de l'expérience, sont toutes successives, divisibles, dépendantes ; puisque la réalité des sensations internes ne se peut mesurer qu'à l'aide des sensations externes ?

Comment, avec les sens, saisir dans le monde l'unité du tout ou des parties, la cause absolue, la substance nécessaire ?

Enfin le principe absolu de toute possibilité ne saurait davantage se rencontrer dans le temps, où tout est contingent.

On ne peut affirmer l'unité du moi, qu'en confondant le moi phénoménal de la conscience empirique avec le moi logique de la pure conscience ; parler du monde comme d'un tout donné, fini ou infini, dépendant ou nécessaire, qu'en s'engageant dans d'inévitables contradictions, d'insolubles antinomies ; enfin vouloir démontrer théoriquement l'existence de l'être nécessaire, sans commettre une pétition de principe, sans prendre le possible pour le réel, sans violer les règles impérieuses de l'analytique.

Kant établit victorieusement dans la dialectique, une double vérité. Ni l'unité, ni l'absolu ne sont des données de l'expérience ou de la réflexion qui travaille sur les données des sens. Le monde des phénomènes, ni en nous, ni hors de nous, ne peut les contenir.

Et cependant la raison poursuit l'absolu ; et Kant ne se lasse pas d'affirmer que l'illusion transcendentale et inévitable (*unvermeidliche Illusion*). Il se garde bien de nier l'absolu ; et reconnaît même que nous pouvons le concevoir, à titre d'Idée, de Postulat. S'il déclare expressément que nous le chercherions en vain sur la scène mobile de la réalité sensible, il n'affirme pas, avec moins de décision, qu'il peut se rencontrer dans une région supérieure, inaccessible aux sens, celle des noumènes. La dialectique nous laisse entrevoir la possibilité, sur laquelle revient la méthodologie, d'en faire l'objet d'une certitude morale ; et l'on sait comment la critique de la raison pratique a tranché la difficulté, et transformé le doute en affirmation.

Mais Kant n'avait pas attendu la Dialectique pour s'élever à l'idée de l'absolu, pour affirmer, sinon la possibilité de le démontrer, du moins la nécessité de le concevoir. Au cœur même de l'analytique, n'avait-il pas montré que la vraie cause et la vraie substance ne se rencontrent que dans l'absolu, et ne sauraient être des données de l'expérience (catégories de la relation). Le principe générateur des catégories, le « *je pense* » de la pure apperception n'était-il pas lui aussi une affirmation involontaire de l'absolu ? Kant nous le décrit comme l'unité suprême à laquelle la pensée et la nature sont suspendues ; comme la puissance souveraine, qui détermine les conditions à priori de toute intelligibilité, de toute réalité sensible ; comme la source commune enfin des intuitions à priori des catégories et des idées. Il semble au premier abord que la sensibilité, l'entendement et la raison n'ont pas la même racine ; mais qu'on aille au fond de la doctrine, qu'on étudie surtout le chapitre si profond et si riche en vues originales, que Kant consacre à la déduction des catégories : et l'on reconnaîtra sans peine que toute synthèse, celle de la sensibilité, comme celle de l'entendement et de la raison, repose sur l'activité libre, sur la spontanéité de la pure conscience (*reine Ich*), qui n'est autre que la conscience de l'unité absolue. Sans doute, Kant laisse le non-moi, la chose en soi, en dehors du moi ; la matière de la connaissance, les impressions (*Empfindungen*) sont indépendantes du moi, tandis que les formes à priori de la pensée sont les produits de sa spontanéité. L'unité du moi logique ou théorique n'est qu'une unité formelle : mais c'est le seul absolu que puisse admettre un système, qui oppose aussi catégoriquement le moi et le non-moi. La pure apperception contient déjà l'unité, à la poursuite de laquelle l'esprit se fatigue inutilement dans la dialectique. Kant, tout entier à la réfutation du dogmatisme des écoles, ne songe qu'à tracer les bornes de l'expérience et de la réflexion. Il oublie qu'il a, dans la pure apperception, un principe supérieur à l'une et àl'autre. L'absolu n'est donc pas étranger à la pensée de Kant, il l'obsède au contraire ; il l'inspire, il la domine à son insu. Cette doctrine, qui semble prendre à tâche de tout subordonner aux exigences de l'expérience, et d'en défendre exclusivement les droits contre les empiètements du dogmatisme, ne peut échapper à la nécessité de fonder sur l'absolu la connaissance du relatif, sur l'idéal la science du réel ; de faire en un mot découler la réalité empirique d'un principe métaphysique.

La doctrine de Leibniz n'est pas plus profondément pénétrée de l'idée de l'unité, de l'absolu. Mais elle en a une conscience plus claire ; elle en parle plus volontiers, ou plutôt elle ne peut se lasser d'en proclamer l'existence. Elle ne croit pas que l'affirmation constante, que la pensée toujours présente de l'absolu soit une menace pour les droits de l'expérience et que la science ait rien à redouter de la métaphysique. C'est à la lumière de l'absolu, au contraire, que tout s'éclaire par Leibniz : le monde des possibles, comme celui des existences : les noumènes comme les phénomènes : la réalité intelligible comme la réalité sensible. L'absolu n'est pas plus, pour lui que pour Kant, l'objet des sens ou de la réflexion. Et comment la suprême unité serait-elle accessible aux puissances inférieures de la pensée, alors que l'unité relative, contingente de la monade créée échappe elle-même entièrement à leur prise ? La monade, dans son unité dérivée et dans son infinité successive, n'est, sans doute, qu'une ombre de l'absolu « mentes partes totales, — ce sont de petits dieux ». Pourtant, si elle engendre le temps, elle lui est supérieure ; en elle le changement a son principe inaltérable. Les sens, qui ne saisissent que la succession et la diversité, ne sauraient donc l'atteindre.

Les paralogismes de la psychologie rationnelle n'auraient pas trouvé dans Leibniz un contradicteur moins impitoyable que Kant lui-même. Comment l'auteur de la monadologie aurait-il approuvé des doctrines qui reposent sur la distinction substantielle de l'esprit et de la matière ? Mais s'il rejetait le spiritualisme Cartésien, il n'en affirmait pas moins l'unité du moi, comme de toute substance réelle (ens et unum convertuntur). Il ne demandait pas sans doute cette unité aux sens ; il la présentait au contraire comme la condition nécessaire de toute pensée, aussi bien de la connaissance empirique que de la connaissance métaphysique. Kant est obligé aussi, nous venons de le voir, d'affirmer l'unité logique ; de soutenir la simplicité, l'identité, la spontanéité absolue du moi de la pure apperception. Sans doute, il y a bien des différences entre le moi de Leibniz et celui de Kant. Les deux philosophes néanmoins s'accordent dans l'affirmation d'une unité suprasensible, que l'un appelle métaphysique, l'autre transcendentale, mais qui est également, sous des noms différents, la raison dernière de la pensée et de la réalité sensible.

La cosmologie de Wolff n'est pas moins opposée aux principes de la monadologie que sa psychologie cartésienne ; et le chapitre des antinomies n'aurait certes pas été désavoué par Leibniz. L'idée de l'infini avait occupé la pensée de ce profond dialecticien à bien des reprises, et surtout dans ses réflexions sur Locke (Erd. 138), dans ses Nouveaux Essais (id. 241), et dans sa correspondance avec des Bosses (436-439 id.) « Je « crois avec M. Locke, qu'à proprement parler, on « peut dire qu'il n'y a point d'espace, de temps ni de « nombre qui soient infinis. » (Erd. 138). — « Il n'y a « jamais un tout infini dans le monde, quoiqu'il y ait « des touts plus grands les uns que les autres à l'in« fini. L'univers même ne saurait passer pour un tout, « comme j'ai montré ailleurs. (id. 241). Si, dans certains passages, Leibniz a pu dire, comme dans la réponse à

Foucher : « je suis pour la matière actuellement divi-
« sée à l'infini » (id. 115), ce sont là des formes
abrégées de langage (loquendi compendium, id. 436)
qu'il est permis d'employer, pourvu que la valeur philosophique n'en soit pas méconnue. « Ego philoso-
« phicè loquendo, non magis statuo magnitudines
« infinitè parvas, quam infinitè magnas » (id. 436).
Ainsi, pour Leibnitz comme pour Kant, le monde n'est
pas un tout, ni infini, ni fini soit en grandeur soit en
petitesse; mais il peut toujours être développé ou
divisé indéfiniment.

La monade, en effet, déroule éternellement, dans une
série inépuisable de perceptions particulières, la représentation totale de l'univers. L'infinité est dans la
notion indivisible qui la constitue ; mais c'est un infini
en puissance, qu'elle n'amène à l'acte que graduellement, et d'une matière toujours incomplète. Le temps
et l'espace ne sont, à leur tour, que des images imparfaites de la véritable infinité, comme l'unité contingente
de la monade n'est qu'une ombre de l'unité absolue.

Si Leibniz rejetait l'existence d'un tout infini, soit
réel, soit idéal, il ne serait pas plus venu à sa pensée
de construire le monde physique avec des monades,
des points métaphysiques, qu'avec des atomes, avec
des zéros d'étendue. La critique de la seconde antinomie ne l'aurait pas moins satisfait que celle de la première. N'insiste-t-il pas, dans sa correspondance avec
des Bosses, sur cette vérité que les monades peuvent
être accrues ou diminuées en nombre, sans que la
masse de la matière soit modifiée ? Rappelons-nous
d'ailleurs que la matière est un phénomène, que
l'étendue n'est au fond qu'une perception confuse, et

que les monades sont les principes, mais non les éléments de cette représentation confuse.

La doctrine de Leibniz nous conduit donc aux mêmes conclusions que la critique des deux antinomies mathématiques : à savoir que l'unité, l'inconditionnel ne se rencontre ni dans l'étendue, ni dans le temps ; que l'infiniment grand n'existe pas plus en réalité que l'infiniment petit dans le monde des phénomènes ; et que l'univers ne peut être considéré comme un tout indépendant de la pensée.

La distinction du csractère intelligible et du caractère empirique, où Kant déclare trouver la solution des antinomies dynamiques, répond à celle des monades et des phénomènes. Il s'agit, pour Leibniz comme pour Kant, entre les noumènes et les choses sensibles, d'un rapport de dépendance, non d'antériorité. Il ne nous paraît pas que cela ait besoin d'une plus longue explication.

Si la critique des deux dernières antinomies ne prouve pas la réalité de la liberté et de Dieu, elle établit au moins que le contraire ne peut être démontré et laisse à la Raison pratique le soin de trancher la question. Nous ne trouvons pas chez Leibniz une telle réserve ; et la raison, sous sa double forme théorique et pratique, lui paraît nécessairement enchaînée à l'affirmation de l'absolu.

A la quatrième antinomie se rattache la critique de la théologie rationnelle. L'Être nécessaire, dont elle a justement reconnu la possibilité, est le concept même sur lequel reposent les démonstrations de la théodicée traditionnelle. L'Être absolu est celui de qui tout dépend : de lui dérive toute la réalité qui se rencontre dans les créatures. Or, cette réalité est l'objet du jugement : les affirmations de tous les jugements possibles portent sur les attributs positifs de l'être en général. Ils s'accordent entre eux, et déterminent par leur ensemble (*Inbegriffe*) la compréhension totale de l'Être : tel est l'idéal de la Raison pure, la perfectio noumenon. Là nous trouvons la commune mesure de toute vérité et de toute perfection ; les êtres contingents n'ont de réalité que la part qu'ils prennent à cette réalité idéale. Kant reconnaît l'usage logique de l'idéal de la raison pure, qu'il regarde comme la plus haute unité à laquelle puisse s'élever la raison théorique, dans l'application de son activité synthétique à priori aux données de l'expérience. Mais cette notion suprême, cette idée dont la compréhension est formée par la réunion de tous les attributs positifs des êtres sensibles, et dont l'extension se mesure à celle même des choses que notre perception embrasse, doit toute sa réalité aux données de l'expérience, et ne serait sans elle qu'un concept vide (*Begriff ohne Anschaung leer*), qu'une forme vague de la pensée. En concevant l'idéal de la raison pure, la pensée n'échappe donc pas aux conditions rigoureuses que l'analytique lui a imposées : elle ne s'est pas affranchie de la dure loi d'emprunter toutes ses connaissances véritables à l'expérience. Les théologiens méconnaissent les postulats de la pensée empirique, lorsqu'ils prétendent démontrer à priori la réalité et déterminer la nature de l'idéal de la raison pure. Ils oublient que du possible on ne peut faire sortir le réel.

Sans doute, de la possibilité empirique on ne peut

tirer la réalité empirique : mais Kant a reconnu qu'on peut concevoir d'autres possibilités que celles-là. Il a déclaré lui-même, dans les antinomies dynamiques, que le principe des phénomènes peut être conçu comme un noumène. Il est donc permis de chercher dans un possible l'explication du réel : et l'être nécessaire, comme la cause première, figurent parmi ces possibilités purement intelligibles, dont il laisse à la raison pratique le soin de démontrer la réalité.

Au fond, Kant justifie le mot que Leibniz écrivait à Lami. « Ceux qui nient que de l'idée on puisse inférer « l'Etre, nient l'être de soi. Mais, si l'être de soi n'est « pas possible, les êtres par autrui le sont égale- « ment » (Erd. 177). Dieu n'est pas, d'ailleurs, pour Leibniz, la collection des attributs positifs des êtres sensibles, ce qu'est l'idéal de la raison pure. Ni le Dieu de Spinoza dans son absolue infinité ne répond à un tel concept ; ni même celui de Wolff, qui a soin d'écarter de l'essence divine tous les attributs que les êtres tirent des sens, de leur imperfection : à plus forte raison, le Dieu de Leibniz, qui réunit à la fois l'infinité du premier et la perfection du second, ne saurait-il être confondu avec l'idéal de la raison pure.

La critique dirigée contre l'argument ontologique ne fait justice, à vrai dire, que des raisonnements vicieux par lesquels les maladroits théologiens de l'école de Wolff avaient entrepris de le rajeunir. Nous avons déjà eu l'occasion de les signaler, et de montrer que Leibniz n'en saurait être rendu responsable.

La réfutation de l'argument cosmologique ne l'atteint pas davantage. Il sait très-bien que ce n'est pas avec le principe des causes efficientes qu'on arrive à Dieu, et il dit expressément qu'il faut recourir à celui de raison suffisante.

Il aurait approuvé les objections que Kant accumule contre la physico-théologie de son temps. Ne dit-il pas que la forme sous laquelle les sens saisissent le monde n'est qu'une expression, toujours renouvelée et toujours incomplète, de l'infinité et de la perfection réelle des choses?

Pas plus dans la dialectique que dans l'esthétique et l'analytique, nous n'avons découvert que les conceptions de Kant fussent véritablement opposées à celles de Leibniz. La seule différence que nous avons à signaler jusqu'à présent entre les deux philosophes c'est que l'un accorde à la raison théorique la connaissance des noumènes, de l'unité, de l'absolu, tandis que l'autre la lui refuse, pour la réserver à la raison pratique.

La critique de la raison pure n'entreprend, au fond, que de déterminer les règles à priori de l'expérience. Le savoir théorique (Erkenntniss), dont elle analyse les lois, c'est la connaissance que l'entendement tire des données des sens.

Si Kant a commencé son œuvre critique par l'étude des jugements à priori des mathématiques et des sciences physiques, c'est que le scepticisme de Hume s'attaquait, ou, du moins, faisait surtout courir des risques à ces deux formes de la connaissance. L'école sensualiste rangeait d'ordinaire les vérités morales et religieuses dans une sphère étrangère et supérieure à la certitude théorique, et les considérait volontiers comme des objets de foi morale, de sentiment pratique. Kant avait toujours penché vers cette manière de voir. Mais jamais il n'aurait pu s'accommoder d'une philosophie qui compromettait la science : et son premier effort fut de défendre la certitude des mathématiques et de la physique contre les négations et les doutes du sensualisme, contre le dogmatisme imprudent des métaphysiciens. C'est à cette œuvre qu'est consacrée la critique de la raison pure. S'il se montre dans l'esthétique et dans l'analytique l'adversaire décidé des sceptiques, il combat dans la dialectique l'intempérance des dogmatiques. Il en veut à ces derniers de compromettre les droits de l'expérience ; et la dialectique comme la méthodologie ne sont, à vrai dire, qu'une protestation énergique en faveur de la science empirique contre les empiètements de la spéculation.

Mais l'esprit, dont les besoins vont au-delà des exigences de la pensée empirique, et que la connaissance positive ne suffit pas à satisfaire, conçoit des principes qui dépassent la sphère de l'expérience, tels que l'unité, l'infini, l'absolu. La critique de la raison pure établit que le monde des phénomènes ne peut justifier la vérité de ces conceptions supérieures, tout en déclarant aussi qu'il ne peut la contredire. C'est en ce sens que doit s'expliquer la contradiction apparente de la critique de la Raison pure et de l'Essai sur l'unique démonstration de Dieu de 1763, dont il a été question plus haut (page 122). La pensée de Kant n'échappe pas plus, en réalité, aujourd'hui qu'alors, à la nécessité de rechercher dans l'absolu le principe dernier des idées et des existences. Mais Kant refuse à la raison théorique le pouvoir de démontrer l'absolu pour le réserver à la raison pratique : il ne reconnaît à la première que le droit d'en admettre la possibilité.

Est-il vrai que la pensée s'en tienne là ; et que, reconnaissant son impuissance à démontrer expérimentalement l'absolu, elle se borne à l'admettre comme possible ? Est-il vrai que la certitude théorique n'exige rien de plus ? Mais l'unité, l'absolu ne sont pas moins nécessaires aux catégories, que les catégories aux phénomènes. Les catégories ne sont, après tout, que les règles de l'ordre universel ; et l'ordre ne s'entend pas sans l'unité, sans l'absolu. Kant le sent bien lui-même, puisqu'il fait de la pure apperception le principe suprême de toute connaissance. Cependant ce principe n'est pour lui qu'une unité formelle ; et n'exprime qu'une nécessité de la pensée, non une nécessité des choses. Kant oublie que, si la pensée et la réalité n'ont point un commun principe, toute explication, toute certitude devient impossible. Comment s'assurer que le monde est conforme aux lois que lui trace l'esprit, puisqu'un dualisme insurmontable sépare le moi de la chose en soi ? Si Kant, dans cette poursuite de l'absolu, qui dirige au fond tous les mouvements de la raison théorique, ne cherche que l'unité logique, il l'a déjà dans le je pense, le moi de la pure apperception : mais reste toujours l'unité réelle ; et celle-ci aussi est indispensable à la pensée.

Leibniz place, comme Kant, l'unité et l'absolu en dehors des phénomènes. Mais il ne se borne pas à faire de la monade une unité formelle : elle est pour lui une unité formelle et matérielle tout à la fois, principe de la connaissance et de la réalité sensible. La pensée et la nature sortent de ce germe commun, dont elles développent à travers le temps sans limites l'inépuisable fécondité ; dont elles expriment l'unité inaltérable dans la diversité sans nombre de leurs formes mobiles. On comprend dans cette doctrine ce que le dualisme de Kant rend incompréhensible, l'accord des lois de la pensée et des lois de la nature, puisque toutes deux ont un commun principe. Mais cette unité et cette infinité de la monade créée ne sont que contingentes. L'existence d'autres monades ne permet pas à la pensée de se contenter de ces unités relatives et imparfaites : il les faut rattacher à l'unité absolue, à la monade suprême, à Dieu : et c'est ce que fait Leibniz.

CHAPITRE II

LE MONDE DES PHÉNOMÈNES

Le jugement téléologique. — La finalité de la nature.
(Zweckmässigkeit).

La doctrine des catégories est, en quelque sorte, le développement, original et profond sans doute, de la doctrine résumée par Leibniz dans son court opuscule sur la distinction des choses réelles et des choses imaginaires. Le principe de causalité n'est autre que celui des causes efficientes. A l'aide des règles qui en dérivent, la place que les phénomènes occupent, dans le temps et par suite dans l'espace, peut être déterminée d'une manière nécessaire, universelle. La nature, qui n'est que l'ensemble des rapports constants auxquels tous les esprits soumettent les impressions sensibles, se trouve par là-même constituée au regard de l'entendement.

Mais est-ce assez de pouvoir dans le monde physique discerner la réalité de l'apparence? Savoir que les choses sont, ce n'est pas encore connaître ce qu'elles sont. Les règles du déterminisme permettent d'assigner aux phénomènes une place invariable dans le temps ; mais elles ne nous disent rien de leur nature. Les lois de la matière sont communes à tous les faits physiques : elles ne représentent que l'élément commun, général des corps, c'est-à-dire les rapports mécaniques qui les enchaînent dans l'espace, et font qu'ils appartiennent à un même monde d'objets. Mais la matière n'est pas tout dans les corps ; ses propriétés sont les plus générales, mais aussi les plus pauvres ; et les mathématiques, qui en rendent compte, n'éclairent que la surface des choses, que le squelette en quelque sorte de la réalité physique.

La vie, c'est-à-dire la diversité spécifique, individuelle des corps, est ce qui nous intéresse le plus, ce qu'il nous importe le plus de comprendre. Les êtres vivants réalisent des fins : et la fin est une unité formelle, qui échappe à la divisibilité du temps et de l'espace, par suite aux explications du déterminisme. Les monades sont justement de telles unités formelles. Partout où il y a une diversité ramenée à l'unité, il y a perception et par suite manifestation d'une monade Leibniz analyse toutes les formes de l'être, la nature entière dans l'infinie variété de ses productions : la pensée, la vie, le mouvement; ou l'esprit, l'organisme, la matière. Les formes sont présentes à tout : car la finalité explique seule l'action ; et l'action est partout dans l'univers, au sein de la masse en apparence inerte, comme dans le monde des êtres vivants. « Je « ne connais pas, dit Leibniz, ces masses inertes et « vaines dont parlent les physiciens. » Etre et agir, pour lui, sont synonymes, « omnis substantia agit. »

Kant aussi reconnaît que l'inertie n'est qu'une illusion, et que l'essence de la matière réside dans le mouvement. Mais il semble croire que le mouvement peut s'expliquer sans un principe formel. Il ne réfléchit pas que sa construction à priori de la matière justifie au fond la monadologie. Les préliminaires métaphysiques à la science de la nature (metaphysische Anfangsgründe zur Naturwissenschaft) définissent la matière : le mobile qui remplit l'espace (das raumerfüllende Bewegliche). Elle est un principe d'action ; un centre de forces qui s'opposent et s'équilibrent ; une dualité incessamment ramenée à l'unité ; une antithèse qui se résout perpétuellement en synthèse. Les forces de l'attraction et de la répulsion sont soumises à des règles admirables d'ordre et par suite de raison, aux règles mêmes des mathématiques. Qu'est-ce à dire, sinon que la matière est pénétrée d'intelligence. « Si la matière, dit Leibniz, était une substance comme on la conçoit ordinairement, elle suivrait des lois brutes, bien éloignées de la convenance » (Lettre à Montmort). Nous dirions autrement : si la matière était étrangère à l'intelligence, on ne pourrait s'expliquer tout ce qu'il y a en elle d'intelligible. Les centres de force, d'activité raisonnable, que Kant place à tous les points de l'espace, sont donc nécessairement, comme les monades, des principes de perception qui contiennent dans leur unité interne la raison d'une diversité extérieure. Nous ne pouvons concevoir comment la diversité se rencontre avec l'unité, sans diviser l'être, sans en altérer la simplicité ; comment elle existe, en un mot, en dehors de l'espace, autrement que comme nous la trouvons en nous-mêmes dans notre conscience. Les forces, qu'elles se manifestent à nous par des mouvements purement mécaniques ou par l'activité de l'organisme, sont des analogues de l'âme (analoga aminabus), la seule unité formelle que nous connaissions directement.

Se contentera-t-on, avec Kant, de placer le principe

de ces *formes* dans la pensée de l'homme ? Mais, objecterait Leibniz, ou l'unité, l'ordre ne sont qu'en nous, ou ils résident dans les choses : et comment admettre sans absurdité la première supposition ? Les principes formels doivent donc être chez Kant, comme ils le sont pour Leibniz, des principes *objectifs* de *perception*.

Ainsi la théorie de Kant sur la finalité des organismes, comme la déduction à priori de la matière, affirment partout dans la nature l'action de principes semblables aux monades ; et démontrent la nécessité d'ajouter aux causes du mécanisme les règles de la finalité.

Nous avons toujours à rechercher pourquoi l'idée de la finalité n'est, pour Kant, qu'un principe régulatif, non constitutif du jugement ! La critique du jugement nous permet d'en faire usage pour nous expliquer les choses ; mais elle ne nous reconnaît pas le droit d'affirmer qu'une autre intelligence ne pourrait s'en passer pour les comprendre. Nous prêtons à la nature des fins, sans savoir si elle les poursuit réellement. Leibniz dit, tout au contraire, que les fins seules sont réelles. L'univers véritable, celui des monades, est un système de fins qui tendent éternellement à se réaliser. L'univers matériel n'est qu'un phénomène, une illusion, dont toute la vérité est de servir à la réalisation de ces fins métaphysiques (materialia pendent a spiritualibus ; causæ efficientes pendent a finalibus). Pour l'un, la cause finale, la forme est le principe auquel la matière emprunte l'existence et l'intelligibilité ; pour l'autre elle n'est qu'un principe d'explication, non de production.

Ces divergences ne sont pas aussi profondes qu'on serait tenté de le croire au premier abord. Kant ne dit pas que la finalité soit étrangère à la production des organismes : il se borne à démontrer qu'elle est nécessaire à l'explication que nous en poursuivons. Sa recherche est purement critique, celle de Leibniz est métaphysique. Le premier ne veut rendre compte que de notre savoir, le second de la nature des choses. L'un cherche dans le sujet, l'autre dans l'objet la raison de la connaissance. Celui-ci se place au point de vue de la production, celui-là au point de vue de la réflexion.

Il n'en reste pas moins à se demander comment Kant a pu être conduit à restreindre ainsi la portée du principe de la finalité. Et cependant, dans l'essai sur l'unique démonstration de l'existence de Dieu, il tenait un langage analogue à celui de Leibniz. Il voyait, aussi bien dans les merveilles du mécanisme naturel et dans les harmonies mathématiques, que dans les combinaisons de l'organisme, l'action d'une intelligence souveraine, partout présente à nos esprits et à la nature : pourtant alors il ne distinguait pas moins nettement que dans la suite le mécanisme et la finalité. D'où vient que, dans la critique du jugement téléologique, la réalité objective de la finalité lui paraît moins évidente ?

La distinction des principes du déterminisme (*bestimmende Urtheil*) et des règles de la réflexion (*reflectirende*), des lois constitutives et des lois régulatives, répond chez Kant à une vue profonde que Leibniz aurait certainement adoptée. Les principes du mécanisme sont nécessaires, en ce sens qu'ils déter-

minent pour la pensée l'existence même des choses sensibles ; les fins sont contingentes, parce que chacune d'elles pourrait être différente, parce qu'elles pourraient nous demeurer ignorées, sans que la réalité des objets fut pour cela mise en péril. Ce qui le prouve d'une façon péremptoire, c'est que les premiers nous permettent de reproduire les choses qu'ils expliquent, tandis qu'avec les secondes nous y sommes absolument impuissants. Bacon avait dit : « homo tantum potest quantum scit ». Kant retourne la pensée : « savoir, c'est pouvoir créer. » Rappelons-nous le passage si décisif de la critique du jugement : « On ne
« comprend pleinement les choses qu'autant qu'on
« peut, à l'aide des idées que l'on s'en fait, les produire
« soi-même à son tour et les gouverner à son gré. »
(Kr. d. Urth. 396. V.)

Leibniz ne distinguait-il pas, dans le même sens, la physique mécanique et la physique expérimentale : « Je viens à la physique; et je comprends maintenant
« sous ce nom toutes les notices expérimentales des
« choses corporelles, dont on ne peut pas encore don-
« ner la raison par des principes géométriques ou méca-
« niques. Aussi ne les a-t-on pu obtenir par la
« raison, et à priori, mais seulement par l'expérience et la
« réflexion » (Lettre au père Bouvet. 146).

Le succès si différent, qui est réservé à la méthode du mécanisme et à celle des causes finales, explique la préférence des Cartésiens pour la première, et l'abandon, le dédain où la seconde avait été laissée par eux. Leibniz ne se montre pas moins convaincu que les Cartésiens des services, que la science doit à l'application du principe des causes efficientes; mais il ne veut pas lui sacrifier celui des causes finales. Kant est aussi persuadé que Leibniz de l'excellence et du rôle du mécanisme dans la science de la nature ; mais, tout en voulant faire la part à la finalité, il semble moins pénétré que son devancier de la nécessité d'y recourir. Ce n'est au fond qu'une apparence.

Kant incline tellement à croire que le mécanisme et la finalité peuvent s'associer dans la nature des choses, comme ils s'unissent dans notre pensée, que toute la dialectique du jugement téléologique a pour objet de montrer comment les antinomies, qui semblent résulter de l'opposition de ces deux principes différents, viennent cependant se résoudre dans la distinction si souvent reproduite du caractère intelligible et du caractère empirique, des noumènes et des phénomènes.

Le caractère intelligible contient dans son unité inviolable, dans la pleine indépendance de son essence immuable, la diversité infinie d'éléments que le caractère empirique déroule dans le temps, conformément aux règles inflexibles du déterminisme. Tout ce qui est nécessité dans le second est liberté dans le premier ; matière dans celui-ci est pensée dans celui-là ; succession et division dans l'un est simultanéité et simplicité dans l'autre. Ce n'est pas assez dire : le caractère empirique ne fait que manifester le caractère intelligible, comme la série des conséquences exprime et développe le principe. Sans doute Kant se sert surtout de la théorie des deux caractères pour expliquer la double nature de l'homme, pour résoudre l'opposition apparente des sens et de la raison, du naturel et de la moralité. Mais la discussion de la troisième antinomie, comme la dialectique du jugement, montrent assez qu'il l'applique également à la conciliation non moins importante de la finalité et du déterminisme dans les corps organisés. Le caractère intelligible est donc, comme la monade, un principe formel en qui résident la pensée et la liberté; et le caractère empirique, c'est la nature, la nécessité, la matière. Kant ne subordonne pas moins étroitement les phénomènes aux noumènes, que Leibniz ne fait les choses sensibles à la monade.

Il va même jusqu'à parler d'une puissance supérieure qui réaliserait dans la matière les idées conçues par son entendement; pour qui la connaissance serait synthétique au lieu d'être, comme la nôtre, analytique. En elle, l'idée du tout accompagnerait celle des parties, parce qu'elle verrait les choses en les produisant. Pour elle, enfin, créer et savoir, la réalité et la science seraient identiques. La finalité et le mécanisme seraient réconciliés dans une telle intelligence, car la forme et la matière lui seraient données du même coup. Cet entendement architectonique, intuitif, comme l'appelle Kant, c'est l'entendement divin, tel que le conçoit Leibniz.

Toutefois n'oublions pas que cet entendement archétype n'est pour Kant qu'une hypothèse, comme celles qu'il se plaît à multiplier dans ses trois critiques; et que, à la raison pratique seule, il appartient de prononcer en dernier ressort sur la vérité ou la fausseté de pareilles conceptions.

On peut dire, d'une manière générale, que le principe de finalité et ses conséquences diverses ne sont pour Kant que des postulats de la pensée, comme les autres idées de la raison pure. Ils servent à nous rendre compte d'une certaine classe de faits, les phénomènes de l'organisme, que nous ne saurions nous expliquer autrement. Mais ne pouvons-nous pas dire que tous les jugements à priori, ceux de l'entendement et ceux du jugement, ne sont aussi que des hypothèses, les unes plus indispensables comme les règles constitutives de l'entendement, les autres moins nécessaires comme les principes régulatifs du jugement, qui concourent à la formation et au développement de la connaissance spéculative ou de la science ?

Kant n'en expose pas moins avec une admirable rigueur toutes les conséquences qui découlent du principe des causes finales, comme s'il était assuré de sa réalité. Il lui suffit que le contraire n'en soit pas démontrable, et que les antinomies, auxquelles il donne lieu, ne soient pas insolubles.

Il fait l'application de l'idée de l'absolu au jugement téléologique, comme il l'avait essayé pour les diverses catégories de l'entendement. La raison aspire à connaître l'enchaînement systématique des fins que le jugement découvre dans la nature; elle cherche donc la fin absolue à laquelle toutes les autres conspirent. Ce n'est pas dans le monde sensible que l'absolu, aussi bien de la finalité que de la causalité, peut se rencontrer. L'homme seul le contient, mais l'homme comme être moral, comme personne, ou volonté pure, comme noumène enfin.

Ici en même temps que l'absolu est atteint, la certitude nous est donnée du même coup. Le principe de finalité perd son caractère hypothétique de postulat théorique, pour se transformer en postulat pratique, et participer ainsi à la certitude suprême qui n'appartient qu'à la loi morale. Il perd son caractère subjectif, régulatif, pour prendre une valeur objective.

L'univers entier n'est que l'instrument de la loi morale. Tout y sert à la réalisation de cette loi. Comme elle nous commande de travailler au souverain bien, c'est-à-dire au bonheur par la vertu, il faut croire que le monde est fait pour la félicité des âmes vertueuses Toutes les fins particulières, que la nature paraît poursuivre, ne sont au fond que les moyens par lesquels elle prépare la réalisation de cette fin suprême (*Endzweck*). Le monde sensible n'est propre qu'à servir de théâtre à l'activité des êtres libres; et la riche variété des espèces vivantes n'est que l'instrument de la destinée des êtres raisonnables. Si nous voulons connaître le comment et le pourquoi des choses dans l'univers, la nature et la fin de tous les êtres, demandons-nous uniquement quel rapport ils ont au bien des esprits, des volontés libres.

Leibniz conçoit aussi que la vie universelle conspire à la félicité des âmes, des monades intelligentes; que le royaume de la nature est subordonné à celui de la grâce; que, dans l'infinie diversité des créatures, les monades spirituelles forment un règne à part, une république dont Dieu est plus spécialement le monarque (Lettre à Arnaud, 107; de rerum originatione radicali, 149). Il admet que les esprits ont des privilèges, et qu'ils sont affranchis des révolutions de la matière; et que les choses sont arrangées de telle sorte que toute bonne action porte avec soi sa récompense et toute mauvaise son châtiment. Mais il reconnaît que la nature a une beauté et des fins propres; et que Dieu ne s'y révèle pas moins comme un artiste suprême, que comme un Être souverainement juste et bon.

Et ce n'est pas la seule différence qui sépare sa conception de la finalité naturelle d'avec celle de son successeur. Leibniz croit que le monde est organisé de telle sorte, que chaque créature y goûte la félicité qu'elle mérite. Le plaisir est attaché à la perfection, et en mesure le développement par sa propre vivacité. Kant affirme, au contraire, que le bonheur est loin de répondre à la perfection des êtres; et que, chez l'homme notamment, il est plutôt en raison inverse. Tous les progrès des sciences et des arts, comme dit Rousseau, n'ont pas augmenté la félicité de l'homme, et ont plus ajouté à ses besoins qu'à ses jouissances. La vie sauvage, dans sa rude simplicité, atteint, plus sûremeut et à moins de frais, le bonheur que nous demandons en vain aux inventions de notre civilisation. Leibniz, en un mot, est optimiste; Kant, pessimiste. Nous aurons l'occasion d'apprécier ce débat, dans toute son étendue, en traitant du rapport de la vertu et du bonheur dans les deux doctrines.

Nous n'avons encore étudié que les conditions, les lois de la connaissance; et déjà nous avons pu saisir entre Leibniz et Kant, sous les analogies nombreuses, des différences importantes, que nous avons cru pouvoir concilier, mais qu'il importe néanmoins de ne pas oublier.

La critique des deux pouvoirs de la raison

énumère les lois à priori de la connaissance, soit les principes constitutifs comme la théorie de l'entendement, soit les principes régulatifs comme la dialectique transcendentale et la critique du jugement teléologique. Mais les règles du déterminisme, comme celles de la finalité, ne sont toujours que des concepts formels, qui s'imposent au moi, et n'enchaînent pas le non-moi, la chose en soi. Tout ce que nous avons le droit d'affirmer, c'est que le non-moi ne nous est intelligible qu'aux conditions diverses énumérées par la critique; c'est que nous sommes disposés par notre nature et encouragés par l'expérience à espérer qu'il continuera de s'y conformer. Mais cette croyance, encore une fois, n'exprime qu'un besoin subjectif de notre esprit. Qui nous répond que les choses doivent nécessairement s'y prêter ?

La connaissance n'est possible qu'autant que notre pensée s'inspire de cette confiance : qui nous oblige de poursuivre la connaissance ? Hume serait en droit d'objecter à Kant que son argumentation n'a qu'une valeur purement logique; qu'elle démontre une nécessité du sujet, mais non une nécessité des choses. Le philosophe anglais pourrait dire encore qu'il n'éprouve pas le besoin de cette science (*Erkenntniss*), que Kant désigne sous le nom d'expérience (*Erfahrung*); que ce besoin est purement relatif et très-inégalement ressenti par les divers esprits; qu'en tout cas, l'impuissance où nous sommes de la justifier, à l'aide des sens, est bien propre à encourager les défiances et les négations des sceptiques.

La doctrine de la raison pure et celle du jugement sont donc purement formelles, et l'on pourrait retourner contre Kant le reproche qu'il adresse si souvent à la philosophie de Leibniz de n'être qu'une doctrine logique.

Lors même qu'on négligerait ce vice radical, et qu'on oublierait le dualisme de la pensée et de la chose en soi, la Raison théorique ne serait pas moins menacée par un autre côté.

Elle n'a d'autre fonction que de ramener à l'ordre (*Gesetzmässigkeit*) la diversité des impressions de la sensibilité, d'en opérer la synthèse en vertu des règles à priori que conçoit spontanément la pure apperception. La Réalité sensible est le produit de cette libre activité de la Raison spéculative, puisque nous ne désignons sous le nom de nature que l'ordre établi par notre pensée entre nos sensations diverses. Or, l'ordre suppose nécessairement l'un, l'absolu comme son principe. Kant le comprend admirablement ; et la Dialectique transcendentale porte dans les deux critiques que nous avons étudiées l'éclatant témoignage de sa conviction sur ce point. Il montre avec une originalité incomparable que cet absolu ne peut être l'objet de l'expérience ; qu'il ne se rencontre pas dans le monde des phénomènes; et que, s'il existe quelque part, ce ne peut être que dans la région suprasensible des noumènes. Mais la raison théorique ne lui paraît pas capable d'aller au delà de l'unité, purement formelle, du moi pur de l'apperception à priori. Or, c'est là une unité fragile, éphémère, comme l'esprit de l'homme lui-même : ce n'est pas l'absolu que réclame la raison, l'unité suprême en qui la forme et la matière, la connaissance et la réalité sensible trouvent leur commun principe.

Il en est tout autrement de la doctrine de la science chez Leibniz. Le pouvoir qui soumet à l'ordre la matière des phénomènes sous la loi des causes efficientes, ou les manifestations de la vie et de la pensée sous la loi des causes finales n'est pas distinct de celui qui conçoit l'absolu. Leibniz ne sépare pas plus l'absolu et l'ordre que le principe et la conséquence. Son système, nous ne saurions trop le répéter, n'est, à vrai dire, que le développement de cette pensée fondamentale : le changement ne s'entend pas en dehors de l'unité ; et, comme le changement est l'essence même de la vie soit physique, soit spirituelle, il faut rattacher l'une et l'autre à un principe d'unité suprasensible. Les monades ne sont que des unités inférieures, contingentes, qui tirent leur vérité, leur réalité de leur rapport à l'unité, à la monade suprême. Aussi ne trouvons-nous pas dans la théorie de la connaissance de Leibniz ni ce dualisme vulgaire de l'esprit et de la matière, que Kant s'est attaché à combattre ; ni cet autre dualisme plus subtil du fini et de l'infini, que le philosophe critique substitue au premier, et qui se dérobe chez lui sous la distinction du phénomène et du noumène. Je ne veux pas dire que Leibniz soutienne l'identité du monde et de Dieu, comme l'ont essayé Spinoza et les successeurs de Kant. Je prétends seulement que chez lui la pensée de l'infini est, comme chez Descartes, intimement associée à celle du fini ; et que Dieu n'est pas moins présent à l'intelligence qu'à la nature, puisqu'il est le principe des monades, d'où dérivent l'une et l'autre.

Kant, au contraire, croit avec la raison théorique expliquer la nature et la science sans recourir

LES PHÉNOMÈNES : LA CONNAISS. TÉLÉOLOGIQUE. 289

à Dieu, autrement que comme à une hypothèse favorable, mais nullement nécessaire.

Ce double caractère logique et empirique ressort de toute la doctrine de Kant sur la connaissance, des phénomènes, et la distingue profondément de celle de Leibniz, qui fait avec Aristote, reposer la science sur la métaphysique. La philosophie critique appelle sur ce point un complément nécessaire ; et nous croyons avoir établi qu'elle le trouve dans la monadologie.

CHAPITRE III

LE MONDE DES PHÉNOMÈNES.

La Contemplation esthétique.

Le monde des phénomènes n'est pas seulement l'objet de l'entendement. Si les choses sensibles intéressent notre jugement par la vérité qu'elles contiennent, la beauté qu'elles manifestent enchante notre imagination et notre cœur. L'art ne tient pas dans la vie de l'homme une moindre place que la science. Nous avons à étudier cette forme nouvelle de l'activité de l'esprit, et à comparer l'analyse et l'explication que Leibniz et Kant en ont données.

Il n'est pas possible d'égaler l'œuvre esthétique de Leibniz à celle de son successeur. L'auteur de la monadologie, fidèle en cela certainement à l'exemple des Cartésiens, agite presque exclusivement la question de la connaissance. Son système est sans doute tout pénétré par l'idée de l'harmonie et de la beauté ; mais on y chercherait en vain une analyse comparable à celle que contient la critique du jugement, ou même l'expression, je ne dirai pas développée, mais seulement arrêtée et précise d'une théorie esthétique.

Un court passage de l'écrit sur « les principes de la nature et de la grâce », où Leibniz parle du beau musical est peut être ce qu'il a écrit de plus clair sur

ce sujet. « La musique nous charme, quoique sa beauté
« ne consiste que dans les convenances des nombres,
« et dans le compte dont nous ne nous apercevons pas,
« et que l'ame ne laisse pas de faire des battements ou
« vibrations des corps sonnants qui se rencontrent par
« certains intervalles. Les plaisirs que la vue trouve
« dans les proportions sont de la même nature ; et
« ceux que causent les autres sens reviendront à quel-
« que chose de semblable, quoique nous ne puissions
« pas l'expliquer distinctement » (Erdm. 718) ; voir
aussi l'opuscule en allemand sur le bonheur : (von der
Gluckseligkeit Erd. 671).

C'est à un disciple de Leibniz, Baumgarten, qu'il
était réservé de formuler l'esthétique qui découle de la
monadologie.

Le jugement esthétique n'est que la connaissance
confuse, sensible de la perfection ; lorsque cette connaissance est claire, distincte, le jugement devient
intellectuel. Le beau est donc ce qui apparaît aux sens
comme parfait. C'est, comme dit Baumgarten (metaphys. 92. 662) perfectio phænomenon. Le goût, qui la
saisit, est un intermédiaire entre la connaissance sensible et la connaissance philosophique, entre la pure
apparence et la vérité ; et l'esthétique, une sorte de
logique inférieure. (Aesthetica gnoseologia inferior. . .
ars analogi rationis — (Aesth. 1) Aesthetica nostra
sicuti logica, soror ejus natu major. »)

Mais en quoi consiste la perfection ? Elle se mesure
à la clarté avec laquelle chaque monade exprime l'univers, l'harmonie des choses. L'expression confuse de
cette perfection, c'est l'organisme. Le corps a une dou-

ble puissance expressive : il exprime l'univers et l'individualité de la monade, et les deux expressions sont dans une exacte correspondance : plus l'expression de l'individu est parfaite, plus le tout est clairement exprimé.

Pour suffire à cette double expression, le corps a une délicatesse, une richesse infinie de détails, de parties.

Tout, dans le monde des corps, est propre à nous donner le sentiment de la beauté. Mais le sens du beau varie avec l'intelligence et les organes de chaque homme. Il y a des harmonies cachées que ne peuvent démêler tous les regards, que tous les cœurs, tous les esprits ne sont pas faits pour goûter, pour entendre. Au degré de notre pénétration, à la vivacité de notre amour pour la forme, pour l'harmonie des choses se mesure l'aptitude esthétique des individus.

La jouissance du beau est exclusivement propre à l'homme : pour l'éprouver, il faut être capable d'aimer et de saisir l'harmonie, mais incapable de la comprendre parfaitement. Dieu ne ressent pas le plaisir esthétique, puisqu'il n'y a pas en lui de connaissance confuse ; l'animal y demeure étranger, parce qu'il n'a pas le sentiment de la perfection.

Kant (Krit. d. Urtheils Kr. 231) combat le principe de cette doctrine. Le beau, dit-il, diffère de la perfection : l'opposition du goût (*Geschmack*) et de l'Entendement (*Verstand*), du jugement esthétique et du jugement intellectuel n'est pas seulement celle de la perception confuse et de la perception distincte. Cette erreur dérive d'une autre plus générale qu'il a maintes fois reprochée à ses devanciers. Leibniz ne voit entre la sensibilité et l'intelligence que la différence logique de la connaissance obscure et de la connaissance claire. Mais, de même que Kant considère la sensibilité et l'Entendement comme deux facultés distinctes, dont l'objet peut être connu avec une égale clarté sans être pour cela identique, il ne se borne pas non plus à faire du goût une faculté intermédiaire entre l'une et l'autre. Il sépare le goût et l'entendement avec le plus grand soin. Les jugements du premier sont régulatifs, ceux du second constitutifs. Cela ne signifie pas seulement que ceux-ci ont une réalité objective qui manque à ceux-là : le jugement esthétique ne différerait pas, sous ce rapport, du jugement téléologique. Kant veut dire que la beauté est complétement indépendante de la réalité matérielle, et qu'en nous prononçant sur la première nous ne tenons aucun compte de la seconde. Les œuvres de l'art, mortes au regard des sens, sont plus vivantes pour le goût que celles de la nature. Le monde de la beauté est tout à fait distinct du monde sensible : la nécessité, qui enchaîne ici les objets à ses lois, n'exerce là aucun empire. Le mot objet n'a plus le même sens dans les deux cas. L'objet beau n'existe peut-être que dans notre imagination : cela n'enlève rien à sa beauté. Que nous importe encore qu'il serve ou soit inutile aux fins que la volonté poursuit, dans l'intérêt du perfectionnement ou dans celui de la moralité. Il suffit même que nous soupçonnions chez l'artiste, chez le poète un dessein, une préoccupation pratique pour que notre liberté en soit blessée, pour que ce retour à la réalité dont la beauté nous faisait momentanément oublier les dures exigences, enlève du même coup â l'œuvre d'art son charme le plus puissant. Le concept de la perfection est un produit à la fois du jugement intellectuel qui décide de la réalité, et du jugement téléologique qui prononce sur la finalité des phénomènes. Mais le goût est étranger et entièrement indifférent à l'existence matérielle aussi bien qu'à la finalité réelle, et par suite incapable de juger la perfection.

Le plaisir esthétique résulte du libre jeu des puissances de l'esprit (*Gemûthskrâfte*), l'intelligence et l'imagination ; de l'harmonie et de la correspondance parfaite, que nous découvrons entre les idées de l'une et les images que l'autre nous présente.

La liberté parfaite, le désintéressement à l'égard de la réalité sensible, l'harmonie des facultés, tous ces traits qui distinguent si profondément le goût de la connaissance théorique, et que Schiller dans ses lettres sur l'éducation a si finement analysés, sont autant de découvertes originales de la philosophie critique, et viennent combler des lacunes essentielles dans l'esthétique de Leibniz et de Baumgarten.

Kant les doit à la méthode même qu'il substitue à celle de l'ancienne philosophie. Ce n'est plus au point de vue de l'objet, mais à celui du sujet qu'il se place pour expliquer la connaissance humaine. Leibniz et son disciple se demandent en quoi consiste la beauté des choses : Kant observe les impressions que la beauté fait sur l'homme. Il est conduit par là comme dans l'étude de la connaissance, à entreprendre l'analyse des conditions subjectives du goût; et fait dans cette voie des observations qui avaient échappé à ses devanciers.

Sa doctrine complète encore sur un point important l'esthétique de Baumgarten. Elle fait consister la beauté des individus dans leur conformité au type de l'espèce. Tandis que pour Leibniz la beauté n'est que l'expression confuse de la perfection individuelle, elle est pour Kant la manifestation de l'espèce dans l'individu. Kant se rapproche par ce côté, plus sans doute qu'il n'en a conscience, des conceptions de l'esthétique platonicienne. Le particulier, que montrent les sens, n'est beau qu'autant qu'il reflète le général, en d'autres termes l'intelligible, ce que les sens n'atteignent pas.

Tels sont les principaux et utiles compléments que l'esthétique de Leibniz et de Baumgarten reçoit de la critique du jugement.

Mais Kant, à son tour, n'a-t-il rien à apprendre de son devancier?

S'il a mieux entendu que Leibniz la distinction du goût et des deux autres facultés, l'entendement et la volonté, ce dernier n'en a-t-il pas mieux éclairé le rapport? Kant, en séparant le beau du vrai et du bien, ne brise-t-il pas l'unité de la pensée? Peut-on admettre que les trois puissances de l'âme soient aussi étrangères l'une à l'autre qu'il se plaît à les présenter?

En isolant l'entendement et le jugement, Kant oppose la vérité et la beauté; il oublie le rapport de la finalité esthétique et de la finalité naturelle. Sans doute il les rattache l'une à l'autre par sa théorie de beau dépendant (*anhängende Schönheit*). Il montre encore qu'il a le sentiment secret de leur union, puisqu'il en rapporte la connaissance à une même faculté, le jugement. Il conçoit enfin le lien de l'idéal et du réel, et reconnaît que les principes subjectifs du jugement peuvent devenir, dans leur rapport avec la loi morale, des principes objectifs, et gouverner non plus seulement la pensée, mais aussi les choses. Mais cette conciliation du réel et de l'idéal, de la nature et de l'art, de la vérité et de la beauté ne peut être effectuée qu'à la lumière de l'idée du bien ou de la loi morale, et dans les limites étroites où la raison pratique se plaît à emprisonner la certitude théorique.

Rien de pareil chez Leibniz. L'idéal et le réel, le beau et le vrai sont toujours unis dans la monade. L'accord ne se produit pas seulement dans la pensée; il se réalise partout dans l'univers. Ce sont nos sens seuls, c'est la faiblesse de notre vue mortelle qu'il faut accuser, si nous ne l'y rencontrons pas plus souvent. L'harmonie est partout dans le monde des monades : plus confuse, plus enveloppée ici; là, plus distincte, plus manifeste. Les proportions, les rapports mathématiques, qui nous ravissent dans les accords de la musique, le savant les retrouve ou en découvre d'analogues dans tous les mouvements de la matière. L'univers, comme disaient les Pythagoriciens, est un vaste cosmos : mais l'harmonie de l'infiniment petit, comme celle de l'infiniment grand, échappent à la grossièreté de nos organes. Nos sens n'en saisissent que des accords isolés, que de rares fragments; et notre raison, sans les bien comprendre, sans pouvoir rattacher ces notes éparses à l'ensemble dont elles font partie, y reconnaît obscurément la manifestation incomplète, éphémère de l'harmonie totale, éternelle après laquelle elle aspire. Elle complète par les intuitions de la foi les défectueuses et toujours incomplètes révélations des sens. De là la joie profonde qu'elle goûte dans la contemplation de la beauté : c'est qu'elle y trouve la promesse de la perfection à laquelle elle croit, et la réalisation partielle, anticipée de la fin qu'elle poursuit : à savoir la conformité, la subordination de la matière à l'esprit, du réel à l'idéal.

Il n'y a de vérité comme de beauté pour la doctrine critique que dans la conformité de l'individu, du particulier, du phénomène au type, au genre, à la loi. L'individu, selon Leibniz, a sa vérité propre, et par conséquent sa beauté : c'est qu'il n'est pas moins nécessaire, éternel que le genre, tandis que pour Kant, comme pour Platon, l'individu disparaît et s'évanouit devant le genre.

Leibniz, préoccupé de faire ressortir cette vérité de l'individu, oublie et lui sacrifie presque l'élément général, l'idée ; mais Kant n'est-il pas exclusif, à son tour, lorsqu'il ne voit dans la beauté que l'expression sensible du type spécifique, abstrait? Nous avons déjà fait ressortir l'insuffisance de cette doctrine trop formelle dans la théorie de la connaissance. Signaler les conséquences non moins graves qui en découlent dans l'esthétique, c'est montrer qu'elle trouve son meilleur correctif dans les conceptions de la monadologie.

En retranchant, ou du moins en négligeant l'élément individuel que la beauté contient, Kant ne substitue-t-il pas l'abstraction à la vie ; et n'enlève-t-il pas à la beauté son caractère peut-être le plus touchant ? L'élément impersonnel du beau n'est pas fait pour nous émouvoir profondément. Nous voulons sentir une âme, une volonté derrière le genre. La beauté des individus nous intéresse par l'analogie de nature et de destinée qu'ils présentent avec nous : les êtres de raison, les genres nous laissent froids. Les péripéties, les souffrances et les joies des destinées individuelles sont seules capables de nous toucher, parce que seules elles correspondent aux nôtres et peuvent être comprises par nous.

Mais des individus, des organismes, la monadologie en voit partout. A vrai dire, il n'y a pas autre chose dans l'univers réel, dans celui que conçoit la raison, non dans celui que les sens nous découvrent. La matière n'est qu'une illusion de l'ignorance. Si l'art ne peut la résoudre en pensée, parce qu'il est enchaîné aux formes confuses sous lesquelles l'imagination saisit la réalité, il dépend de lui, et c'est sa mission, sa gloire, d'y démêler et d'y montrer partout la vie qui n'est pas encore l'esprit, mais n'est plus la matière, et nous apparaît comme un milieu entre la nuit et la lumière, un acheminement vers la pure clarté de la pensée. Découvrir la beauté, c'est démêler l'esprit sous la matière ; la réaliser, c'est l'incarner dans la matière. Mais saisir les formes intelligibles, les fins, les idées qui s'agitent mystérieusement sous les phénomènes, travailler à en rendre l'action plus apparente, n'est-ce pas préparer l'œuvre de la métaphysique et faire de l'art l'instrument même de la philosophie ?

Si le philosophe s'intéresse à tout dans la nature, l'âme véritablement éprise du beau ne méprise rien non plus dans l'œuvre de l'artiste divin. Chaque corps est organisé, c'est-à-dire soumis à l'action d'une pensée apparente ou cachée. Chaque organisme particulier est en relation constante avec l'organisme universel, avec la nature. Entre les éléments du grand tout, comme entre les parties des organismes individuels, l'harmonie, c'est-à-dire la pensée, la beauté sont partout présentes et toutes puissantes.

Est-il nécessaire d'insister sur le prix esthétique de pareilles conceptions? Rien n'est indifférent : tout a sa raison d'être dans l'univers. L'expression est partout, et par suite l'idée. L'artiste devient l'interprète du grand livre de la nature. Le moindre brin d'herbe a sa signification, son drame secret, et par suite sa poésie. Partout nous trouvons des créatures poursuivant la même fin que nous; bien peu en ont conscience : mais toutes elles nous traduisent leurs agitations, les vicissitudes de leur destinée par les modifications de leur forme extérieure ; et nous prenons connaissance, pour elles, de cette correspondance secrète de leurs états avec les changements du monde dont elles font partie.

Selon Kant la nature, les espèces, les êtres qui la composent n'ont qu'une fin véritable : ils servent à la moralité et au bonheur de l'homme. L'univers n'est que l'instrument, le théâtre nécessaire à la destinée des êtres raisonnables. Kant subordonne trop exclusivement la nature aux fins de la Raison pratique, pour être en état d'en comprendre, d'en goûter la vérité et la beauté propres.

S'il nous fallait définir, en quelques mots, les contrastes que présentent les conceptions esthétiques de

Leibniz et celles de Kant, nous dirions que l'inspiration des premières est plus large et plus vraie, mais que l'analyse des secondes est plus exacte et plus rigoureuse.

CHAPITRE IV

L'ACTION : LA RAISON PRATIQUE

§ Ier

Le devoir, le bonheur.

La critique de la raison pure et celle du jugement téléologique ne sont qu'une longue réponse à cette question unique : qu'est-ce que la vérité empirique ? La critique du jugement esthétique a défini la beauté et l'art. La critique de la raison pratique est consacrée tout entière à la solution du problème suivant : qu'est-ce que le bien ?

La métaphysique des mœurs répond au nom du sens commun, et la critique proprement dite de la raison pratique au nom de la philosophie : il n'y a qu'une chose absolument bonne, à savoir une bonne volonté. Entendez par là une volonté conforme à la loi morale, une volonté qui n'agit qu'en vue du devoir (um Gesetzes Willen), uniquement par respect pour la loi (Gefühl der Achtung.) Qu'est-ce, à son tour, que le devoir ? L'obligation absolue de réaliser l'ordre, d'abord dans notre conscience, par la conformité de notre intention à la loi ; ensuite dans la nature par les efforts de notre volonté pour la plier à l'ordre.

Il n'y a que la bonne volonté qui soit absolument bonne, dans toutes les circonstances, pour tous les individus indistinctement. Les autres biens ne valent qu'autant qu'ils préparent et servent ce bien suprême. Les perfections naturelles, soit dans les choses, soit dans l'homme, ne peuvent être mesurées que par leur rapport à cette perfection intelligible.

On se demande comment, après avoir atteint ainsi du premier coup le bien absolu, Kant éprouve le besoin d'y ajouter un complément, et prétend l'enrichir d'un nouvel élément : comme si quelque défaut, quelque manque pouvait se rencontrer dans l'absolu. La distinction du bonum supremum et du bonum consummatum n'a-t-elle pas quelque chose de factice ? Certains historiens considèrent la théorie du souverain bien comme un hors d'œuvre et une superfétation dans l'œuvre de Kant. D'autres, plus téméraires et moins respectueux pour le caractère de l'auteur, n'y voient volontiers qu'une concession à l'opinion populaire, qu'une satisfaction mensongère donnée à l'esprit religieux, qu'un procédé ingénieux mais peu sincère pour rattacher à la doctrine les dogmes de l'immortalité et de la Providence.

Henri Heine (dans son salon 1835. T. II p. 212) imagine ironiquement que Kant, satisfait d'avoir renversé sous les coups de sa dialectique la divinité du déisme, promenait un jour ses rêveries philosophiques sur les bords du Prégel. Lampe le suivait, portant comme d'habitude le parapluie du maître. Le vieux serviteur offrait au philosophe la vivante image de la misère humaine. Pris d'une compassion soudaine, Kant se mit à songer à l'existence désolée du pauvre Lampe, si la foi religieuse venait à lui être ravie. Et pour lui ménager cette consolation suprême, il résolut de rattacher par un postulat ingénieux la démonstration de la Providence divine aux conclusions de la doctrine critique.

Nous ne voulons admettre un seul instant aucune de ces frivoles ou injurieuses suppositions. Kant ne fait de la possession du bonheur un élément essentiel du souverain bien, que parce qu'il a entendu les réclamations de la sensibilité, le cri de la nature, après avoir écouté exclusivement la voix de la conscience. Il s'est souvenu, au dernier moment, que l'homme n'est pas un pur esprit; et a reconnu que c'est ou trop accorder à la faiblesse humaine, ou trop lui refuser que de la déclarer capable du devoir, mais incapable du bonheur. Il ne veut pas pourtant que la voix de la sensibilité se mêle à celle de la raison. Il redoute les illusions, les complaisances de l'égoïsme; et ce n'est qu'après nous avoir fait entendre, dans leur austère sévérité, les arrêts inflexibles de la conscience morale, qu'il nous permet de prêter l'oreille aux flatteuses espérances, aux promesses encourageantes de la félicité future. Quand il disait que la perfection consiste dans la bonne volonté ou dans la vertu, il considérait l'homme comme une volonté pure. Il le voit maintenant, dans la complexité de sa double nature, sensible et spirituelle; et son idéal n'est plus le même que précédemment.

La vertu reste toujours le premier élément, la condition suprême de la perfection humaine ; le bonheur ne vaut que par la vertu, que comme le complément, le couronnement de son œuvre. Mais ce complément, la vertu ne se le donne pas à elle même. Elle le doit attendre du dehors, le demander à l'intervention d'une puissance étrangère. Ce n'est ni à ses propres efforts, ni aux faveurs de la nature que l'homme vertueux peut le devoir : il faut que la bonté providentielle ait préparé de toute éternité les moyens nécessaires à la réalisation de la félicité des justes.

Ainsi réaliser la loi morale dans notre conscience et par nos actes, voilà le devoir ; développer, fortifier indéfiniment en nous la bonne volonté, voilà notre fin morale ; mériter le bonheur par la vertu, et nous élever dans un progrès incessant vers l'idéal de la perfection et de la félicité, voilà la fin suprême (*Endzweck*), pour laquelle le concours de la Providence ne saurait nous faire défaut. La philosophie pratique de Kant soutient donc que le devoir est la fin absolue, mais non complète de la volonté ; et que le bonheur n'accompagne pas la vertu, ne répond point par son développement à la perfection progressive de l'acte.

La doctrine pratique de Leibniz renverse l'ordre des termes, et en même temps les associe d'une manière indissoluble.

Le bien, c'est le bonheur, disent les nouveaux essais. Le bonheur est la fin suprême des créatures ; et tout ce qui y sert est bon. Mais le bonheur résulte de l'action ; et la perfection de l'acte mesure le degré de notre félicité. C'est la théorie d'Aristote, de Spinoza que nous retrouvons ici : le plaisir est inséparable de l'acte. La monade concilie dans un processus éternel l'action, la perception, la félicité ; les trois puissances de l'âme, la volonté, l'intelligence et la sensibilité se développent parallèlement. Plus notre représentation de l'univers gagne en étendue et en clarté, plus notre perfection et par suite notre bonheur s'accroissent. L'identité que la doctrine de Socrate établissait entre la science, la vertu et le bonheur se retrouve dans la doctrine de Leibniz. La plus haute perfection se rencontre dans l'union de l'âme avec Dieu, dans l'imitation la plus complète possible de la monade suprême, comme disait Platon. C'est en développant spontanément la représentation infinie de l'univers dont elle porte en soi le germe, que l'âme humaine s'élève à l'idée de la volonté créatrice. Elle comprend en même temps que la subordination à cette volonté éternelle constitue pour nous la plus haute perfection. Savoir que tout a son principe et sa fin dans la volonté divine, c'est aussi la première des vérités, le fondement même sur lequel repose la véritable science. A cette perfection et à cette science suprême correspond enfin la félicité la plus grande, dont l'âme humaine soit capable, une félicité que rien ne trouble plus, parce que l'objet auquel elle s'attache ne saurait lui manquer, parce qu'en voulant ce que Dieu veut, elle n'est plus exposée ni à l'insuccès, ni à l'erreur qui la menacent dans tout le reste : car ce que Dieu veut, ne peut manquer d'arriver. (Lettre à Arnaud.)

Pour Kant également, le vrai bien (supremum bonum) réside dans la bonne volonté, c'est-à-dire dans l'identification de la volonté empirique avec la volonté pure, qui n'est autre que la volonté absolue de l'ordre. Kant fait encore de la conscience morale ou de la connaissance du devoir le principe de toute certitude, et déduit toutes les autres vérités de celle-là. Mais s'il voit comme Leibniz dans l'union de la volonté empirique avec la volonté absolue la plus haute science et la plus haute perfection, il se refuse à y placer en même temps la suprême félicité.

Nous avons rappelé précédemment comment, à l'exemple de Rousseau, il niait que les progrès de nos sciences et de nos arts eussent rien ajouté au bonheur de l'humanité : la vertu ne lui paraît pas plus efffcace. Elle nous détache sans doute des biens matériels, mais pour nous rendre plus sensibles aux misères morales qui désolent l'humanité. Si elle nous endurcit aux blessures de notre propre cœur, elle nous fait plus vivement sentir les douleurs de nos semblables. Nous ne savourons notre empire sur nous-mêmes que pour regretter plus amèrement notre impuissance à protéger les autres. Ce pessimisme dont l'expression émue se rencontre en maints passages de la critique de la raison pratique et de celle du jugement éclate surtout dans la douloureuse éloquence du petit essai sur l'insuccès de toutes les tentatives philosophiques en Théodicée, 1791 (Uber das Misslingen aller philosophischen Versuchen in der Theodicee. B. VI. : 81) « On peut s'en rapporter, pour
« répondre à cette sophistique, au jugement de tout
« homme de bon sens, qui a vécu assez longtemps et a
« suffisamment réfléchi sur le prix de la vie pour être
« en état de l'apprécier. Demandez-lui s'il aimerait, je
« ne dirai pas aux mêmes conditions, mais à toute autre
« condition qu'il lui plaira, (pourvu que ce soit sur
« cette terre et non dans un monde fantastique de fées)
« recommencer encore une fois le jeu de la vie. »
L'exemple de Job sur son fumier nous est présenté comme l'image la plus fidèle de la triste condition que la vie présente réserve à la vertu (id. 87). Qu'on lise encore sur le même sujet dans le petit écrit « de la maxime vulgaire: cela peut être vrai en théorie, mais reste inutile pour la pratique», le chapitre consacré à la

réfutation des reproches dirigés par Garve contre la morale de Kant. (T. VI : 311).

Leibniz tient un tout autre langage : « Si nous n'avions « point la connaissance de la vie future, je crois qu'il « se trouverait peu de personnes qui ne fussent con- « tentes, à l'article de la mort, de reprendre la vie, à « condition de repasser par la même valeur des biens « et des maux, pourvu que ce ne fût point par la même « espèce : On se contenterait de varier, sans exiger « une meilleure condition que celle où l'on avait été. » (Erdm. Théodicée, p. 507).

Au pessimisme de Kant, Leibniz répondrait, je crois, que, si l'âme ne trouve pas sa félicité dans la vertu, dans l'union avec l'absolu, c'est qu'elle n'a pas encore la vraie vertu ; que l'amour de Dieu n'a pas entièrement déraciné en elle l'amour de soi ; que la volonté enfin ne s'est pas identifiée réellement avec la volonté divine. Nous continuons de juger et d'aimer les choses avec l'entendement fini et le cœur borné d'un mortel. Nous n'aimons pas Dieu comme il faut ; car nous croyons plus aux imperfections visibles de la réalité finie qu'à la perfection cachée de la création sans limites. Notre foi n'est pas assez forte pour triompher des mensonges des sens. Le monde qu'ils nous présentent n'est qu'un moment, qu'un atome de la réalité. Les maux qui nous affligent ne sont qu'apparents ; et ne concourent pas moins efficacement que les perfections, qui nous enchantent par instant, à l'exécution du plan divin, à la manifestation de la sagesse et de la bonté suprême. Mais nous voulons voir pour croire : nous oublions que l'infini se dérobe à la prise de notre expérience ; et nous le cherchons vainement à travers l'espace et la durée, dans la confusion de ce qui change, sous la fragilité de ce qui passe. Il ne se révèle qu'à l'amour; et le mystère de la foi est nécessaire à l'amour, qui dédaigne et redoute les trompeuses clartés des sens.

« Ce n'est pas peu de chose d'être content de Dieu
« et de l'univers ; de ne point craindre ce qui nous est
« destiné, ni de se plaindre de ce qui nous arrive. La
« connaissance des vrais principes nous donne cet
« avantage, tout autre que celui que les Epicuriens et
« les Stoïciens tirent de leur philosophie. Il y a autant
« de différence entre la véritable morale et la leur,
« qu'il y en a entre la joie et la patience ; car leur
« tranquillité n'était fondée que sur la nécessité : la
« nôtre le doit être sur la perfection et sur la beauté des
« choses et sur notre propre félicité. » (Theodicée, 580.)

« Et ceux qui se soumettent aux décrets de la Pro-
« vidence par la connaissance des perfections divines,
« dont l'amour de Dieu est une suite (puisqu'il con-
« siste dans le plaisir que donne cette connaissance)...
« sont contents de ce que Dieu ordonne, sachant qu'il
« fait tout pour le mieux. » (Corr. av. Clarke, 764).

La volonté parfaitement bonne s'inspire de cet amour et de cette foi. A la chaleur de cet amour se dilate notre cœur que resserrait l'égoïsme : le bonheur de tous les êtres ne l'intéresse pas moins que le sien propre (amare est felicitatem alienam asciscere in suam). A la mystérieuse clarté de cette foi s'évanouissent les ombres et les imperfections de la réalité sensible. Sur le fond immuable de l'amour divin et de la foi reposent notre science et notre félicité. Toutes nos connaissances finies comme nos joies mortelles dans leur mobile diversité empruntent à ce principe éternel leur vérité et leur solidité. Elles donnent aux sens l'aliment que notre faiblesse réclame et leur font goûter dans une succession non interrompue, dans un détail toujours renouvelé, l'infini qu'ils ne peuvent embrasser tout d'une fois ; mais cet infini, notre raison s'y est déjà unie et le possède par l'amour. Notre âme en jouit ainsi doublement par la raison et par les sens, d'une manière complète et plus intime par la première, plus distincte mais toujours bornée par les seconds. Notre cœur aime la vie sans s'y emprisonner : car, ce qu'il aime et découvre en elle, c'est la manifestation toujours diversifiée de la raison et de la beauté absolues. Tel est l'objet constant qu'il poursuit sous les formes éphémères de l'imparfaite réalité. Comment le pessimisme trouverait-il accès dans une âme ainsi disposée ?

Kant, en cherchant le bonheur hors de l'âme, se livre à une poursuite aussi vaine, que s'il voulait atteindre l'infini dans le monde extérieur. L'absolu est présent à chaque monade. Il est toujours compris dans la notion confuse qu'elle a de l'univers, mais il dépasse souvent le degré de sa perception distincte. L'âme vertueuse est parmi les monades raisonnables celle qui s'est élevée à cette suprême perception ; et qui, en même temps qu'elle y trouve la vérité et la puissance, y goûte aussi la félicité parfaite.

Le pessimisme de Kant, la séparation qu'il maintient entre la vertu et le bonheur constituent une opposition profonde entre sa philosophie morale et celle de Leibniz. Les autres différences qu'il nous reste à étudier, loin de créer entre eux un irrémédiable antagonisme, permettent au contraire de les compléter, de les corriger l'un par l'autre, et peuvent se fondre dans l'unité d'une doctrine plus compréhensive.

Kant ne se préoccupe que d'identifier la volonté empirique à la volonté générale. « Agis de telle sorte, nous dit-il, que la maxime de ta volonté puisse servir de règle générale de conduite à tous les êtres raisonnables. » Sans doute nous devons tous obéir à la loi morale ; mais nos facultés sont diverses. Nous sommes les soldats d'une même cause, mais des soldats différemment armés pour la servir. Kant ne l'ignore pas : cependant sa morale ne tient pas compte de cette variété des natures particulières. Leibniz, au contraire, associe dans sa morale le culte de l'individu et celui de la personne, les exigences de la raison et celles de la sensibilité.

Kant paraît redouter que la sensibilité n'usurpe le rôle de la raison, que la volonté empirique ne se substitue à la volonté pure, que les droits de la nature enfin ne soient préférés ou égalés à ceux de la conscience. Non-seulement il omet à dessein de parler de ces derniers, mais il incline même à les sacrifier. Il ne veut pas que le cœur vienne mêler ses impulsions aux prescriptions de la raison. La voix auguste de la conscience doit être entendue avec respect et même avec tremblement (*Demuthigung-Ehrfurcht*), comme la voix de Dieu sur le Sinaï. Pratiquer le devoir en l'aimant, c'est presque lui obéir parce qu'on l'aime. Ce n'est plus s'y soumettre comme à un ordre, mais y céder comme à un penchant. C'est lui enlever le caractère d'impératif catégorique, et s'exposer à en affaiblir l'autorité. Il n'est plus le même pour tous, du moment où il puise sa force dans les sollicitations mobiles, inégales de la sensibilité. Il n'est entendu dans sa vérité et n'est accompli dans toute son étendue, que lorsqu'il fait violence aux désirs de notre cœur, lorsqu'il commande en maître et obtient de nous le sacrifice de nos préférences et de nos intérêts.

Schiller reprochait spirituellement à son maître cet excès de rigorisme dans l'épigramme suivant :

« Le scrupule de la conscience :

« Je rends volontiers service à mes amis; malheu-
« reusement je prends plaisir à le faire, et je me de-
« mande souvent avec inquiétude si je suis véritable-
« ment vertueux. —

« Solution :

« Le seul parti à suivre est de tâcher de les haïr, et
« de faire alors avec répugnance ce que le devoir te
« commande. »

(Schiller's W. 1ᵉʳ B. — S. 346 Cotta'sche Aufgabe.)

Kant répondait, il est vrai, dans une note du livre sur la religion dans les limites de la simple raison :

« La majesté de la loi inspire le respect (non la
« crainte qui repousse, non plus que l'attrait qui con-
« duit à la familiarité); et ce respect n'est autre que
« celui du sujet pour son souverain ; et, comme ici le
« souverain réside en nous-mêmes, le sentiment de
« notre sublime destinée est par là éveillé en nous et
« nous émeut plus que toute autre beauté » — « Ce
« n'est qu'après avoir dompté les monstres qu'Hercule
« devient Musagète. Avant qu'il ait accompli sa tâche,
« les douces sœurs s'écartent de lui en tremblant.

« Les compagnes de la Vénus Uranie ne sont plus
« que des compagnes de plaisir, à la suite de la Vénus
« Dionée, du moment où elles prétendent se mêler à
« l'œuvre de la vertu et veulent y apporter leurs exci-
« tations » (Kant's W. — Bd. VI: Relig. innerh. d. bl.
Vern. 117)

Est-il bien vrai que la communion de l'âme avec l'absolu, de [la volonté empirique avec la volonté pure ne puisse être un acte de soumission et en même temps un acte d'amour? L'amour n'est-il pas une forme plus profonde et plus complète de l'union que l'obéissance? Si l'absolu ne nous inspire que du respect, il n'est pour nous qu'un maître. Tant que la pensée de son infinité est seule présente à notre esprit, nous nous sentons comme opprimés, anéantis par la conscience de notre faiblesse. L'humilité (*Demuthigung*) confine à la crainte; et la crainte à son tour n'enlève-t-elle pas quelque chose à la liberté? Qui plus que Kant cependant proclame et défend avec un soin jaloux notre absolue autonomie? Mais il ne voit pas qu'il n'y a entre l'infini et le fini qu'un lien qui fasse cesser l'opposition, sans amoindrir aucun d'eux : et ce lien l'amour seul peut l'établir. Si la conscience religieuse ne trouve pas d'autre explication que l'amour au fait mystérieux de la création, la conscience morale n'a pas non plus d'autre solution au difficile problème de la liberté humaine. L'amour seul a comblé l'abîme qui sépare la créature du créateur et rendu le néant digne de la toute puissance. C'est grâce à l'amour aussi que l'homme peut confesser sa dépendance sans perdre de sa liberté ; que l'hommage de la créature n'est point payé par son abaissement. Dieu n'est plus seulement un maître mais un père : il gagne en perfection sans perdre pour cela en puissance. Kant a sans doute raison de ne pas vouloir que la sensibilité usurpe la place de la raison : mais l'amour du bien peut-il être confondu avec les autres amours? Ceux-ci dépendent de la sensibilité et nous enchaînent à la vie, qu'ils aient pour objet notre bonheur personnel ou celui de nos semblables. L'amour du bien, comme l'amour de Dieu, est, au contraire, le seul amour qui nous affranchisse de tous les liens terrestres, qui nous détache véritablement de la chair, de la nature. L'autonomie du moi, loin d'y courir aucun danger, y trouve son expression la plus complète.

Leibniz fait reposer toute l'activité de l'âme, comme celle des autres monades, sur une double force : l'appétit ou le désir, et la perception ou la représentation. Pour lui, la volonté du bien n'est que la plus haute puissance de l'appétit : c'est l'amour de l'être absolu substitué à l'amour de soi, l'amour de Dieu dominant tous les attachements sensibles. Cet amour est déjà au fond de la tendance essentielle de l'âme; et c'est en lui que plongent les racines de tous nos amours finis. Confus et enveloppé à des degrés infiniment variés dans les autres êtres, il n'atteint que chez l'homme à la plénitude et à la clarté, et devient l'amour du bien véritable. Platon ne dit-il pas aussi que l'âme veut le bien absolu, et que la servitude, les ténèbres des sens l'égarent seules de sa fin et l'attachent aux ombres de la réalité et de la perfection ?

Kant demande que la volonté du bien prenne tout-à-coup la place de l'amour de soi. Il l'en sépare violemment en quelque sorte, et semble croire que les deux volontés n'ont aucun lien entre elles. La Religion dans les limites de la simple raison nous décrit la lutte du bon et du mauvais principe comme celle de deux principes essentiellement opposés. Ainsi s'établit dans l'être un dualisme moral, qui en brise l'unité et en rend le développement et le progrès inintelligibles. On se demande pourquoi le mauvais principe se soumet au premier, pourquoi le moi sensible se subordonne au moi pratique : comment peut-il s'intéresser à une fin qui lui est étrangère ? L'amour de soi n'a rien de commun avec l'amour du bien. La révolution que la vertu est destinée à opérer demeure ainsi tout à fait sans raison. L'opposition est telle entre les deux natures de l'homme qu'il ne peut être question de conciliation. Il faut que l'une des deux soit sacrifiée à l'autre : et la morale de Kant conduit aisément à la négation, à la condamnation de la vie, du mauvais principe.

Chez Leibniz la tendance essentielle de la monade à une perception infinie de l'univers rend compte aisément de tous les développements successifs par lesquels son activité s'élève jusqu'à la volonté du bien, c'est-à-dire jusqu'à la claire perception de l'ordre universel et de son principe. La moralité ne fait que réaliser, avec une conscience distincte, la même fin que poursuit obscurément en nous la nature, sous les formes mobiles de la sensibilité : elle ne s'oppose pas à la nature, elle la complète et l'achève. La moralité et le naturel de l'homme, la volonté pure et la volonté empirique ont leur commun principe dans l'appétit. On comprend que la monade s'élève du moins au plus, de l'instinct à la bonne volonté, de l'égoïsme à la vertu. C'est à la sollicitation constante du meilleur qu'elle obéit dans ces états divers : un appétit unique provoque les transformations multiples par lesquelles chaque être cherche à se satisfaire, suivant le degré de sa vertu perceptive.

La morale de Kant est, comme sa logique, un dualisme du fini et de l'infini, qui ne trouvent ni dans la science, ni dans l'action le moyen d'effectuer leur conciliation. C'est qu'en effet la réflexion, qui est le principe même de la connaissance et du vouloir, est une puissance de divison ; et qu'elle laisse toujours subsister un abîme entre le fini et l'infini : à l'amour seul il appartient de le combler. A lui de s'élancer par delà les barrières de l'espace et du temps jusque dans le sein de l'absolu. Lui seul ne recule pas devant le mystère qui nous enveloppe de toutes parts, et triomphe par la foi des obscurités et de la faiblesse de l'entendement. L'absolu est l'objet de l'amour et de la foi : et la vraie liberté se rencontre seulement dans l'union que ces puissances supérieures de la vie établissent entre l'âme et Dieu : la science et la moralité ne découlent pas d'une autre source.

Inférieure à celle de Leibniz sur tous ces points, la philosophie de Kant nous paraît reprendre l'avantage sous d'autres rapports. Si les droits de la nature, de la vie, de l'individualité sont mieux connus et défendus dans la doctrine morale de Leibniz, en revanche ceux de la liberté, de l'esprit, de la personnalité ne trouvent que dans la philosophie de la raison pratique leur véritable et définitive expression.

L'Eudémonisme de Leibniz risque d'encourager les interprétations complaisantes de la sensibilité : le

Rigorisme de Kant dissipe et condamne impitoyablement les illusions et les mensonges de l'égoïsme. Dans l'indifférence et presque le dédain, que la vie réelle inspire à ce dernier, s'accuse surtout le culte religieux qu'il a voué à la vie de l'esprit. Il refuse tout à la nature, de peur de lui trop accorder. Comme il le dit sans cesse, dans les Fondements de la métaphysique des mœurs, dans la critique de la Raison pratique, dans les pensées sur l'éducation, l'idéal moral ne doit pas être amoindri, accommodé à la mollesse de notre volonté. Il ne faut pas craindre de le présenter à la faiblesse humaine dans sa sévère majesté. On risque en l'abaissant de diminuer notre respect pour lui, sans ajouter à notre soumission. Et puis le mot de bonheur a quelque chose d'équivoque, et prête à trop d'interprétations diverses. Le plaisir sensible, les satisfactions de l'amour-propre savent s'y dissimuler sous les dehors les plus trompeurs. La loi morale ne donne lieu à aucune confusion : Sacrifie-toi au devoir nous dit-elle; agis non dans ton intérêt, mais dans celui de la raison ; subordonne l'individu et les besoins mêmes les plus élevés de la vie aux exigences du bien général : fais de ton être mortel enfin l'instrument exclusif et le serviteur absolument dévoué de l'ordre éternel.

Qu'on ne dise pas à Kant que ce langage stoïque est propre à décourager la volonté. Le sacrifice n'a toute sa beauté qu'autant que la conscience en mesure l'étendue ; et c'est justement par sa grandeur sublime qu'il est le plus capable de toucher, d'entraîner notre âme. Il ne faut pas chercher une autre cause à l'émotion profonde qu'éveille en nous le spectacle de l'héroïsme : et le sacrifice de la vie au devoir, n'est-il pas la forme la plus haute de l'héroïsme, comme Kant le montre éloquemment dans la seconde partie de son Esthétique ? Cette loi du devoir, d'ailleurs, c'est nous-mêmes qui nous la donnons. La soumission n'a donc rien de servile. Elle met, au contraire, dans tout son éclat, l'excellence de notre nature ; et nous fait goûter l'austère, mais ineffable jouissance de nous sentir supérieurs à la vie, meilleurs que notre condition mortelle. Nul philosophe n'a parlé plus éloquemment que Kant de la dignité de la personne humaine. Cette dignité se mesure à la sévérité même du devoir : affaiblir celui-ci par de complaisants ou d'indulgents compromis avec les faiblesses de notre sensibilité, c'est enlever d'autant à l'excellence, au prix infini de la moralité.

Selon Kant, nous nous donnons à nous-mêmes la loi du devoir : c'est Dieu qui l'édicte chez Leibniz. De là une autre critique que Kant adresse à son devancier. Il l'accusait de flatter la sensibilité par son Eudémonisme ; il lui reproche maintenant de compromettre la liberté par l'hétéronomie. Ne fera-t-on pas dépendre la certitude du devoir de l'évidence des vérités métaphysiques ? Ne la verra-t-on pas varier avec les notions religieuses ? Si une force étrangère nous commande, n'est-ce pas un ordre qui s'impose à notre volonté et par suite à notre liberté ? Quels seront, d'ailleurs, les titres de cette autorité ? Est-ce une puissance supérieure qui domine la nôtre ? Notre soumission n'est plus qu'un hommage rendu à la force. Est-ce au nom de la raison que ce maître mystérieux réclame notre obéissance ? C'est à la raison que nous cédons alors, et notre propre conscience nous tient déjà le langage que cette raison étrangère serait chargée de nous faire entendre. La voie du devoir n'est donc autre que celle de la raison, qui est en nous.

Mais la raison humaine est-elle bien le vrai absolu? Kant n'en veut pas connaître d'autre; lorsqu'il parle du devoir. Leibniz distingue l'infini relatif qui est dans la monade et l'infini absolu qui ne réside qu'en Dieu, dans la monade suprême. Nous aurons à juger bientôt la valeur de ces conceptions différentes.

§ II

LA LIBERTÉ

C'est surtout sur la question de la liberté que les doctrines morales des deux philosophes présentent les différences les plus profondes.

La spontanéité de la monade n'est pas pour Leibniz ce qu'est pour Kant la liberté de la personne.

La monade est indépendante de tout le reste, mais absolument dépendante de Dieu. De toute éternité elle porte en soi la loi absolument invariable de ses développements successifs (legem continuationis operationum suarum) : et cette loi Dieu la lui a imposée, en l'accommodant de toute éternité au plan général de la création, en vertu de cette harmonie préétablie qui joue un si grand rôle dans la monadologie. Tout s'enchaîne avec une imperturbable nécessité dans la série des perceptions, des confuses comme des distinctes, des phénomènes comme des pensées. Quand Leibniz dit qu'il y a de la spontanéité dans le confus comme dans le distinct, il veut nous faire entendre que rien ne vient à la monade du dehors; que le monde des corps est son produit tout comme le monde de ses pensées, et que l'imagination ou la représentation confuse qui enfante le premier, n'est pas moins que l'entendement ou la représentation distincte une forme de l'activité purement spirituelle de la monade. Mais toute cette activité est empruntée : la monade n'est au fond qu'un automate spirituel (*automaton spirituale*). Il ne semble pas que le déterminisme de Leibniz, malgré ses affirmations réitérées, sauvegarde mieux les droits de la conscience et l'initiative de la volonté que celui de Spinoza.

Et cependant Leibniz persiste à soutenir que son système concilie l'action divine et la responsabilité de l'homme. C'est qu'en effet, si tout est nécessaire aujourd'hui dans la monade, tout ne l'a pas été à l'origine. Dieu lui a communiqué toute la perfection dont elle était susceptible, et en a fait une expression aussi distincte que possible de l'univers. Mais, avant l'acte créateur, dans le monde mystérieux des possibles où elle attendait que la volonté divine l'appelât à l'existence, alors qu'elle n'était encore que l'objet de l'Entendement divin, ou mieux qu'elle vivait de la vie purement intelligible de la pensée suprême, elle avait déjà sa perfection et ses limites propres, et ne les tenait que de son libre choix. Le songe de Théodore dans la Théodicée et les passages décisifs de la correspondance avec Arnaud (Ed. Janet), montrent clairement que Leibniz se réfugie dans cette région mystérieuse des possibles, afin de sauvegarder les droits de la liberté, sans méconnaître les impérieuses exigences du déterminisme. Nous avons voulu être avant le temps ce que nous sommes dans le temps. Dieu n'a fait, en quelque sorte, qu'actualiser nos dispositions éternelles, ou encore que fournir aux volontés inégalement et diversement bonnes la matière de leur activité : cette matière, c'est l'univers. Nous appliquons tous à cet objet uniforme notre puissance inégale de perception, c'est-à-dire la tendance plus ou moins énergique qui nous porte vers le bien, vers l'infini. Dieu, connaissant et mesurant à l'avance l'énergie de cet appétit, nous a assigné dans le drame universel de la création un rôle proportionné à notre vertu représentative. Nous obéissons à notre tendance propre, et en même temps nous contribuons à réaliser le plan divin. Nous suivons notre impulsion spontanée, et pourtant nous éxécutons nécessairement le dessein de Dieu.

Il serait donc injuste de ne voir dans la doctrine de Leibniz qu'un pur déterminisme, comme elle paraît être au premier abord. Sans doute Leibniz se plaît, comme Platon, à laisser dans l'ombre d'une explication allégorique cette existence mystérieuse des possibles. Nous aurons à rechercher plus tard, quand nous étudierons la nature des monades, quelle peut être cette réalité suprasensible qu'il leur accorde dans la pensée divine. Nous nous bornons à constater pour le moment que cette doctrine, trop négligée peut-être, des essences éternelles ne permet pas de prendre à la lettre l'automatisme spirituel, auquel on a voulu ramener toute la définition de la monade.

La liberté du moi chez Kant n'en est pas moins profondément distincte de la spontanéité que nous avons essayé de mesurer dans la monade. Le moi applique son activité à une matière étrangère ; son unique fonction est de ramener à l'ordre, de rendre intelligibles les données de la chose en soi, du non-moi ; et de leur communiquer, avec l'intelligibilité, la seule réalité sensible que la pensée puisse admettre. Soit qu'il trace les lois de la connaissance, soit qu'il édicte celles de l'action, le moi n'a qu'une activité purement formelle. Mais, dans la sphère de l'entendement ou dans celle de la conscience, il déploie une absolue liberté dont les actes échappent à toute prédétermination. La spontanéité du moi comparée à celle de la monade perd en étendue, mais gagne en profondeur.

La monade, nous l'avons montré tout à l'heure, tient de Dieu toutes ses perfections. « La monade tire de Dieu tout ce qu'elle a de perfection » (voir les trois examens du père Malebranche, Erd. 442-691-735, Théodicée, 613) ; et ne doit qu'à elle seule la limitation, l'imperfection propre qui constitue son individualité. Les représentations distinctes, les vérités adéquates, comme on disait dans l'école de Descartes et de Spinoza, c'est-à-dire les notions éternelles de l'entendement et de la conscience ne sont pour la monade qu'une clarté empruntée, qu'un reflet de la lumière divine. « Nos représentations distinctes sont une
« représentation de Dieu, et nos confuses de l'uni-
« vers. »

Rien de pareil dans la doctrine du moi transcendental. La personne ou la raison pratique, la volonté pure jouit d'une autonomie parfaite. Elle se donne à elle-même sa loi, et ne relève que d'elle seule dans l'accomplissement de cette loi. Ce n'est pas seulement dans l'impératif catégorique que se manifeste l'initiative absolue du moi. Les catégories de l'entendement sont, elles aussi, des actes de la même spontanéité (*Actus der Spontaneität des Ich*). Kant reproche à

Leibniz de tomber dans l'erreur commune à tout dogmatisme : c'est ainsi qu'il se plaît à appeler la philosophie de ses devanciers, par opposition à la philosophie critique. Pour n'avoir pas connu l'absolue autonomie du moi, pour avoir restreint, défiguré la notion de la liberté, les dogmatiques roulent sans cesse dans un cercle vicieux. Ils s'appuient sur les vérités éternelles pour démontrer l'existence de Dieu ; et font à son tour de Dieu le principe et le garant des vérités éternelles. Mais ces vérités sont les produits du moi (*hervorgebracht*), non les données d'une cause étrangère (*nicht hineingeschafft*), non des conceptions innées (*unerworbene*). Elles n'expriment que la volonté de l'ordre (*Gesetzmässigkeit*). Quiconque veut penser et agir avec ordre, autrement dit, quiconque veut vivre de la vie de l'esprit, les produit spontanément comme les conditions nécessaires de toute science, de toute moralité, c'est-à-dire de la connaissance et de l'action rationnelles. On peut se refuser à faire usage de la liberté, de la raison ; mais alors on manque absolument au devoir, on abdique sa dignité de personne, on perd son titre d'être raisonnable. C'est sur le devoir que repose en dernière analyse, selon Kant, toute l'activité rationnelle de l'âme. Les vérités nécessaires n'ont besoin, pour être prouvées, que d'être rattachées au devoir comme à leur principe suprême, à leur fin absolue (*Endzweck*) ; le devoir lui-même ne se prouve pas : c'est la manifestation la plus haute de la liberté, c'est un acte pur.

L'autonomie du moi est donc bien différente de la spontanéité de la monade. Mais il n'y a pas entre ces deux principes l'opposition irréconciliable qu'on serait tenté d'admettre : il est plus vrai de dire qu'ils se complètent mutuellement. Leibniz a surtout étudié l'individu ; Kant, la personne. L'individualité et la personnalité sont des éléments aussi essentiels, quoique inégaux de la réalité. La première se rencontre partout où nous trouvons la vie ; la seconde n'apparaît que dans quelques êtres privilégiés, dans les esprits. Mais c'est par une gradation insensible que la nature s'élève de l'une à l'autre; et cette transition trouve son explication dans la doctrine Leibnizienne de la hiérarchie et du développement progressif des êtres vivants. Il y a d'ailleurs une place pour l'autonomie dans la doctrine de Leibniz, place sans doute mal déterminée, très-obscure, assez étroite : mais qui n'en a pas moins été réservée avec un soin jaloux dans le monde des possibles.

Il est intéressant de rechercher maintenant comment Leibniz et Kant prouvent cette spontanéité qu'ils admettent sous des formes et à des degrés différents. Tous deux s'accordent à reconnaître qu'elle n'est pas une vérité d'expérience. Le monde des faits est régi par un déterminisme inflexible, qui ne comporte pas la moindre exception. La réalité sensible ne peut être distinguée de l'illusion, l'expérience n'est possible justement qu'à cette condition. C'est donc dans la région des choses intelligibles, monades ou noumènes, qu'il faut chercher la liberté.

Avec Bayle et Spinoza, Leibniz, et Kant combattent la preuve tirée du sentiment vif interne. Si la pierre, dit Spinoza, avait conscience du mouvement que le choc lui imprime, elle pourrait s'imaginer qu'elle se meut d'elle-même dans la direction qui lui a été communiquée. De même, reprend Leibniz, si l'aimant connaissait le mouvement qui l'entraîne vers le pôle, il croirait aussi s'y porter librement. Nous n'avons pas à reproduire la profonde discussion qui s'engage dans la théodicée (Erd. 592, sq.) au sujet de la liberté d'indifférence. Kant l'a déjà résumée dans la thèse d'admission de 1755. Leibniz s'attache à montrer que l'expérience aussi bien que la raison contredisent la doctrine vulgaire du libre arbitre (liberum arbitrium indifferentiæ).

L'argumentation de Kant repose surtout sur la doctrine des catégories, sur l'impossibilité d'instituer une expérience en faveur du fait de la liberté. Et comment, en effet, prouver expérimentalement la liberté, alors que les catégories sur lesquelles repose justement la possibilité de l'expérience, sont des actes de la spontanéité du moi, des effets de la liberté elle-même. Kant soutient d'ailleurs qu'il n'y a pas d'expérience (*Erfahrung*), de connaissance scientifique (*Erkenntnis*) des faits psychologiques. Nous ne pouvons connaître et juger ce qui se passe chez les autres que par analogie, à l'aide de probabilités toujours défectueuses. La succession des pensées, des perceptions est beaucoup plus difficile à expliquer que celle des mouvements de la matière. Il n'y a donc pas de science rigoureuse, c'est-à-dire expérimentale de la pensée. A plus forte raison, ne faut-il pas espérer que la pensée la plus haute, la conscience de la liberté, puisse être un objet d'expérience. Qu'on analyse la définition que Kant en donne, et l'on verra qu'elle n'exprime au fond que la conscience du rapport de la volonté empirique à la volonté éternelle. Des deux termes de ce rapport, le second échappe évidemment à toute représentation matérielle, à toute expression empirique. Or, l'expérience ne saisit que des faits matériels, puisque Kant ne désigne sous le nom d'expérience que la connaissance fondée sur l'enchaînement nécessaire des faits matériels. La liberté ne s'expérimente donc pas. C'est ce que Kant traduit, en disant que la volonté agit sous l'idée de la liberté.

Et cependant, ailleurs, il appelle la conscience de la liberté un fait, « *factum*. » Mais il a soin d'ajouter qu'il parle d'un fait intelligible (*intelligibile factum*), non d'un fait empirique qui soit l'objet de l'expérience. Il s'agit ici du fait primitif, à partir duquel commence la vie rationnelle, la vie de la liberté.

La pensée de Kant, au fond, est celle-ci : nous avons conscience de notre liberté : mais nous ne pouvons constater scientifiquement, à l'aide de l'expérience, la liberté des autres. Nous jugeons par analogie, et par suite d'une façon hypothétique, et surtout nous croyons (Glaube) qu'ils agissent librement ; notre volonté se reconnaît l'obligation d'agir vis-à-vis d'eux comme s'ils étaient libres, sous l'idée, en un mot, de leur liberté.

Quel est maintenant le fait interne (*intelligibile factum*) qui nous révèle notre liberté? Que cette manifestation de la volonté pure à la volonté empirique, comme un phénomène appartenant à la réalité sensible et comme objet de l'expérience, soit elle-même soumise à la nécessité, cela résulte de ce qui vient d'être dit. C'est néanmoins dans un fait ainsi déterminé, que la liberté doit se montrer.

Deux grands faits se produisent dans l'âme, qui sont inexplicables autrement que par la liberté : à savoir la notion du devoir et le sentiment du remords. L'impératif catégorique est nécessairement une loi que le sujet se donne à lui-même : il suppose la liberté aussi évidemment que la conséquence démontre le principe. De même le remords n'a de sens qu'autant que la volonté est libre d'observer ou d'enfreindre la loi, et par conséquent responsable.

Mais d'où vient que ces deux seuls faits témoignent de la liberté, alors que tant d'autres faits y semblent également propres. Les catégories par exemple, sont des actes de la spontanéité du moi, selon la doctrine expresse de l'analytique. Pourquoi Kant ne reconnait-il pas à l'entendement, principe des catégories, le droit d'affirmer la liberté? Pourquoi l'hypothèse de la troisième antinomie ne devient-elle une réalité que dans la critique de la raison pratique ? C'est que les catégories ne sont, au fond, que des postulats. Qu'on se rappelle en effet la déduction transcendentale. On doit admettre à priori l'évidence des règles du déterminisme, sous peine de rendre l'expérience impossible. Mais qui nous interdit de renoncer à l'expérience? Qui nous oblige d'aspirer à la connaissance (*Erkenntniss*)? La raison pratique est seule en état de répondre à cette question. La vérité des catégories repose sur l'autorité de la loi morale ; l'entendement a sa justification dans la conscience. Travaille à la réalisation de l'ordre: telle est la règle du devoir. Mais, avant de lui soumettre les actes extérieurs de ma volonté, il faut d'abord que je l'établisse dans mes pensées. Pour gouverner la nature, il faut que je la comprenne. Et elle n'est intelligible qu'autant qu'elle est réglée avec ordre. La foi dans l'ordre universel repose donc sur l'obligation que nous impose le devoir. Je ne suis pas libre de ne pas admettre les principes de la raison théorique, du moment où j'admets l'autorité de la loi morale. Le devoir, en un mot, est la seule raison suffisante de la connaissance et de l'action. On voit pourquoi la certitude théorique dérive de la certitude pratique. L'affirmation du devoir est du même coup l'affirmation de notre liberté. Et, comme c'est dans le remords que le devoir nous apparaît le plus clairement, le remords est aussi le fait que Kant invoque le plus volontiers en témoignage de notre liberté.

Leibniz procède d'une façon différente. Il se fonde sur l'existence du mal pour prouver la liberté initiale de la monade. Ce n'est pas seulement le mal moral, mais l'imperfection, en général, qu'il explique ainsi par un libre choix des monades dans le monde des possibles, indépendamment de l'acte créateur et dans l'éternité. Mais il est plus jaloux de sauvegarder la responsabilité de Dieu que d'affirmer celle des créatures. Il n'insiste guère sur cette dernière, comme nous l'avons vu. Sans doute, il ne va pas, comme Spinoza, jusqu'à nier et à défigurer le remords; mais il en parle peu. Kant, au contraire, ne se lasse pas d'y insister.

§ III

PRIMAT

La liberté est le premier noumène dont la réalité soit affirmée par Kant. Sur la foi de la loi morale et du remords, sur l'autorité en un mot de la conscience, il croit pouvoir pénétrer dans ce monde intelligible, dont la raison théorique, malgré ses efforts, n'avait pas réussi à franchir le seuil.

Kant n'hésite pas, pour marquer l'énergie de sa conviction, à donner à la liberté le nom de *scibile*, qu'il réserve partout ailleurs aux données de l'expérience : la certitude qu'il en a reçoit celui de science, *Wissen*. Il veux distinguer par là le postulat de la liberté des autres postulats, que la raison pratique affirme comme conséquences de la loi morale. Ces derniers ne sont pas aussi étroitement associés à la loi morale. Ils ne sont évidents qu'aux yeux de celui qui ne croit pas pouvoir s'en passer pour accomplir le devoir. Un Spinoza, qui obéit à la loi morale sans éprouver le besoin d'un bonheur autre que celui d'avoir bien fait, ne saurait pas plus être convaincu d'erreur, lorsqu'il nie l'immortalité et la Providence, que le spiritualiste qui réclame impérieusement l'une et l'autre au nom de la conscience. Mais la loi morale et la liberté ne font qu'un : elles sont aussi indissolublement liées l'une à l'autre que la cause et l'effet.

Kant a trouvé enfin l'absolu qu'il demandait en vain à la raison théorique, et que celle-ci n'avait pu lui découvrir dans le champ de l'expérience où elle est confinée.

L'ordre que l'entendement a pour mission d'établir dans le monde confus des faits est enfin rattaché à un principe d'unité Cet ordre n'exprimait jusque là qu'une nécessité logique de la pensée : il répond maintenant à une nécessité morale. Les catégories deviennent à leur tour comme autant de postulats de la raison pratique.

Le je pense n'est plus qu'une fonction du je dois; et l'intelligence, un instrument de la volonté. Le devoir communique ainsi à la connaissance sa certitude absolue. Et ce n'est pas seulement l'entendement, mais aussi le jugement téléologique qui trouve son principe et sa vérité dans la raison pratique, La fin suprême, le bien souverain qui donne au système des fins son unité et sa règle, c'est la fin même que poursuit la volonté pure. En un mot les principes constitutifs comme les principes régulatifs de la connaissance ne sont plus des conditions purement formelles de l'intelligence, mais des postulats de la raison pratique; et participent par suite, à l'autorité, à la certitude de cette dernière.

Les ombres de la réalité sensible se dissipent à la lumière de la conscience morale. Le monde des noumènes s'ouvre devant nous : la nature, l'âme et Dieu sont enfin affirmés dans leur vérité.

Nous ne connaissions jusque là de la nature que les apparences sous lesquelles elle se manifeste à la sensibilité et à l'entendement; que ce que l'expérience, en un mot, nous en apprend. Elle n'était pour nous qu'un ordre de phénomènes, d'impressions subjectives. Nous en savons maintenant la raison et la fin : elle est la matière, l'instrument nécessaire du devoir.

L'âme n'était qu'une unité logique. qu'un principe régulatif. La durée de la conscience, l'immortalité de la personne devient la condition indispensable à l'accomplissement de notre destinée morale.

Enfin, l'idéal abstrait de la théologie rationnelle se révèle à nous comme la providence, le Dieu vivant de la théologie morale. Sans doute, tous les mystères ne sont pas éclaircis. Mais nous savons tout ce qu'il nous est nécessaire de savoir, tout ce qui est indispensable à l'accomplissement du devoir, de notre destinée morale. Il faut lire sur ce sujet la réplique de Kant à Eberhard « sur la découverte que toute nouvelle critique de la raison pure doit être rendue inutile par une plus ancienne » (Entdeckung nach der alle neue Kritik der reinen Vernunft durch eine ältere entbehrlich gemacht werden soll, 1790); et les réponses aux autres théologiens de l'école de Leibniz, tels que Schlosser, Mendelssohn, Jacobi, « sur l'insuccès de toutes les tentatives de Théodicée » (Uber das Misslingen aller philosophischen Versuche neuerdings in der Theodicee, 1791), et « du ton présomptueux qu'on a récemment pris parmi les philosophes » (Von einem neuerdings erhobenen vornehmen Ton in der Philosophie, 796). Kant's W. B. VI.).

La théorie du primat de la raison pratique est la doctrine capitale de toute la philosophie critique. A la liberté, au devoir sont suspendus le monde des phénomènes et celui des noumènes; la connaissance comme l'action; la réalité de la nature, de l'âme, de Dieu enfin.

CHAPITRE IV

LES NOUMÈNES (*)

La règle de la raison suffisante chez Leibniz, la loi du Devoir chez Kant expliquent le monde des phénomènes et celui des noumènes. Nous avons déjà étudié le premier; il nous reste à parler du second, et à comparer les conceptions différentes que s'en font nos deux auteurs.

Ils sont d'accord en ce point que la science est incapable de nous ouvrir l'accès du monde intelligible. La région des noumènes est inaccessible aux sens, affranchie des lois du déterminisme. La foi seule peut nous y guider. Mais la foi qui inspire Leibniz est métaphysique; celle de Kant, purement morale. Les explications de la monadologie embrassent l'univers entier. La philosophie critique se borne à rendre compte de la pensée et de l'action dans l'homme. Les réserves excessives de la critique chez l'un, comme les hardiesses de la spéculation chez l'autre, ont également leur principe dans une croyance supérieure à la démonstration; et, quel que soit le nom qu'elle reçoive, métaphysique ou pratique, cette croyance sur laquelle repose la vérité des noumènes est indépendante des données de l'expérience.

Comparons la monade au moi, le seul noumène que Kant analyse avec quelque étendue.

La monade et le moi sont deux principes d'unité: mais la première est une unité à la fois formelle et matérielle, source en même temps de la pensée et de la vie; le second une unité purement formelle, en qui la pensée et l'action rationnelle seules trouvent leur explication.

Le moi ne connaît directement du non-moi que les sensations qu'il en reçoit; et la spontanéité qu'il déploie n'a pas d'autre objet que de ramener à l'ordre, sous l'impulsion initiale et la direction suprême de la raison pratique, et à l'aide des formes que conçoit à priori la raison théorique, les données discordantes, mobiles, confuses de la sensibilité. Mais des sensations sont des pensées; et l'activité que l'imagination, l'entendement, la raison dépensent dans la coordination de ces sensations est une activité purement idéale. Tout se réduit donc à la sensibilité et à la pensée, ou encore au sentiment et à la réflexion, en un mot, à la conscience. L'activité de la monade humaine chez Leibniz est aussi toute spirituelle : mais la conscience n'en éclaire qu'une très-faible partie. La vie confuse de l'instinct, de la sensibilité précède, prépare, accompagne, supplée, soutient constamment celle de la pensée proprement dite. La perception obscure de l'infini, qui est toujours présente à la monade et renferme la raison de toutes ses perceptions particulières, enveloppe l'esprit comme une nuit profonde, que tendent graduellement à percer, à dissiper, les clartés de la réflexion. En résumé, Kant ne voit et n'étudie dans le moi que l'activité consciente, réfléchie : Leibniz fait de la réflexion une forme particulière, et la moins considérable peut-être de l'existence de la monade.

Quoi qu'il en soit, l'activité du moi, comme celle de la monade, est purement spirituelle, idéale.

Mais la spontanéité de la monade est surtout une spontanéité dans la dépendance. C'est Dieu qui a réglé de toute éternité les états successifs que doit traverser la monade dans la durée infinie ; et, pour trouver quelques traces d'une véritable autonomie nous avons dû nous aventurer à la suite de Leibniz dans la région mystérieuse et mal définie des possibles. Le moi de Kant jouit de l'absolue liberté; mais cette activité réellement autonome le laisse pourtant dans la dépendance constante d'un principe étranger, le non-moi, la chose en soi. Si nos idées claires sont les formes à priori que la raison théorique produit d'elle-même, nos idées confuses résultent de la subordination où nous placent vis-à-vis du non-moi nos deux facultés réceptives.

On peut dire que, s'il y a plus de spontanéité dans la monade, il y a moins de véritable autonomie que dans le moi.

Il suffirait, pour identifier les deux conceptions, de donner à la monade la liberté absolue du moi, au moi la spontanéité illimitée de la monade. Il n'y a, d'un côté, qu'à étendre à l'activité théorique de la monade cette liberté que Leibniz demande en passant à la doctrine des possibles dans l'intérêt de la responsabilité pratique ; et de l'autre qu'à placer dans le moi lui-même la source des sensations que Kant cherche dans le non-moi, dans la chose en soi. Il faut en un mot concilier la nature et l'esprit, la sensibilité et la raison.

Les deux doctrines n'appellent-elles pas d'elles-mêmes cette transformation, et leurs auteurs n'en ont-ils pas eu le pressentiment ? C'est ce qu'il nous reste à examiner.

« La connaissance des vérités éternelles et néces-
« saires, dit Leibniz, est ce qui nous distingue des
« simples animaux et nous fait avoir raison et les
« sciences, en nous élevant à la connaissance de nous-
« mêmes et de Dieu. » Mais d'où nous vient ce privilége ? Dire que c'est un pur don de Dieu, ce n'est pas expliquer d'une manière suffisante l'inégalité qui sépare les autres monades de la monade humaine. Il faut recourir aux possibles. C'est parce que notre volonté originelle était moins mauvaise que celle des autres êtres, parce qu'il y avait en nous une volonté du bien, de l'ordre éternel, dont les autres monades étaient incapables, que Dieu nous a pu rendre plus semblables à lui, et nous mettre en état de le comprendre. Cette volonté éternelle, suprasensible de la monade n'est-elle pas la même chose que Kant désigne sous le nom de liberté, de volonté intelligible ? Il y a donc dans la monade un germe d'absolue liberté, dont il n'est pas malaisé de faire sortir la doctrine de l'autonomie, telle que Kant la présente dans sa théorie du caractère intelligible.

Si la substance spirituelle de Leibniz se prête au rapprochement que nous avons essayé, la doctrine de Kant sur le moi, sur le noumène trouve et appelle, de son côté, un complément nécessaire dans la conception de la monade.

Le moi et le non-moi s'opposent avec une telle force dans la philosophie critique ; le principe formel et le principe matériel de la connaissance et de l'action sont tellement indépendants l'un de l'autre, qu'on se demande comment leur conciliation est possible, comment la matière des sensations se prête si aisément aux lois que l'entendement lui impose à priori.

Rien de pareil dans la monade. Elle produit avec réflexion, c'est-à-dire avec une clarté et une liberté supérieures dans la pensée, ce qu'elle produit sans volonté, c'est-à-dire confusément et avec une apparente nécessité physique dans la sensibilité. Il n'y a entre l'intelligence et les sens que la différence des perceptions distinctes et des perceptions obscures. On comprend dans la doctrine de Leibniz que les lois à priori du déterminisme trouvent la nature si docile : c'est que ces lois, dont Dieu permet à notre entendement la claire perception, sont celles mêmes auxquelles il soumet la nature inconsciente; c'est que la pensée divine, l'unité absolue est le principe auquel tout se rattache dans la monadologie.

Cette unité, Kant, nous l'avons amplement montré, en trahit sans cesse le besoin, surtout dans la dialectique transcendentale. Comment n'aurait-il pas eu le sentiment des dangers sérieux que fait courir à sa doctrine l'opposition du moi et du non-moi? Certains passages importants de la critique ne laissent aucun doute à ce sujet. « Cet inconnu, qui est au fond le « sujet des intuitions externes, pourrait bien être aussi « le sujet de la pensée. » (Dieses unbekannte Etwas, welches den äusseren Erscheinungen zu Grunde liegt, könnte doch auch zugleich das Subject des Gedankens sein. Kant's K. d. r. Vern. 1e Aufgabe, Hartenst. 592). — « Le célèbre problème de l'union de la pensée et de

« l'étendue, si l'on en écarte toutes les données purement
« imaginaires, peut se ramener au suivant : Comment,
« dans un sujet pensant en général une intuition
« externe, celle de l'espace (ou plutôt des objets qui
« l'occupent, de la forme et du mouvement) est-elle
« possible? A une telle question, aucun homme ne
« saurait répondre, et l'on ne comblera jamais ce vide
« de notre science. On montre, en le signalant, qu'on
« rapporte les phénomènes externes à un objet trans-
« cendental, comme à la cause de cette sorte de repré-
« sentations. Mais on ne prétend pas pour cela qu'on
« le connaît, ni même qu'on espère jamais en avoir
« aucune notion (noch jemals einigen Begriff, id. 612). »
— « L'objet transcendental qui est la cause (*zum*
« *Grunde liegt*) des phénomènes externes, aussi bien
« que celui qui est cause de l'intuition interne, n'est
« ni matière, ni être pensant en soi, mais le principe
« inconnu pour nous des phénomènes qui nous donnent
« le concept empirique de ces deux classes de fait
« (id. 604). » — « Je puis bien admettre que la substance
« qui, en regard de notre sens externe, paraît étendue,
« ait en elle-même des pensées que son propre sens
« interne lui permet de se représenter avec conscience :
« de cette manière ce qui s'appelle corporel à un point
« de vue serait aussi, à un point de vue différent, un
« être pensant, dont nous pouvons percevoir, sinon
« les pensées, du moins les signes qui les mani-
« festent. (id. 592). »

Toute la première édition de la critique de la raison pure, comme l'ont remarqué après Jacobi, Fichte et Schopenhauer, est toute pénétrée d'idéalisme, inspirée par la doctrine qui identifie la nature et la pensée, c'est-à-dire qui les fait sortir l'une et l'autre de l'activité d'un seul et même principe spirituel. La seconde édition et la réfutation de l'idéalisme, qu'elle ajoute au chapitre des postulats de la pensée empirique (id. 197), modifient plus la lettre que le sens de la première édition.

D'ailleurs, comment admettre que Kant parle sérieusement de l'existence d'un non-moi, d'une substance, d'une cause indépendantes de la pensée ? Est-ce que les catégories de la cause, de la substance, de la réalité ont pour lui un sens en dehors de notre entendement, une application en dehors des phénomènes ? Le non-moi ne comporte donc aucune dénomination, parce que toutes les qualifications que nous lui donnons sont empruntées à notre pouvoir théorique, et par suite purement subjectives. L'objet en soi, comme le déclare expressément le chapitre si instructif de la distinction des phénomènes et des noumènes est pour Kant un inconnu, une limite de notre connaissance (*Grenze*). Mais il reste toujours à expliquer pourquoi il s'accommode si bien aux besoins de notre pensée. Cela, encore une fois, ne se peut qu'autant qu'une unité supérieure enchaîne l'un à l'autre le moi et le non-moi : et la monade n'est pas autre chose qu'une telle unité.

Nous n'avons encore comparé que les conceptions de Lebniz et de Kant sur l'homme. C'est que l'homme est le seul noumène que Kant affirme, définisse avec assurance, avec quelque étendue.

Mais la nature n'est-elle pour lui qu'une collection de phénomènes sans signification, sans réalité propre, dont toute la vérité soit d'offrir une matière à l'activité du moi pratique? C'est bien, sans doute, ce qui résulte de sa doctrine, telle que nous l'avons exposée. Kant ne nous permet d'affirmer de l'objet en soi, de la réalité sensible que ce qui est nécessaire à la réalisation de l'ordre que le devoir nous oblige de poursuivre, à savoir l'unité formelle, la liaison logique des phénomènes. La finalité elle-même que nous prêtons à la nature pour rendre compte de l'organisme et de la vie, n'est qu'un principe régulatif, et n'a d'autre valeur objective que celle que lui communique la volonté pure en la faisant servir à l'accomplissement de la fin morale (*Endzweck*).

Est-ce bien là tout ce que nous pouvons savoir de la nature? N'a-t-elle pas ses fins propres, indépendamment de son rapport à notre destinée morale? Comment rendre compte dans la doctrine de Kant d'une infinie diversité de phénomènes et d'objets que l'univers embrasse dans son sein? Comment soutenir l'appropriation aux besoins de l'homme de tout ce que la nature produit dans son inépuisable fécondité? Pourquoi, par exemple, ces mondes innombrables dont la vue des cieux ou l'effort de nos investigations ne nous apprennent que si peu de chose?

Kant répond que l'infinité de l'univers, en confondant notre raison, est une salutaire leçon donnée à notre orgueil; et que le contraste même de notre fragilité et de la grandeur du monde est propre à éveiller, à fortifier en nous le sentiment et le désir de l'immortalité. Il dirait enfin que, pourvu que nous soyons en état de remplir notre devoir ici-bas, la sagesse du divin auteur est suffisamment justifiée.

Mais la raison et le cœur de l'homme refusent de se

laisser emprisonner dans les limites étroites où la critique circonspecte et le génie exclusivement pratique de Kant voudraient enfermer l'essor de notre curiosité spéculative. Nous ne nous bornons pas à ne connaître des choses qui nous environnent que leur conformité aux lois du mécanisme, aux règles de la finalité. Nous ne nous contentons pas de savoir ce qu'elles sont pour nous, de croire qu'elles s'accommodent aux fins de la raison pratique. Nous voulons encore connaître ce qu'elles sont en elles-mêmes. Il ne nous est pas possible de nous résigner à cet inconnu, à ce non-moi, à cet x que Kant oppose au moi, comme la limite infranchissable de la connaissance. Sans doute, nous ne lui contestons pas que l'expérience est impuissante à saisir la cause mystérieuse des phénomènes. Nous lui accordons que la raison pratique ne réussit à soulever qu'un coin du voile épais qui dérobe cette cause à nos yeux; et qu'elle ne nous autorise à en affirmer qu'une chose, à savoir que le non-moi n'est pas contraire à la fin morale de la volonté.

A défaut de la foi pratique, les révélations de la foi métaphysique ne méritent-elles pas aussi d'être écoutées ? Si le flambeau que nous présente la conscience ne peut dissiper les ombres qui nous cachent la vérité sur ces questions, la raison n'a-t-elle pas une autre lumière, des clartés plus vives pour se guider ?

Les exigences de la raison pratique elle-même s'accommodent-elles de cette ignorance des noumènes, dont Kant semble nous faire un devoir? Le moi et Dieu sont les seuls noumènes que Kant ose affirmer, et non sans de nombreuses réserves. Ne pouvons-nous avec assurance soutenir la réalité d'autres noumènes ? Nous devons, selon Kant, agir vis-à-vis des hommes, comme s'ils étaient libres, sous l'idée de leur liberté. La cunscience se résigne-t-elle à une affirmation aussi hésitante ! Ne nous dit-elle pas que la moralité manquerait de ses plus beaux titres, si la justice, si le dévouement en étaient retranchés ; et que ces vertus demeureraient sans objet si la société des volontés libres, si le commerce des esprits pouvait être illusoire? Il faut donc qu'il y ait d'autres volontés libres que la nôtre, et, par suite, qu'il y ait d'autres noumènes.

Mais la conscience ne nous explique pas la nature sensible, l'organisme qui se trouvent associés à chacun de ces esprits et qui constituent leur vie, leur individualité propre. La Raison pratique est encore bien plus incapable de nous dire si le monde des corps, des objets matériels n'est qu'une série d'impressions coordonnées suivant la forme subjective de la sensibilité externe, d'après les lois non moins subjectives de l'entenment. N'est-il qu'un pur phénomène, ou faut-il voir en lui la manifestation de noumènes invisibles? Ces noumènes diffèrent-ils de l'âme humaine ou sont-ils semblables à elle ? Le mécanisme de Descartes, qui supprime la vie et la sensibilité dans l'univers des corps, partout ailleurs que chez l'homme, s'acorde aussi bien et mieux même avec les catégories, que la croyance commune à la réalité des organismes et de la vie. Qui a raison de Descartes ou de l'opinion vulgaire? Kant nous laisse sans réponse.

Sans doute sa conception dynamique de la matière, et sa doctrine de la téléologie naturelle sont en complète opposition avec les principes de Descartes. Mais les lois constitutives du dynamisme de la matière, comme les maximes régulatives de la finalité ne sont toujours que des formes à priori, et par suite subjectives de la pensée, qui nous laissent ignorants du fond des choses.

Kant, dans sa méthodologie, dans les articles qu'il fit paraître successivement contre les disciples de Wolff, combat vivement les prétentions des métaphysiciens à dépasser, sans un guide sûr, les limites de l'expérience. Nous avons déjà parlé de ses deux écrits sur l'insuccès de toutes les tentatives philosophiques en Théodicée, 1791, et sur le ton présomptueux d'une nouvelle philosophie, 1796. Il faut lire sur le même sujet l'opuscule qui a pour titre : « De ce qu'on appelle s'orienter dans le domaine de la pensée » (*Was heisst sich im Denken orientiren,* 1786. — *Kant's W. B.* IV, — 343). Kant consent que la spéculation franchisse les bornes de la réalité sensible ; mais c'est pour l'enchaîner plus sûrement aux exigences de la raison pratique. Les seuls besoins, dont on ait le droit de demander la satisfaction aux intuitions de la foi, à défaut des données de l'expérience, ce sont les besoins de la conscience (*moralische praktische Glaube*). Tout autre guide que la Raison pratique nous égare dans le champ des hypothèses arbitraires, des rêveries de l'imagination (*Träumerei, Schwärmerei*), dans la nuit profonde du monde suprasensible (in der dicken Nacht des Ubersinnlichen, id. 343). Nous aboutissons fatalement aux illusions, aux erreurs de la monadologie (id. 343), au panthéisme d'un Spinoza.

Kant, au fond, ne nous interdit ici que les hypothèses contraires aux règles posées par la critique. Il a raison de soutenir qu'on ne peut s'écarter de ces principes, sans supprimer en même temps la distinction du certain et de l'incertain, sans mettre en péril les droits suprêmes de la conscience et de la moralité. Mais il ne condamne pas absolument les hypothèses spéculatives qui échappent à ce double danger.

La monadologie est justement une hypothèse de ce genre; et Kant, sans nommer Leibniz, sans prononcer le nom des monades, nous expose dans la méthodologie (p. 516) une conception de la spiritualité du principe de la vie, toute semblable à celle de Leibniz. Nous avons vu précédemment que la doctrine métaphysique de Leibniz ne satisfait pas moins que la critique de la Raison pure aux exigences de la connaissance théorique; nous avons montré que les droits de la liberté et de la conscience, pour y être moins clairement entendus que dans la critique de la Raison pratique, n'y sont pas méconnus, et peuvent en tout cas y être aisément rétablis dans leur intégrité.

La métaphysique de Leibniz respecte donc ce que Kant tient avant tout à sauvegarder. Il faut montrer maintenant qu'elle répond à ces autres besoins de la raison et du cœur, auxquels nous cherchons en vain une satisfaction dans la philosophie de Kant; et, en même temps, qu'elle échappe aux difficultés et comble les lacunes que nous avons signalées dans la doctrine critique. Cette dernière, ne l'oublions pas, sacrifie l'individualité, la vie, la nature, l'élément particulier des choses à l'élément général logique ou pratique : elle reste purement formelle parce que le rapport du moi et du non-moi y demeure obscur, incertain. C'est parce que Kant n'étudie avec quelque étendue d'autre chose en soi que le moi intelligible, qu'il est ainsi doublement impuissant en face des légitimes curiosités du sens commun comme des objections du scepticisme.

Le principe essentiel de la monadologie est qu'il y a des formes partout où il y a de la diversité ramenée à l'unité, ou, selon l'expression de Leibniz, partout où il y a perception. Le changement est inintelligible sans une unité formelle, si c'est nous qui le produisons; réelle, s'il est le produit de la nature. Or, à moins d'admettre (Corr. avec Armand, Ed. Janet) que nous seuls existons et que tout le reste n'existe que par nous et qu'en nous, il faut reconnaître un sujet réel du changement, une unité formelle et vivante, partout où le changement se montre indépendant de notre volonté. Les autres êtres, les noumènes, ne peuvent donc être que les unités formelles en qui se trouve la raison de nos perceptions. Mais quelle autre idée nous faire d'une unité que celle que nous en donne notre propre expérience, la conscience que nous avons du seul sujet qui nous soit directement connu? (Erd. 463-706) L'unité formelle, c'est l'unité de la pensée. Partout dans la matière, le multiple est divisé, la multitude est discrète. Dans la pensée seule, la diversité s'accorde avec l'unité; ou, si l'on aime mieux, la diversité est affranchie de la loi de l'espace. Les formes substantielles sont donc des analogues de la pensée, des analogues de l'âme. (*Analoga animabus*). L'idée de l'analogie est le grand principe de la monadologie. « C'est partout comme ici », affirme la préface éloquente des Nouveaux Essais. Nous ne pouvons juger des autres êtres, que par ce que nous sommes nous-mêmes. Les semblables seuls peuvent se connaître, disait la philosophie antique. Tout se ramène pour notre conscience à des sensations, à des idées, c'est-à-dire à des pensées confuses, ou à des pensées distinctes. Il n'y a pour nous que perception : l'activité, la vie n'est que le passage d'une perception à une autre. Vouloir que les autres êtres soient tout autres que nous-mêmes et tout différents des impressions qu'ils nous font, cela revient à dire qu'ils nous sont complétement inintelligibles. Nous sommes alors réduits à affirmer des noumènes, des principes formels dont nous ne sommes en état de nous faire aucune idée.

Les formes aussi sont partout dans la philosophie de Kant; mais elles ne sont pas des principes réels, des noumènes. Le moi seul, la volonté pure a cette dignité. Kant ne veut pourtant pas absorber la nature dans le moi, et confisquer la réalité des choses au profit du seul noumène dont la vérité soit reconnue. Contre la tentative panthéiste de tout ramener à l'unité créatrice du moi, sa théorie du non-moi est une protestation sans accommodement. Son ferme bon sens ne se refuse pas moins énergiquement à résoudre toute réalité en une pure illusion du sujet pensant. Tout en nous déclarant que le noumène mystérieux, qui se manifeste à nous sous les dehors de la matière et de l'organisme, peut demeurer indépendant de ces formes de notre pensée, et n'être enchaîné en lui-même ni aux lois du determinisme, ni à celles de la finalité, Kant nous assure que les choses en soi continueront de se prêter aux exigences de l'esprit, et qu'elles ne peuvent manquer d'apparaître à nos sens sous les seules formes qui les rendent intelligibles à notre raison. Mais n'est-ce pas limiter plus en apparence qu'en réalité la puissance de notre intelligence? N'est-ce pas affirmer que tout ce que nous pouvons connaître du monde nous oblige de le considérer comme l'œuvre d'une raison semblable à la nôtre? N'est-ce pas justifier le principe de raison suffisante, sur lequel repose la doctrine des formes substantielles, des monades? Que nous importe après tout ce côté mystérieux des choses en soi, que Kant nous condamne à ignorer, si la raison pratique nous oblige de croire et en même temps nous assure que les principes formels de la connaissance sont aussi ceux de la réalité phénoménale, de la réalité pour nous (*für uns*), la seule, à vrai dire, qui nous intéresse ?

Kant, il est vrai, déclare que nous n'avons pas besoin d'en connaître davantage. Le principe Leibnizien de l'analogie n'en reprend pas moins ses droits dans la doctrine si circonspecte pourtant du philosophe critique. Kant affirme que la même volonté éternelle soumet les personnes et la nature à la fin suprême (*Endzweck*), les fait également servir à la réalisation du souverain bien. Je me demande s'il est plus audacieux de voir partout la pensée dans l'univers avec Leibniz, ou d'y affirmer partout la volonté morale avec Kant. Et surtout je constate que le philosophe critique cède malgré lui peut-être à la même nécessité que proclame sans hésiter le génie du métaphysicien. Kant ne peut chercher et trouver dans le noumène autre chose que ce qu'il découvre en lui-même. Le principe de l'analogie ne domine pas moins sa pensée que celle de son devancier. C'est que ce principe est le fondement même sur lequel repose la science de l'Etre.

Ce n'est pas assez d'affirmer autant de noumènes, de substances réelles que nous trouvons d'unités formelles autour de nous. Si l'univers, c'est-à-dire l'ensemble de ces unités formelles, doit être intelligible pour la pensée, il faut que chacune de ces unités particulières soit subordonnée à l'unité générale, il faut que les existences isolées s'y viennent fondre dans l'unité de l'existence universelle, dans l'unité du tout. En un mot, l'absolu doit être présent partout au relatif, l'infini soutenir partout le fini. De même que la pensée du poète anime tous les personnages du drame, inspire chacun des incidents qui le remplissent, et s'y exprime tout entière, en ce sens que chacun d'eux, n'est pleinement intelligible que par elle : ainsi, dans la moindre des créatures, disons mieux, dans la moindre des parties de l'univers, dans le plus insignifiant en apparence des êtres ou des faits qui s'y succèdent, la pensée éternelle tout entière est nécessairement agissante. « Dans la moindre des substances, des yeux « aussi perçants que ceux de Dieu verraient toute la « suite des choses de l'univers. » Autrement les détails ne se relieraient plus au plan général. L'unité de la pensée, ou, si on l'aime mieux, l'intelligibilité des choses demande que dans le tout comme dans les parties la même unité formelle se fasse sentir.

Aussi chaque monade pour Leibniz, en même temps qu'elle contient l'unité relative qui sert à rendre compte d'une diversité particulière, renferme l'unité absolue qui, seule, rend accessible à la pensée la diversité universelle, la totalité des choses. L'infini et le fini sont partout associés ; et le premier rend raison du second. La pensée infinie est présente à tout. Elle est comme l'éther ineffable, dont la lumière partout égale se manifeste sous les formes les plus variées, suivant la pureté ou la grossièreté des objets qui la réfléchissent et des organes qui la perçoivent. L'esprit, la vie et la matière sont des expressions inégales de l'unité absolue ou de l'harmonie universelle, c'est-à-dire de la pensée divine.

Il n'y a entre ces trois formes de l'unité que des différences de clarté. Dans la matière, l'unité du tout apparaît dispersée et comme brisée ; dans la vie, elle est ramenée à l'unité confuse, il est vrai, de l'organisme et de la sensibilité ; dans l'esprit, elle s'élève à la clarté supérieure de la connaissance rationnelle. Chaque parcelle de la matière subit l'action de toutes les autres, mais l'ignore ; l'individu organique a le sentiment obscur de sa relation avec le tout ; dans l'esprit, la conscience de la solidarité universelle, la science du tout atteint à la pleine lumière de la réflexion. Mais la réalité de la matière, comme de la vie, comme de l'intelligence dépend de leur rapport avec l'absolu et l'infini ; et la vérité de notre savoir se mesure à l'étendue et à la clarté de la connaissance que nous avons de la liaison universelle. Le divorce cesse entre la matière et la vie, entre la vie et l'esprit. La monade en passant de l'une à l'autre ne change pas d'objet : elle ne fait que s'élever dans l'échelle des représentations d'un seul et même univers.

En même temps que l'infini est présent à la monade, il en est profondément distinct. Jamais la monade finie n'arrive à une expression parfaite de l'infini. Si développée qu'elle soit, la représentation de l'infini par le fini est toujours incomplète, défectueuse.

Ce n'est pas l'esprit infini qui se pense en nous. Le concept de la monade concilie le fini et l'infini, sans sacrifier l'un à l'autre. Les monades représentent l'infini, mais sans cesser d'être finies. Elles lui ressemblent de plus en plus, sans jamais lui être identiques.

L'unité des existences particulières et de la vie universelle trouve ainsi dans la philosophie de Leibniz, son explication définitive et sa raison suffisante. La doctrine de Kant, qui n'ose affirmer les unités relatives, est encore bien plus timide dans l'affirmation de l'unité absolue. Mais elle en trahit partout le sentiment et le besoin. Nous ne croyons pas que ses principes s'opposent à ce qu'elle cherche ce couronnement indispensable dans les théories méthaphysiques de la monadologie.

DIEU

Les différences que nous venons de trouver entre les doctrines psychologiques et cosmologiques de Leibniz et de Kant, nous ne pouvons manquer de les rencontrer dans leurs conceptions théologiques. Mais si nous avons pu rapprocher les unes, il est probable à l'avance que l'opposition des autres ne sera pas irréconciliable.

La preuve de l'existence de Dieu dans la philosophie critique doit être demandée à la Raison pratique.

La Raison pratique n'est cependant pas, au fond, moins indépendante de Dieu, dans la conception et l'observation de la loi morale, que la raison théorique dans la formation des principes à priori de l'entendement. Dieu n'intervient que pour assurer le triomphe de la volonté pure sur la volonté empirique ou de la raison sur la nature; que pour assujettir cette dernière à la loi du souverain bien et réaliser le bonheur auquel a droit la vertu.

Il semble même que si la vertu pouvait se passer du bonheur, et trouvait en elle-même une récompense suffisante, Dieu n'aurait plus de raison d'être. Aussi Kant n'accorde-t-il pas au postulat de l'existence de Dieu une certitude aussi incontestable qu'à celui de la liberté. Tandis qu'il donne à ce dernier les noms de *factum*, *scibile*, il réserve pour l'autre ceux de besoin, de croyance. En tout cas, il ne voit pas ce qu'on pourrait répondre à un Spinoza. dont la vertu semble indépendante de toute théologie.

On pourrait lui répliquer sans doute que, loin d'être étrangère à l'idée du divin, la philosophie de Spinoza en est au contraire tellement pénétrée qu'elle finit par tout sacrifier à Dieu,

Quoi qu'il en soit, l'idée de Dieu, telle qu'elle ressort de la doctrine des postulats n'accorde à Dieu qu'une certitude provisoire en quelque sorte. Il est, si nous le voulons : c'est notre liberté qui en crée l'idée ; mais il dépend d'elle de s'en passer. Il n'est même pas le législateur moral, car la loi morale ne vient pas de lui : et la réalisation de la loi est également soustraite à son action. Notre liberté nous rend absolument autonomes à son égard.

Si le moi dans son activité pratique et théorique, ne relève pas de Dieu, le monde, la chose en soi pourraient-ils exister sans lui ? Quels rapports les unissent ? Dieu est-il simplement le Démiurge moral qui approprie la nature aux fins de la raison pratique, ou doit-il en être regardé comme le créateur ? Kant nous condamne à demeurer dans l'ignorance sur toutes ces questions. Il ne veut savoir de Dieu qu'une seule chose, c'est que, grâce à lui, la nature s'accommode aux besoins pratiques de notre esprit.

En résumé, ce Dieu n'est pas l'absolu, principe à la fois de l'être et de la pensée, en qui l'union du moi et du non-moi trouve sa raison et sa garantie.

La pensée de Kant est dominée sans doute par le besoin, par l'idée de l'absolu. Mais elle le demande en vain à l'éxpérience et à la conscience. Elle le cherche inutilement dans l'isolement de ces deux termes, aussi bien que dans leur juxtaposition ou leur subordination. C'est dans leur commun principe, c'est-à-dire au-dessus et en dehors de chacun d'eux qu'elle le trouverait : mais elle s'interdit de remonter jusque là ; elle ne franchit pas les limites de la réflexion. Le moi et le non-moi sont pour elle deux principes irréductibles : leur accord a beau être affirmé au nom de la Raison pratique : leur différence, leur indépendance réciproque subsiste toujours. Le dualisme est au fond de ce système ; et ne lui permet pas d'entendre l'absolu, de s'élever à l'unité suprême, à Dieu. Kant n'ose aller au-delà de l'affirmation d'un Dieu-Providence.

Le Dieu de Leibniz aussi a tout disposé dans l'univers pour le plus grand bien de la république des esprits, et le royaume de la nature est subordonné par lui à celui de la grâce. Mais ce Dieu n'est pas seulement le rénumérateur, il est aussi le législateur. C'est lui dont la voix mystérieuse se fait entendre à la conscience morale, comme c'est à lui que la nature obéit, lorsqu'elle réalise l'accord de la vertu et du bonheur. Le souverain bien de l'homme n'est pas l'unique fin de son activité. Il n'est pas seulement le juge suprême ; il est aussi l'architecte, l'artiste souverain. Le monde n'est pas fait seulement pour porter témoignage de sa justice, mais aussi de sa puissance. S'il y poursuit le bien, il y réalise surtout le beau, dont le bien n'est qu'une forme, supérieure sans doute, mais une forme particulière. Enfin Dieu n'est pas seulement l'ordonnateur parfait, qui accommode une matière indépendante mais docile aux fins morales ou esthétiques qui doivent glorifier sa puissance et sa sagesse. Il est le créateur de qui les êtres tirent non seulement leur perfection, mais aussi leur existence.

En lui, nous trouvons ce principe absolu que cherchait vainement la pensée de Kant; dont l'absence laissait subsister l'opposition du moi et du non-moi, et, en brisant l'unité de la connaissance, ouvrait la voie au scepticisme. Il est la raison suprême qui éclaire notre intelligence et domine les choses par ses principes éternels, le principe de vie d'où découlent les lois particulières de la réalité sensible. On comprend que le moi et le non-moi, que la vie et la matière, la finalité et le mécanisme soient entre eux dans un harmonieux accord, puisqu'ils dérivent d'une source commune. Dieu est tout entier présent à chaque monade : les lois universelles ou particulières, nécessaires ou contingentes, dont son entendement et sa volonté sont le principe suprême, produisent, expliquent, soutiennent l'existence des créatures. En même temps qu'il est la pensée éternelle, où résident et en qui sont entendues les idées, les lois générales de l'être, il est aussi le créateur des individus. Mais il n'est pas moins la fin que le principe des créatures. Toutes les monades finies tendent à la perfection que lui seul possède en réalité, la perfection de l'acte et de la pensée. Elles aspirent à la représentation claire et complète de l'univers, qui n'est possible qu'en Dieu : notre puissance, notre science et par suite notre félicité se mesurent au degré de notre ressemblance à la perfection divine (ὁμοίωσις τῷ θεῷ κατὰ δυνατόν).

Nous venons de dire que Dieu est à la fois Créateur et parfait : mais comment concilier l'existence du mal avec ces deux attributs divins ?

Ce problème est un de ceux qui ont le plus occupé la pensée de Leibniz. Il ne croit pouvoir sauvegarder efficacement la perfection et la puissance de Dieu que par la doctrine des possibles. Mais Dieu n'est parfait à ce compte qu'en cessant d'être pleinement créateur : et sa justice ne semble assurée qu'aux dépens de sa Toute-Puissance.

Les possibles sont les essences universelles, génériques ou spécifiques et individuelles: tout est possible avant d'être réel ; mais qu'est-ce que cette existence qu'ont les possibles dans la pensée divine avant l'acte créateur qui les appelle à la vie? Ne sont-ils que des idées de Dieu? Alors la raison de leur imperfection, la source du mal est en Dieu. Sont-ce des réalités indépendantes de la pensée divine? mais quelle en est la nature? Le songe de Théodore dans la Théodicée n'éclaire pas le mystère. — Pourquoi, d'ailleurs, tous les possibles n'ont-ils pas été appelés à l'existence? Ce sont tous des monades, et par suite des êtres distincts, en vertu du principe des indiscernables: ce sont autant de représentations différentes de l'univers. D'où vient la préférence, qui, en dépit de leur commune tendance à l'existence, (*omne possibile exigit existere*) condamne les uns à n'avoir jamais part à la vie éternelle, qui est si libéralement départie aux autres.

Quand on voit à quelles difficultés le génie puissant de Leibniz vient se heurter, n'est-on pas tenté de louer la réserve du philosophe critique? On comprend que Kant n'ait pas voulu s'aventurer sur l'océan sans phare et sans bord, comme il l'appelle, de la métaphysique religieuse, et que, pour mieux assurer sa marche, il ait préféré la limiter.

Mais ne peut-on pas, sans se briser contre les écueils de la théodicée leibnizienne, lui emprunter sa notion de l'absolu? La philosophie de Kant appelle de tous côtés ce complément. Il n'est pas seulement permis de concilier avec les exigences de la raison pratique les principales conceptions de la théodicée de Leibniz : il faut reconnaître que l'intérêt même de la conscience morale réclame cette conciliation. Cela nous paraît résulter de tout ce que nous avons dit sur les lacunes et les périls secrets de la philosophie critique.

CHAPITRE VI

KANT ET LEIBNIZ : RÉSUMÉ

Essayons de rassembler, en finissant, les traits multiples que notre analyse a dû isoler, et de reconstituer ainsi la physionomie vivante des deux philosophes : rendrons par là plus sensibles les analogies profondes que nous avons démêlées dans leurs doctrines sous des différences incontestables.

On a pu dire qu'une doctrine philosophique, comme une œuvre d'art, répond au caractère autant qu'à la pensée de son auteur ; qu'elle exprime l'homme tout entier ou qu'elle est du moins le reflet le plus lumineux de son âme. L'exemple de Leibniz et de Kant pourrait servir à justifier cette assertion.

En tous deux, comme en toute âme vraiment philosophique, la raison est la faculté souveraine ; et les autres puissances de la pensée ne sont que les instruments, les auxiliaires dociles ou contraints de cette maîtresse impérieuse. Mais c'est la raison spéculative qui domine chez Leibniz ; chez Kant, c'est la raison pratique. Le premier est surtout possédé du besoin de comprendre, le second de celui d'agir. Or, l'intelligence et la conscience, ou, pour parler le langage des Grecs, le νοῦς θεωρητικὸς et le νοῦς πρακτικὸς, ont des besoins, des exigences bien différentes.

Le spéculatif veut tout embrasser dans son insatiable

curiosité ; son vol audacieux, comme celui de l'aigle, ne connaît ni le vertige des cimes, ni l'éblouissement des clartés trop vives. Le soleil des esprits, dont les sens, comme dit Platon, ne peuvent soutenir la pure lumière, n'est pas fait pour blesser son regard. Les objets sensibles, qui captivent le cœur et les sens de l'ignorant, ne sont pour lui que des ombres fugitives, que des images grossières de la vraie réalité. Il les étudie cependant et s'y intéresse, non pour eux-mêmes, mais pour ce qu'ils expriment. Dans le monde des phénomènes, il découvre partout la manifestation des noumènes ; et l'imparfait, le changeant, la matière lui révèlent le parfait, l'éternel, la pensée.

Le philosophe pratique va plus lentement et moins loin, mais sa marche est plus sûre. Il borne sa curiosité ; mais, c'est dans l'intérêt de l'action. Selon lui, nous n'avons pas trop de temps pour nous bien connaître, pour acquérir la science indispensable à la pratique du bien. C'est à l'étude de l'homme qu'il faut nous attacher avant tout. On a pu dire de Socrate qu'il avait ramené la philosophie du ciel sur la terre ; qu'il l'avait détournée des hypothèses, où elle s'égarait touchant l'origine et l'infinité du monde, pour la fixer sur le terrain étroit, mais solide de l'observation intérieure. De même, le philosophe pratique applique toute son attention, et veut enchaîner notre curiosité à l'examen de lois de la raison humaine. L'univers ne l'occupe que parce qu'il est l'objet, la matière indispensable à l'activité de la volonté. Il n'en veut et n'en croit pouvoir connaître que ce qui sert à la réalisation du devoir. Dans l'homme, comme dans la nature, son intelligence ne poursuit que les conditions nécessaires à l'accomplissement de la loi morale : tout ce qui ne concourt pas à cette fin suprême est à ses yeux incertain et superflu.

Leibniz veut expliquer l'univers ; la destinée humaine ne lui paraît qu'un élément de la destinée universelle. Les autres créatures ne sont pas moins essentielles que l'homme à la beauté du monde. La puissance et la perfection de la cause suprême n'auraient pas sans elles leur entière expression. Kant ne voit dans l'univers que l'homme seul : il fait de l'homme le centre de toutes choses : on pourrait presque dire le principe et la fin de la réalité tout entière. L'un croit avoir assez fait pour démontrer l'existence des choses, du moment où il en a démêlé le rapport nécessaire à la fin absolue de la volonté humaine (*Endzweck*) : il faut à l'autre qu'elles rendent un témoignage suffisant de la perfection divine.

L'inspiration, naturelle à la pensée spéculative, est l'allure ordinaire de Leibniz. Il réserve la démonstration à la connaissance inférieure, à la science des phénomènes. Le monde des monades ne révèle ses mystères qu'à l'âme enthousiaste de la beauté, et dont la foi sans limite dans l'harmonie universelle ne s'alimente pas aux sources grossières et pauvres de l'expérience et du raisonnement, mais est puisée au fleuve intarissable de l'amour divin.

Kant s'interdit les transports, les généreuses mais téméraires affirmations de la foi spéculative ; et ne se confie qu'avec hésitation aux prudentes hypothèses, aux postulats circonspects de la foi pratique. La critique est en quelque sorte pour la pensée, ce qu'est l'examen de conscience pour la volonté. Sous les entraînements de la curiosité métaphysique, Kant démêle les faiblesses du cœur, non moins que les vices de raisonnement. C'est au nom du devoir qu'il fait du précepte — Tu ne mentiras pas — la première loi du philosophe ; qu'il entreprend, pour son propre compte, et qu'il veut persuader aux autres, par son exemple, de mesurer exactement les forces et les limites des facultés humaines. Socrate ne pratiquait pas sa dialectique réfutative (ἔλεγξις) avec plus de rigueur que le sage de Kœnisberg ne fait sa méthode critique. Kant répéterait volontiers, avec Descartes, que l'erreur est toujours une faute ou un mensonge : que l'orgueil et la paresse ont plus de part qu'on ne l'avoue aux affirmations téméraires des métaphysiciens.

C'est, en un mot, sur le principe du devoir que repose toute la critique de Kant ; la loi de la raison suffisante est le fondement des doctrines métaphysiques de Leibniz. Agis avec raison, dit l'un ; crois à la Raison, dit l'autre. Le principe du devoir se présente à nous comme un ordre et nous commande un sacrifice. Le principe de la raison suffisante est un acte de foi et d'amour dans la Raison suprême. Mais qui des deux a le mieux parlé de la Raison, de celui qui nous demande de nous sacrifier à elle, ou de celui qui se repose avec confiance dans la persuasion qu'elle a tout réglé pour le mieux ?

Tous deux font de la Raison le principe et la fin des choses : de la pensée comme du monde, de la connaissance comme de l'action. Le réel a sa source dans l'idéal ; la nature, son principe dans l'esprit. Qu'on n'objecte pas que Kant refuse de se prononcer sur l'essence du non-moi ; car, en dépit de cette ignorance, il ne doute pas de l'accommodation parfaite de la chose en soi aux fins de l'esprit. Cette foi dans la toute puissance de la Raison pratique n'est-elle pas d'autant plus profonde que le monde sensible paraît à Kant la contredire davantage?

Leibniz trouve partout dans la réalité la manifestation de la pensée divine : et voilà pourquoi il étudie la nature entière avec tant de passion; tandis que Kant ne lui donne qu'une attention distraite et nous en détournerait presque, tant il craint que ses apparences et ses mensonges ne troublent la foi morale.

La foi est pour tous deux la racine même de la certitude. Mais, pratique ou métaphysique, qu'elle soit un acte de la liberté ou un élan de l'amour, elle n'est que le mouvement spontané de la raison humaine qui, dans la plénitude de son autonomie, dans son indépendance à l'égard de la réalité matérielle, aspire à s'unir à l'absolu par la connaissance et par l'acte, et à goûter dans cette union la perfection et la félicité de la vie véritable.

Les deux doctrines sont donc deux formes également vraies, quoique différentes et incomplètes, d'un spiritualisme très-décidé, si l'on consent à désigner par ce nom toute philosophie qui place dans l'esprit le principe et la fin des choses sensibles.

Ce n'est même pas assez dire : il n'est question dans l'une et dans l'autre que de l'existence de l'esprit. Que Leibniz rejette résolûment la réalité de la matière; que Kant conçoive, sous le nom de noumène, la possibilité d'un principe différent de la pensée, mais le déclare en même temps inaccessible à notre conscience : cette négation d'un côté, cette ignorance de l'autre n'aboutissent pas moins nécessairement à l'idéalisme. L'esprit seul existe, dit Leibniz ; la conscience ne connaît que l'esprit, reprend Kant. La Raison spéculative ne peut se satisfaire que par l'affirmation absolue du premier ; l'idéalisme subjectif du second suffit à la raison pratique.

Tels sont les principes généraux des deux systèmes.

On comprend sans peine que l'explication des phénomènes ait plus occupé Kant ; celle des noumènes, plus exercé la pensée de Leibniz. L'un s'attache surtout à l'action, et la volonté agit sur les phénomènes, non sur les noumènes ; l'autre aspire à la vérité, et les noumènes la contiennent plus que les phénomènes ou plutôt la contiennent seuls.

Kant étudie surtout dans la nature les lois générales, les règles mécaniques qui seules nous permettent de la gouverner. Leibniz, plus préoccupé de savoir que d'agir, ne demande pas moins l'explication des choses sensibles au principe des causes finales qu'à celui des causes efficientes.

Si la vie, la beauté de la nature n'intéressent pas directement la pensée de Kant, c'est qu'elles n'intéressent pas la moralité ; et qu'elles paraissent propres plutôt à détourner l'homme de sa fin véritable, en attachant sa pensée et son cœur à la destinée des autres êtres. Mais le moi de la volonté pure, le moi pratique, n'est-il pas trop exclusivement occupé de lui-même ; et son activité, pour s'exercer dans la sphère supérieure de la conscience, n'est-elle pas encore trop personnelle, trop humaine ? Chez Leibniz l'âme tend constamment à se détacher d'elle-même, de ses passions, de ses pensées propres, pour répandre son intelligence et son cœur sur tous les êtres, pour les embrasser avec un égal désintéressement dans ses sublimes aspirations.

Kant voyait peut-être dans cette sympathie débordante pour le monde entier la tentation mal combattue de se soustraire aux strictes obligations du devoir. Si Kant a raison de signaler ce danger ; et s'il est plus sûr, comme il le pense, de s'attacher au devoir que d'aimer l'univers, il ne faut pas oublier que l'âme de Leibniz poursuit Dieu dans l'univers, et que, chez lui, la parfaite soumission à la volonté divine tempère, en même temps qu'elle soutient, les élans de la pensée métaphysique, les audaces de la curiosité spéculative.

La même préoccupation pratique qui empêche Kant de dépasser dans l'explication des phénomènes les exigences de la connaissance empirique et de l'action morale, et l'amène à se contenter de principes formels qui n'éclairent que les rapports généraux et non les différences spécifiques et individuelles des choses sensibles, ne lui permettra pas davantage, dans le champ des noumènes, de sortir des principes abstraits et de s'élever à la véritable notion de l'individualité. Son moi intelligible, le seul noumène dont il parle avec quelque étendue, n'est pas l'individu, mais la personne : c'est le moi général, l'idée du moi, comme dirait Platon.

Chez Leibniz, les principes métaphysiques sont des principes individuels, des monades. Nous avons même trouvé que les genres sont sacrifiés par lui aux individus ; et qu'il parle de la vérité, de la beauté des individus, sans les rattacher suffisamment à l'espèce. Mais, au moins, l'unité vivante de l'être est reconnue, et proclamée dans sa doctrine : Kant ne nous donne que l'unité formelle, abstraite de l'être, comme de la pensée.

Ce n'est pas seulement l'unité contingente, l'individu ; c'est Dieu, l'unité absolue, que nous cherchons en vain dans la philosophie critique. Si le moi pouvait se passer de Dieu pour atteindre à la félicité ou s'il savait renoncer au bonheur, il semble que le postulat de l'existence divine deviendrait inutile. Il ne faut donc pas plus demander à Kant une philosophie de la religion, qu'une philosophie de la nature. Ni la nature, ni l'absolu ne sont chez lui reconnus dans la plénitude de leurs droits.

L'unité véritable manque à la philosophie de Kant, parce que l'absolu véritable ne s'y rencontre pas. De là, ces divisions trop tranchées, ces distinctions que l'analyse autorise, mais que l'on voudrait voir se résoudre dans une synthèse plus intime, plus profonde que celle qui suffit au primat de la Raison pratique. La séparation du moi et du non-moi, de la Raison théorique et de la Raison pratique; et, au sein de la raison théorique, la division de la sensibilité, de l'Entendement, de la Raison proprement dite d'une part, et de l'autre la distinction de l'Entendement et du Jugement, toutes ces oppositions brisent l'unité de la pensée et de l'être, et en compromettant la certitude, ouvrent la voie aux négations du scepticisme.

Rien de tel chez Leibniz : l'idée de l'absolu et de l'unité est partout présente dans sa doctrine. Son incomparable originalité a été de vouloir concilier la spontanéité des individus avec cette activité toute-puissante et partout affirmée de l'absolu.

Tous deux essaient également d'échapper au panthéisme, tous deux semblent fatalement y conduire : le premier en sacrifiant trop l'activité des créatures à l'activité divine, le second en exagérant peut-être l'autonomie humaine.

Mais ils veulent, du moins, l'un par sa doctrine de la personnalité divine, l'autre par sa conception de la chose en soi, retenir leur pensée et leur doctrine sur la pente où la dialectique paraît les entraîner.

CINQUIÈME PARTIE

LA CONCILIATION DANS L'HISTOIRE

CHAPITRE PREMIER

LA CONCILIATION PRESSENTIE PAR KANT : 1790

§ Ier

« Sur une découverte, suivant laquelle toute nouvelle critique de la raison pure doit être rendue superflue par une plus ancienne. »

La pensée du rapprochement que nous venons d'essayer entre les doctrines essentielles de Leibniz et de Kant n'avait pas tardé à s'offrir à l'esprit de Kant lui-même. Les disciples de Wolff, dans leur impuissance de comprendre et leur désir d'amoindrir l'originalité de la révolution critique, ne voulaient voir dans la philosophie nouvelle qu'une forme corrompue de la philosophie de Leibniz. Kant, en réponse aux articles que l'un des plus célèbres d'entre eux, Eberhard, insérait dans son magasin philosophique, fit paraître, en 1790, au moment même où il couronnait son œuvre par la publication de la critique du jugement, le petit écrit intitulé : « Sur une découverte suivant laquelle toute nouvelle critique de la Raison pure doit être rendue superflue par une plus ancienne. » (Kant's W. — Bd VI — p. 1, à 69.)

Il y revendique la nouveauté de sa philosophie; mais, en même temps, s'attache à montrer qu'elle s'accommode mieux aux principes véritables de Leibniz que les doctrines des prétendus disciples de ce philosophe. Il semble que le génie de Kant, dans la pleine conscience de sa force, éprouve plus de facilité à sortir de lui-même pour étudier une œuvre étrangère; et qu'il lui en coûte moins qu'auparavant à se montrer équitable pour une doctrine dont son originalité propre n'a plus rien à redouter.

Nous ne croyons pouvoir mieux faire que d'emprunter à Kant lui-même l'expression de son propre jugement sur les rapports de ses théories avec celles de son devancier.

« La métaphysique de M. de Leibniz contenait principalement trois conceptions originales : 1° Celle du principe de raison suffisante, comme une théorie propre surtout à démontrer l'insuffisance du principe de contradiction pour la connaissance des vérités nécessaires; 2° Celle des monades; 3° Celle de l'harmonie préétablie. Ces trois théories lui ont attiré les vives critiques de nombreux adversaires qui ne l'entendaient pas, en même temps que (comme l'a dit, dans une certaine occasion, un illustre connaisseur et un digne panégyriste de Leibniz) elles l'exposaient aux maladroites interprétations de ses nombreux disciples et commentateurs. Il en a été de lui comme de plusieurs philosophes de l'antiquité, qui auraient pu dire : Que Dieu nous préserve de nos amis; pour nos ennemis, nous saurons bien nous en garder nous-mêmes.

« 1° Est-il bien croyable que Leibniz ait voulu donner

à son principe de raison suffisante une valeur objective (comme à une loi de la nature), lui qui attachait une si grande importance à ce principe, et le considérait comme un principe nouveau dans la philosophie. Dans le sens dont nous parlons, ce principe est si généralement connu, et (avec les restrictions convenables) d'une clarté si apparente, que la tête la plus médiocre ne peut croire avoir fait, en le trouvant, une découverte nouvelle. Aussi des critiques, qui n'ont pas su le bien entendre, en ont fait, pour cette raison, l'objet de leurs plaisanteries. Mais ce principe était purement subjectif pour Leibniz, et se rattachait à une critique de la Raison. Que signifie, en effet, cette proposition : au delà du principe de contradiction, il faut admettre encore d'autres principes, sinon que le premier ne nous sert à connaître que ce qui se trouve déjà compris dans les notions que nous possédons de l'objet. Si l'on veut affirmer encore quelque chose, il faut sortir de la notion que l'on a déjà ; et, quoi que ce soit qu'on y ajoute, on doit recourir à un principe particulier différent de celui de contradiction, c'est-à-dire qu'il doit y avoir une raison particulière à ces affirmations nouvelles. Cette dernière espèce de jugement porte (aujourd'hui du moins) le nom de synthétiques. Leibniz soutenait donc uniquement ceci : Au principe de contradiction (comme principe des jugements analytiques) doit s'ajouter un autre principe, celui des jugements synthétiques. C'était une invitation faite pour la première fois, et bien digne d'être remarquée, à des recherches qui n'avaient pas encore été entreprises en métaphysique (et qui ne l'ont été réellement que depuis peu). Si le disciple de Leibniz donne cette invitation à la recherche d'un principe nouveau pour l'affirmation du principe auquel on rapportait avant lui la connaissance synthétique, et que l'on aurait regardé comme une récente découverte de Leibniz, ne fait-il pas rire de son maître, alors qu'il pense seulement le louer?

« II° Est-il bien à croire que Leibniz, un si grand mathématicien, ait voulu composer le corps de monades (et par suite l'espace de parties simples?) Il ne parlait pas du monde des corps, mais de son substratum pour nous inconnu, le monde intelligible, qui ne réside que dans l'Idée de la Raison, et où, sans doute, tout ce qui dans le monde sensible apparaît à notre pensée comme une substance composée doit se présenter à nous comme une réunion de substances simples. Leibniz semble même, comme Platon, accorder à l'esprit humain une intuition originelle, bien qu'obscurcie maintenant, une intuition Intellectuelle de ces réalités suprasensibles; (*intellectuelles* Anschauen dieser übersinnlichen Wesen) mais il ne le rapportait en rien aux êtres sensibles. Il ne voyait, dans ces derniers, que des objets relatifs à une certaine espèce d'intuition, à laquelle nous devons les seules connaissances dont nous soyons capables; et il prenait ces objets pour de purs phénomènes dans toute la rigueur du mot, pour des formes d'intuition spéciale, particulière à nous. Sa définition de la sensibilité, comme d'une sorte de perception confuse, ne doit pas nous embarrasser; mais il faut la remplacer par une autre explication, plus conforme à l'esprit de son système, qui autrement ne s'accorderait pas avec lui-même. Regarder cette faute comme une théorie expresse et heureuse de Leibniz (à l'image des imitateurs qui, pour être tout à fait semblables à leur original, copient jusqu'aux défauts de ses manières ou de son langage) peut difficilement être compté aux disciples de Leibniz comme un service rendu à la gloire de leur maître. L'innéité de certaines notions, expression dont il se sert pour caractériser la faculté fondamentale à laquelle se rapportent les principes à priori de la connaissance, et qu'il oppose à l'origine empirique que Locke assignait aux idées, n'est pas l'objet d'une moins fausse interprétation, quand on la prend à la lettre.

« III° Peut-on croire que Leibniz, par son harmonie préétablie entre le corps et l'âme, ait entendu l'union de deux êtres entièrement indépendants l'un de l'autre par leur nature, et incapables par leurs propres forces d'avoir entre eux aucun commerce ? Cela conduirait justement à l'idéalisme ; car à quoi bon admettre les corps en général, si l'on peut considérer tout ce qui se passe dans l'âme comme l'effet de forces particulières, qui continueraient d'agir en elle, alors même qu'elle serait complétement isolée ? L'âme et le sujet (*Substrat*), parfaitement inconnu pour nous, des phénomènes que nous nommons corps sont deux êtres absolument distincts ; mais ces phénomènes eux-mêmes, comme de simples formes de l'intuition relatives à la constitution du sujet (l'âme), sont de pures représentations. On comprend ainsi le commerce qui unit l'entendement et la sensibilité dans le même sujet d'après certaines lois à priori, en même temps que la dépendance naturelle et nécessaire où se trouve la sensibilité à l'égard des choses extérieures, sans sacrifier ces dernières à l'idéalisme. De cette harmonie entre l'Entendement et la sensibilité, qui rend possible la connaissance à priori des lois générales de la nature, la critique a donné pour raison l'impossibilité d'expliquer autrement l'expérience. Sans cette harmonie, en effet, les objets (dont l'intuition est soumise aux conditions formelles de la sensibilité, dont les éléments multiples ne peuvent être réunis que suivant les lois de la coordination dans une conscience, comme la condition sans laquelle toute connaissance de ces objets serait impossible) ne pourraient pas être ramenés à l'unité de la conscience et constituer ainsi notre Expérience, et par conséquent ne seraient rien pour nous. Nous avons justement une sensibilité de telle espèce et une telle nature d'entendement, que leur union rend possible l'expérience. Nous ne savons pas davantage pourquoi ces deux sources d'ailleurs si complétement hétérogènes de notre connaissance s'accordent toujours si parfaitement pour rendre possible une expérience de la nature en général, et surtout, comme la critique du jugement le fera remarquer, une expérience de la nature dans le détail et la diversité de ses lois purement empiriques : car alors l'entendement ne nous apprend rien à priori. Nous ne pouvons (et personne ne le peut plus que nous) donner de tout cela une explication. Leibniz nommait le principe de cette union, surtout en parlant de la connaissance des corps et en particulier du nôtre comme l'intermédiaire de ce commerce, une harmonie préétablie. Il n'avait évidemment pas réussi, ni songé par là à donner l'explication de cette union. Il voulait seulement nous faire penser à une certaine finalité dans le dessein de la cause suprême, qui nous a créés ainsi que toutes les choses qui sont en dehors de nous, finalité qui a présidé à la création, et par conséquent est préétablie. Mais il parlait non d'un accord préétabli entre des choses qui se trouvent indépendantes les unes des autres, mais entre des facultés de notre esprit, l'Entendement et la sensibilité, suivant la constitution spéciale de chacune d'elles. De même, la critique enseigne qu'une connaissance des choses à priori demande que ces deux facultés exercent l'une sur l'autre une action réciproque dans l'esprit. Que telle soit la véritable pensée de Leibniz, quoiqu'elle ne se trouve pas clairement développée, c'est ce qui ressort de l'application qu'il fait de son harmonie préétablie. Il l'étend bien au-delà de l'union du corps et de l'âme, jusqu'à l'union du règne de la nature et de celui de la grâce (du règne des fins en regard de la fin suprême, c'est-à-dire de l'homme soumis aux lois morales). Sa doctrine ne doit s'entendre que d'une harmonie entre les conséquences de nos concepts de la nature et celles de notre concept de la liberté, donc entre deux pouvoirs tout à fait différents, entre des principes entièrement distincts, mais qui se trouvent en nous ; mais non pas d'une harmonie entre deux espèces de choses différentes qui seraient en dehors les unes des autres (*ausser einander befindliche Dinge*). Cette harmonie qu'exige la monade ne peut, d'après les enseignements de la critique, s'expliquer en aucune façon par la constitution des réalités de ce monde, mais seulement, puisque cet accord est, pour nous du moins, accidentel, que par l'action d'une cause intelligente du monde.

C'est ainsi que la critique de la raison pure fournit la justification particulière de Leibniz, même contre des disciples dont les éloges, loin de l'exalter, ne lui font aucun honneur. Elle peut rendre du reste le même service à plusieurs anciens philosophes. Plus d'un historien de la philosophie, au milieu de tous les éloges qu'il leur donne, leur attribue cependant de purs non-sens. Si ces commentateurs sont incapables de démêler les véritables pensées de leurs auteurs, c'est qu'ils laissent de côté la clef de toutes les explications auxquelles peuvent être ramenés les produits que la raison pure tire de ses seuls concepts.

Cette clef, c'est la critique de la Raison elle-même, d'où ces concepts découlent comme de leur source commune; tandis que les commentateurs s'attachent aux expressions dont les philosophes se sont servis, le sens des pensées leur échappe (Uber eine Entdeck, 65 à 68). »

§ II

« Quels sont les progrès réels que la métaphysique a faits en Allemagne depuis l'époque de Leibniz et de Kant? 1791. »

Jamais Kant n'avait jugé Leibniz avec plus d'équité et d'intelligence. Et pourtant il tient un langage tout différent dans le mémoire qu'il composa en 1791 pour la question proposée par l'Académie de Berlin sur les progrès réalisés en métaphysique depuis le temps de Leibniz et de Wolff. C'est qu'il s'agissait cette fois de défendre l'originalité de son œuvre critique; et qu'il avait affaire non plus à Leibniz seul, mais à l'école des Leibniziens-Wolffiens. Il s'adressait à des adversaires: aussi n'obtint-il pas le prix qui fut partagé entre trois Wolffiens, Schawb, Reinhold, et Abicht. Le mémoire résume les principales objections que Kant a dirigées dans ses œuvres précédentes contre le dogmatisme Wolfien : mais confond à dessein dans une même critique les doctrines pourtant différentes de Leibniz et de Wolff, de même qu'elles l'étaient dans l'enseignement des écoles.

En voici le passage le plus important et le plus instructif.

« Quels sont les progrès réels que la métaphysique « a faits en Allemagne depuis l'époque de Leibniz et Wolff » ? 1791 S. W. Bd. VIII S. 515,593).

« Telle est la révolution qui s'est opérée et a dû se produire de nos jours dans la philosophie transcendentale, avant que la raison ait pu faire un progrès dans la métaphysique proprement dite, que dis-je, un seul pas dans la direction de la métaphysique. Pendant ce temps, la philosophie de Leibniz et de Wolff en Allemagne poursuivait avec confiance sa route dans une autre voie ; elle croyait, après l'ancien principe de contradiction apporté par Aristote, avoir mis les philosophes en possession d'une nouvelle boussole. Elle leur apportait le principe de raison suffisante pour démontrer l'existence des choses dont les concepts ne prouvent que la simple possibilité : et le principe de la différence des idées obscures ou claires, mais encore confuses, d'avec les idées distinctes, pour séparer la connaissance purement intuitive de la connaissance fondée sur les concepts. Avec tout ce travail, elle restait toujours à son insu dans le domaine de la logique, et ne se rapprochait même pas de la vraie métaphysique, loin d'y faire aucune découverte. Elle prouvait par là qu'elle n'avait aucune claire connaissance de la distinction des jugements synthétiques et des jugements analytiques...

« En ce qui concerne le principe introduit par Leibniz de la différence logique des idées confuses et des idées distinctes, si le même philosophe affirme que les premières, auxquelles nous donnons simplement le nom d'intuition (*Anschauung*) ne sont à vrai dire que la notion confuse d'un objet (*verworrene Begriff*) ; s'il soutient que l'intuition ne diffère de la notion que par la clarté inégale avec laquelle l'idée de l'une et de l'autre se présente à la conscience, et non par une différence spécifique de nature ; s'il prétend enfin que l'intuition d'un corps, par exemple, pourvu qu'elle soit accompagnée de la conscience complète de tous les éléments qu'il renferme, nous en fournirait la vraie notion et nous le montrerait comme un agrégat de monades : à ces assertions, le philosophe critique répondra que de cette manière la proposition « les corps se composent de monades » pourrait se tirer de l'expérience par la simple analyse de la perception. Il suffirait que nous ayons assez de pénétration pour arriver à une conscience suffisante des éléments simples qui constituent cette perception. D'un autre côté, puisque la réunion de ces monades est présentée comme n'étant possible que dans l'espace, notre métaphysicien de vieille souche devrait aussi nous donner l'espace comme la représentation purement empirique et confuse de la juxtaposition des éléments divers qui sont placés en dehors les uns des autres (den Raum als blos empirische und verworrene Vorstellung des Nebeneinanderseins des Mannigfaltigen ausserhalb einander).

« Mais alors comment sera-t-il en état de présenter

la proposition que l'espace a trois dimensions comme un jugement apodictique à priori? La conscience parfaitement distincte des parties élémentaires qui composent le corps ne lui permettrait pas de conclure qu'il en doit être ainsi nécessairement; mais, au plus, d'assurer seulement que la perception montre qu'il en est ainsi. Il aura beau considérer l'espace avec sa propriété d'avoir trois dimensions comme la condition nécessaire et à priori sur laquelle repose toute représentation des corps, il ne peut pas plus expliquer cette nécessité que la contester. D'après sa propre affirmation, cette idée de l'espace a une origine purement empirique qui ne peut fonder aucune nécessité. Veut-il se débarrasser de cette difficulté et accorder à l'espace la propriété des trois dimensions, sans se préoccuper davantage de cette représentation prétendue confuse des objets? La géométrie, et par conséquent la raison, lui démontre, non par des concepts en l'air, mais par la construction des concepts (durch die Construction der Begriffe), que l'espace et ce qui le remplit, c'est-à-dire le corps, ne se composent en aucune façon de parties simples. Et pourtant, si nous voulons nous rendre la possibilité du corps intelligible par de purs concepts, nous devrons nécessairement partir des parties pour aller au composé et considérer le simple comme principe.

« La raison est par là obligée de reconnaître enfin que l'intuition (la représentation de l'espace en est une) et le concept sont deux espèces différentes de représentations ; et que la première ne peut être ramenée à la seconde par la simple analyse qui dissipe l'obscurité de la représentation. Il en est de même de la représentation du temps. (P. 538 à 540. Uber die Fortschritte d. Metaphys. B. VIII).

« En ce qui concerne l'analyse des concepts purs de l'Entendement et des principes à priori, sur lesquels repose la connaissance expérimentale, et qui sont comme l'objet propre de l'ontologie, il est un grand mérite qu'on ne peut contester aux deux philosophes déjà nommés, et surtout à l'illustre Wolff. Ils ont montré plus de clarté, de précision, et cherché une plus grande rigueur démonstrative, qu'il n'en avait encore paru avant eux et en dehors de l'Allemagne, dans les travaux de métaphysique. Nous ne leur reprocherons pas d'avoir été incomplets : cela devait arriver, puisque aucun critique n'avait construit une table des catégories en les rapportant à un principe fixe. Mais l'absence de l'intuition à priori, que l'on ne connaissait pas comme principe, et que Leibniz remplaçait plutôt par un travail de l'Entendement, puisqu'il lui substituait des concepts simplement confus (in lauter verworrene Begriffe verwandelte), cette lacune, disons-nous, fut cause qu'il considéra comme impossible ce qu'il ne pouvait réduire aux purs concepts de l'Entendement. Ainsi furent établis des principes que le simple bon sens condamne et qui ne soutiennent pas l'examen. Ce qui suit contient des exemples des erreurs auxquelles conduisent de tels principes.

« I. Le principe de l'identité des indiscernables (principium identitatis indiscernibilium) soutient que si de A et de B, qui sont parfaitement semblables, sous le rapport de leurs déterminations intérieures (de qualité et de quantité), nous nous formons le concept de deux choses différentes, nous sommes dans l'erreur et devons les considérer comme une seule et même chose (numero eadem). Nous sommes en état pourtant de les distinguer par les places qu'elles occupent dans l'espace, puisque des portions de l'espace semblables et égales peuvent être représentées comme en dehors les unes des autres, sans qu'on puisse dire qu'elles ne font qu'un seul et même espace. Autrement le raisonnement nous conduirait à renfermer l'espace infini dans un cube d'un pouce et même moins. Mais Leibniz ne pouvait admettre notre manière de voir, puisqu'il ne reconnaissait d'autre distinction entre les choses que celle qui se fonde sur des concepts ; et n'accordait aucune autre sorte de connaissance qui en différât spécifiquement comme l'intuition, et surtout l'intuition à priori. Il croyait, au contraire, devoir résoudre cette dernière dans les purs concepts de la coexistence et de la succession. Il se heurtait ainsi contre le bon sens auquel on ne parviendra jamais à persuader que, si une goutte d'eau se trouve dans un endroit, son existence rend impossible celle d'une seconde goutte d'eau de même forme, de même volume dans un lieu différent.

« II. Son principe de raison suffisante, puisque le précédent ne lui permettait pas d'admettre l'intuition à priori et la ramenait à de purs concepts à priori, entraînait cette conséquence, que les choses, considérées métaphysiquement, sont composées de réalité et de négation, d'être et de non-être : ainsi chez Démocrite tous les objets situés dans l'espace sont composés d'atomes et de vide. Il en résultait que la raison d'une négation doit être cherchée dans l'absence d'une raison d'existence, par conséquent dans l'absence d'une réalité. De tout le mal appelé métaphysique uni au bien de la même espèce, il tirait un monde formé uniquement de lumière et d'ombre, sans considérer que, pour qu'une partie de l'espace soit dans l'ombre, il faut qu'un corps, qu'un objet réel se rencontre dans cet espace qui s'oppose à l'introduction de la lumière. Selon lui, la douleur n'avait sa cause que dans l'absence du plaisir ; le vice, que dans le manque de tendances vertueuses.

« III. Son système de l'harmonie préétablie, bien qu'il eût principalement pour but d'éclairer le commerce de l'âme et du corps, devait pourtant d'abord servir en général à expliquer la possibilité des rapports qui unissent les différentes substances, et qui forment un tout dans leur assemblage. Il était inévitable qu'il aboutît à cette doctrine de l'harmonie, puisque les substances envisagées seulement dans le concept qui les représente, sans que rien autre chose soit ajouté, doivent être conçues comme parfaitement isolées..... Il n'y a aucune raison pour que les accidents d'une substance résultent d'une autre substance semblable et extérieure à elle. Si donc, comme substances composant le monde, elles doivent avoir commerce entre elles, cette union ne peut être qu'idéale..... En d'autres termes, on doit regarder l'auteur de leur être comme un artiste auquel ces substances en soi, parfaitement indépendantes, doivent occasionnellement ou dès l'origine même du monde, les modifications ou la conformation qui établit entre elles une harmonie semblable à celle qui lie les effets et les causes, comme si elles agissaient réellement les unes sur les autres. Et, comme le système des causes occasionnelles ne paraît pas aussi propre à tirer d'un seul principe l'explication des choses que le dernier système, celui de l'harmonie préétablie, on devait voir se produire la plus étonnante invention que le génie des philosophes ait jamais conçue ; et cela, parce qu'on voulait tout expliquer et rendre intelligible par des concepts........

« IV. D'après les purs concepts, toutes les substances du monde sont ou simples ou composées de substances simples. La composition n'est qu'un rapport qui laisse aux substances leur existence propre ; ce qui reste, après que toute composition a disparu, ce sont les éléments simples. Mais toutes les substances doivent, indépendamment de leurs rapports mutuels et des forces d'où dérive leur action réciproque, avoir cependant certaines déterminations internes et réelles qui constituent le fond propre de chacune d'elles. Ce n'est pas assez de leur attribuer des accidents qui ne résultent que de leurs rapports extérieurs ; il faut leur attribuer des modifications qui tiennent à la nature propre du sujet, internes par conséquent. Mais les seules déterminations internes et réelles qui peuvent être attribuées à une substance simple sont des pensées (*Vorstellungen*), et tout ce qui en dépend. On ne saurait, en effet, les accorder au corps lui-même. Il faut donc les rapporter aux éléments simples qui le constituent, si l'on ne veut pas que les substances simples elles-mêmes soient entièrement vides. Des substances simples qui ont en elles-mêmes le pouvoir de penser, sont appelées monades par Leibniz. Les corps sont donc formés de monades et sont comme les miroirs de l'univers, c'est-à-dire qu'ils sont doués des facultés représentatives qui ne se distinguent de celles des substances pensantes que par le manque de conscience : on les appelle, pour cela, monades endormies. Nous ne savons pas si leur destinée n'est point de se réveiller un jour; si leur multitude infinie n'est pas successivement tirée de son assoupissement pour y être plongée de nouveau, et se réveiller encore une autre fois, soit comme âme d'une bête ou comme âme d'un homme, et s'élever ensuite à des formes supérieures d'existence. C'est là une sorte de monde enchanté que l'illustre Leibniz n'a pu être entraîné à admettre que pour n'avoir pas vu, comme il le devait, dans les représentations du sens, dans les phénomènes (Sinnenvorstellungen als Erscheinungen), une sorte de représentation tout à fait distincte des concepts, une intuition en un mot; et pour en avoir fait une véritable connaissance par concepts seulement, une connaissance confuse (sondern für ein, aber nur verworrenes Erkenntniss durch Begriffe annahm), qui a son siége dans l'Entendement, non dans la sensibilité.

« Le principe de l'identité des indiscernables, celui de raison suffisante, le système de l'harmonie préétablie, enfin la monadologie forment ensemble la doctrine nouvelle que Leibniz, et après lui Wolff, dont le mérite métaphysique est beaucoup plus considérable dans la philosophie pratique, ont essayé d'introduire dans la partie métaphysique de la philosophie théorique. Ces tentatives doivent-elles être appelées des progrès véritables de la métaphysique, bien que personne ne conteste qu'elles puissent bien y avoir contribué, c'est ce que..... nous laissons le soin de décider à ceux que ne saurait égarer l'autorité des grands noms (p. 543 zu 547 — ut supra.) »

La réponse à Eberhardt, recherche si l'on ne pourrait pas entendre Leibniz dans le sens de la critique. Le mémoire pour l'Académie de Berlin montre surtout en quoi l'interprétation donnée par Wolff à la doctrine de Leibniz est contraire et inférieure aux conceptions de la philosophie nouvelle. Mais comme cela lui est arrivé si souvent, Kant ne sépare pas ici le maître et le disciple infidèle. Comment accuser Leibniz sérieusement de composer le corps des monades, lui qui ne voit dans ces dernières que des unités purement formelles ; de ne pas distinguer la sensibilité de l'entendement, quand il établit justement sur leur distinction l'opposition si profonde des phénomènes et des mondes ; de ne faire enfin de l'espace qu'une représentation purement empirique, alors qu'il place en Dieu la source des notions mathématiques. Kant reproche surtout à Leibniz de tout ramener à des concepts à priori. Mais des concepts sont des formes logiques, des abstractions : et la monadologie est, au contraire, toute pénétrée du sentiment de la vie, de l'individualité.

Le mémoire de 1891 nous paraît d'ailleurs suffisamment réfuté par l'écrit de 1790. Notre propre travail n'a été sur bien des points que la justification et le développement de la réponse à Eberhard.

CHAPITRE II

LA CONCILIATION
OPÉRÉE PAR LES SUCCESSEURS DE KANT

§ Ier

Déclarations de Fichte, Schelling, Hegel, Schopenhauer

L'idée de cette conciliation, qui ne fit que traverser un instant l'esprit de Kant, devait se présenter de nouveau et s'imposer définitivement à l'intelligence de ses successeurs. Reinhold, que sa première éducation philosophique rattachait au dogmatisme de Leibniz, se félicitait de retrouver dans la Critique les idées de son ancien maître. Dans ses lettres sur la philosophie de Kant, (Briefe über die Kantische Philosophie), il s'applique à établir que la diversité des jugements dont la doctrine nouvelle est l'objet et les noms contradictoires qu'elle reçoit tour à tour de sensualisme, d'idéalisme, de dogmatisme, de scepticisme montrent assez que Locke et Leibniz, que Wolff et Hume y sont rassemblés dans une synthèse supérieure.

Le système combiné (*Coalitionssystem*) de Maimon répond à la même pensée. Ce génie bizarre, mais puissant, dont le talent inspirait à Fichte, suivant sa propre expression, une admiration sans bornes, nous expose lui-même comment il fut amené à concevoir le dessein d'une philosophie transcendantale qui réunirait les diverses doctrines de Kant, de Spinoza, de Hume et de Leibniz. Le dogmatisme rationnel et le scepticisme empirique qu'il y voulait concilier, n'ont trouvé, dit-il, avant lui leur véritable expression que dans le système de Leibniz bien compris.

Notre intention n'est pas d'étudier sous toutes ses formes la transformation dogmatique que les successeurs de Kant firent subir aux doctrines de la critique. Nous ne voulons que présenter ici les phases principales de cette révolution philosophique. Fichte, Schelling, Hégel, Schopenhauer viennent confirmer par les témoignages les plus considérables l'accord fréquent que nous avons essayé de démontrer entre les théories essentielles de Leibniz et celles de Kant.

Nous nous demanderons ce qu'ils ont pensé et dit eux-mêmes de cette conciliation, avant de rechercher comment ils l'ont réalisée dans leurs œuvres; nous montrerons que les principes essentiels et communs, ainsi que les formes particulières du nouveau dogmatisme qu'ils ont fondé, sont inspirés également par la critique de Kant et la métaphysique de Leibniz.

Fichte ne se lasse pas de répéter qu'il ne veut que commenter, que développer la pensée de Kant. Il faut lire sur ce point l'avertissement à la première Introduction et toute la seconde Introduction à la doctrine de la science.

« J'ai dit de tout temps et je répète de nouveau que
« mon système n'est pas autre chose que celui de
« Kant, c'est-à-dire qu'il contient le même jugement
« des choses; mais il en est tout à fait indépendant

« quant à la méthode d'exposition..... Kant est jusqu'à
« présent un livre fermé ; et ce qu'on a voulu y lire est
« justement ce qu'il n'a point pensé, ce qu'il voulait
« combattre. » (Fichte's W : I B. 419-420).

D'un autre côté, je ne crois pas que Leibniz ait jamais été loué plus dignement que dans cette page de Fichte : « Leibniz pouvait aussi être convaincu ; car,
« bien compris (et pourquoi ne se serait-il pas lui-
« même bien compris), il a raison. Si l'aisance parfaite
« et l'entière liberté de l'esprit peuvent servir à prou-
« ver qu'il est convaincu ; si la souplesse qui permet
« à un auteur de faire prendre à sa doctrine toutes les
« formes, de l'appliquer sans effort aux diverses par-
« ties du savoir humain, de dissiper facilement tous
« les doutes, et, par-dessus tout, de faire de son sys-
« tème plutôt l'instrument que l'objet de sa pensée ;
« si l'impartialité, la sécurité et la bonne humeur dans
« la vie témoignent de l'harmonie de l'âme avec elle-
« même : on peut dire sans doute que Leibniz était
« convaincu, et le seul philosophe vraiment convaincu
« que nous présente l'histoire de la philosophie. »
(Fichte's W : I B. 514).

Si nous voulons savoir quelle idée se faisait alors Fichte de la doctrine de Leibniz, nous n'avons qu'à consulter l'écrit du jeune Schelling, auquel il renvoie, comme à une étude très-pénétrante des idées essentielles de ce philosophe. (Idées pour une philosophie de la nature. — Ideen zu einer Philosophie der Natur.)

« Le temps est venu de faire revivre la philosophie
« de Leibniz. Son esprit brise dédaigneusement les
« liens de l'école. Il n'est pas étonnant que sa pensée
« ne se soit conservée parmi nous que dans un petit

« nombre de génies parents du sien, et qu'il soit de-
« puis longtemps traité par les autres comme un étran-
« ger. Il était de ces rares intelligences qui voient dans
« la science elle-même l'œuvre de la liberté (die auch
« die Wissenschaft als freies Werk behandeln). En
« lui respirait cet esprit universel du monde, qui se
« manifeste sous les formes les plus diverses, et porte
« la vie avec lui partout où son souffle se fait sentir.
« Aussi est-il doublement insupportable de voir que....
« l'école de Kant veut lui prêter de force ses propres
« inventions et lui fait dire des choses absolument
« contraires à ce qu'il a enseigné. Rien n'était plus
« éloigné de la pensée de Leibniz que le rêve spé-
« culatif d'un monde de choses en soi, qu'aucun esprit
« ne comprend et ne connaît, mais qui agissent pour-
« tant sur nous et produisent toutes nos idées. La
« première de ses pensées, celle qui lui sert de point
« de départ, c'est que les représentations des choses
« extérieures naissent dans l'âme en vertu de ses lois
« propres comme dans un monde à part, et comme si
« rien n'était présent en elle que Dieu (l'infini) et l'âme
« (la conscience de l'infini)..... En s'exprimant ainsi,
« Leibniz parlait pour les philosophes. Mais aujour-
« d'hui on veut philosopher quand même, alors que
« l'on est apte à tout autre chose qu'à la philosophie.
« Si quelqu'un vient nous dire qu'aucune connaissance
« ne résulte en nous d'une action extérieure, c'est un
« étonnement sans fin. Pour être philosophe, il faut
« croire que les monades ont des fenêtres par où les
« choses entrent et sortent. » (Schelling's S. W. 19-
« 20, Ideen zu einer Philosophie der Natur). »

Le système de Schelling n'est d'abord que celui de

Fichte; et nous venons de voir que Fichte se donne pour le continuateur de Kant. Mais Kant n'est pas plus pour Schelling que pour son maître l'adversaire véritable de Leibniz.

« Il était réservé au fondateur de la philosophie critique d'opposer la plus belle apologie de ce grand esprit (de Leibniz) aux contre-sens de la plupart de ses disciples (Schelling's S. W : I B — 102. Uber die Möglichkeit einer Form der Philosophie überhaupt). « Comme il arrive souvent, les successeurs même im-
« médiats de Leibniz laissèrent de côté la partie vrai-
« ment spéculative de la doctrine, la monadologie,
« tellement que le plus célèbre d'entre eux, Wolff, ne
« l'admet plus qu'à titre d'hypothèse dans son sys-
« tème. » (Schelling's S. W : VI B. — 161. Propädeu-
« tik der Philosophie). « Le criticisme ne s'adresse
« qu'au dogmatisme et encore seulement à ce dog-
« matisme qui précède Kant immédiatement et qui
« fut propagé en Allemagne par l'école de Wolff. »
(Propädeutik. 117). « S'il y avait une vraie méta-
« physique, (partout cette pensée se retrouve dans
« Kant), elle devrait démontrer que Dieu est le créa-
« teur libre du monde, établir la liberté morale de
« l'homme, en même temps que l'indissolubilité du
« nœud causal dans la nature et l'essence immortelle
» de l'homme. Mais Kant ne suppose pas qu'il y ait
« d'autre moyen pour atteindre ce but, que celui
« auquel la métaphysique des âges précédents avait
« eu recours. Sa critique ne s'attaque qu'à cette der-
« nière et montre bien qu'il ne lui est pas venu seule-
« ment à la pensée qu'il pouvait en exister une autre.
« Encore n'est-ce qu'à une forme particulière de cette

« métaphysique que s'adresse sa critique, à celle
« qu'accidentellement et au temps de sa jeunesse elle
« avait reçue de Christian Wolff et plus encore d'A-
« lexandre Baumgarten, le maître de Kant, et, parmi les
« Wolffiens, incontestablement encore une des meil-
« leures têtes. Kant ignore complétement ce qui
« dépasse le rationalisme subjectif de cette métaphy-
« sique (Schelling's S. W. X B : 85. Zür Geschichte
der neueren Philosophie).

C'est à Fichte qu'il appartenait de faire revivre les
dogmes essentiels de la philosophie de Leibniz.
« Fichte revint au principe qu'avait parfaitement for-
« mulé déjà Leibniz et que Kant seul avait fait oublier,
« à savoir que tout ce qui est fini n'existe que dans
« les représentations de l'âme, et qu'en dehors du
« sujet pensant, il n'y a rien de fini. » (Schelling's
Propädeutik, VI B. — 122).

Est-il nécessaire après cela de montrer que Hégel
dont la doctrine fut tout d'abord entièrement conforme
à celle de Schelling, comme il ressort du Kritische Journal et surtout de l'article intitulé : Differenz des Fichtes-
chen und Schellingschen System's, n'a pas moins
subi l'influence et voulu la conciliation des idées de
Leibniz et de Kant ? Mais il suffit de lire dans son histoire de la philosophie les chapitres qu'il consacre à
l'un et à l'autre. Je me borne à reproduire ici la conclusion de son étude sur Leibniz. Dans sa concision
expressive, elle nous permet de mesurer l'importance
des principes que le système de Hegel doit à la monadologie. « L'essentiel dans Leibniz, ce sont les prin-
« cipes généraux du système (ceux de l'identité et de
« la Raison suffisante), ainsi que le principe de l'indi-

« vidualité et celui des indiscernables. » (Geschichte der Philosophie, 426).

Autant et plus que les philosophes précédents, Schopenhauer se donne pour le véritable continuateur, pour le seul interprète fidèle de la pensée de Kant. Mais il affirme avec énergie que Kant a voulu combattre et que la critique a définitivement renversé le dogmatisme de Leibniz. « La philosophie de Kant a un triple rapport
« avec celle de ses prédécesseurs : en premier lieu,
« elle confirme et développe la doctrine de Locke,
« secondement ; elle justifie et tourne à son profit les
« théories de Hume ; troisièmement, elle soutient une
« polémique décidée et destructive contre la philoso-
« phie de Leibniz et de Wolff (eine entschieden pole-
« mische und zerstörende Beziehung zur Leibniz. —
« Wolff. Philosophie. » (Schopenhauer's : Die Welt als Wille und Vorstellung. — 1 B. 495).

En résumé, les successeurs de Kant prétendent tous adapter aux conclusions essentielles du Kantisme, les principes de la doctrine nouvelle qu'ils proclament. Pour eux, Kant n'a voulu donner dans son œuvre que les prolégomènes de la métaphysique future ; chacun croit et veut être l'auteur de cette métaphysique définitive. Tous répéteraient volontiers le mot d'Alexandre de Humboldt. « Ce que Kant a détruit ne se relèvera
« pas ; ce qu'il a édifié ne s'écroulera jamais (das er
« zertrümmert hat, wird sich nie wieder erheben ;
« was er begründet hat, wird nie wieder unter-
« gehen. » Mais dans cette œuvre de reconstruction, les trois premiers reconnaissent et invoquent l'inspiration de la philosophie de Leibniz. Seul, Shopenhauer la déclare incompatible avec la *Critique*. Nous allons voir comment

ils ont démontré, justifié leurs affirmations diverses.

§ II.

L'Intuition intellectuelle.

Avant d'étudier les formes variées sous lesquelles ces philosophes ont tenté la conciliation du dogmatisme et de la critique, nous croyons utile d'envisager le principe commun qui les a dirigés. Il s'agissait pour tous de faire sortir une métaphysique nouvelle des doctrines mêmes qui devaient ruiner l'ancienne métaphysique. Le but était le même, le point de départ ne fut pas différent.

Le dualisme, non plus de l'esprit et de la matière, mais du sujet et de la chose en soi (*Ding in sich*) était au fond de toutes les théories de la critique. Fichte, dans ses deux introductions à la doctrine de la science, et surtout Schelling et Hegel, dans les différents articles du *Journal critique*, principalement dans celui qui a pour titre : *La Croyance et la Science* (*Glauben und Wissen*), font ressortir avec une force égale les conséquences sceptiques d'une telle opposition. L'ordre, (*Gesetzmässigkeit*), l'unité que le moi, par un acte spontané (*Actus der Spontaneität des ichs*), réalise au sein de la diversité des sensations (*Empfindungen*), à l'aide des intuitions pures de la Sensibilité, des catégories de 'Entendement et des idées de la Raison, ne traduit qu'un besoin de notre intelligence, et n'enchaîne pas les choses en soi. La pensée et la réalité se meuvent dans deux sphères absolument distinctes; le monde des phénomènes, où s'exerce l'activité de la première n'a rien de commun avec celui des noumènes, qui constitue la seconde. Les mots eux-mêmes : Nature, Réalité, Objet, n'ont pas dans la langue de la critique la signification que tout le monde est porté à leur attribuer. Enfin, nous ne voyons pas les choses telles qu'elles sont, mais telles que nous sommes faits pour les voir; et l'on se demande par quel hasard heureux les impressions, que les noumènes font sur nos sens, se prêtent, s'accommodent si bien aux besoins de notre pensée; et comment s'établit entre le sujet et l'objet en soi cette harmonie que ne saurait expliquer, encore moins garantir l'indépendance où ils sont l'un de l'autre. La *Critique*, comme l'*Ænésidème* de Schultze l'a très-bien fait ressortir, n'est plus en ce sens qu'une forme supérieure du scepticisme de Hume. Elle analyse mieux que lui les lois de la réflexion, mais elle n'en fait ressortir que davantage l'impuissance incurable. Le moi, dans le champ de la spéculation et de l'action, demeure tout entier enfermé en lui-même, emprisonné dans le cercle infranchissable de ses impressions (*Empfindungen*), de ses besoins pratiques (*Bedürfnisse*). Et ce qu'il sait de mieux de la réalité, c'est qu'il ne la peut connaître.

Kant est tellement pénétré de la vérité de ce dualisme des *phénomènes* et des *noumènes*, qu'il oppose, en plusieurs endroits de ses écrits, à la connaissance *discursive*, qui est le propre de l'homme, l'hypothèse d'une connaissance *intuitive*, qui caractériserait un entendement supérieur, l'entendement divin, par exemple. Cette pensée plus parfaite, dont nous pouvons concevoir la possibilité, mais ne saurions, selon lui, posséder par nous-mêmes ni constater dans aucun autre être la réalité, ne connaîtrait pas la séparation du sujet de l'objet, qui est la loi même de toute intelligence réfléchie. En elle se concilieraient l'idée et la réalité, la liberté et la nécessité, la finalité et le déterminisme, les deux termes enfin dont l'antagonisme se traduit sans cesse dans les trois critiques, par l'opposition de la matière et de la forme de la connaissance. Pour cet *entendement intuitif* (*intuitiv Verstand*), pour cette intelligence archétype (*intellectus Archetypus*), penser les choses et les produire ne seraient qu'un seul et même acte. On ne pourrait plus reprocher à la connaissance d'un tel être le dualisme, et par suite, le formalisme exclusif, dont les conséquences sceptiques n'avaient pas tardé à se révéler aux disciples immédiats de Kant.

Cette pensée de Kant, Fichte la développe dans sa réponse à l'Ænésidème, surtout dans la seconde Introduction à la doctrine de la science. L'intuition intellectuelle (*intellectuelle Anschauung*), de l'entendement archétype, devient pour lui le véritable organe de la philosophie, l'instrument d'un nouveau dogmatisme.

Et d'abord, il fallait faire justice de la notion de la chose en soi, qui rend impossible l'intuition intellectuelle. Fichte n'eut pas de peine à établir, après Maimon, Beck et Jacobi, que le concept de la chose en soi est un véritable non-sens dans la doctrine de Kant. Comment, en effet, appliquer les catégories de la réalité, de la causalité, de l'unité, à un noumène, alors que toute la logique transcendantale est consacrée à limiter l'usage de ces formes à priori au monde des phénomènes? Qu'est-ce qu'un objet, au sens de la critique, sinon ce que l'Entendement ajoute aux phéno-

mènes pour en lier les éléments divers dans l'unité de la conscience, par conséquent une chose intelligible, un concept (*Gedanke*), que l'intelligence construit nécessairement, en vertu de ses lois propres? Mais un objet pensé ne saurait être absolument indépendant de la pensée. « Attribuer, dit Fichte, une telle absurdité à
« un homme qui jouit encore de sa raison m'est à
« moi, du moins, entièrement impossible ; comment
« pourrais-je l'attribuer à un Kant? Aussi longtemps
« que Kant ne dira pas expressément, et en propres
« termes, qu'il dérive la sensation (*Empfindung*) de
« l'impression (*Eindruck*) faite sur nos sens par la chose
« en soi; ou, pour emprunter sa terminologie, que la
« sensation doit s'expliquer en philosophie par l'exis-
« tence d'un objet en soi, extérieur à nous (aus einem
« an sich ausser uns vorhandenen Gegenstande):
« aussi longtemps je me refuserai à accepter une telle
« interprétation de sa pensée. Et, si Kant lui-même
« faisait cette déclaration, je regarderais la Critique
« de la Raison pure comme l'œuvre la plus étonnante
« du hasard, plutôt que comme celle d'une tête raison-
« nable. » (2ᵉ Introduction à la Doctrine de la science. — Fichte's S. W : I B., 482-486.)

Schelling ne dira pas avec moins d'énergie, dans les Eclaircissements à l'Idéalisme de la Doctrine de la science : « Pour les disciples de Kant, la réalité tout
« entière est quelque chose d'originairement étranger
« à notre esprit. Elle ne lui est unie par aucun autre
« rapport que celui de l'action qu'elle exerce acciden-
« tellement sur lui. Et pourtant ils soumettent ce
« monde, qui pour eux n'est qu'accidentel et pourrait
« aussi bien être tout autre, à l'empire de lois qui sont

« venues on ne sait comment ni d'où, s'implanter dans
« leur entendement. Ces concepts et ces lois de l'En-
« tendement, ils n'hésitent pas, comme des législa-
« teurs souverains de la nature, malgré la pleine
« certitude où ils sont que ce monde se compose de
« choses en soi, à les transporter au sein de ces
« mêmes choses en soi ; ils les y appliquent en toute
« liberté, tout à fait arbitrairement ; et ce monde, cette
« nature éternelle et nécessaire obéit aux caprices de
« leur imagination spéculative. Et ce serait là ce qu'au-
« rait enseigné Kant ! Mais il n'aurait jamais existé un
« système plus ridicule, plus chimérique que le sien.
« (Schelling's S. W.—1 B.,—360. Abhandlungen zur
Erläuterung des Idealismus der Wissenschaftslehre.)

Sans doute, en certains endroits, et surtout, comme
Jacobi le premier l'a très-bien montré, dans la seconde
édition de la critique de la Raison pure, des expressions équivoques, hésitantes, et même des affirmations expresses permettent de prêter à Kant la doctrine de l'existence de la chose en soi. Mais, dit
Fichte, ce ne sont là que des passages isolés, dont il
faut chercher le sens ou la confirmation dans l'ensemble de la doctrine. Voyons d'ailleurs si, sous un
autre nom, Kant n'a pas reconnu à l'homme le pouvoir
qu'il lui refuse sous celui d'intuition intellectuelle. Le
principe essentiel sur lequel repose la Critique de la
raison pure, le « Je pense (*ich denke*) » d'où dérivent
les règles à priori de l'expérience, qu'est-il sinon,
selon Kant lui-même, un acte de la spontanéité du
moi, et, par suite, la manifestation d'un pouvoir analogue à celui que nous avons décrit plus haut sous le
nom d'intuition intellectuelle ?

« Cette pensée, « je pense, » est un acte de la sponta-
« néité, c'est-à-dire qu'elle ne peut être regardée
« comme appartenant à un sens, ni, par conséquent,
« au sens intime. Je la nomme, dit Kant, la pure apper-
« ception pour la distinguer de la conscience empi-
« rique ; car elle constitue cette conscience de soi
« (*Selbstbewusstsein*) d'où sort spontanément le jugement
« suprême : « je pense, » qui doit accompagner tous les
« autres, en demeurant un et identique à travers la
« diversité des consciences individuelles, mais qui ne
« saurait être accompagné lui-même par aucun autre.
« Ici la pure conscience de soi (*Selbstbewusstsein*) est
« clairement décrite dans sa vraie nature. On la
« retrouve la même dans toute conscience ; aucune
« modification accidentelle de la conscience empirique
« ne saurait l'atteindre. En elle, le moi se détermine
« par lui-même et d'une manière absolue. Kant ne
« peut par cette pure apperception entendre la cons-
« cience de notre individualité, ni mêler la seconde
« avec la première : car la conscience de l'individualité
« est nécessairement accompagnée de la conscience
« d'un autre objet, d'un tu, et possible seulement sous
« cette condition. » (2ᵉ Einleitung zur Wissenschaftslehre — 476).

Il n'est pas malaisé de démêler le rapport de cette
pure apperception avec l'intuition intellectuelle. Le moi,
dans l'une comme dans l'autre, ne s'érige-t-il pas
librement en législateur de la réalité, ou plutôt ne
crée-t-il pas le monde des objets ? Plus de distinction
entre la pensée et l'être, le sujet et l'objet, puisque le
second n'est que l'œuvre du premier. Selon Kant, tant
que l'Entendement n'a pas soumis à ses formes à

priori la matière confuse des phénomènes, comme dans le Timée de Platon le Démiurge fait descendre au sein du chaos inerte et obscur la clarté vivifiante des idées, la nature, la réalité sensible n'existent pas encore. Ce que la pensée trouve devant elle est quelque chose d'inintelligible, « d'innommable » (ἀνώνυμον), un milieu entre l'être et le néant, une ombre insaisissable. La connaissance et la réalité n'apparaissent du même coup, au regard de l'esprit, que par la vertu créatrice de l'Entendement ; et les catégories sont, comme les idées de Platon, les principes de l'être et de la science.

Par la transformation de la pure apperception en intuition intellectuelle, Fichte fait sortir du système de Kant une doctrine idéaliste où le sujet et l'objet, l'idéal et le réel, la liberté et la nécessité trouvent leur conciliation. Les deux éléments sont partout opposés et partout unis au sein de l'absolu qui est leur commune racine.

Mais l'intuition intellectuelle de Fichte ne s'accommode pas moins bien de la monadologie que de la critique.

La conception de la monade supprime le dualisme de l'esprit et de la matière, la distinction subtile du sujet et de la chose en soi et par là même affirme l'idéalisme. La doctrine, plus profonde encore, de l'harmonie des monades, qui se fonde sur la hiérarchie de leurs puissances perceptives, sur l'identité de la fin et de l'objet auxquels leur activité s'applique, enfin sur le lien qu'elles ont toutes avec l'absolu, auquel elles doivent ce qu'il y a de positif en elles, leur réalité et leur perfection : cette doctrine, dis-je, offrait aux partisans de l'intuition intellectuelle une matière toute prête et d'une inépuisable richesse pour la philosophie de l'identité.

Ce n'est pas sans doute encore l'identité absolue, au sein de laquelle expire toute différence substantielle entre le fini et l'infini, à plus forte raison entre les êtres finis, et qui ne laisse subsister que des différences formelles : mais c'est l'unité de principe, de nature et de fin entre toutes les créatures : c'est l'analogie pour parler la langue de Leibniz.

La monadologie est donc comme une étape sur la voie qui conduit à la philosophie de l'identité les successeurs de Kant.

Ne sommes-nous pas en droit de soutenir, après tout ce qui précède, que l'intuition intellectuelle de Fichte associe le principe générateur des catégories, la pure apperception, avec les principes Leibniziens de l'analogie et de l'harmonie universelle ?

Nous n'oublions pas quelles applications différentes le principe fondamental de Fichte a reçues de ses successeurs. En dépit de ces oppositions, le point de départ (Anfangspunkt, Standpunkt, Gesichtspunkt) de tous ces systèmes est l'intuition intellectuelle. Que Fichte, Schelling, Hegel conçoivent l'absolu comme esprit (*Geist*), ou que Schopenhauer l'envisage surtout comme volonté (*Wille*) : l'absolu, sous les noms de *Ichheit, Vernunft, Geist, Wille* est toujours la seule substance, l'unique vérité ; et c'est dans l'intuition intellectuelle qu'il se révèle. Les critiques passionnées de Schopenhauer contre le principe commun de ses trois grands rivaux ne sauraient obscurcir l'évidence de ce rapprochement.

CHAPITRE III

FICHTE : L'IDÉALISME PRATIQUE.

Fichte disait, dans une lettre à Reinhold : « Mon « système n'est du commencement à la fin que « l'analyse de l'idée de la liberté ; et on ne saurait y « trouver un seul argument contre elle ; car il n'y entre « aucun autre ingrédient que la liberté. » (Mein System ist von Anfang bis zu Ende nur eine Analyse des Begriffs der Freiheit, und es kann in ihm diesem nicht widersprochen werden, weil kein anderes Ingredienz hineinkommt.) (K. Fischer's Fichte, 493).

« Chacun suit son propre caractère dans le choix « qu'il fait de sa philosophie. Un système philoso- « phique n'est pas un meuble, une chose sans vie « (*todter Hausrath*), que l'on peut rejeter ou prendre « à sa fantaisie, mais il est comme animé par l'âme « de l'homme qui l'a adopté. Un caractère que la « nature a fait mou, qu'une éducation servile, que la « contagion du luxe et la vanité ont amolli ou déformé, « ne s'élévera jamais à l'idéalisme » (*Fichte W. 1 B.* 433). La vie et la doctrine de Fichte sont le commentaire éloquent de ces fortes et profondes pensées.

L'action est le premier et le dernier mot de ce système, comme elle est le principe et la fin de la liberté. Fichte ne débute pas, ainsi que la plupart des philosophes dogmatiques, par une proposition métaphysique : par un axiome, comme Descartes ; par la définition de la substance, comme Spinoza ; mais par un acte, par l'affirmation, ou mieux par l'exercice de la liberté. Il pourrait bien dire avec le Faust de Gœthe : « L'esprit « me vient en aide ; je vois clair tout à coup, et j'écris « hardiment : au commencement était l'acte. (Mir hilft « der Geist, auf einmal sehe ich Rath und schreib « getrost : im Anfang war die That. »

Une proposition peut être contestée, demande au moins à être prouvée ; et avec elle est compromise la solidité du système auquel elle sert de fondement. Les objections des sceptiques n'ont manqué à aucun des principes à priori sur lesquels les philosophes dogmatiques font reposer la connaissance. Mais, qu'opposer à Fichte, qui nous dit : agis, manifeste ta liberté, consens seulement à vouloir. On peut bien se refuser à l'action qu'il demande ; on ne saurait exiger de lui des preuves. Or, la conscience que prend le moi de sa liberté dans l'acte du vouloir, et à laquelle Fichte nous invite à nous élever, c'est l'Intuition intellectuelle dont il a été question plus haut. « Quiconque, dit Fichte, « s'attribue une action, fait appel à cette intuition. En « elle est la source de la vie : il n'y a, sans elle, que la « mort. » Jeder der sich eine Thâtigkeit zuschreibt, beruft sich auf diese Anschauung. In ihr ist die Quelle des Lebens ; und ohne sie ist der Tod » (ut supra, 463).

La conscience de la liberté (*Selbestbswusstsein*), pour employer une autre expression du philosophe allemand, tel est le principe sur lequel repose toute la doctrine. Le philosophe doit se placer volontairement à ce point de vue : de là, il voit se dérouler le systisme avec une logique inflexible : « ma philosophie est, à partir de là, entièrement indépendante du caprice, et le produit d'une nécessité de fer » (ut supra 463-468).

Cette doctrine, en un mot, sous ses formes diverses, n'est que la recherche de plus en plus approfondie, l'exposition de plus en plus complète des éléments, des conditions, des conséquences de la *Selbstbewusstsein*, de la liberté.

La *doctrine de la science* (*Wissenschaftslehre*) nous montre dans l'activité absolue du moi, le principe même auquel la réalité et la pensée sont suspendues. C'est cette activité originelle qui, sous le nom d'Imagination, se dédouble et projette en quelque sorte en dehors d'elle-même le monde de ses propres productions ; qui, à l'aide des formes à priori de la sensibilité, de l'entendement et de la raison, ramène à l'unité la diversité des sensations (*Empfindungen*), et par là même crée véritablement les objets, la réalité sensible. Nous ne suivrons pas le moi à travers les mouvements successifs de la réflexion progressive (*Erhebungen der Reflexion*), qu'il fait sur lui-même, et qui sont comme les degrés par lesquels il s'élève jusqu'à la pleine conscience de son activité absolue (*Sebstthâtigleit, Selbstbewusstsein*). Nous le verrions d'abord transformer librement les intuitions externes en intuitions internes, c'est-à-dire reproduire avec conscience, par la mémoire Imaginative, ce qu'il a d'abord produit sans conscience ; puis, comme Entendement (*Verstand*), affirmer plus hautement sa liberté, en assignant aux objets dans l'espace une place invariable, et créer véritablement la nature, c'est-à-dire une réalité commune pour toutes les intelligences; enfin, par un dernier effort de réflexion, arriver à s'abstraire de tout le reste, et à à se retrouver dans la pleine indépendance de son essence, comme unité absolue, sous le nom de Raison (*Vernunft*). Mais la *doctrine de la science*, dans cette analyse de notre pouvoir théorique, n'établit que l'existence de la nature et celle du moi.

La *doctrine du droit* (*Rechtslehre*) nous fait assister à la création du monde des esprits. L'action réciproque des individus peut seule éveiller en eux la conscience de leur mutuelle liberté; et demande, à son tour, comme une condition indispensable, qu'ils soient tous doués d'un organisme semblable, tous citoyens d'un même univers.

Ni la Science, ni le Droit n'assurent suffisamment la liberté du moi. La première le laisse soumis à l'empire de la nature; le second, à celui de la société. Ni l'une ni l'autre, enfin, ne supprime l'opposition du moi, et du non-moi.

C'est dans la Conscience Morale (*Gewissen*) que le moi commence à s'affranchir de l'action étrangère du non-moi. Il reçoit dans la moralité (*Sittlichkeit*) une satisfaction qui lui avait été refusée jusque-là. Pour la première fois, le moi et son objet ne font plus qu'un; l'individu s'oublie, pour ne plus songer qu'au Tout (*Trieb um Totalität*). La doctrine des mœurs (*Sittenlehre*) décrit, en termes éloquents, cette nouvelle évolution du moi.

Ce n'est là encore qu'une identité imparfaite. Le moi, en réalisant le devoir que la conscience morale lui impose, aspire, sans doute, à s'unir à l'absolu :

mais ce besoin n'est jamais satisfait complètement ; et, si l'opposition des deux termes, l'infini et le fini, l'absolu et l'individu, dans le moi pratique (*praktische Ich*), peut et doit être éternellement amoindrie, elle ne saurait entièrement disparaître, sous peine d'anéantir en même temps le moi pratique lui-même, c'est-à-dire de supprimer du même coup le non-moi et le moi, la matière et le sujet du devoir.

La pensée philosophique doit s'élever à une sphère plus haute encore que la moralité pour réaliser cette parfaite union à laquelle le devoir nous commande de tendre sans cesse, sans nous donner les moyens de l'effectuer jamais. Il n'appartient qu'à la Religion, à la Foi (*Glaube*) de nous soustraire à l'impuissance de cette poursuite sans fin, en nous découvrant dans l'amour (*Liebe*) la seule force capable de briser toutes les barrières et d'opérer la communion définitive du fini avec l'absolu. » L'amour est au-des-
« sus de la raison. Il est la source même de la raison
« et la racine de la réalité, et le créateur unique de la
« vie et du temps (*Anweisung zum seligen Leben*.538.) Telle est l'idée que Fichte développe dans les deux écrits intitulés : *De la destinée de l'homme*, et *Méthode pour arriver à la vie bienheureuse*. Ces deux derniers ouvrages nous offrent la conception définitive de l'auteur sur l'absolu. Les critiques de Schelling et de Hégel amenèrent sans doute Fichte à la développer davantage ; mais elle est l'essence même de la conscience de la liberté, telle que, sous le nom de *Selbstbewusstsein*), il l'expose déjà dans les premiers chapitres de la doctrine de la science (erste Grundsatz der Wissenschaftslehre).

Ainsi, sous les noms divers de *Selbstbewusstsein*, de *Gewissen*, de *Glaube*, c'est toujours la faculté de l'intuition intellectuelle que nous retrouvons analysée tour à tour dans ses divers éléments : théorique, moral, religieux ; et dont la Science, la Moralité, la Foi ne sont que les manifestations les plus éclatantes. Dans toutes trois, mais à des degrés différents, persiste la distinction du sujet et de l'objet, sans laquelle il n'y aurait pas de moi. « L'un, qui est divisé, qui est au « fond de toute conscience et fait que le subjectif et « l'objectif sont affirmés immédiatement dans la cons- « cience comme *un*, est absolument égal à x, et ne peut, « dans son unité, tomber en aucune manière sous le « regard de la conscience. » (Die Einleitung zum System d. Sittenlehre — 5) — Mais dans toutes trois aussi s'affirme la liberté absolue du moi, qui, après avoir par la science subordonné le non-moi à ses explications, travaille sous l'impulsion de la loi morale à l'assujettir de plus en plus à son action, pour triomphér enfin de l'opposition qu'il lui présente, par l'amour dans la foi religieuse.

Le moi fini a son principe et sa fin dans le moi absolu. C'est l'absolu qui se divise lui-même dans l'opposition du sujet et de l'objet pour arriver à se donner conscience de sa propre nature ; qui emprisonne son autonomie dans les liens de la nécessité, pour les briser et en triompher éternellement par l'effort de la liberté. L'absolu n'entre dans le devenir que pour s'en affranchir par la connaissance de son éternité. Son passage à travers les ténèbres de la nature doit l'élever à la pleine lumière de la pensée. Il ne se multiplie dans la diversité sans nombre des individus que pour épuiser la conscience de son infinité. Comme dira Hégel, résumant sa Phénoménologie par un vers de Schiller : « c'est à la coupe de cette vie infinie des « esprits qu'il puise et savoure la conscience de son « infinité. » (Aus dem Kelche dieses Geisterreiches schäumt ihm seine Unendlichkeit.) *Schiller.*

Il n'y a, par conséquent, de réalité et de vérité que dans l'esprit divin, dans cette volonté unique et souveraine qui engendre et anime toutes les volontés particulières.

Si tout est action et pensée, comment expliquer la matière, les corps, la nature? Comment de l'esprit faire sortir l'étendue, qui semblait à Descartes en être si profondément distincte? Le matérialisme ne peut triompher de l'opposition des faits physiques et des faits moraux : peut-on espérer que l'idéalisme sera plus heureux ? Sans doute le spiritualisme admet bien que la pensée divine est la source commune d'où dérivent le monde des esprits et celui des corps; mais il l'admet sans prétendre l'expliquer. Fichte n'hésite pas à aborder ce difficile problème, et croit pouvoir le résoudre.

La Doctrine de la science contient sur ce sujet la démonstration méthodique; et la Destination de l'homme, l'expression plus populaire de la doctrine. Nous nous contenterons, pour notre dessein, de recourir surtout à cette seconde exposition.

Le monde sensible, si nous en retranchons la forme, ce que la spontanéité du moi y ajoute, se réduit, comme le veut Kant, aux pures sensations (*Empfindungen*). Mais ces sensations sont de simples modifications, des affections du moi. Kant et les sensualistes rigoureux sont ici parfaitement d'accord. Fichte adopte complétement cette manière de voir. Il se borne à pénétrer plus avant encore dans l'analyse de la sensation. Les sensations sont comme des points mathématiques, qui ne peuvent être disposés que suivant une seule dimension, la longueur. Elles se succèdent dans la durée ; et la distinction des moments du temps répond à la distinction des sensations simples. Chacune d'elles a, comme le dit Kant, l'intensité (gradus intensivus), mais non l'extension. Comment se fait-il que des modifications purement subjectives soient prises pour des modifications d'un objet, d'une chose placée en dehors de nous ? Comment ce qui ne tient primitivement une place que dans la durée se trouve-t-il en occuper une seconde dans l'espace ? Comment, en un mot, objectivons-nous ce qui n'est, au fond, qu'en nous ?

C'est que les sensations se produisent en nous sans que nous ayons conscience de les produire, sans que nous sachions en rendre compte : ce sont des créations inconscientes, obscures de notre esprit, que nous rapportons, par le besoin de tout rattacher à une cause, à quelque chose de distinct de nous. Ainsi le dormeur, dans cette suspension périodique de la conscience, qui constitue le sommeil, projette en dehors de lui ses propres pensées, et leur prête une réalité objective, que dissipe, avec le réveil, le retour de la réflexion. De même le visionnaire et le fou donnent un corps à leurs hallucinations : ne sachant trouver en eux-mêmes la cause de leurs impressions, ils ne peuvent échapper à la nécessité de la chercher au dehors. Nous appelons Imagination la faculté qui donne un corps et prête ainsi la vie aux pures conceptions de l'esprit. C'est à elle que Fichte rapporte la production de la réalité matérielle. « Sans ce merveilleux « pouvoir, rien absolument ne peut s'expliquer dans « l'esprit humain, et l'on pourrait facilement montrer « que tout le mécanisme de l'esprit humain repose sur « lui. (Wissenschaftslehre, 208). La découverte de « cette importante vérité est, dit-il, le plus surpre- « nant résultat, et met un terme aux antiques erreurs, « en rétablissant l'esprit pour jamais en possession de « ses droits. » (id. 370). « Cela nous montre que toute « réalité (pour nous, bien entendu), car, dans un sys- « tème de philosophie transcendentale, il ne doit être « question d'aucune autre, n'est que le produit pur de « l'imagination. Un des plus grands penseurs de notre « siècle, qui, autant que j'en puis juger, enseigne la « même chose (Maimon? ou Berkeley?), appelle cela « une erreur de l'imagination. Mais à toute erreur s'op- « pose la vérité, toute erreur peut être évitée. Si l'on « démontre, comme le présent système doit le faire, que « sur cette action de l'imagination repose la possibilité « de notre conscience, de notre vie, de notre être « pour nous, c'est-à-dire de notre Être comme moi « (*unseres Seyns als Ich*), cette action ne peut cesser, à « moins que nous ne devions faire abstraction de notre « moi, ce qui impliquerait contradiction, puisque celui « qui abstrait ne peut faire abstraction de lui-même. « Cette action ne trompe donc pas, mais elle nous « donne la vérité, la seule vérité possible. Admettre « qu'elle nous trompe, c'est soutenir un scepticisme « qui consiste à mettre en doute son Être propre. » (Fichte's S. W. 226. — I B. — Wissenschaftslehre).

La réalité toute entière, le monde des objets vient de là. « La catégorie de la Réalité, comme on l'appelle (die sogenannte Categorie des Wirksamkeit), nous apparaît ici comme une pure donnée de l'imagination ; et, en effet, rien ne peut arriver à l'Entenèement que par l'Imagination. » (Id. 386) Les catégories sont pour Fichte des produits de l'imagination avant d'être des formes de l'Entendement ; ce dernier ne fait qu'introduire parmi les données de la première la régularité, la mesure qui les rend compréhensibles.

Si l'Entendement et la Raison ne font que travailler sur les données de l'Imagination, si le non-moi emprunte toute sa réalité aux représentations de cette faculté trompeuse, le monde sensible n'est plus qu'une illusion, qu'une ombre de la réalité, et la science qui s'y applique n'est que l'image d'un songe. (*Abbildung — Schatten eines Traumes*). Trouverons-nous plus de vérité dans le moi que dans le non-moi, dans l'esprit fini que dans la nature ? Pas davantage : car le moi, séparé du non-moi, est, malgré sa puissance ordonnatrice, quelque chose de vide, de stérile, une faculté de juger sans matière où elle se puisse appliquer.

La science n'est donc qu'une vaine image, la nature un songe, et l'esprit lui-même une forme logique ; où faut-il chercher la réalité, la vérité ? Dans le principe supérieur qui est la racine commune du moi et du non-moi ; en qui s'évanouit et s'explique cette mensongère opposition de l'un et de l'autre, sur laquelle repose la science, et qui est la loi même de l'Intelligence. C'est à l'intuition intellectuelle de nous élever a la pleine conscience de cette vérité suprême, et de nous révéler le mystérieux noumène que le monde sensible nous dérobe. Nous apprendrons ainsi que l'Être (*Sein*) est absolue activité, que tout est par lui, et rien en dehors de lui, et qu'en même temps, c'est sa loi d'être pour lui ce qu'il est en lui-même. Or, il ne peut se connaître qu'en se divisant par l'opposition inévitable d'un moi et d'un non-moi (*Trennung des Bewusstseins*). Il n'est *thèse* et *antithèse* que pour être *synthèse*, il ne devient fini que pour se retrouver comme infini; il ne sort de son essence absolue que pour ressaisir, dans un processus éternel, la conscience de son unité.

« A mon œil se dévoile maintenant la forme de
« l'univers transfiguré. La masse sans vie et pesante,
« qui remplit le vide de l'espace, a disparu ; et à sa
« place roule ses ondes et mugit le fleuve éternel de
« la vie, de la force, de l'action, de la vie incréée, de
« ta vie, ô infini ! Car toute vie est ta vie ; et, seul,
« l'œil religieux pénètre dans le royaume de la beauté
« véritable. Je suis ton parent, et tout ce que je con-
« temple autour de moi m'est uni par un lien sem-
« blable : tout vit, tout a une âme, tout me regarde
« avec l'œil brillant de l'esprit et parle à mon cœur le
« langage de l'esprit. » — « Ta vie, autant qu'un être fini
« peut la saisir, n'est qu'un vouloir qui se développe
« et se manifeste absolument par lui-même : cette vie,
« en prenant pour l'œil mortel les formes variées du
« monde sensible, coule à travers mon être pour se ré-
« pandre ensuite dans l'infinité de la nature entière.
« Comme un fleuve aux ondes pressées, goutte par

« goutte, la vie organisatrice (*das bildende Leben*) se
« répand dans toutes les formes. Partout où mon œil
« peut la suivre, elle m'apparaît, bien que différem-
« ment, en chaque point de l'univers, comme la même
« force qui produit mon corps dans l'obscurité mysté-
« rieuse de son action formatrice. » — « Pure, sacrée, et
« aussi intimement unie à ton être propre que quelque
« chose peut lui être uni au regard d'un mortel, coule
« en toi cette vie qui est la tienne, comme le lien qui
« rattache tous les esprits entre eux, comme l'air et
« l'éther d'un monde unique, le monde de la Raison.
« La Réflexion ne peut ni le connaître, ni le compren-
« dre, mais il apparaît visible pourtant, au regard de
« l'esprit. » (undenkbar and unbegreiflich, und doch
offenbar da liegend vor dem geistigen Auge). — Fichte's
W. — Die Bestimmung des Menschen, 2 B. 315-316.

Tel est l'esprit véritable de l'Idéalisme transcendental. Tout être est savoir (*alles Sein ist Wissen*). Le
fondement de l'univers n'est pas un non-esprit, un
contraire de l'esprit, dont le lien avec l'esprit ne se
laisserait pas comprendre, mais l'esprit lui-même, un
royaume d'esprits, et rien absolument d'autre (ein
Geisterreich, durchaus nichts anderes). Fichte's W.
2 B. 35. — Darstellung der Wissenschaftslehre.

La connaissance que nous avons de cette vérité est
la plus certaine de toutes les sciences : aussi la conscience morale, à qui nous la devons, mérite-t-elle le
nom de (*Gewissen*) certaine par excellence, qui lui a été
donné (die Benennung Gewissen ist trefflich gewählt
— Fichte's W. — 4 B. — System der Sittenlehre, 147.
Elle est comme la conscience immédiate de ce sans
quoi toute conscience serait rigoureusement impossi-

ble, la conscience de notre nature supérieure et de notre absolue liberté.

Il n'y a de vrai que ce qu'elle nous enseigne, à savoir que tout vient de l'absolu et que tout y doit retourner; que la fin suprême de la volonté est aussi celle du monde. Il n'y a de réel que cette fin et tout ce qui la sert. Cette fin, c'est l'ordre moral (*moralische Ordnung*).

« Il n'est en aucune façon douteux, ou plutôt, c'est
« la chose la plus certaine de toutes, que dis-je? le
« fondement de toute certitude, la seule réalité objec-
« tive absolument incontestable, qu'il y a un ordre
« moral dans l'univers; que chaque individu raison-
« nable a dans cet ordre universel sa place déter-
« minée, une place marquée par son œuvre propre;
« que chacun des accidents de son existence, en tant
« qu'il ne résulte pas de sa conduite personnelle, est
« une conséquence de ce plan général; que contraire-
« ment à ce plan, un seul cheveu ne saurait tomber
« de sa tête, non plus qu'un passereau de son toit;
« qu'à toute action vraiment bonne ne manque jamais
« le succès, à toute mauvaise l'insuccès; et que, pourvu
« que nous aimions exclusivement le bien comme il
« convient, toutes choses servent nécessairement à notre
« plus grand bien. » (Fichte, S. W. — 5 B. — 188. Uber den Grund unseres Glaubens an eine göttliche Weltregierung). — (Voir encore: Die Bestimmung des Menschen: 307-313 — S. W. — B 2.)

La nature, sans doute, est l'instrument de la volonté divine dans la réalisation de l'ordre moral. Mais, par son apparente réalité, par ses mensonges et ses séductions, elle écarte notre volonté de sa fin véritable. Sans doute encore, la diversité des individus concourt à l'exécution du plan éternel, mais que d'obstacles leurs passions, leur égoïsme n'y apportent-ils pas ! Il faut se détacher de ces illusions, de ces luttes, mourir à l'individualité et à la nature. Le monde est mauvais ; la vie est le contraire de la philosophie. (Leben-nicht Philosophiren).

Est-il nécessaire d'insister longement pour démontrer le lien d'une telle philosophie avec celle de Kant et de Leibniz ; et ne retrouvons-nous pas chez ces deux philosophes les germes divers d'où est sortie la double conception du monde des phénomènes et de celui des noumènes, sur laquelle repose l'idéalisme pratique de Fichte ?

Sur bien des points, Kant explique comme Fichte le rapport des phénomènes et des noumènes, dans le monde des êtres finis. La nature n'est, à ses yeux, qu'un produit de l'activité de la pensée, qui, en soumettant à ses lois le chaos des impressions sensibles, leur donne du même coup et l'intelligibilité et la réalité. Les sensations, sans doute, sont indépendantes de nous dans leur cause ; mais la théorie hésitante, contradictoire, obscure de la *chose en soi*, montre assez que Kant ne s'est préoccupé ni d'en expliquer la nature, ni de rechercher comment les produits de ce mystérieux noumène s'accommodent si bien aux règles édictées par l'entendement. Kant ne se demande pas non plus comment des impressions dont chacune est un point indivisible et ne tient de place que dans le temps, sont projetées et étendues dans l'espace; comment les données primitives du sens interne (*innere Sinn*) sont transformées en données du sens externe (*äussere Sinn*). Il parle bien, en certains passages de l'analytique transcendentale, du rôle de l'imagination et de son schématisme ; et les lignes significatives qu'il consacre à l'imagination productive ont certainement pu inspirer les théories considérables de Fichte sur le même sujet. Mais ce qu'il s'attache surtout à démontrer, c'est que les sensations doivent leur objectivité, leur réalité, au travail synthétique de l'entendement, à l'unité, à l'ordre (*Gesetzmässigkeit*) qui résulte de ce travail. Or la recherche de l'ordre est la fin, l'essence même de la liberté. Le Je pense (*ich denke*), principe suprême des catégories, n'est que l'expression théorique du même besoin, dont le Je dois (*ich soll*) est la manifestation pratique. Ainsi, dans leur application au monde des phénomènes, la spéculation et l'action répondent chez Kant comme chez Fichte à une même aspiration supérieure du moi, la tendance essentielle vers l'unité, ou encore vers l'autonomie absolue. La critique de la raison pure comme celle de la raison pratique ne font que soumettre la nature et la volonté à la loi suprême de la liberté ; et c'est là ce que signifie le *Primat* de la *raison pratique*. Il n'y a d'absolument vrai pour nous que la loi morale, que le devoir ; notre science tire toute sa réalité de la conscience. Ce qui ne sert pas à l'accomplissement du devoir échappe à la certitude. Fichte dit plus sans doute : il n'y a pour lui de possible, de réel, que ce qui contribue à la réalisation de l'ordre moral. — Dans la doctrine de Kant comme dans celle de Fichte, les seuls *noumènes* auxquels la croyance (*praktische Glaube*) puisse s'attacher sont les postulats que forme la raison pratique dans l'intérêt de la loi morale. La Providence, la réalité des esprits ne peuvent être affirmées que comme des conditions nécessaires à l'accomplissement de cette fin suprême (*Endzweck*). A celui qui croit pouvoir s'en passer pour l'atteindre, il est impossible de démontrer la vérité de ces postulats.

A côté de ces ressemblances subsistent de profondes différences. Kant n'accepte point la doctrine de l'intuition intellectuelle et le principe de l'identité qui en dérive. Il répudie expressément la théorie qui confond le fini et l'infini au sein de l'absolu, identifie le moi et la nature dans l'unité de la substance éternelle. Il s'emprisonne à dessein dans les limites du sujet, puisqu'il ne fait des sensations que les modifications et des formes à priori de la pensée que les produits du moi humain; puisque, en un mot, toute réalité dérive pour lui de la réceptivité et de la spontanéité du sujet. Tandis que Kant se borne à rechercher comment la liberté de l'esprit donne à la matière des phénomènes la forme des catégories, Fichte nous explique l'existence de la matière par la nécessité d'une limite, d'un non-moi; et trouve la raison de l'accommodation parfaite de la matière à la forme dans ce fait que le moi produit l'une et l'autre, l'une avec conscience, l'autre sans conscience. Kant avait au dualisme cartésien de l'esprit et du corps substitué celui du moi et de la chose en soi : le principe de l'identité conduit Fichte à tirer de l'activité absolue du moi et le sujet et l'objet, et l'intelligence et la matière.

Fichte devait profiter, sur ce point, des doctrines oubliées ou trop négligées par Kant, de la monadologie. Le moi de Fichte trouve son antécédent, dans la monade ; comme lui, elle porte dans son sein l'univers ; et son activité infinie sous les deux formes de la vis activa et de la vis passiva primitiva, se déroule diamétralement et dans une correspondance parfaite en une succession infinie, et progressive de perceptions distinctes et de perceptions confuses, qui constituent par leur opposition le monde des idées et celui des phénomènes, le dualisme apparent de l'esprit et de la nature. Elle n'a besoin, pour créer le monde, en quelque sorte, que de développer, comme un germe infini, suivant le degré de sa vertu perceptive, avec une clarté et une plénitude correspondant à l'excellence de sa nature individuelle, la représentation totale, mais confuse des choses de l'univers, qui réside en elle de toute éternité. Tout est donc force et spontanéité dans la monade, comme dans le moi de Fichte. Les formes multiples et inégales, sous lesquelles se manifeste la perception de la première, se retrouvent aux degrés divers que parcourt la connaissance du second. L'appetitus, ou la tendance essentielle des monades à de nouvelles perceptions, c'est le penchant à la connaissance (*Vorstellungstrieb*), dont la 2ᵉ partie de la doctrine de la science développe la théorie. La distinction de l'action et de la passion, de la vis activa et de la vis passiva, se traduit chez Fichte par la distinction de l'activité illimitée et de l'activité limitée (*unbegrenzte, unendliche Thätigkeit; begrenzte, geminderte Thätigkeit*). Avec la première seule, la monade serait acte pur, et n'aurait que des perceptions distinctes ; le moi serait liberté et pensée parfaites. C'est à la seconde que les monades doivent la limitation, l'imperfection qui s'exprime sous la forme de la passivité, de la matière. « Partout où il y a des perceptions confuses, voilà la matière », dit Leibniz. De même, pour Fichte, lorsque l'activité du moi s'affaiblit, se déploie d'une manière inconsciente, les idées qu'elle produit semblent indépendantes de lui, sont rapportées au non-moi, et constituent la matière, le corps.

Envisagés dans leur principe, la monade et le moi n'offrent pas de moindres rapports. Les monades résident de toute éternité dans l'Entendement divin avant d'être appelées à l'existence ; et Leibniz va jusqu'à dire, en certains passages, qu'elles répondent, dans leur diversité, aux points de vue différents sous lesquels Dieu peut envisager l'univers. De là à en faire autant d'expressions de la pensée divine, il n'y a qu'un pas : et cette doctrine est justement celle que Fichte nous paraît avoir adoptée. Pour ce dernier, la distinction substantielle entre la monade suprême et les monades dérivées, que Leibniz maintient avec plus ou moins de conséquence, fait place à la doctrine panthéiste de l'identité, qui confond tous les êtres, tous les moi finis au sein du moi absolu.

La fin que poursuivent la monade et le moi les rapproche bien plus étroitement encore que l'analogie de nature et de principe dont nous venons de parler. Toutes les monades tendent à une représentation parfaite, c'est-à-dire totale et claire, de l'univers. Mais il n'est donné qu'à la monade suprême de réaliser éternellement dans sa pensée cette science idéale dont les créatures ne peuvent que se rapprocher inégalement et indéfiniment, sans jamais l'atteindre. Or, pour la connaissance divine, la distinction entre la matière et l'esprit, entre l'inertie et l'activité s'évanouit entièrement ; tout est pensée et action, puisqu'il n'y a en Dieu que des perceptions distinctes, et que la matière ne dérive que des perceptions confuses. L'indépendance de toute matière, la suppression de toute opposition entre le moi et le non-moi, n'est-ce pas aussi l'idéal suprême que le moi absolu de Fichte poursuit, sans l'atteindre jamais ? Et la science, la moralité, la religion, sont-elles autre chose que les conditions de cet affranchissement graduel ?

Enfin, quand Fichte nous dit que la nature n'est que l'instrument sensible du devoir « das sinnliche Material des Pflichtes »—(Bestimmung des Menschen, 263) ; que la loi morale (Sittengesetz) est à la fois la loi des esprits et celle de l'univers ; que tout être, enfin, et toutes choses ne doivent être considérés que comme des instruments de l'ordre moral : ne retrouvons pas là encore un écho des théories de Leibniz touchant la subordination des phénomènes aux monades (corpora phænomena beve fundata, a monadibus resultantia), la suprématie du règne de la grâce sur celui de la nature (materialia pendent a spiritualibus), enfin la république et la félicité future des esprits ?

Sans doute, les différences ne sauraient nous échapper sous les analogies profondes. Tandis que l'activité de la monade est dépendante de Dieu quoique infinie, le moi de Fichte réunit l'infinité et l'autonomie : il crée la matière et la forme de ses représentations. L'absolu est le lien substantiel des individus dans la Doctrine de la science, il n'en est que le lien formel pour l'auteur de la monadologie. Si la multiplicité des monades répond à la diversité infinie des points de vue sous lesquels l'univers peut être envisagé par Dieu, la société des seuls êtres véritables, les esprits, résulte, chez Fichte, de la nécessité de leur concours mutuel pour la réalisation de l'ordre moral. La fin suprême de la monade, comme celle du moi de Fichte, est d'arriver à la plénitude de la liberté et de la connaissance, de s'affranchir du monde des phénomènes, et de substituer partout la pensée et la vie à la matière et à l'inertie ; mais la science de l'univers est pour Leibniz une condition sine qua non de cette émancipation, tandis que Fichte ne croit guère à l'efficacité de la science et se réfugie trop volontiers dans la foi morale et la religion. Pour la monade se connaître soi-même, c'est connaître l'univers, dont elle n'est qu'une représentation particulière, et en même temps s'élever au-dessus de la matière ; ce n'est pas supprimer ou mépriser la nature, c'est la transfigurer à l'image de l'esprit et de la liberté. Pour Fichte, au contraire, la vraie science, celle du moi, enseigne le mépris de la science de la nature, qui n'est regardée que comme l'image d'un songe ; et l'autonomie consiste à se rendre indépendant des lois de la nature, pour se placer exclusivement sous le joug de la loi morale.

Terminons enfin par une citation de Schelling :

« Depuis Leibniz, si l'on néglige les doctrines secon-
« daires, qui ne comptent pas, nous voyons que l'on
« place généralement le réel, le fini dans la région de
« l'idéal. Cet idéalisme Fichte le reprend, et il ne va
« pas, sur ce point, au-delà de Leibniz. La seule diffé-
« rence qu'il y ait entre eux est la suivante. Leibniz
« ne sait comment expliquer pourquoi l'âme ou la mo-
« nade est sujette à des affections qui la déterminent à

« des représentations finies ; ou, s'il essaie d'en cher-
« cher la cause, il se voit obligé de la placer en Dieu,
« dans l'infini, ce qui l'embarrasse dans d'inévitables
« contradictions. Fichte, au contraire, bien compris,
« trouve que la nature finie de l'âme a sa raison dans
« l'activité absolument libre de l'âme elle-même, et
« résulte de ce que l'âme se pose pour elle-même et
« par son acte propre, se limite et se sépare du tout
« absolu, et, par là, se met dans la nécessité de con-
« templer non plus ce tout absolu, mais seulement les
« négations, les limitations, les bornes de son infinité.
« (Propädeutik zur neueren Philosophie). »

Des vastes spéculations de Leibniz, qui embrassent l'univers entier, des profondes analyses auxquelles Kant soumet successivement les grandes facultés de l'esprit, Fichte n'a recueilli et ne s'est approprié que les théories essentielles à une philosophie de la liberté. L'examen rapide des lacunes principales de son système confirmera par une preuve nouvelle la vérité de cette assertion, en même temps qu'elle nous expliquera le sens des modifications apportées à sa doctrine par ses disciples immédiats. Nous n'avons qu'à consulter le *Journal critique* (*Kritische Journal*) ou Schelling et Hégel, dès 1809, entreprennent d'un commun accord la réforme et le développement de la philosophie nouvelle. Les trois articles intitulés : Foi et science ; Différence des systèmes de Fichte et de Schelling ; Rapport de la Philosophie de la nature à la Philosophie en général, qui sont attribués à peu près unanimement à Hégel, contiennent la critique la plus pénétrante et la plus complète, en même temps qu'encore la plus sympathique et la plus respectueuse, des faiblesses et surtout des lacunes de l'*Idealisme critique* ou *pratique* (c'est le nom que Fichte donnait à son système. Nous trouvons aussi dans la Revue historique des principaux philosophes modernes que Schelling publia, comme préface de ses leçons à l'université d'Iéna, en 1805 (Propâdeutik zur Philosophie), et dans le cours professé à Munich, 1838, sur l'Histoire de la Philosophie (zur Geschichte der neueren Philosophie), l'opinion plus personnelle, mais partiale et plus passionnée de Schelling sur la doctrine de son ancien maître.

Ce que les deux philosophes reprochent à Fichte, c'est d'avoir identifié l'absolu avec l'homme, et, pour parler leur langage, confondu le moi absolu avec le moi humain. L'absolu n'est pas sujet-objet, mais subjectif sujet-objet (*subjectives Subject-Object*), c'est-à-dire qu'il ne se manifeste pas comme nature, mais seulement comme personne morale. L'activité du moi est tout entière épuisée dans la réalisation de la loi morale; il n'y a de réalité que dans l'intérêt du devoir, et l'on peut dire que le système entier n'est qu'une construction à priori des conditions nécessaires à la manifestation, à l'exercice de la liberté.

Comment Fichte aurait-il pu songer à écrire une philosophie de la nature? Il ne voyait en elle que l'instrument, la matière du devoir. Elle n'a ni réalité ni beauté propres. C'est une enchanteresse qui détourne l'homme de sa fin véritable. « Objet sans vérité, « aussi contraire par essence, à la beauté qu'à la « raison, elle ne mérite que d'être anéantie. » — (So ist die Natur ein zu vernichtendes, von Wahrheit entblösst, das Gesetz der Hässlichkeit und Vernunftwidrigkeit an sich tragend. — Hegel's kritische Journal 140). De là ce pessimisme du livre sur la destination de l'homme, qui rappelle celui de la Théologie morale de Kant Ce n'est pas non plus dans de telles dispositions que Fichte pouvait donner une philosophie de l'art. Le beau est l'alliance de l'idéal et du réel : là où le réel est déclaré mensonger, mauvais, il n'y a plus de place pour un culte véritable de la beauté.

Fichte n'a pu cependant s'abstenir de chercher une explication à priori de la matière ; mais il ne fait que reproduire sur ce sujet les idées de Kant, telles qu'il les trouvait dans la métaphysique de la nature et la déduction des analogies de l'expérience. Ce sont les propriétés générales, c'est-à-dire mécaniques des corps qui l'occupent Mais les propriétés générales ne sont pas les seules que les corps présentent ; la physique, la chimie, la physiologie ont un autre objet que la mécanique. Fichte laisse complétement en dehors de son étude ces propriétés particulières qui constituent la diversité, la spécification des corps. Comme dit Hégel, « cet idéalisme critique, que
« Fichte esquissa en traits profonds, n'est, comme cela
« se voit sans peine, qu'une doctrine formelle. L'élément
« général du monde y est affirmé.....; mais le parti-
« culier reste nécessairement de côté ; et le côté le plus
« intéressant des choses, ce qui fait leur réalité, de-
« meure par là sans explication. » — Hegel's S. W.
« 1ᵉʳ B. — 115, Krit. Journ.) De cette manière, dans
« l'idéalisme de Fichte, le système de la science n'est

« qu'un savoir tout à fait vide, auquel s'oppose abso-
« lment la diversité. » (id. 126). Si Fichte parle de la
lumière, du son, par exemple, il ne voit dans ces modifications du Moi que des moyens nécessaires à l'accomplissement de la destinée humaine. Elles ne servent qu'à favoriser le commerce des esprits, qui est la condition du perfectionnement moral. De même, si le corps de l'homme est organisé, c'est uniquement pour assurer la société des intelligences finies : aussi n'est-il question de l'organisme que dans la *Doctrine du droit*.

En dehors des esprits, il n'y a que mécanisme. Le monde des plantes, des animaux nous trompe par l'apparence de la vie, de l'individualité. L'Automatisme de Descartes s'accorde parfaitement avec les théories physiques de Fichte. La seule vérité, la seule réalité qui se cache sous leur apparence illusoire, c'est que végétaux et animaux sont indispensables à la vie des êtres moraux.

Dieu lui-même n'existe pour le moi que comme la garantie suprême de l'ordre moral : « Dieu pourrait aussi bien ne pas exister, si le monde moral pouvait se passer de lui. » — (ut suprà, 302). — Schelling dira dans le même sens : « Pour la Doctrine de la science
« le dernier rapport qui peut rattacher le sujet à l'infini,
« c'est celui de la croyance (*Glauben*). Cette doctrine
« nie absolument toute connaissance du monde supra-
« sensible. La moralité seule nous permet d'y jeter un
« regard. » (Schelling's W. 6 B. 126-129).

Quant aux volontés finies, les seuls noumènes que Fichte connaisse, son système n'en explique pas la diversité individuelle. Il analyse le concept général de la personne (Personnalität) c'est-à-dire du moi moral (*sittliche Ich*), non celui du moi sensible (*sinnliche Ich*), particulier. Et cependant les esprits sont finis : Fichte les conçoit comme des individus en qui et par qui vit l'esprit infini. Mais il ne nous dit rien de leur individualité, de leur distinction. Ce n'est, pour l'esprit comme pour la nature, qu'une doctrine générale, formelle, que nous devons demander à Fichte.

Et pourtant l'auteur de la monadologie s'attachait surtout à expliquer le détail de la nature, la diversité des individus. Kant lui-même, dans sa critique du jugement, avait voulu suppléer aux lacunes de la critique de la raison pure et de la métaphysique de la nature. La doctrine de la finalité naturelle devait rendre compte de la spécification, de la variété des espèces vivantes.

Leibniz était bien éloigné de nier la réalité de l'univers ; de méconnaître la beauté et la vérité du cosmos, et de voir dans l'être absolu que l'auteur et le gardien de la loi morale. Il ne s'attache pas moins à démontrer la grandeur et l'harmonie de la création que la justice et la bonté du créateur.

Si la doctrine de Fichte s'inspire sans cesse de la philosophie pratique de Kant, nous ne devons pas oublier que la critique du jugement ne permet pas d'enfermer toute la pensée de son auteur dans les conclusions auxquelles aboutit la critiqqe de la raison pôlitique.

Le besoin de rendre à la nature la dignité qui leur appartient, ne devait pas tarder à se faire généralement sentir. Après avoir rétabli le genre humain dans ses droits, il restait à retrouver, à démontrer ceux de la nature. La philosophie venait d'affirmer Dieu dans l'humanité; il fallait maintenant le chercher dans l'univers.

Nous nous sommes à dessein étendu longuement sur la doctrine de Fichte. C'est que les philosophes dont il nous reste à parler ne font, qu'ils l'avouent ou non, que continuer et développer son système ; c'est qu'il est le père de cet idéalisme critique que Schelling, Hégel et Schopenhauer ont repris et défendu après lui. Les principes généraux et particuliers sur lesquels il a établi la conciliation du dogmatisme de Leibniz et de la critique de Kant, ont été pour la plupart adoptés sans discussion par ses successeurs. Il faut remonter jusqu'à lui pour en trouver la démonstration dans toute son étendue.

CHAPITRE IV

SCHELLING : L'IDÉALISME ESTHÉTIQUE.

Le jeune et bouillant Schelltng traduisit le premier le besoin nouveau du siècle dans les éloquentes inspiratons de la philosophie de la nature.

Il avait d'abord été le disciple ardent, le commentateur ingénieux et convaincu de Fichte. Ses premiers écrits ne font que développer les doctrines de l'idéalisme critique. Les essais, qui marquent le début de ce philosophe de vingt ans, présentent sous la forme la plus lumineuse et la plus séduisante les principes et les conséquences essentiels de la philosophie de Fichte : Du moi comme principe de la philosophie, — De l'idéalisme et du dogmatisme. On croirait parfois entendre des hynmes aussi bien que lire une démonstration, en faveur de la doctrine qui fait de la liberté le principe suprême de l'intelligence et de la nature, et ne voit dans le mouvement de la pensée et l'agitation des choses que la libre activité de l'esprit éternel.

Dans la ferveur de son jeune enthousiasme, Schelling semblait oublier que la nature et l'art, dont il était si vivement épris, ne trouvent pas leur place, ou ne jouent qu'un rôle indigne d'eux dans la philosophie de son maître. C'est pendant le séjour, qu'il fit à Iéna, dans le commerce des plus illustres représentants de l'art et de la science contemporaine, dans la société des

Goethe, des Schiller, des Humboldt, des Bunsen, des Schlegel, que ces lacunes lui apparurent manifestement, et qu'il résolut de les combler avec la généreuse audace de son génie improvisateur. Les articles du *journal critique*, qu'il rédigeait en commun avec son ami Hégel furent comme la préface et le credo de la philosophie nouvelle. L'enseignement public et les livres de Schelling décidèrent le succès et travaillèrent efficacement à la vulgarisation du système.

Il s'agissait de démontrer victorieusement l'identité du moi et de l'univers, du sujet et de l'objet, qui est bien le principe de la philosophie de Fichte, mais qui ne se retrouve ni dans les développements, ni dans les conclusions de son système. « Fichte avait entendu
« l'idéalisme dans son sens exclusivement subjectif :
« je le pris, au contraire, dans un sens objectif. Il
« s'était placé au point de vue de la réflexion : j'adop-
« tai celui de la production. Pour rendre plus sensible
« cette opposition, je dirai que l'idéalisme subjectif
« doit affirmer que le moi est tout (*das Ich sei alles*),
« tandis que, pour l'idéalisme objectif, tout est moi
« (*alles sei Ich*), et rien n'existe qui ne soit moi. Ce
« sont là, sans doute, des vues différentes ; mais on ne
« peut nier qu'elles ne soient « toutes deux idéalistes. »
— (Schelling's 4 Bd 109 — Extrait du Darstellung meines Systems der Philosophie, 1801).

Fichte s'était borné à traiter, et n'avait cru pouvoir résoudre que le problème, important avant tout pour lui comme pour Kant, de la liberté et de la moralité humaine. Il n'avait présenté qu'une théorie des rapports de la volonté finie et de la volonté infinie. Il fallait à cette doctrine subjective et pratique substituer une doctrine plus compréhensive, qui fût à la fois subjective et objective, spéculative et pratique. Il restait à montrer que Dieu ne se manifeste pas moins dans la nature que dans la personne humaine; à construire la métaphysique de la science et de l'art, comme Fichte avait fondé celle de la moralité. Le dogmatisme nouveau se vanta d'être la vraie spéculation, et prit de préférence le nom de système de l'identité. (*Identitätsystem*).

Schelling ne donna jamais un exposé complet de sa doctrine, ni la développa même pas dans toute son étendue. Il s'appliqua surtout, et dès l'abord, à combler la lacune la plus considérable de l'idéalisme critique, à créer la philosophie de la nature. C'est par là qu'il se sépara surtout de Fichte, après avoir espéré un instant que le vieux maître se prêterait à cette transformation aussi facilement que le système lui-même. L'art devient pour Schelling le véritable organe de la spéculation. On doit être doué du génie artistique pour être philosophe. C'est dans l'âme de l'artiste qu'il faut chercher le secret des créations de la nature. De même que la nature agit par une force inconsciente et irrésistible, l'inspiration du véritable artiste produit spontanément, et comme à l'aveugle, les formes sensibles où s'incarne l'Idéal. Les œuvres matérielles que le génie produit librement sont, comme celles de la nature, asservies aux lois impitoyables de la nécessité physique : comme elles engendrées dans le temps, elles sont dévorées par lui. Mais dans les unes comme dans les autres se reflète l'idée éternelle, le type parfait des choses. C'est pour cela que l'art est l'expression la plus éclatante, la plus saisissable où se puisse manifesfer cette identité de l'esprit et de la nature, qui est le principe et comme la fin du système de l'idéalisme. L'art demande l'association de l'idéal et du réel, et s'adresse à la fois à la raison et aux sens. Il nie et supprime le divorce qu'une philosophie, trop exclusivement morale, est toujours tentée d'établir entre la matière et la pensée. La nature a, pour lui, sa réalité et sa beauté propres.

L'art, en un mot, donne à Schelling la clef de tous les mystères ; et le *Génie* (c'est ainsi qu'il appelle l'imagination créatrice) devient la forme même sous laquelle Schelling conçoit et nous représente l'activité de la nature et de l'esprit. L'absolu, leur commun principe à tous deux n'est plus qu'un esprit artiste, qui produit sans conscience dans la nature et reproduit avec conscience dans la pensée les types éternels d'une perfection progressive.

Le Bruno est l'expression la plus complète de ces tendances platoniciennes du système. La nature, dans l'écrit (von den Weltseele), est comme un vaste organisme, ou plutôt comme un poëme divin que développe, que perfectionne sans cesse l'âme universelle. La pensée et la vie, l'idéal et le réel sont associés partout dans la nature, comme ils le sont dans l'œuvre de l'art. « La tendance nécessaire
« de toute science de la nature est d'aller de la nature
« à l'intelligence. C'est cela, et pas autre chose que je
« trouve au fond de la tendance à porter la théorie
« dans les phénomènes de la Nature. Une théorie
« complète de la nature serait celle qui dissoudrait
« (*auflöste*) la nature tout entière en une sorte d'intel-

« ligence. Les produits morts de la nature ne sont
« que les essais malheureux de la nature pour se
« réfléchir. La nature, soi-disant morte, n'est en somme
« qu'une intelligence avortée (*unreife*). Aussi dans
« ses phénomènes brille déjà, bien que sans cons-
« cience, le caractère de l'intel'igence. Son but su-
« prême, celui d'être tout entière l'objet de sa propre
« pensée, la nature ne l'atteint enfin que dans la plus
« haute, que dans la dernière de ces réflexions
« sur elle-même, qui n'est autre que l'homme, ou
« plus généralement ce que nous appelons la rai-
« son (*Vernunft*). C'est par elle que, pour la pre-
« mière fois, la nature prend d'elle-même une
« entière conscience ; et cela montre évidemment
« que la nature est originairement identique avec ce
« qui est connu en nous sous le nom d'intelligence
« et de conscience. » (Schelling's S. W. — IIIe B.
340 System des transcendentalen Idealismus).

Si le philosophe veut savoir quelle est la pensée
directrice de la nature, quelles sont les idées qu'elle
réalise, il n'a qu'à écouter la voix qui parle à l'artiste,
au poëte ; qu'à céder au saint enthousiasme de la
beauté, de la perfection; qu'à se laisser, comme l'âme
platonicienne, emporter vers l'idéal sur les ailes de
l'amour. Qu'il se persuade que la nature tend au
meilleur, comme l'art ; et que la plus sûre, disons-
mieux, la seule méthode pour arriver au vrai, c'est de
suivre l'aspiration essentielle au bien, au beau, qui est le
principe même de notre intelligence. L'expérience ne
doit être, comme le veut Platon, que le stimulant, que
le contrôle dont la faiblesse de notre esprit fini nous
impose le besoin.

Cette méthode à priori prend dans l'imagination ardente de Schelling l'allure de l'inspiration poétique. Son instinct divinatoire s'égare dans les hypothèses les plus audacieuses. Sa curiosité impatiente croit pouvoir dédaigner les indications de l'expérience. Trop fidèle à la conception esthétique du monde, qui domine son esprit, Schelling oublie que l'art divin procède autrement que l'art humain ; que le progrès de son œuvre concilie la dialectique et l'amour, la logique et la poésie, la nécessité et la liberté, la vérité enfin et la beauté.

Il n'en obtenait pas moins les suffrages flatteurs d'un des représentants les plus illustres de la science contemporaine en Allemagne.

Voici en quels termes Alexandre de Humboldt s'exprimait à Bunsen, sur le compte de Schelling, leur protégé commun : « Je n'ai jamais parlé de Schelling
« que dans les termes de la plus vive admiration. Il ne
« convient certainement pas à un Allemand de traiter
« dédaigneusement le noble effort que fait un philoso-
« phe pour coordonner les résultats de l'observation
« et soumettre à l'empire des idées les données de
« l'expérience. Je n'ai jamais mis en doute la possibi-
« bilité d'une philosophie de la nature, bien que la
« partie qui traite des propriétés spécifiques, particu-
« lières de la matière (welcher das Heterogene der
« Materie, specifisch-verchieden scheinender Stoffe) ne
« m'ait pas convaincu jusqu'aujourd'hui. La philoso-
« phie de la nature de Schelling, dans son opposition
« à l'empirisme grossier, au stérile entassement des
« faits, est bien différente de ces rêveries philosophi-
« ques dont on ne saurait accuser que ses maladroits

« interprètes, et qui ont, pendant un certain temps,
« fait négliger le savoir véritable. La jeunesse s'ima-
« ginait qu'on peut construire une chimie proprement
« dite, comme une science pure, à priori, sans se
« mouiller les mains, une astronomie sans faire usage
« d'un instrument pour mesurer, ni de télescope. Je
« suis fortement persuadé que le grand philosophe
« traiterait avec estime celui qui cherche, par la voie
« de l'expérience, à reculer l'horizon du savoir humain,
« parce qu'il reconnaît dans les données de l'observa-
« vation les matériaux mêmes que l'esprit doit ordon-
« ner et dominer. » (Das Material, welches der Geist
ordnen, beherrschen soll.). « Ecarté des études pure-
« ment métaphysiques par la faiblesse de mon esprit
« et la tâche que je me donnai de bonne heure de
« défricher les landes de l'empirisme, je ne poursui-
« vais d'autre but en déployant toute mon énergie dans
« ce travail, que d'introduire dans la nature confuse,
« dans le limon fangeux au sein duquel la vie pré-
« sente a pris son origine, et continue de se dévelop-
« per, un principe spirituel qui la féconde, la trans-
« forme et l'ennoblisse; de détourner l'intérêt, que les
« hommes portent aux stériles et frivoles vanités, sur
« quelque chose de plus élevé, de plus sérieux. Une
« telle action serait d'autant plus facile à Schelling,
« qu'elle pourrait, grâce à la bienveillance du prince,
« s'exercer sur un cercle plus élevé d'auditeurs. »
(Briefe : Alex. von Humboldt an Bunsen. 14 à 18).
Humboldt écrivait ces lignes à Bunsen, lorsqu'il fut
question d'attirer Schelling à Berlin, après la mort de
Hégel. L'amitié aveugle peut-être l'illustre savant sur
l'insuffisance et les dangers de la philosophie de Schel-

ling ; mais, à coup sûr, elle ne lui en fait point exagérer les mérites.

Il est facile de démêler les influences diverses qui se sont exercées sur la pensée de Schelling. Sans doute, les traces de Platon et de Spinoza y sont très-visibles; mais notre dessein n'est pas de les rechercher. Nous voulons seulement déterminer en quoi la métaphysique de Leibniz et la critique de Kant ont contribué à la transformation et au développement que l'idéalisme pratique de Fichte reçoit dans le système de Schelling.

Tandis que le maître s'inspirait surtout de la critique de la raison pratique, c'est la critique du jugement esthétique et téléologique de Kant que l'élève s'applique principalement à commenter. L'imagination (*Einbildungskraft*) conçue comme la faculté intermédiaire entre la sensibilité et l'entendement (*Sinnlichkeit and Verstand*); l'hypothèse si souvent reproduite par Kant, dans les deux premières critiques d'un entendement intuitif (*intuitiv Verstand*), en qui le sujet et l'objet se confondraient, devenant, dans la critique du jugement, l'hypothèse d'un entendement architectonique (*architectonische Verstand*) qui réalise l'idéal au sein de la matière; le beau, enfin, dans la nature ou dans l'art, conçu, comme l'expression d'une libre finalité : tels sont les germes féconds dont le génie artiste de Schelling a su faire sortir les plus belles théories de son idéalisme esthétique.

Mais il ne devait pas moins à la philosophie de Leibniz. La monadologie n'est-elle pas toute pénétrée de l'idée du beau, du meilleur? L'univers que crée le Dieu de Leibniz est le plus parfait que la Raison puisse concevoir. Il s'y manifeste, comme dans celui de Kant et de Fichte, autant de justice; comme dans celui de Spinoza, autant de puissance; enfin, comme dans celui de Platon, autant de beauté que le monde des possibles, c'est-à-dire que la nature nécessairement limitée des créatures le comporte. Le mal lui-même, ou ce que nous appelons de ce nom, Leibniz l'explique, comme Schelling, par des comparaisons empruntées au monde de l'art, par une loi analogue à celle qui, dans les œuvres de la musique ou de la peinture, oppose les ombres à la lumière, les dissonances à l'harmonie, par la nécessité des contrastes? A ceux qui veulent tout ramener à l'utilité ou au bien de l'homme, il répond sans hésiter que les esprits ne constituent qu'un élément, sans doute le plus considérable, de l'ordre universel; que, si toutes choses sont organisées de telle sorte que le règne de la nature prépare et sert le règne de la grâce, cependant les intérêts de la République des esprits sont subordonnés à l'intérêt supérieur de l'harmonie et de la beauté de la création; que l'univers est, avant tout, destiné à exprimer les perfections de l'Intelligence créatrice, et que la perfection physique, ou la puissance et l'harmonie n'y contribuent pas moins que la perfection morale ou la bonté et la justice. Ne se demande-t-il pas dans un passage significatif si la conservation de l'espèce des lions tout entière ne l'emporte pas sur l'intérêt de telle destinée particulière parmi les êtres raisonnables? Qu'on rapproche un tel langage de celui de Fichte : et l'on verra combien la lecture de Leibniz a dû contribuer à détacher Schelling de l'Idéalisme pratique où s'absorbait la pensée de son devancier. C'est encore pour mieux glorifier le divin artiste que Leibniz nie la matière et répand partout la vie et la pensée au sein du monde infini ; qu'il donne à chaque monade une perception inégalement distincte, mais totale de l'univers ; qu'il établit entre ses Monades une hiérarchie, une série progressive, où les différences et les analogies concourent ensemble à l'harmonie de la création.

« La distinction que Leibniz établit entre les monades
« qui sommeillent, écrit Schelling, celles qui rêvent,
« celles qui veillent, ouvrit la voie aux théories sui-
« vant lesquelles l'être unique, qui vit au fond de la
« nature est une activité progressive dans son retour
« à soi-même. Leibniz peut être considéré comme
« ayant apporté le premier germe des développements
« plus considérables que cette théorie reçut ultérieu-
« rement. C'est là encore le côté le plus beau et le
« meilleur de la doctrine de Leibniz. » (Schelling's S. W, — 10 Bd. 54. — zur Geschichte der neueren Philosophie). — L'Exposition de mon système (S. W : 4 B. — Darstellung meines Systems), est remplie de propositions Leibziniennes. Je n'en citerai qu'un exemple : «Proposition : Chaque individu, envisagé en soi-même, est une Totalité » (Jedes einzelne ist in Bezug auf sich selbst eine Totalität : Darstellung meines Systems. 131-133). Schelling se plaît à répéter que la doctrine de Leibniz, en même temps qu'elle rend compte de l'harmonie et de la beauté de l'ensemble, explique aussi la diversité des individus. Kant n'étend sa théorie de la finalité qu'aux espèces, et n'envisage l'individu que comme représentant de l'espèce. — « Nous

« devons célébrer le grand mérite qui appartient à Leib-
« niz : il ne s'est pas contenté de parler des choses
« d'une manière abstraite, sans tenir compte de leurs
« différences, de leurs degrés. » (S. W. 10 Bd. —54.
Zur — Geschichte der neueren philosophie).

La monadologie concourait ainsi avec la critique du jugement à éloigner Schelling de cette philosophie purement formelle de Fichte, qui n'étudie que les rapports généraux de la nature, c'est-à-dire les propriétés mécaniques, la matière ; et qui néglige ou ne croit pas pouvoir ramener à une explication métaphysique le particulier, les différences spécifiques des corps, la diversité des espèces et des individus.

La conception, dont Schelling se plaît à faire ressortir la nouveauté et l'importance, celle qu'expose le livre de L'âme du monde, et suivant laquelle l'univers est un vaste organisme (Gesammt Organismus) qu'anime et développe une même âme, n'a pas seulement ses antécédents dans la 3ᵉ analogie de l'expérience, dans la théorie kantienne de l'organisme, ou dans la célèbre hypothèse de la critique du jugement sur l'origine des espèces. La doctrine Leibnizienne de l'organisation, de la vie universelle et progressive ne la prépare-t-elle pas dans une certaine mesure ?

Ainsi l'inspiration constante de la critique du Jugement ; la conception de Dieu comme d'un esprit artiste, de l'univers comme d'une belle et vivante Totalité (schöne Totalität, lebendiges Universum), la théorie de la diversité harmonieuse des espèces et des individus : tout témoigne de la part considérable qui revient à Kant et surtout à Leibniz dans l'œuvre de Schelling.

Nota : Sur la question des rapports de Schelling et de Leibniz, on peut lire une étude fort instructive d'Auguste Boeckh, dans la collection de ses petits écrits par Ascherson.

(Böckh's kleine Schriften von Ascherson. Leipzig 1858-1866. 36. II. Band — S. 110).

CHAPITRE V

HEGEL : L'IDÉALISME LOGIQUE.

Tout ce que nous avons dit des rapports de Fichte et de Schelling avec Leibniz et Kant, nous aurions à le répéter pour Hégel, dont la philosophie se donne la mission de continuer et de compléter aussi bien l'idéalisme critique du premier que le système de l'identité du second. L'absolu est pour Hégel, comme pour Fichte et Schelling, le principe souverain de l'être et de la pensée. Mais l'un le concevait comme la volonté éternelle du bien, l'autre se le représentait sous les traits d'un génie artiste : l'absolu de Hégel est surtout raison spéculative. La fin de l'absolu n'est pas seulement le bien ou le beau, mais aussi le vrai. Cela revient à dire que l'œuvre divine, l'univers, n'est pas faite seulement pour satisfaire la conscience et l'imagination, mais aussi la raison ; qu'elle ne révèle pas seulement une justice et un art supérieurs, mais aussi une logique parfaite. C'est le développement de cette logique que Hégel regrette de ne pas trouver dans Fichte et dans Schelling. Tous deux ont également affirmé que le retour à l'absolu est la fin suprême du moi : mais l'un ne connaît d'autre voie pour affectuer ce retour que la conscience morale ; l'autre, que l'inspiration esthétique. Hégel remonte à l'absolu par la dialectique, par une logique dont l'évolution graduelle consiste à passer d'un contraire à l'autre pour aboutir à une synthèse qui enveloppe les deux premiers termes ; où l'absolu sort de soi pour revenir à soi par la triade de la thèse, de l'antithèse et de la synthèse.

Hégel reproche à la philosophie de Schelling de n'être pas une véritable reconstruction de l'absolu, de n'être ni méthodique ni complète dans l'explication de l'univers. Comme dit Erdmann : « il ne trouve, dans le système de l'identité, ni la démonstration logique, ni l'enchaînement dialectique des principes » (was er an Schelling vermisst, ist die logische Begrundung und die dialektische Durchführung : Erd. 612 — Geschichte, d. neuer. Phil.) On ne voit pas dans la doctrine de Schelling comment la pensée conçoit l'idée de la nature, et comment de l'idée de la nature elle s'élève à celle de l'esprit. Enfin l'absolu y est plutôt affirmé qu'il n'est démontré comme le principe et la fin suprême de la pensée pure, de la nature et de l'esprit.

Ce développement systématique de la raison éternelle demandait un génie compréhensif qui ne fut étranger à aucune des formes de la réalité et de la connaissance. En ce sens, Leibniz méritait d'être l'inspirateur et le modèle de Hégel. Le génie encyclopédique se trouve au même degré chez le premier que chez le second ; et sous ce rapport, c'est autant à Leibniz qu'à Aristote qu'il faudrait comparer Hégel pour l'étendue et l'universalité du savoir. — Si le système de Hégel se vante avec raison de comprendre et d'expliquer tous les autres systèmes, on peut dire également que Leibniz est le véritable précurseur de Hégel par l'intelligence du développement historique et de l'enchaînement logique des doctrines. Hégel n'en a pas moins sans doute le mérite original d'avoir trouvé la loi et suivi dans ses formes multiples l'évolution qui entraîne la pensée philosophique vers l'absolu. — L'identité du réel et de l'idéal, qui conduit Hégel à prendre à chaque instant comme synonymes les termes d'être et de savoir (Sein und Wissen), est tout à fait conforme au génie de la philosophie de Leibniz, pour qui aussi toute réalité se ramène à la pensée, et qui ne voit dans la matière et la nature, comme Fichte, Schelling et Hégel, que l'obscurcissement de la pensée, que de l'esprit éteint (*erlöschte Geist*).

C'est surtout dans la logique qu'il faut chercher la trace des emprunts faits à la philosophie de Kant. L'analyse et la déduction logique des catégories de la quantité, de la qualité et de la relation rappelle à chaque instant les théories de la critique. Hégel n'a pas tiré un moins heureux parti des vues profondes de Kant sur la conciliation de la matière et de l'esprit par l'intermédiaire de l'organisme, et, pour parler le langage de Kant, sur la subordination de l'entendement à la raison par l'intervention du jugement. Enfin la prédominance que Hégel donne à l'élément général de la connaissance et de la réalité sur l'élément particulier, à l'idée sur l'individu, ne lui a pas été moins enseignée par l'étude de la critique que par la lecture de Platon.

Hégel concilie Leibniz et Kant, lorsque, dans sa doctrine morale, qui constitue avec la logique la nouveauté la moins contestée et la partie la plus durable de son œuvre philosophique, il se montre dominé par le besoin d'associer au culte professé par Fichte de la personne celui de la nature qu'avait surtout célébré

Schelling, et fait consister la perfection de l'individu dans le développement harmonieux du caractère moral et du caractère naturel.

Ce ne sont pas seulement, en un mot, les principes généraux ou les doctrines particulières de l'idéalisme, qu'il professe en commun avec Fichte et Schelling, mais aussi les conceptions nouvelles par lesquelles il a modifié ou étendu l'œuvre de ses devanciers, qui témoignent de l'influence exercée sur la pensée de Hégel par les idées de Leibniz et de Kant.

CHAPITRE VI

SCHOPENHAUER : L'IDÉALISME PESSIMISTE.

Il nous reste à parler d'un homme dont la polémique passionnée ou plutôt injurieuse, contre les trois philosophes que nous venons d'étudier, semblerait désigner la doctrine comme l'opposée de la leur. Cependant, par les emprunts multipliés qu'il leur fait sans les avouer, il mérite plus qu'aucun d'eux le reproche, qu'il leur adresse volontiers, de s'approprier et de défigurer les théories de leurs devanciers.

Le docteur Haym, dans son instructive étude sur Schopenhauer, a parfaitement mesuré l'originalité de ce penseur. Sans nous associer complètement à la sévérité du jugement qui termine ses appréciations : « Schopenhauer n'est qu'un dilettante de philosophie, « au sens élevé du mot — einen Dilettanten im eminen- « ten Sinne des Wortes » (Haym's Schopenhauer, 112), — nous admettons la vérité du rapprochement qu'il établit entre la doctrine de Fichte et celle de Schopenhauer ; et nous appliquons dès maintenant à la seconde ce que nous avons dit des influences exercées sur la première par Leibniz et par Kant.

Pourtant, si Schopenhauer se proclame le véritable héritier de la pensée de Kant, il fait de son maître et se déclare lui-même l'adversaire décidé (*entschiedene*, *kritische Gegenstellung*) du Dogmatisme, et en particulier de la métaphysique Leibnizienne. Nous allons voir ce qu'il faut penser de la sincérité ou de la vérité de cette assertion.

Le système de Schopenhauer repose sur l'opposition du phénomène et du noumène, de la représentation et de la volonté (*Vorstellung und Wille*). Le monde sensible doit toute sa réalité objective, matérielle, aux catégories de l'entendement. Pas d'objet sans sujet, pas de réalité en dehors de l'intelligence. Schopenhauer ne tient pas ici un autre langage que Fichte.

Si nous lui demandons ce qui se cache au fond des apparences, et sous le mensonge des choses sensibles, il nous répondra la volonté. Et par ce nom il entend aussi bien l'activité inconsciente des forces matérielles ou de la vie organique, que l'activité réfléchie, celle qu'on désigne d'ordinaire sous le nom de volonté. Une appellation arbitraire et unique lui sert ainsi à représenter la force qui agit dans la plante, dans l'animal et dans l'homme. En chaque être se manifeste, sous des formes infiniment variées, une seule et absolue volonté.

Mais entre les individus et la volonté, il faut placer les idées, qui sont une expression (*Sichtbarkeit*) plus haute, c'est-à-dire plus immédiate, plus adéquate (*immediate, adäquate Objectität*) de la volonté éternelle. Elles supposent en nous, pour être connues, une volonté pure (*reine Wille*), dégagée des lois de la nécessité ou de la règle de la causalité, et affranchie du temps et de l'espace. Cette volonté pure, c'est celle qui s'exprime dans la connaissance esthétique, et dont l'art est l'instrument, l'organe. Dans la connaissance esthétique, en effet, la volonté de vivre (W*ille zum Leben*) que manifeste la vie particulière et sensible, fait place à la vie purement intellectuelle et générale de la volonté pure. A l'égoïsme de l'une succède le désintéressement parfait de l'autre, l'entier détachement de la réalité. Le monde du beau, où la contemplation artistique nous transporte, n'est-il pas celui des formes éternelles, des types intelligibles, des idées, enfin, au sens platonicien ? Les objets matériels, où le vulgaire s'imagine parfois découvrir la beauté, ne sont autre chose que d'imparfaites et éphémères images, à vrai dire, des symboles qui ne valent que parce qu'ils représentent. Il faut mourir aux sens, disait Platon, pour vivre de la vie des idées. Cette vie philosophique est celle que l'art nous assure.

Cependant cette vie idéale, c'est encore la vie; la volonté pure y demeure enchaînée à la volonté de vivre. Mais la vie réelle n'a plus de prix pour qui s'est enivré à la coupe de la vie idéale que l'art nous présente. Ce que nous cherchons dans l'art, l'affranchissement des misères, des tourments, de l'existence sensible, l'oubli de notre individualité et de la vie réelle où cette individualité prend racine et s'alimente, l'art ne nous les procure qu'imparfaitement, que d'une manière momentanée. C'est à la moralité, au sens où Schopenhauer la prend, qu'il faut les demander. L'ascétisme (*Ascese*), la souffrance, la compassion (*Mitleid*), la philosophie sont les remèdes auxquels nous devons recourir pour combattre le poison subtil et puissant qui s'est glissé dans nos veines dès notre naissance, à savoir l'amour de la vie (*der Wille zum Leben*). En nous exerçant au renoncement; en associant avec une amère volupté notre propre cœur aux souffrances infinies qui désolent, non-seulement l'humanité, mais la nature entière ; en nous élevant, par la méditation philosophique, à la claire conscience de notre être éternel et de notre condition mortelle ; en voyant que nous n'avons échangé la paix du premier contre les misères de la seconde que par la folle illusion de la volonté de vivre : nous arriverons à comprendre que le retour au sein de la volonté infinie, indéterminée, au sein du néant, peut seul nous soustraire aux maux qui sont le partage inévitable de la vie sensible.

Cette conclusion boudhiste du système, cette aspiration au nirvana, ce dégoût de l'action constituent le caractère nouveau, absolument original de Schopenhauer parmi les successeurs de Kant. Ce n'est pas, à coup sûr, dans la doctrine de la raison pratique, dans cette philosophie de la liberté, de l'action, dont Kant est le père, que le langage du découragement et du quiétisme oriental aurait pu trouver place. On doit moins encore, s'il est possible, s'attendre à le rencontrer dans une philosophie toute pénétrée, comme celle de la monadologie, par le sentiment de l'harmonie et de la vie universelle.

Et cependant les principes et la plupart des développements du système sont dûs à Kant et à Leibniz.

Les aveux multipliés de Schopenhauer, sa prétention très-décidée d'être le fidèle, le seul interprète de la doctrine de Kant, pourraient dispenser, sur le premier point, de toute autre démonstration. L'essai par lequel il débuta « sur la quadruple racine du principe de raison suffisante », l'appendice qu'il a consacré à l'examen de Kant, dans son grand livre « Du monde comme volonté et représentation », sont des études très-ingénieuses et très-instructives, sans doute, mais uniquement destinées à éclaircir les idées et surtout à simplifier la forme de la doctrine critique. Ce qu'il admire le plus dans Kant, c'est la théorie des formes à priori de la sensibilité, et celle du caractère intelligible et du caractère empirique. Cette dernière est pour lui le chef-d'œuvre de la sagesse humaine (dieser Meisterstück der menschlichen Weisheit — die grôsste aller Leistungen des menschlichen Tiefsinnes). Toute la doctrine exposée dans les deux premiers livres de l'ouvrage capital de Schopenhauer n'est que le déveloopement des théories fondamentales de Kant.

Le monde des phénomènes, dans le premier chapitre intitulé : (du monde comme représentation — die Welt als Vorstellung) n'est qu'un produit de la sensibilité et de l'entendement, comme dans l'esthétique et l'analytique transcendantales. Sans doute la doctrine de Kant gagne en solidité et en clarté, dans cet exposé auquel l'érudition scientifique, la brillante imagination et l'incomparable talent d'écrivain de Schopenhauer donnent tout l'attrait d'une œuvre originale ; mais il ne faut cependant pas y chercher une idée nouvelle. On ne peut appeler de ce nom la réduction des catégories sur lesquelles repose la réalité sensible à l'unique catégorie de la causalité.

Le deuxième livre : (Le monde comme volonté — die Welt als Wille — Objectivation des Willens,) contient la théorie du noumène, de la chose en soi et de ses rapports avec le monde des phénomènes. Comme l'auteur le reconnaît lui-même, il s'inspire, sur ce sujet, de la doctrine des deux caractères, intelligible et empirique : c'est le premier qui produit et explique le second. Mais Schopenhauer étend à la nature entière un principe dont Kant ne faisait une application décidée qu'à l'étude des phénomènes volontaires. Kant n'aurait certainement pas approuvé l'audace spéculative qui, non contente de déterminer les conditions à priori, purement intelligibles, de l'activité morale de l'homme, prétend saisir le secret et la raison dernière de toutes les puissances de la nature. Schopenhauer ne s'en est pas moins autorisé des hypothèses auxquelles le génie de Kant s'est laissé aller, sur les rapports du caractère intelligible et du caractère empirique, c'est-à-dire de la liberté et de la nécessité, de la volonté et de la nature.

Est-il plus difficile de reconnaître que le troisième livre : « Du monde comme représentation — Deuxième « étude : La représentation indépendante du principe « de causalité — L'idée platonicienne. — L'objet de « l'art » n'est pas moins pénétré de la doctrine de la critique du jugement que des conceptions de la philosophie platonicienne ? La liberté, le désintéressement, l'indépendance de toute préoccupation matérielle, tous les caractères que Kant reconnaît au jugement esthétique, ne sont-ils pas aussi ceux que Schopenhauer accorde à la volonté pure (*reine Wille*), qui se manifeste dans la contemplation et la création des œuvres de l'art ?

Et jusque dans le pessimisme dont l'expression tour-à-tour ironique et désolée éclate dans le quatrième livre : « Le monde comme volonté — Deuxième étude :

« L'affirmation et la négation de la volonté de vivre
« envisagées à la pleine lumière de la conscience de soi-
« même, » ne retrouvons-nous pas l'écho, singulièrement grossi sans doute, de certaines pages de la critique de la raison pratique et de celle du jugement, et des réfutations véhémentes que Kant dirige aussi bien contre les partisans de l'optimisme que contre l'eudémonisme des adeptes de la morale utilitaire ?

Ce n'est certainement ni dans l'esthétique du 3e livre, ni dans le quiétisme du 4e que nous devons chercher les traces de Leibniz. Mais l'opposition des causes efficientes, auxquelles, pour Leibniz, tout est soumis dans le monde sensible, et des causes finales, qui sont la loi des âmes, répond de tout point à la distinction faite par Schopenhauer entre le monde comme représentation et le monde comme volonté.

C'est surtout dans le second livre que nous rencontrons à chaque pas l'influence de la monadologie. L'univers de Leibniz, comme celui de Schopenhauer, est partout activité et vie; partout se manifeste dans l'un et dans l'autre une même tendance à une représentation infiniment variée, mais éternellement progressive, de la totalité des choses. Cette tendance que Leibniz appelle *Appetitus*, Schopenhauer la désigne, moins heureusement sans doute, par le nom de volonté.

La volonté de vivre, qui détache chaque volonté finie de la volonté infinie, où elle a son principe éternel, ne rappelle-t-elle pas, dans une certaine mesure, l'aspiration nécessaire des possibles à l'existence (omne possibile exigit existere)?

Si Leibniz voit dans la pensée l'expression plus distincte de la puissance perceptive, et, par suite, de la perfection propre à la monade, et dans le corps l'expression plus confuse de cette même perfection, Schopenhauer ne dit-il pas que l'inégalité des organismes répond à la diversité des puissances naturelles que la volonté de vivre (*Wille zum Leben*) manifeste en chaque individu ; et que nous pouvons mesurer la perfection de l'être aussi bien à celle de son corps qu'à celle de sa connaissance? Les observations délicates, charmantes, que Schopenhauer nous présente sur les rapports de la force et de la matière, de l'âme et du corps, du visible et de l'invisible dans les organismes, dans la plante comme dans l'animal, sont pénétrées du culte profond de Leibniz pour toutes les manifestations de la vie, pour toutes les œuvres de la nature, et mettent bien en pleine lumière ce que valent pour l'esthétique de Schopenhauer les conceptions de la monadologie.

CHAPITRE VII

LA MÉTAPHYSIQUE APRÈS KANT : RÉSUMÉ.

Ce développement considérable de la philosophie allemande, que nous avons suivi seulement dans deux de ses directions principales, et qui, arrêté ou suspendu aujourd'hui dans la première, j'entends parmi les disciples de Fichte, Schelling et Hégel, semble se continuer encore dans l'école de Schopenhauer, n'est-il pas la preuve que la critique de Kant n'a nullement détruit la métaphysique, mais l'a seulement obligée de se mettre en harmonie avec les exigences nouvelles de la science et de la conscience modernes? La conciliation théorique que nous avons essayée entre Leibniz et Kant, entre le dogmatisme et la critique ne trouve-t-elle pas dans ce fait sa meilleure justification ?

Fichte, Schelling, Hégel, dont les systèmes divers peuvent être considérés comme les conséquences multiples d'un seul et même principe, et qu'il convient pour cela de réunir dans une commune appréciation, attribuent à Leibniz et à Kant une part considérable dans la paternité de leurs propres doctrines, ou, du moins, revendiquent nettement pour elles le patronage de ces deux philosophes, autant et plus que celui de Platon, d'Aristote et de Spinoza.

Résumons nos précédents jugements, en nous demandant ce qu'auraient pensé Leibniz et Kant de cette prétention.

Comment Leibniz n'aurait-il pas suivi d'un regard sympathique les évolutions variées d'une philosophie, qui n'est, sous sa triple forme, que l'application constante du grand principe de la raison suffisante ; qui ne s'inspire, comme la monadologie, que du culte exclusif, et ne découvre sous les formes multiples de la vie et de la pensée finies que les manifestations passagères de l'esprit éternel ?

L'idéalisme de Fichte, Schelling et Hégel est à nos yeux le commentaire et la glorification, à trois points de vue différents, de la conception Leibnizienne : que la vérité la plus haute se rencontre dans la doctrine qui satisfait le plus la raison. Leibniz, pour justifier son système, se borne à dire qu'il contente plus l'esprit que tous les autres, parce qu'il lui découvre dans la réalité plus de justice, de beauté et de vérité. Fichte, Schelling, Hégel n'invoquent pas au fond un autre principe, pour expliquer leurs affirmations diverses. L'un, sans doute, s'attache surtout à démontrer dans l'univers la volonté éternelle de l'ordre moral ; le second, l'action d'une intelligence souverainement artiste ; le troisième, la manifestation d'une pensée essentiellement méthodique. Schelling ne place dans la beauté la fin suprême que parce qu'elle lui paraît comprendre la moralité ; et Hégel n'absorde la moralité et l'art dans la science que parce que le vrai satisfait plus encore la raison que la moralité et l'art. Un monde fait uniquement, comme celui de Fichte, pour les volontés libres vaut moins qu'un monde qui, comme celui de Schelling, concilie en les subordonnant la nature et l'esprit. Mais, ajoute Hégel, un univers où l'intelligence et la vie, l'homme et la nature, dans l'infinie variété de leurs formes, obéissent à l'action souveraine d'une logique éternelle est encore plus digne de la raison que celui de Schelling. La pensée veut comprendre, et l'inspiration de Schelling échappe à l'entendement. C'est au nom de la raison suffisante, que Hégel cherche à concilier l'art et la spéculation.

Cette foi commune dans le principe de la raison suffisante, Fichte, Schelling et Hégel ne prétendent pas plus que Leibniz en faire l'objet d'une démonstration théorique. Pour eux, comme pour lui, c'est un acte de foi. La nature, la vie l'encouragent, le justifient plus ou moins; mais il ne s'arrêtent pas aux démentis de l'expérience. Leur optimisme, comme celui de Leibniz, en croit plus volontiers les assurances de l'amour que les témoignages des sens.

Leibniz aurait retrouvé avec bonheur dans ces trois systèmes une conception de la matière et de la vie qui tendait à se rapprocher de plus en plus de la sienne. L'empire absolu de la loi des causes efficientes dans le monde des phénomènes, de celle des causes finales dans le monde des noumènes : la subordination du premier au second : tous les principes enfin de cet idéalisme, par lequel il cherchait avant tout à concilier la finalité et la nécessité, lui auraient paru, chez ces disciples éloignés, enrichis de conséquences nouvelles et de fécondes applications.

Il aurait rendu justice à l'heureuse rénovation des idées Platoniciennes dans la philosophie de Schelling;

à la part faite à l'élément général de la pensée et de la réalité, dont la monadologie n'avait, à vrai dire, étudié que l'élément individuel. Je me plais à croire qu'il aurait admiré, ainsi que nous, comment la théorie de l'entendement éternel, du λογος divin, qu'il avait lui-même conçue plutôt qu'exposée, a successivement trouvé dans les modernes idéalistes une expression sinon définitive, au moins plus parfaite que dans les doctrines du passé ; et comment cette œuvre étonnante de rigueur et d'inspiration, de sagesse et de témérité, qui s'appelle la dialectique Hégélienne a renouvelé, agrandi, sinon construit d'une manière définitive la science de la pensée éternelle, dont le génie de Platon avait essayé une première esquisse.

Mais Leibniz aurait aussi jugé sans doute que les monades, dans la philosophie de l'identité, gagnent moins qu'elles ne perdent à cette sorte de déification panthéiste, qui ne les associe à l'Eternité de la substance absolue que pour leur ravir la durée infinie que la monadologie leur attribuait ; qui croit trouver dans la mystérieuse communion des êtres finis avec l'absolu une compensation suffisante à la perte de la conscience et de la vie ; qui leur fait payer enfin leur retour au sein de Dieu par la perte de leur personnalité. Il se demanderait si cette épiphanie de l'esprit éternel (*Epiphanie des ewigen Geistes*), dont la métaphysique religieuse doit renouveler le mystère en chacun de nous, promet au cœur de l'homme et à sa conscience des satisfactions capables de lui faire oublier l'immortalité qu'on lui refuse.

C'est surtout la conception du divin, dans la philosophie de l'identité qui provoquerait ses critiques les plus décidées. Au nom du principe de la Raison suffisante, il se refuserait à admettre que l'Être absolu soit étranger à la conscience. Il ne croirait pas que ce soit assez d'en faire, avec Fichte, la volonté toute puissante de l'ordre moral; avec Schelling, le merveilleux et inépuisable artiste ; avec Hégel enfin la Raison parfaite, dont la logique éternelle enchaîne, comme celle de Platon, toutes les idées à l'idée suprême du bien. Et quoi, s'écrierait-il sans doute, la pensée infinie ne se connaît que dans l'homme ; et cette conscience éphémère, tardive, fragile, toujours imparfaite de notre intelligence mortelle serait la forme la plus haute de l'Entendement suprême! Dieu aurait ainsi attendu pour se connaître que l'humanité fût sortie triomphante de sa lutte contre les puissances inférieures de la matière et de la vie !

Nous devons à priori renoncer, avec la connaissance que nous avons du caractère et de la doctrine de Kant, à trouver en lui un juge favorable, un appréciateur impartial des spéculations panthéistes, qui prétendirent remplacer, tout en la continuant, la philosophie critique.

Déjà, dans le petit essai de 1786 : « Ce que l'on appelle s'orienter dans la spéculation. » (Was heisst sich im Denken orientiren : 5⁰ volume des œuvres complètes) en réponse aux attaques de Jacobi et de Mendelssohn, il avait établi que les hypothèses métaphysiques ne peuvent être acceptées qu'autant qu'elles répondent à des besoins moraux (*moralische Bedürfnisse*), qu'autant qu'elles reposent sur la foi de la Raison pratique (*Vernunftsglaube*). L'écrit de 1791 sur l'insuccès de toutes les tentatives philosophiques en Théodicée (über das Misslingen aller philosophischen Versuchen in der Theodicee 6ᵉ vol.), — et la Religion dans les limites de la pure Raison de 1793, reprenaient et complétaient le développement de la même pensée, en montrant qu'il n'y a pas de science, de connaissance théorique du suprasensible, de ce qui dépasse l'expérience. L'opuscule de 1795 « Sur le ton prétentieux d'une nouvelle philosophie » (von einem neuerdings erhobenen vornehmen Ton in der Philosophie : 6ᵉ vol.), contenait une réponse encore plus énergique que les précédentes, à ceux qui accusaient la critique de couper les ailes à l'inspiration philosophique, et qui rappelaient les exemples de Platon et d'Aristote.

Kant avait été témoin du développement de la philosophie de Fichte, dont la doctrine de la science (*Wissenschaftslehre*), est de 1794. La science des mœurs (*System der Sittenlehre*) en 1799, et la Destination de l'homme en 1801 (*Bestimmung des Menschen*), du même auteur ; les écrits sur la philosophie de la nature et le système de l'idéalisme transcendental de Schelling vers 1800 ; enfin le journal critique de Philosophie, que publièrent Schelling et Hégel, de 1802 à 1803, parurent avant la mort de Kant, survenue en 1804, et durent étonner et troubler les dernières années du Père de la critique.

Nous avons la déclaration qu'il fit, en 1799, dans un journal Philosophique d'Iéna, au sujet de la Doctrine de la science (8ᵉ vol. des Œuvres de Kant, p. 600). « Je « considère la doctrine de la science de Fichte comme un « système tout à fait insoutenable. » (..... Ich Fichte's « Wissenschaftslehre für ein ganzlich unhaltbares Sys-

« tem halte. » — Il avait conseillé à Fichte, il nous le dit lui-même, de « cultiver son beau talent d'exposition, « au lieu de le perdre dans de stériles subtilités» (statt der fructhlosen Spitzfindigkeitein, seine gute Darstellungsgabe zu cultiviren). Enfin il affirmait une fois pour toutes que le « sens commun suffit à entendre (la « philosophie critique), pourvu qu'une culture suffi-« sante l'ait préparé à de telles abstractions. » — Kant termine en ces termes cette importante déclaration « Un proverbe italien dit : Dieu, gardez-nous seule-« ment de nos amis; pour nos ennemis nous saurons « bien nous en défendre nous-mêmes. Il y a, en effet, « des gens bienveillants, bien disposés à notre égard, « mais qui, dans le choix des moyens qu'ils emploient « pour servir nos idées, ont recours à la dissimulation, « quelquefois même au mensonge, à la ruse; qui tra-« vaillent à nous perdre et parlent cependant de leur « affection pour nous : c'est contre ses soi-disant amis « et leurs artifices qu'on ne peut assez se mettre en « garde. Malgré tout, la philosophie critique, par sa « tendance constante à satisfaire la raison au point de « vue théorique et pratique, doit se sentir convaincue « qu'aucun changement d'idées, qu'aucun perfection-« nement, qu'aucun système nouveau n'est près de se « produire dans son sein ; mais que la doctrine qu'elle « soutient repose sur un fondement parfaitement assuré, « qu'elle est consolidée pour toujours, et qu'elle est « l'instrument indispensable avec lequel les siècles « futurs devront réaliser les fins les plus hautes de « l'humanité. »

Si l'idéalisme critique de Fichte inspirait à Kant ces sévères protestations, les systèmes de Schelling et de

Hégel, que Fichte, à son tour, jugeait avec une semblable rigueur, comme trop favorables aux fantaisies stériles ou dangereuses de l'imagination, n'auraient évidemment pas trouvé auprès du maître de Fichte un accueil plus favorable. Nous ne possédons rien, malheureusement des lettres où Kant devait sans doute s'expliquer avec ses amis, vers 1800, sur les formes nouvelles du système de l'identité.

Mais nous en connaissons assez pour savoir qu'il n'aurait pas plus approuvé les conceptions de Schelling et de Hégel qu'il n'acceptait la monadologie ou la doctrine de Fichte. Ne reprochait-il pas à la monadologie, par exemple, dans l'opuscule « Sur ce qui s'appelle s'orienter dans la spéculation, » dont nous avons parlé plus haut, de manquer du seul fil conducteur qui puisse nous diriger dans la région du suprasensible, le besoin moral (*morulische Bedurfniss*); et de présenter comme des vérités théoriques (*theoretischer Art*) de pures hypothèses métaphysiques ?

Cepeudant il nous a paru que, convenablement interprétées, les conceptions métaphysiques de Leibniz s'accordent avec les exigences et favorisent les besoins pratiques de la conscience ; qu'elles concilient les droits différents du naturalisme et du moralisme ; et, par conséquent, peuvent figurer parmi les hypothèses que la raison pratique accepte. Nous avons établi enfin que les principes de critique, exposés dans la méthodologie de la critique de la raison pure, dans la doctrine des postulats de la raison pratique, dans l'écrit sur l'art de s'orienter dans la spéculation, ne permettent pas à Kant de condamner la monadologie.

La doctrine de Fichte, en ce qu'elle a de commun

avec celle de Leibniz, ne mérite pas les sévérités excessives de Kant. Pourquoi n'obtenait-elle pas au moins de lui l'indulgente appréciation, que, dans sa haute et sereine impartialité, il n'hésitait pas à porter sur le caractère moral du panthéisme de Spinoza? C'est que Fichte, en affirmant que sa doctrine est le complément indispensable de la philosophie critique, faisait trop ouvertement violence à l'esprit de réserve spéculative qui caractérise l'œuvre et le génie de Kant. Le maître ne pouvait néanmoins méconnaître que la philosophie de son disciple respecte ce qui doit être avant tout respecté : la conscience, la liberté. C'est d'elle surtout qu'il aurait dû dire que toute doctrine métaphysique, qui repose sur la foi au bien, qui encourage à la vertu et proclame les droits de l'expérience, figure parmi les postulats qu'on ne saurait pas plus contester que prouver théoriquement.

Sans doute, à la philosophie de Schelling il aurait reproché de détourner l'homme de lui-même, de trop le répandre au dehors, de substituer enfin l'art à la moralité. La dialectique de Hegel lui aurait paru trop dédaigneuse de l'expérience, trop confiante dans le succès de la spéculation à priori.

Et cependant, comment aurait-il pu méconnaître le caractère essentiellement moral de ces différents systèmes? Tous les trois sont, à des titres différents, une seule et même philosophie de la liberté. Fichte ne voit que l'homme dans l'univers; et dans l'homme, que la personne morale. Schelling étudie davantage la nature; mais ce qu'il cherche à surprendre en elle, ce sont les lois de l'évolution graduelle qui l'élève de la nécessité mécanique à la vie de l'esprit, à la liberté de la pensée.

Hégel reproche à Schelling de faire de la nature l'œuvre d'une liberté sans règle, sans raison ; de ne pas savoir concilier l'inspiration et la logique ; de n'avoir pas suivi dans l'humanité, dans l'histoire de la pensée humaine, le développement progressif, qui conduit la pensée éternelle jusqu'à la conscience de son absolue liberté.

N'est-ce pas de la conscience de notre absolue liberté et du devoir d'être libres, que le père de la critique fait aussi dépendre la nature et l'esprit?

Seule, à mon sens, la philosophie de Schopenhauer n'eût pu trouver grâce devant Kant. Il se serait énergiquement refusé à reconnaître en elle une de ces conceptions métaphysiques, que la conscience morale peut défendre à titre d'hypothèses favorables ou nécessaires à l'exercice de l'activité pratique. Il l'aurait signalée comme l'exemple éclatant des dangers de l'imagination spéculative ; et il y aurait vu un argument nouveau et irréfutable en faveur de cette réserve théorique, qu'il croit nécessaire aux intérêts et conforme aux exigences de la conscience morale. Rien de commun, en effet, entre la philosophie essentiellement pratique de Kant, et une doctrine qui ne se borne pas à trouver la vie mauvaise, mais fait du devoir de rester libres, c'est-à-dire d'entretenir et de développer en nous la conscience de notre rapport avec l'absolu, une invention illusoire de l'égoïsme ou de la volonté de vivre (*Wille zum Leben*). Kant ne pouvait considérer le pessimisme de Schopenhauer que comme une révolte impie contre l'autorité de la loi morale. Il aurait rejeté avec horreur la paternité d'une pareille doctrine ; et n'aurait pas eu de termes assez indignés pour flétrir l'abus que son prétendu disciple fait de son nom et de sa doctrine.

Je ne doute pas que Leibniz ne se fût associé à la sévérité de ce jugement. La philosophie de Schopenhauer n'est pas moins directement la négation absolue du principe de la raison suffisante que celle de la loi du devoir. Sa conception pessimiste de l'univers s'affirme comme la protestation la plus décidée contre l'optimisme de Leibniz.

CONCLUSION

Résumons les conclusions auxquelles nous a conduit cette longue étude.

L'examen attentif des œuvres qui remplissent la période antécritique (1747 à 1770), nous a convaincu, avec les principaux historiens de la philosophie allemande, que la pensée de Kant, après s'être développée (1747-1760), sous l'influence du dogmatisme de Wolff, autant et plus que sous celle de la philosophie de Leibniz, s'est affranchie beaucoup moins de la seconde que du premier, par la lente et laborieuse évolution des dix années qui précèdent la thèse inaugurale de 1770. C'est en réalité contre Wolff, contre sa conception du temps et de l'espace, contre son dualisme de l'esprit et de la matière, contre sa réduction de tous les principes à priori au principe de contradiction, contre sa métaphysique, enfin, et sa téléologie, que sont dirigées les objections exposées dans les opuscules publiés de 1762 à 1770, et la polémique décisive des trois grandes critiques.

Il n'en reste pas moins vrai que la doctrine de Kant, par cela seul qu'elle s'attaque au dogmatisme en général, atteint aussi le dogmatisme même sous la forme élevée que lui a donnée Leibniz.

C'est sur la critique des lois à priori de la connaissance que Kant veut faire reposer désormais toute métaphysique. Il demande que nous nous interrogions sur la nature et la légitimité des principes de nos jugements, avant de nous prononcer sur la réalité des objets auxquels ils correspondent. Le dogmatisme, après lui, continuera, sans doute, d'étendre ses recherches aussi bien à l'objet qu'au sujet de la pensée. Mais, éclairé par Kant, c'est dans la raison humaine analysée qu'il cherchera et trouvera les lois suprêmes de la connaissance et de la réalité; il ne tombera plus dans le cercle vicieux que Kant reproche avec raison à l'ancien dogmatisme, et qui conduisait à fonder sur l'existence de Dieu la vérité des principes à priori, pour démontrer Dieu, à son tour, à l'aide de ces mêmes principes.

Tout en mettant en lumière cette découverte originale de la philosophie nouvelle, nous avons tenu à montrer combien il était facile de concilier sur ce point le dogmatisme et la critique, et par suite, d'accorder Leibniz et Kant.

Le moi de la pure apperception et de la volonté pure (*ich denke, ich solle*) chez Kant n'est pas autre, au fond, que la conscience de la raison éternelle chez Leibniz. La diversité des noms ne change rien à l'identité des choses. Qu'on n'objecte pas que Leibniz distingue la raison divine et la raison humaine, tandis que Kant ne fait pas cette distinction. A qui persuadera-t-on que Kant confonde un seul instant la raison qui domine la pensée et la volonté de l'homme, et a, comme il l'affirme hautement, organisé la nature en vue de la loi morale, avec la volonté bornée et l'entendement fini de l'individu ? N'oppose-t-il pas, jusqu'à s'égarer dans une sorte de dualisme, la pure conscience et la conscience empirique, la volonté pure et la volonté sensible ?

Sans doute, il ne va pas jusqu'à soutenir avec Leibniz que la raison humaine est en communion parfaite avec la raison éternelle, et que nous pouvons lire sûrement dans l'une tous les secrets que l'autre dérobe à nos sens. Mais il ne se lasse pas d'affirmer, et c'est la vérité capitale de toute sa philosophie, comme Fichte l'a si bien compris, que la conscience morale peut soulever un coin du voile qui nous cache les desseins de la sagesse incréée et recouvre les mystères de la pensée et de la nature.

La raison éternelle éclaire donc la raison humaine, par une sorte de communion plus intime et plus complète chez Leibniz, par une communication plus réservée, mais non moins certaine chez Kant.

Les vérités à priori, que la critique se propose essentiellement d'analyser, ainsi qu'il résulte clairement des affirmations expresses des Prolégomènes, ont les mêmes caractères que les vérités éternelles dont parle Leibniz. Comme celles-ci, elles sont universelles et nécessaires. Les nouveaux essais sur l'Entendement ont pour objet de les défendre contre les négations du sensualisme de Locke; l'analytique transcendentale, de les soutenir contre le scepticisme de Hume.

On ne s'explique pas aisément comment Kant a cru à l'entière nouveauté de son œuvre, alors que les nouveaux essais, publiés en 1765 par Raspe, ont précédé de quinze ans environ l'apparition de la première critique. Il n'est pas admissible que Kant en ait ignoré l'existence. Il faut croire, et cela est d'ailleurs bien vraisemblable, que son esprit, enfoncé dans ses propres spéculations (et l'on sait, par sa correspondance avec Lambert et Marcus Herz, 8ᵉ vol. des œuvres, combien fut laborieuse et absorbante la méditation philosophique qu'il poursuivit pendant près de quarante années), n'a parcouru que d'un œil distrait ou prévenu l'œuvre capitale peut-être de son glorieux devancier.

Nous reconnaissons d'ailleurs que, pour l'exactitude et la méthode des classifications, pour la profondeur et l'étendue des analyses, pour la rigueur de la démonstration, ou, comme dit Kant, de la déduction, la critique conserve, en regard des nouveaux essais, son prix et son originalité incontestables.

Entrons maintenant dans le détail des théories.

C'est à la lumière des vérités nécessaires que s'éclaire, chez les deux philosophes, le monde des phénomènes.

La réalité corporelle n'est pas une donnée des sens : en cela Leibniz et Kant sont d'accord contre Locke. Les sens ne nous apportent que des impressions sans valeur objective.

Le temps et l'espace sont, comme le double cadre préparé par l'esprit pour recevoir les objets réels. Kant les appelle des formes à priori de l'intuition ; Leibniz les définit un ordre de succession et de simultanéité entre les possibles.

Il appartient à la pensée de déterminer les règles qui, en assurant l'ordre des phénomènes, du même coup en font l'intelligibilité et la réalité : cet ordre s'établit par l'application du principe de causalité. La *liaison des phénomènes*, dit Leibniz, l'*affinité du divers*, reprend Kant, est l'unique critérium de la vérité des choses sensibles. La matière, comme la condition sine qua non, comme la substance de la réalité sensible, obéit au mécanisme nécessaire des causes efficientes, mais la vie est soumise en outre aux règles contingentes de la finalité. Les deux doctrines s'accordent dans ces affirmations capitales.

Leibniz, il est vrai, voit partout la vie dans l'univers : aussi reconnaît-il et recherche-t-il en toutes choses l'action de la finalité. Kant ne se confie qu'avec hésitation aux principes de la téléologie, et n'y recourt qu'au défaut des explications du mécanisme. Mais la distinction établie par la critique entre les lois constitutives de l'entendement et les lois régulatives du jugement répond à une assertion souvent répétée de Leibniz, que les règles mécaniques ne sont pas toujours applicables, et que le physicien doit souvent se contenter d'employer la méthode moins rigoureuse de la finalité.

Dans toute cette théorie de la connaissance empirique (*Erkenntniss*) quelle est donc la nouveauté de la philosophie de Kant? Il la faut chercher dans l'analyse plus complète, plus approfondie des règles du mécanisme (Analogies de l'expérience); dans la construction de la matière (métaphysique de la nature); enfin, dans la séparation soigneusement maintenue des phénomènes et des noumènes, de la science et de la métaphysique. Cette dernière distinction, déjà exposée par la thèse inaugurale (de contagio rerum sensibilium et intellectualium) est reprise et développée avec une ampleur magistrale par la dialectique et la méthodologie, dans la critique de la raison pure. Leibniz sans doute n'a pas négligé de la faire : mais il y a déployé moins d'insistance et de rigueur que son successeur.

Le monde des phénomènes n'est pas seulement l'objet de jugements scientifiques : il provoque aussi de notre part des jugements esthétiques. Pour parler le langage de Kant, il n'intéresse pas moins la contemplation que la connaissance.

Nous avons vu que Leibniz s'était moins occupé que Kant de la théorie du beau. Quelques rares passages de ses lettres sont tout ce que nous pouvons citer de lui sur ce sujet. Ces brèves indications ne sauraient être comparées à la critique du jugement. Il nous a paru facile néanmoins de prouver que la doctrine esthétique, qui se dégage de la monadologie, qu'elle en ait été tirée expressément ou non par son auteur et par ses disciples, surtout par Baumgarten, apportait un utile et même un nécessaire complément à la doctrine de Kant.

Celui-ci, fidèle à son point de vue critique, étudie la beauté non dans les choses, mais dans l'esprit : non dans l'objet, mais dans le sujet. Elle résulte pour lui du plaisir que les choses nous causent en flattant à la fois l'entendement et la sensibilité. Leibniz avait dit que la beauté naît de l'harmonie des objets : Kant ne parle que de l'harmonie de nos facultés. Mais l'harmonie de nos facultés ne pourrait-elle pas être aussi l'écho plus ou moins affaibli de l'harmonie des choses ?

Kant, emporté par une disposition d'esprit qui le rapproche de Platon plus qu'il ne croit, ne se contente pas de subordonner, mais sacrifie dans sa théorie du jugement esthétique, comme du reste dans toutes ses autres théories, le particulier au général, les sens à la raison, le réel à l'idéal. Le beau n'est, à ses yeux, que l'expression sensible du genre, de l'idée. Leibniz, au contraire, se préoccupe avant tout de l'individu. La beauté l'intéresse surtout par l'harmonie qu'il y découvre de l'individu avec le tout, des fins particulières avec la fin générale. Mais ce sont là des différences que l'esthétique des philosophes postérieurs a pu concilier sans difficulté.

La morale de Kant nous présente le même caractère que sa *esthétique*. L'individualité, la vie, le bonheur en un mot, n'y ont pas non plus la part qui leur est due. L'eudémonisme rationnel de Leibniz permet de faire entrer dans la forme vide de l'impératif catégorique la matière des penchants ; de substituer la vie à l'abstraction, et la riche diversité des dispositions naturelles à la sèche uniformité des prescriptions rationnelles ; d'intéresser à la fois le cœur et la conscience à la pratique du devoir ; et de faire enfin cesser ce divorce que la morale de Kant entretient à dessein entre l'esprit et les sens.

Le souverain bien d'ailleurs, s'il est pour Leibniz l'accord de la volonté individuelle et de la volonté éternelle, est pour Kant, dans un sens peu différent, la soumission parfaite de la volonté empirique à la volonté pure.

Mais la philosophie pratique de Kant a une signification particulière sur laquelle il convient d'insister.

Dans le rapide résumé des théories logiques et esthétiques, que nous venons de comparer, nous avons négligé à dessein une différence essentielle, qui s'accuse pourtant à chaque page de notre travail. Les lois de la connaissance empirique ou de l'expérience, comme celles du jugement esthétique ne sont pour Kant, par elles-mêmes, que des principes subjectifs, tandis que Leibniz n'hésite jamais à en faire les lois de l'être aussi bien que de la pensée. D'après la critique, les principes de l'entendement comme ceux du jugement ne permettent pas au sujet de sortir de lui-même, et de porter ses pas hors du champ des phénomènes. Nous sommes ainsi faits que les impressions sensibles n'ont de vérité et de beauté pour nous qu'à condition de se conformer aux catégories de la raison pure et aux règles du jugement. Mais la vérité et la beauté ont-elles une réalité indépendante de notre esprit? Appartiennent-elles aux choses en soi? Ni l'entendement ni le jugement ne sauraient répondre à ces questions; ils nous condamnent à ignorer entièrement la nature des noumènes. La raison pratique seule nous ouvre l'accès des choses en soi.

Le devoir est le premier principe a priori dont la valeur objective soit affirmée par Kant. Grâce à lui, le monde des phénomènes va se transformer en un monde de réalités.

Le devoir prouve d'abord notre liberté, et fait de l'homme un véritable noumène. Il s'impose comme la loi suprême à la fois de la nature et de la volonté. Par lui nous sommes assurés de la réalité du monde sensible, qui n'était pour l'entendement qu'une construction spéculative, qu'une hypothèse purement subjective. Nous pouvons affirmer hardiment non-seulement que la nature se prête effectivement à la fin morale, mais encore que l'âme par son immortalité, et Dieu par sa providence concourent à la réalisation parfaite du souverain bien. Nous retrouvons à la lumière de la raison pratique, c'est-à-dire à la clarté du devoir, les grandes vérités métaphysiques, que la critique avait interdites jusque là aux prises de l'entendement et du jugement.

Cette subordination de toutes les vérités a priori à la loi morale diffère-t-elle beaucoup de la dépendance où les place Leibniz à l'égard du principe de raison suffisante ? Le grand principe de Leibniz n'est au fond qu'un acte de foi et d'amour de la raison humaine dans la raison ou la volonté éternelle ; et qu'est-ce que la loi morale, sinon l'obligation que la volonté humaine s'impose librement d'obéir à la volonté éternelle du bien ?

Mais combien sont insuffisantes et incertaines les affirmations, auxquelles Kant se hasarde sur les noumènes, dont il semble fuir et redouter la pensée ! Combien sont timides les postulats de la raison pratique !

De la vie et de la beauté, qui se déploient dans l'univers, nous ne pouvons affirmer sûrement que fort peu de chose. En dehors de la fin pratique, à laquelle nous ne devons pas douter un seul instant qu'elle ne soit accommodée, nous ignorons absolument si la nature poursuit réellement d'autres fins. Elle nous paraît sans doute obéir à un merveilleux artiste, poursuivre des fins particulières et briller d'une beauté propre. Mais ce sont là peut-être de pures illusions ? Un monde de purs automates, comme celui de Descartes, ne suffirait-il pas aux exigences de la raison pratique? Sans doute. Mais répondrait-il également aux besoins de notre cœur, de notre entendement? La pensée, en un mot, réclame impérieusement d'autres noumènes que ceux dont Kant consent à lui accorder la connaissance.

Leibniz nous paraît ici le guide le meilleur auquel elle puisse s'adresser. Il donne la satisfaction la plus complète à tous ces autres besoins de l'âme, que Kant sacrifie impitoyablement aux besoins exclusifs de la conscience morale (*praktische Bedûrfnisse*). Mais surtout, et c'est là ce que nous avons voulu montrer, la monadologie figure parmi les hypothèses métaphysiques, que les principes de la critique, que les règles de la méthodologie ne permettent pas à Kant de condamner. Elle respecte ces exigences de la raison pratique, que Kant, dans les deux petits écrits intitulés « *Insuccès des tentatives de la théodicée* » et « *ce que c'est que s'orienter dans la pensée* » considère comme les conditions essentielles auxquelles toute conception métaphysique doit se conformer. Et d'un autre côté elle s'accommode, comme nous croyons l'avoir montré dans notre chapitre des noumènes, aux théories de Kant lui-même sur la matière et sur la vie.

N'avons-nous pas trouvé particulièrement dans la doctrine des deux caractères, intelligible et empirique, comme un écho affaibli des idées de Leibniz? Le moi, que l'opposition du caractère intelligible et du caractère empirique nous présente à la fois comme noumène et comme phénomène, comme liberté et nécessité, raison et nature, ne fait-il pas songer à la conception de la monade humaine? Est-il bien difficile de ramener à ce type commun, de considérer comme autant d'analogues de l'âme, suivant le mot profond de Leibniz, toutes les choses en soi, dont Kant affirme sans cesse l'existence, mais dont il persiste à ignorer la nature. Il en sait pourtant une chose : c'est que toutes ne nous sont connues que par les représentations (*Vorstellungen*) qu'elles produisent ou provoquent en nous. Leibniz ne pense pas autrement, mais il est plus affirmatif que Kant, en disant que les êtres véritables sont des principes de perception, que les monades sont toutes douées d'une vertu représentative (*vis reprœsentativa*).

Dieu, enfin, dans la doctrine de Kant n'est guère que l'ordonnateur moral de l'univers. La loi morale semble indépendante de lui, comme l'être même des choses. Mais il vaut mieux dire que Kant évite de se prononcer sur le redoutable problème de la création, sur la mystérieuse question des rapports de la raison infinie et de la pensée humaine. Il laisse à la conscience morale de chacun le droit et le soin de se décider ici, comme sur toutes les autres vérités métaphysiques, dans le sens qui paraît le plus conforme aux besoins de la raison pratique. La théologie de Leibniz nous paraît offrir l'enseignement le plus acceptable, avec certaines corrections toutefois, à ceux qui ne se sentent pas la force d'imiter la réserve spéculative de Kant.

En un mot, Leibniz a plus étudié le monde des noumènes ; Kant, celui des phénomènes. Le premier monte de la nature à l'homme ; le second descend de l'homme à la nature. Celui-là a mieux connu l'individu ; celui-ci, la personne. Les mystères de la raison ou plutôt de la conscience intéressent exclusivement la curiosité de Kant; Leibniz semble plus jaloux de surprendre les secrets de la vie universelle. L'harmonie de la création ravit l'imagination de l'un ; l'autre est surtout touché par la grandeur austère de l'ordre moral.

Mais les phénomènes et les noumènes, la nature et l'homme, la vie et l'esprit, la beauté et la moralité sont deux éléments également essentiels, deux faces aussi intéressantes de la réalité infinie, de la vérité absolue.

C'est ce qu'ont admirablement entendu les successeurs de Leibniz et de Kant, dont nous avons brièvement esquissé les doctrines. Ils ont, en conséquence, essayé la synthèse de la monadologie et de la critique. Nous n'avons pas à décider jusqu'à quel point ils y ont réussi ; ni à rechercher quelle fortune l'avenir réserve à des tentatives analogues. Mais nous croyons avoir confirmé, par leur exemple, la possibilité de cette conciliation, que notre dessein était d'établir entre l'idéalisme dogmatique et l'idéalisme critique, entre la métaphysique de Leibniz et la philosophie de Kant.

ERRATA.

Page 221, ligne 4, *ajouter :*

Barbé-Marbois, en donnant successivement aux tribunaux l'investiture attendue, assura aux magistrats conservés l'inamovibilité écrite dans la Charte, mais élimina ceux qui s'étaient compromis par leur rôle politique, et qui ne pouvaient invoquer en leur faveur une garantie dont ils ne jouissaient pas sous l'empire.

Page 295, ligne 19.

Au lieu de : écrits irréguliers.   *Lisez :* écrits irréligieux.

www.ingramcontent.com/pod-product-compliance
Lightning Source LLC
Chambersburg PA
CBHW050238230426
43664CB00012B/1743